Roland Fakler

Freidenker, Humanist, Faklerianer

Von Verfolgern und Verfolgten

AF206255

Lehren aus der Weltgeschichte

Ein kritisches Geschichtsbuch und
ein Beitrag zur Aufklärung:
Warum die „Großen" der Weltgeschichte
zu Verfolgern oder Verfolgten wurden.
Eine weitere Wahrheit über den Menschen.

Gewidmet:
allen nach Wissen, Erkenntnis und Verständnis Strebenden, die sich eine bessere Welt
wünschen und die glauben, dass wir sie schaffen können, indem wir aus den Fehlern
der Vergangenheit lernen;
allen, die die freiheitlich-demokratische Ordnung für die beste der Welt halten, die sie
verteidigen und rechtfertigen wollen.
**Die Menschen wünschen sich Freiheit und werden doch immer wieder
zu Verfolgern und Verfolgten.**

Warum wurden die sogenannten „Großen" der Weltgeschichte zu Verfolgern, wenn
sie die Macht dazu hatten und warum wurden sie oft zu Verfolgten, wenn sie sich als
Freigeister oder als Kulturschaffende gegen geistige Beschränkung wehrten und neue
Wege suchten? Wie kommen Menschen überhaupt dazu, andere zu verfolgen? Dieses
zentrale, ewig wiederkehrende Problem der Weltgeschichte, möchte ich in diesem
Buch beleuchten und damit die Aufklärung einen weiteren Schritt vorantreiben.

2017 / 4.
überarbeitete Auflage

Die Deutsche Nationalbibliothek verzeichnet diese Publikation in der Deutschen Nationalbiblio-grafie; detaillierte bibliografische Daten sind im Internet über dnb.d-nb.de abrufbar.

Impressum:

Herstellung und Verlag:
BoD – Books on Demand, Norderstedt.
ISBN: 9783744899031© 2010 / 2017 Roland Fakler

Inhaltsverzeichnis

Vorwort

Warum wurden die sogenannten „Großen" der Weltgeschichte zu Verfolgern, wenn sie die Macht hatten und warum wurden sie oft zu Verfolgten, wenn sie als Kulturschaffende, als Schriftsteller, Maler, Komponisten oder Religionsstifter neue Wege suchten? Warum haben die sogenannten „Großen" der Weltgeschichte so viel Unheil angerichtet? Wo liegt das Problem? Wie lässt es sich lösen? Diese Fragen möchte ich in diesem Buch beantworten.

Wie ein Arzt eine Diagnose stellt, bevor er daran gehen kann, eine Krankheit zu heilen, so untersuche ich hier ein von Menschen immer wieder verursachtes Elend. Nur wer die Ursachen eines Übels erforscht, kann es vielleicht verstehen und sich der Lösung des Problems nähern.

Das Problem liegt meiner Ansicht nach ganz tief in der Natur des Menschen begründet, in der Struktur des menschlichen Gehirns. Es tritt vor allem bei denen zutage, die das *Schicksal hatten, mit großer Kraft (Stärke, Willenskraft, Lebenskraft) geboren zu sein. Ihnen wäre damit auch, mehr oder weniger zwangsläufig, ein Lebensweg vorgeschrieben: Bei sich zu bleiben und ihre Stärke in Persönlichkeit umzusetzen!

* Als „Schicksal" bezeichne ich das Zusammenspiel der Naturkräfte, dem jeder ausgeliefert ist.

5

> **Wenn sie ihre Stärke nicht in Persönlichkeit umsetzen und nicht größer werden, bedeutet dies lebenslänglichen Streit mit ihren Mitmenschen oder Einsamkeit, vielleicht auch Verfolgung.**

Wenn sie große Macht gewinnen, - das erscheint starken Männern / Frauen scheinbar sehr erstrebenswert, - ehe sie es geschafft haben, eine große Persönlichkeit zu entwickeln, führt das meist zu einem verheerenden Unglück, d.h. zur Verfolgung der anderen, die sich gegen diese als unangenehm und bedrückend empfundene Herrschaft auflehnen.

Aufgrund meines eigenen Schicksals und meiner Entwicklung glaube ich einiges zur Aufklärung dieses Problems beitragen zu können.

Ich gehe davon aus, dass die Gehirne aller Menschen, wegen ihrer gemeinsamen Abstammung, trotz ihrer Vielfalt, ähnlich strukturiert sind, dass nur das eine oder andere Problem bei bestimmten Individuen klarer hervortritt als bei anderen. Indem ich meine Entwicklung erforsche und meine Erfahrungen beschreibe, sage ich auch etwas über den Homo sapiens aus.

> **Erkenne dich selbst, dann erkennst du den Menschen!**

Unser Gehirn muss als unvollkommenes Zwischenprodukt einer sehr langen evolutionären Entwicklung aus dem Tierreich betrachtet werden. Es birgt in sich nicht nur erstaunliche Möglichkeiten, sondern auch ungeheure Abgründe und Gefahren. Sie werden in diesem Buch erfahren, warum das Leben eine ganz verrückte Sache ist, wenn einer *„stark"* ist, und werden verstehen, dass dieses Problem keineswegs aus der Welt geschafft ist und der Vergangenheit angehört, sondern es wird immer wieder auftreten, weil es tief in der Beschaffenheit des menschlichen Gehirns begründet liegt.

Es geht mir darum, zu erklären und aufzuklären und das Wissen über den Menschen zu mehren. Dieses Wissen ist sehr wichtig, um einerseits Gewaltherrschaften zu verhindern und andererseits einen Weg zu zeigen, **wie man Stärke in Persönlichkeit umsetzt.** Das ist mein Thema.

> **Je besser wir den Menschen verstehen, desto besser können wir mit seinen problematischen Eigenschaften umgehen.**

Ich schrieb dieses Buch nicht so sehr, um zu zeigen wie traurig die Vergangenheit war - deswegen auch - sondern vor allem, damit es in Zukunft besser wird, damit wir aus all den Fehlern lernen, die andere gemacht haben. Ich schrieb es, um die Menschheit aufzuklären und die Welt zu verbessern.

> **Das Wissen um die menschliche Natur und die Kritik an unheilvollem Denken und Verhalten sind sehr wichtig, um zukünftiges Leid zu verhindern.** Dabei gilt es, die Furcht und das schlechte Gewissen zu überwinden, mit denen totalitäre Weltanschauungen Kritik und freies Denken zu verhindern versuchen.

Ich zeige an Beispielen aus der Geschichte, dass **die ganze Misere der Weltgeschichte eigentlich darin begründet liegt, dass sie maßgeblich von halbstarken, rücksichtslosen, machtgierigen und verantwortungslosen Leuten geprägt wurde, die gewiss einige Fähigkeiten hatten, die ihre Stärke aber mehr dazu verwendet haben, andere zu unterdrücken, als an sich selbst zu arbeiten und größer zu werden.**

Im Verhältnis zur Größe ihrer Persönlichkeit hatten alle viel zu viel Macht. Die hatten sie, weil sie diese geerbt, erschlichen oder an sich gerissen hatten. Was tut man nicht alles, um an die Macht zu kommen: Man trickst, man lügt, man droht, man verflucht, man schmäht, man schlägt, man bombt, man mordet, wenn es mit „redlichen" Mitteln, d.h. mit der Zustimmung der Regierten, nicht geht. Und das hat oft funktioniert, weil das Volk unmündig und unwissend war.

Diese Wissenslücke zu schließen und den Blick auf das Problem zu lenken, ist das Anliegen dieses Buches.

Ich habe versucht ein *„wahres"* Buch zu schreiben, so gut ich das konnte und soweit es die Quellenlage zuließ. Ich habe mich bemüht, durch Vergleich, seriöse von unseriösen Geschichten zu trennen. Es sollte leicht verständlich und für jedermann/frau gut lesbar das zentrale Problem beleuchten.

Das Buch möchte grundsätzliches Geschichtswissen vermitteln, dieses Wissen mit Zitaten untermauern, Zusammenhänge aufzeigen und Schlüsse ziehen.

Wer das Buch einmal gelesen hat, weiß mehr und wer es drei Mal gelesen hat, versteht, warum die Weltgeschichte so verrückt verlaufen ist. Das ist die beste Voraussetzung, alles anders und besser zu machen.

Ich verwende hier zur Datierung die neuen europäischen Normen.

Ein Minuszeichen - vor einer Jahreszahl bedeutet: vor unserer Zeitrechnung.

Das finde ich aus zwei Gründen besser als „v. Chr." und „n. Chr."

- Erstens wurde Jesus / Christus 4 bis 6 Jahre vor unserer Zeitrechnung geboren,
- außerdem orientieren sich nicht alle Kulturen an der christlichen Zeitrechnung.

Ich wollte da einfach neutral sein.

Wie verwende ich das Wort „groß".

Das Wort *„groß"* wird sehr vielfältig verwendet. Meist bezeichnet man damit Menschen, die in irgendeiner Weise herausragend oder bedeutend waren, charismatische Persönlichkeiten oder Berühmtheiten, die die Geschichte geprägt haben, die erfolgreich waren, die uns aufgrund ihrer Leistungen im Gedächtnis geblieben sind oder die z.B. ein großes Reich zusammengeraubt haben. Auch gewisse Eigenschaften des Menschen bringt man mit *„Größe"* in Verbindung: großzügig, großherzig, tolerant, verzeihend im Gegensatz zu geizig, engstirnig, nachtragend und rachsüchtig.

Wie ich hier das Wort „groß" gebrauche: Das menschliche Gehirn ist so beschaffen, dass es im Kindesalter eher nach außen orientiert ist. Wenn einer stark ist, wirkt diese Stärke im Jugendalter auf die Menschen seiner Umwelt diktatorisch, vor allem, wenn er ein nach außen gewandter Typ ist. Im Laufe des Lebens entwickelt sich der Mensch, mehr oder weniger schnell zu einer Persönlichkeit. Wenn einer sehr stark, willensstark, ist, kann er es schaffen, in sich zur Ruhe zu kommen. Goethe nennt das *„Verselbstung"*. Wer seine Stärke in Persönlichkeit umgesetzt hat, wirkt nicht mehr aggressiv und bedrückend, sondern angenehm, warmherzig und befreiend auf andere. Der Weg zu einer großen Persönlichkeit ist überaus langwierig und schwierig. Oft wird er von Kopfschmerzen, Depressionen und Gewaltorgien begleitet.

> Einer der in sich ruht, ist meiner Ansicht nach, eine „große" Persönlichkeit. Das kann er aber nur schaffen, wenn er bei sich bleibt!

Wenn einer sehr groß ist, *„kann man zu ihm kommen"*, ja man muss ihn sogar lieben und will ihn haben. Diesen Ausdruck *„man kann zu ihm kommen"* verstünde man leicht, wenn es schon einer geschafft hätte, dieses Ziel zu erreichen, was ich aber nicht erkenne.

Leider kann ich keine überzeugenden Beispiele einer großen Persönlichkeit anführen. Alle, die in der Geschichte als *„groß"* bezeichnet werden, haben diesen entscheidenden Punkt, soweit ich das aus den mir zur Verfügung stehenden Quellen beurteilen kann, nicht erreicht. Aber erst, wenn einer diesen Punkt erreicht hat, will man ihn wirklich und erst dann kann einer wirklich etwas Gutes machen, weil er befreiend und nicht mehr bedrückend wirkt. Bis dahin ist er umstritten, wird abgelehnt oder man lässt ihn halt machen, weil er ohnehin keine Aussicht hat, es richtig zu schaffen (alle Stars), oder weil er einfach brutal war (Stalin), oder weil man ihn haben musste (Könige von Gottes Gnaden) oder sogar haben wollte (Cäsar, Napoleon; Hitler), weil verzweifelte Massen in ihnen eine Hoffnung sahen und die Gefahr nicht erkannten, die ein autoritärer Alleinherrscher mit sich bringt.

Der Beiname „*Der Große*" vor Alexander, Konstantin, Karl, Otto, Friedrich, Peter, Katharina usw. sagt nichts oder wenig aus über die Größe der Persönlichkeit, sondern ist eher im Sinne von „*bedeutend*" zu verstehen. Sehr wahrscheinlich haben Konstantin, Theodosius, Karl und andere „*Größen*" des christlichen Abendlandes diesen Titel von der Kirche erhalten, weil sie dieser zur Herrschaft im Römer- bzw. im Frankenreich verholfen haben. Dafür hat die katholische Kirche alle ihre Verbrechen abgesegnet und ihre Biografien geschönt. Macht war ihr schon immer wichtiger als Rechtschaffenheit, Ehrlichkeit oder die Lehren des Jesus von Nazareth. Aus einem Kriegsgegner wurde ein Schlachtenhelfer; um einen Rebellen gegen Kult, Dogmen und Scheinheiligkeit, entwickelte die Kirche ihre Dogmen und ihre scheinbare „*Heiligkeit*".

Es gab natürlich Menschen, die mehr oder weniger gut erkennbar einige Schritte in Richtung „*Verselbstung*" getan haben: Cicero, Beethoven, Goethe, Buddha, ... Es ist sehr schwierig Menschen hinsichtlich ihrer Größe zu beurteilen, wenn sie nicht mehr leben, denn meist wird uns ja ein sehr unwirkliches, verzerrtes, überhöhtes, mystisches Bild von den „*Heroen*" der Weltgeschichte überliefert, das sich dann auch je nach Wunsch beliebig modellieren lässt. Sie stehen nicht mehr vor uns. Wir können oft nicht mehr ihre Augen und ihre Gesichtszüge sehen oder ihre Stimme hören. Eine große Persönlichkeit ist im Anfangsstadium ihrer Entwicklung nicht einfach zu erkennen, noch weniger, wenn es sich um Personen handelt, die nicht mehr leben.
Es ist nicht einfach anhand von Werken, seien es nun Texte, Bilder, Musik, biografischen Überlieferungen, die Größe einer Person zu beurteilen. Mal abgesehen davon, dass es über die Maßstäbe sehr unterschiedliche Ansichten gibt. Besser gelingt dieses Urteil, wenn man selbst einige Stufen auf dem Weg zu einer Persönlichkeit durchschritten oder von anderen etwas darüber erfahren hat.

Das Problem

Unsere Situation auf diesem Planeten wird scheinbar von einer unpersönlichen und eher zufällig wirkenden Schicksalsmacht bestimmt, auf die wir nur wenig Einfluss haben. Zwar glaube ich, dass richtiges Handeln und Rechtschaffenheit uns mit einem guten Lebensgefühl belohnen und dass umgekehrt schlechte Handlungen uns schlecht fühlen lassen, aber wir erleben es immer wieder, dass die Guten ein schlechtes Schicksal haben und dass es den Bösen sehr gut geht. Das Schicksal - als „Schicksal" bezeichne ich das Zusammenspiel der Naturkräfte, dem jeder ausgeliefert ist - belohnt also anscheinend nicht das Gute oder bestraft das Böse, es wirkt unabhängig von Gut und Böse, einfach unerklärlich, schicksalhaft, zufällig. Es kann uns aus heiterem Himmel mit Krankheiten, Unfällen und Naturkatastrophen heimsuchen.

Der Zufall oder die Natur, wie immer man das nennen will, beherrscht viele Bereiche unseres Lebens. Sehr viel irdisches Leid entsteht aber nicht durch die Natur:

>Verfolgung, Kriege, Diktatur, Armut und Unwissenheit sind keine unabwendbaren Naturereignisse, sie sind Folge menschlichen Denkens und Handelns und können auch von Menschen verhindert werden. Wir sind nicht dazu da, um sinnlos zu leiden, sondern um glücklich zu leben. Dazu gehören die Freiheit von Furcht und Not und die Freiheit von Verfolgung und ungerechter Herrschaft.

Schon aus meinen Schulkenntnissen der Geschichte ist mir bewusst geworden: **> Die ganze Misere der Weltgeschichte liegt eigentlich darin begründet, dass diejenigen, die diese Geschichte entscheidend geprägt haben, die Herrscher, Diktatoren, Ideologen und auch die Religionsstifter, nicht groß genug waren, um etwas Gutes machen zu können, d.h. sie waren nicht so groß, dass man hätte zu ihnen kommen können, dass man sie hätte haben wollen. Sie wirkten nicht befreiend, sondern bedrückend. Man musste sie haben…und damit beginnt das Problem!**

Sie wollten nicht den mündigen, freien, denkenden Menschen, denn sie wollten herrschen und beherrschen. Dazu waren ihnen alle Mittel recht. Sie mussten täuschen, lügen und betrügen, um mehr zu scheinen, als sie waren. Beschränken und kontrollieren lassen wollten sie sich auch nicht. Das widersprach ihrem überhöhten Selbstbewusstsein. Sie wollten die unbeschränkte und unkontrollierte Alleinherrschaft. Sie wollten „*groß*" und „*wichtig*" sein und waren es nicht. Das Wohl ihrer Untertanen war ihnen dabei ziemlich egal.

Der Mensch ist ein Problem und deswegen ist die Geschichte des Homo sapiens keine Heilsgeschichte, sondern eine ziemliche Horrorgeschichte. Vor allem die sogenannten „*Starken*" sind das Problem. Neunzig Prozent der politischen Geschichte ist von etwa hundert Menschen maßgeblich gestaltet worden. Deshalb halte ich Biografien für den zentralen Kern der Weltgeschichte und werde das Problem auch hauptsächlich an Biografien erklären. Diese wenigen sind Ursache fast allen von Menschen gemachten Unheils gewesen. Im Wesentlichen gibt es nachstehende Gründe, weshalb diese „*Halbstarken*" zu Verfolgern wurden:

> Starke erstreben die Macht. Im Idealfall wollen sie die unbeschränkte und unkontrollierte Alleinherrschaft. Macht erscheint wohl erstrebenswert, weil sie Vorteile im Leben, mehr Freiheit, mehr Selbstverwirklichung, mehr Möglichkeiten beim anderen Geschlecht und damit bei der Fortpflanzung verspricht. Man kann Frauen oder auch Dinge bekommen, die dem weniger Mächtigen verwehrt bleiben. Man genießt Reichtum und Ansehen.

> Starke haben eine besondere Fähigkeit, sich wichtig und auserwählt zu fühlen und andere für minderwertiger zu halten. Macht erlaubte es ihnen, diese

„Minderwertigen" tatsächlich auch so zu behandeln, nämlich auszugrenzen, zu verfolgen, zu entrechten und zu vernichten.

> Weil sie zwar stark aber nicht groß waren, wirkten die Mächtigen bedrückend. Sie brauchten immer einen, auf dem sie herumhacken konnten. Weil sie bedrückend wirkten, erregten sie Widerstand, weil sie auf Widerstand stießen, fingen sie an, ihre Widersacher zu verfolgen.

> „Starke Männer / Frauen" müssen in ihrer Entwicklung, - viele haben sich auch gar nie erkennbar entwickelt - durch eine verrückte und finstere Geisteswelt hindurchgehen. Ich nenne das Kampf-Krieg-Tod-Phase, weil in dieser Phase Gedanken an Kampf, Krieg und Tod, das Gehirn maßgeblich beherrschen. Das hat offensichtlich etwas mit der Beschaffenheit des menschlichen Gehirns zu tun. Deswegen waren die Zeiten, die sie maßgeblich geprägt haben, verrückt und finster.

> Mächtige, die verfolgt haben, möchten ihre Macht nicht mehr aufgeben, weil sie im Zustand der Machtlosigkeit die Rache der Verfolgten fürchten.

Man könnte den Verdacht hegen, dass sich die „Großen" für umso größer hielten, je schrecklicher und umfassender die Tragödie war, die sie über ihre blind gehorchende Gefolgschaft und ihre Gegner gebracht haben.

Ich setze den Ausdruck „groß" und „stark" bewusst in Anführungszeichen, weil es meist keine sehr großen und starken, sondern „halbstarke" Männer waren, die ihre Mitmenschen geknechtet haben. Sie waren zu schwach, sich selbst zu beherrschen, sie haben kaum Zeit und Kraft in ihre eigene Entwicklung investiert und ihre Stärke meist nur nach außen, „in Gegnerschaft zu ihrer Umwelt", ausgelebt. Sie haben überhaupt das ganze Problem, das sie selber waren, nicht verstanden.

> Stark ist einer, der es bei sich selber aushält und sich um seine Angelegenheiten kümmert.

> Halbstarke Männer und ihre unduldsamen Weltanschauungen sind das zentrale Problem der Weltgeschichte.

Ich habe in diesem Buch versucht, das Thema vor allem an Biografien, zu beleuchten: von zwei Seiten, denn „Starke Männer" waren nicht nur Verfolger und Tyrannen, sie waren auch Verfolgte.
Es gab in der Geschichte klassische Paare von Verfolgern und Verfolgten; meist war ein mächtiger Herrscher Verfolger und ein Freigeist / Schriftsteller Verfolgter:
- Alexander d. Große und sein Hofgeschichtsschreiber Kallisthenes;

- Cäsar und Brutus oder auch Cato und Cicero…
- Clemens VIII. und Giordano Bruno,
- Herzog Karl Eugen und Schiller;
- Hitler und die Geschwister Scholl, Dietrich Bonhoeffer, Klaus von Stauffenberg, Thomas Mann, Georg Elser… und andere, die sich die Barbarei nicht bieten lassen wollten.

Während die einen, sobald sie die Macht dazu hatten, zu Verfolgern wurden, durchlebten die anderen, meist geistig wache und schöpferische Menschen, eine schwierige Entwicklung auf dem Weg der Verselbstung. Sie mussten durch eine finstere Welt hindurchgehen und lösten bei ihren Mitmenschen ein Tauziehen aus. Oft fühlten sie sich deswegen verfolgt, abgelehnt, missverstanden und verkannt. Sie wurden gejagt (Giordano Bruno), gedemütigt (Jesus), abgelehnt (Cézanne).

Viele große Künstler waren zu ihren Lebzeiten keineswegs erfolgreich (Schubert). Viele sind in den Alkohol geflüchtet (Turner, Toulouse-Lautrec), viele sind in geistige Umnachtung gefallen (Nietzsche, Hölderlin), und viele haben sich das Leben genommen (Van Gogh, Kleist). Sie haben meist ihr Leben lang versucht, ihren Platz in einer Welt zu finden, die scheinbar nicht für sie geschaffen war. In der bürgerlichen Welt sind sie gescheitert. Nach ihrem Tod sind sie dann gefeiert worden. Wie soll man sich das erklären?

Manche mussten zu ihren Lebzeiten Streiche, Ablehnung und Verfolgung oft deswegen erdulden, weil sie sich, im Gegensatz zum gemeinen Volk, einem Diktator nicht beugen wollten, sondern weil sie frei und anders denken wollten. Sie waren „aufmüpfig", weil sie ihrerseits stark waren. Es fiel ihnen schwer, sich einfach mit den gegebenen Verhältnissen abzufinden und sich stillschweigend unterzuordnen.

> **Jeder „Starke Mann" ist zunächst einmal ein großes Problem, ein Problem für sich und für seine Mitmenschen … und dieses Problem wird immer wieder auftreten.**

Ein „Starker" wirkt, - solange er noch nicht groß genug ist und solange er nach außen orientiert ist - diktatorisch und bedrückend auf andere. Dadurch löst er bei diesen eine entsprechend ablehnende Reaktion aus. Die Gefahr ist nun, dass einer diese abweisenden Reaktionen falsch versteht, dass er sich verfolgt und bedroht fühlt und mit allen ihm zur Verfügung stehenden Mitteln zurückbolzt. Dies kann Millionen das Leben kosten, wenn er es bereits geschafft hat, an die Macht zu kommen. Man denke an den Verfolgungswahn Stalins und an die rücksichtslosen Verfolgungen aller Diktatoren. Siehe weiter unten. Dabei sind sie selbst das Problem; die anderen reagieren nur auf dieses Problem. Sie selbst sind wiederum nicht schuldig dafür, dass sie so sind, wie sie sind, aber sie können durch ihre Umwelt dazu gebracht werden, ihr Verhalten zu steuern und sich zu beherrschen.

> **Ein „Starker" muss nicht notwendigerweise großes Unheil anrichten.**

Die wichtigsten Eigenschaften, die er braucht, damit er keine Katastrophe verursacht, sind Selbstbeherrschung, Selbsterkenntnis, das Wissen um diese Problematik, - das ich hier liefern möchte - Ausdauer bei einer einsamen Lebensweise und eine aufgeklärte Umwelt, die ihn in die Schranken weist. Wer keine Ablehnung, keine Streiche, keine Kränkung wegstecken kann, hat nichts begriffen von der Natur des Lebens. Er ist vorherbestimmt, großes Unheil anzurichten und sollte nicht die geringste Macht bekommen, die es ihm erlauben würde, sich für *„Kränkungen"* zu rächen, die keine sind.

Meist ist der Starke es, der die Spielregeln dieses Kampfes bestimmt, zumal die anderen vorwiegend nur auf ihn reagieren und ihn nachahmen. Wie man kämpft, so wird man bekämpft. Mit dem eigenen Verhalten lenkt man auch das Verhalten der anderen.

> **Wenn man es ein Stück weit gebracht hat, auf dem Weg der Verselbstung, wirkt man zwar nicht mehr diktatorisch, aber man löst bei anderen ein Tauziehen aus.**

Das ist eine ganz natürliche und keineswegs eine boshafte Reaktion, so unangenehm sie auch sein mag. So funktioniert das Leben! Die anderen Menschen lassen es sich nicht einfach gefallen, dass da einer in sich ruht, nur an sich denkt, - das sieht so aus im Anfangsstadium der Persönlichkeitsentwicklung, - sondern sie reagieren und zwar so, dass sie einen Gegenpol bilden und gerade nicht an den denken, der da so stark an sich denkt. Sie versuchen ihm alle möglichen Streiche zu spielen, ihm das Leben nicht leicht, sondern schwer zu machen. Sie versuchen einen Starken so klein wie möglich zu machen, ihm nicht zu geben, sondern ihm zu nehmen. Sie sind Teil dieses Tauziehens am anderen Ende des Taus. Das ist aber nicht böse gemeint und darf nicht falsch verstanden werden.

Nietzsche spricht da vom *„Kampf der Herde gegen die Ausnahmen"*. Er beklagte sich darüber, dass man ihn nicht groß sein ließ. Das ist Unsinn! Es ist vielmehr eine typische Reaktion auf den Zustand eines „starken" Gehirns, das noch nicht in sich ruht. Sie können kaum anders reagieren. Sie wollen zeigen, dass sie auch noch da sind. Sie würden ja sonst in ihn *„hineinfallen"*. Sie reagieren alle gleich oder ähnlich und es sieht so aus, als ob sie sich abgesprochen oder sich gegen den Starken verschworen hätten. Für die meisten Menschen gibt es dieses Problem gar nicht. Sie lösen kein Tauziehen aus und es dürfte ihnen schwer fallen, dies zu verstehen. Ein Tauziehen löst man erst aus, wenn man es ein Stück weit gebracht hat, auf dem Weg der *„Verselbstung"*.

Zu Verfolgern wurden meist Herrscher, die es geschafft hatten, eine Machtposition zu gewinnen, entweder durch Vererbung, durch Gewalt, durch List, Eroberung oder militärische Erfolge. Sie wollten möglichst allein, uneingeschränkt und ungestört herrschen. Dabei hatten sie bei ihrer extrovertierten Lebensweise keine Aussicht, so groß zu werden, **dass man sie haben wollte**. Sie wirkten nicht befreiend, sondern bedrückend. Um sich die Alleinherrschaft zu sichern, mussten sie alle Konkurrenten ausschalten und die Freiheit derer beschneiden, die ihre Tyrannei nicht hinnehmen wollten. Das waren, wie könnte es anders sein, vor allem die selbständig Denkenden, die freien Geister.

Sie verboten Kritik, weil sie durch Kritik ihre unbeschränkte Macht gefährdet sahen. Kritik werteten sie als Angriff auf ihre Person, sie war Majestätsbeleidigung. Sie waren von sich und ihrer Denkweise vollständig überzeugt und überschätzten sich maßlos. Das gelang ihnen umso besser, wenn sie die Wirklichkeit beschönigten oder ganz ausblendeten. Sie fürchteten den Verlust ihrer Macht oft mehr als den Verlust ihres Lebens. Sie mussten das Leben und Denken aller beherrschen, die sich in ihrem Machtbereich befanden. Das gab ihnen höchste Genugtuung und ein Gefühl der Sicherheit und Überlegenheit. Machtverlust war das Schlimmste, was sie sich denken konnten.

Irgendwie mussten sie ihren Herrschaftsanspruch aber doch gegenüber den Beherrschten begründen, denn ohne Volk hat auch ein Herrscher nichts, was er beherrschen könnte. Im Laufe der Weltgeschichte gab es viele unterschiedliche Begründungen. Oft leiteten die Herrscher, wie in Babylon, Ägypten und im christlichen Abendland, ihre absolute Autorität von den Göttern oder von Gott her. Manche stellten sich an die Spitze einer bereits vorhandenen Weltanschauung oder begründeten eine neue, die als Vorwand diente, ihr Machtstreben zu verdecken: das katholische Christentum, den Islam, den Nationalsozialismus, den Kommunismus. Wenn sie überhaupt noch etwas über sich anerkannten, dann hatten sie für ihren Anspruch auf Alleinherrschaft den Segen von ganz oben. Der erlaubte ihnen volle Handlungsfreiheit und rechtfertigte alle Maßnahmen gegen Aufrührer. Alles war gestattet, denn sie waren Götter und Gottessöhne (Babylon; Ägypten; Griechenland; Rom; Inka), Söhne des Himmels (China), Söhne der Sonne (Japan), Könige von Gottes Gnaden (Abendland). Sie hielten sich für Messiasse und Propheten (Israel), Berufene der Weltgeschichte (Alexander), Vollender der Vorsehung (Hitler), Stellvertreter Gottes (Päpste), Kalifen (Nachfolger des Propheten);Vollstrecker einer Weltrevolution (Lenin; Mao)…und ordneten sich die Welt in ihrem absoluten Größenwahn unter. Ihr Ziel war, wie sie glaubten, das höchste auf Erden. Sie selbst schufen Recht. Recht war, was sie taten.

Ihre Gegenspieler sind und waren Menschen, die selbständig denken konnten und die sich in ihren Freiheitsrechten nicht einschränken lassen wollten. Diese wurden, wenn sie mit ihrer Wahrheitsliebe und Freimütigkeit die Herrschaft eines Mächtigen gefährdeten, zu Verfolgten. Sie litten darunter, fremdbestimmt zu werden. Die große Masse dagegen lässt sich gerne führen und beherrschen. Sie sucht eher wohltuende Sicherheit bei einer Autorität. Sie unterstützt und bejubelt den starken Herrscher.

Bei der Auswahl der unten stehenden Biografien ging es mir vor allem darum, Beispiele zu wählen, die die Problematik des Lebens erkennen lassen: Auf der einen Seite ste-

hen diejenigen die herrschen wollten, auf der anderen diejenigen, die sich nicht beherrschen lassen wollten. Es ging darum, Menschen auszuwählen, für die ihre Stärke zum Schicksal und zum Problem wurde: Menschen, die zu Diktatoren wurden oder die selbst verfolgt wurden, Menschen, die Terror verursacht oder ein Tauziehen ausgelöst haben, weil das menschliche Gehirn so verrückt angelegt ist.
Ein Tauziehen kann natürlich nur entstehen, wenn die Menschen um den Mächtigen herum die Freiheit hatten zu reagieren, wie es ihnen zumute war. Gegenüber einem Herrscher, der bereits an der Macht ist, gibt es diese Freiheit nicht mehr. Solange z.B. Kaiser Wilhelm II. an der Macht war, konnte das Volk nicht gegen ihn sein oder es durfte dies zumindest nicht offen zeigen. Erst als er die Macht verloren hatte, konnte es sich frei gegen ihn äußern. Solange in der DDR die Staatsmacht von Stasi und Militär geschützt wurde, konnte sich das Volk nur im Geheimen auflehnen, erst als die Kommunisten die Macht verloren hatten, konnte sich das Volk offen gegen diese Herrschaft stellen. Das ist auch der Grund, weshalb viele Herrscher sich selbst nicht richtig einschätzen konnten. Sie kamen an die Macht, obwohl man sie nicht wollte. Das Volk musste schleimen, weil es unterworfen und abhängig war. Es konnte nicht frei reagieren, sondern meist nur so, wie ihm diktiert wurde, vom allergnädigsten Kaiser oder Papst oder Führer oder Parteivorsitzenden, der nun mal im Sattel saß, aus welchen Gründen auch immer.

> **Ob man einen Herrscher wollte oder nicht, hing nicht so sehr davon ab, wie viel er für sein Volk getan hatte, sondern davon, wie groß er war, wie weit er in sich drin steckte, ob er bedrückend oder befreiend wirkte.**

Der Schah Reza Pahlevi von Persien hat sich, nachdem ihn Gegner 1979 aus seinem Land vertrieben hatten, darüber beklagt, wie undankbar sie sich verhalten hätten, wo er doch so viel für sein Volk getan habe. Dass er dabei stets seine eigenen Interessen gewahrt und tausende Kritiker ins Gefängnis gebracht hat, hat er nicht beklagt. Es war ihm nicht klar, dass er selbst das Problem war, ebenso wie Wilhelm II., der deutsche Kaiser.
Sicher gab es im Laufe der Weltgeschichte auch sehr große Persönlichkeiten, von denen die Welt aber nie etwas erfahren hat. Das mag daran liegen, dass man ab einer bestimmten Größe gar keinen Wert mehr darauf legt, bekannt zu sein. Gerade bescheidene und unbekannte Menschen könnten aber groß gewesen sein, größer als die Könige und Kaiser, die wir alle kennen.

> **Je größer einer ist, desto kleiner will er sein. Der Größenwahn verflüchtigt sich mit der Entwicklung zu einer in sich ruhenden Persönlichkeit.**

Das Leben solcher Menschen kann ich aber nicht beurteilen oder analysieren. Ich weiß nichts oder zu wenig von ihnen, wenn es nicht gerade meine Bekannten sind. Dagegen gab es unzählige Personen in der Weltgeschichte, die es geschafft haben, sehr „berühmt" zu werden, obwohl sie nicht besonders groß waren. Die Macht wurde vielen in die Wiege gelegt, weil sie diese erbten, weil sie diese durch Zufall oder vor allem durch Rücksichtslosigkeit erlangten oder erschlichen. Heute werden Stars von den Medien sehr schnell sehr groß gemacht. Sie scheinen, aber sie sind nicht groß.

Dieses Buch erhebt keinen Anspruch darauf, die Verfolgungsgeschichte der Welt, nicht einmal der westlichen Welt, zu dokumentieren. Es hätten auch weniger Beispiele genügt, um das Ziel dieses Buches zu erreichen, das ist:

- **die Problematik der Geschichte zu erklären, die in der Natur des Menschen begründet liegt und die richtigen Schlüsse für eine bessere Zukunft zu ziehen.**

Ich entwickle hier eine Theorie. Ich füge mein erworbenes Wissen aus verschiedenen Medien und meine eigenen Erfahrungen zusammen, um den Gang der Geschichte und den Menschen zu erklären. Selbstverständlich darf und soll diese Theorie kritisiert und korrigiert werden, wenn einer eine bessere Erklärung hat. Ich stelle und beantworte hier einige Fragen, z.B. wie „groß" waren die „Großen" der Weltgeschichte? Was heißt: „Größe"? Konnten sie überhaupt große Persönlichkeiten entwickeln, aufgrund ihrer Lebensweise und ihres Alters. Welche Anhaltspunkte gibt es dafür?

Scheinen die „Großen" nur groß, weil sie große Macht hatten und wie z.B. Kleopatra, Cäsar, Ludwig XIV., Napoleon usw. sich mit großem Pomp umgaben und allein für sich große Mengen an Gütern verschwendeten oder waren es wirklich große Persönlichkeiten, in dem Sinne wie ich dies oben erklärt habe? Was spricht dafür? Was spricht dagegen? Gab es auch Menschen, die wirklich groß waren, von denen die Welt aber nichts oder nicht viel erfahren hat, weil sie nicht von sich reden gemacht haben?

Es geht in diesem Buch nicht um eine Gesamtbewertung einer Person, sondern es geht um ein Thema, ein Thema, das ich für das wichtigste der Weltgeschichte halte, das die ganze Weltgeschichte durchzieht und sie wesentlich geprägt hat. Es geht um Freiheit und Tyrannei, um Glück und Unglück von Menschen und Völkern, um gerechte und ungerechte Herrschaft.

- **Es geht in diesem Buch darum, zu klären, inwiefern einer Verfolger oder Verfolgter war oder inwiefern er einen geistigen Beitrag zur Verfolgung anderer geleistet hat. Es geht um die Frage, wie Verfolgung entsteht, wie sie gerechtfertigt wird und vor allem darum, wie man sie begrenzen oder verhindern kann.**

So werden natürlich negative Eigenschaften einer Person ins Licht gerückt und untersucht. Die hier aufgeführten Biografien werden gezielt auf die Beantwortung dieser Fragen beleuchtet. Wenn man, wie hier beabsichtigt, die Schattenseiten einer Person untersucht, fällt ihr Bild natürlich dunkler aus als wenn man auch ihre Vorzüge hinzufügt. Z.B. hat Paulus sehr viel über Liebe geschrieben, er hat viele gute und richtige Dinge gesagt, aber er war eben auch ein fanatischer Verfolger und zwar in seiner ganzen Persönlichkeitsstruktur, vor seiner Bekehrung und nach seiner Bekehrung. Er hat nur die Richtung gewechselt und das soll gezeigt werden. Genauso hat Napoleon auch viel für die Verbreitung bürgerlicher Rechte in Europa getan, aber letztlich war er ein rücksichtsloser Tyrann, der für seine persönliche Macht das Leid und den Tod von Millionen in Kauf genommen hat. Er konnte kein guter Herrscher sein, weil er **nicht groß genug war**, obwohl er es sicher gerne gewesen wäre. Er wirkte nicht befreiend, sondern tyrannisch. Europa hat bei seiner Abdankung aufgeatmet. Es sollte solche Herrscher in Zukunft verhindern, zumindest sollte es die Macht der Herrschenden begrenzen. Das ist das Ziel dieses Buches.

In diesem Buch geht es vor allem um die Verfolgung aus Gründen des Macht- Erhaltes, dem in der Weltgeschichte vorherrschenden Anlass der Verfolgung. Sicher gibt es noch andere Gründe. Ich beleuchte ein Problem des Homo Sapiens, das die Weltgeschichte beherrscht, seitdem sein Gehirn geformt wurde und mit dem wir es zu tun haben werden, solange diese Gattung die Erde bevölkert. Meist berichten die Biografen darüber aber nicht, weil sie dieses Phänomen entweder nicht verstehen oder weil es bei der einen oder anderen Biografie nicht deutlich genug hervortritt.
Dazu untersuche ich auch Biografien, die zur Erklärung meines Themas beitragen, obwohl es sich auf den ersten Blick weder um Verfolger noch Verfolgte handelt; sie fühlten sich aber als Verfolgte. Das waren meist Künstler, die ein Problem mit ihren Mitmenschen hatten, die ein Tauziehen ausgelöst haben, die nie richtig „*angekommen*" sind in der sie umgebenden bürgerlichen Welt, „*die man nicht machen ließ*", weil man **nicht zu ihnen kommen konnte**. (Hölderlin; Nietzsche; Kleist…dazu könnte man auch den bayrischen Märchenkönig Ludwig II. zählen.)
Dass es sich bei meiner Auswahl fast nur um Männer handelt, war nicht beabsichtigt. Ich habe keine geeigneten weiblichen Beispiele gefunden. Das Problem der Verfolgung ist eben vor allem ein männliches Problem, wie die Jugendkriminalität in erster Linie ein männliches Problem ist. Junge Männer, die strotzen vor Kraft, schaffen es oft nicht, ihre Stärke in eine sozialverträgliche Form zu bringen. Sicherlich liegt es auch daran, dass Geschichte, Politik und Kunstgeschichte bis in die jüngste Vergangenheit von Männern beherrscht wurden, dass sie im Vordergrund standen und berühmt wurden. Um verfolgen zu können, muss man auch Macht haben. Deswegen sind die wenigen weiblichen Beispiele für Verfolgerinnen mächtige Frauen. Katharina von Medici z.B., die die Bartholomäusnacht inszeniert hat, Mary Tudor I., die „*Bloody Mary*", die die Protestanten in England verfolgt hat, die Zarinnen Anna, die 12000 Verschwörer hingerichtet und Elisabeth, die die Juden aus Russland vertrieben hat oder die Mao - Witwe Jiang Qing.

17

Wie lässt sich das Problem lösen?

Wenn einer sehr stark ist, gibt es eigentlich nur einen richtigen und unzählige falsche Lebenswege. Der richtige Weg ist, sich in die Einsamkeit zurückziehen und ein auf sich konzentriertes Leben zu führen.

> **Die stärkste Lebensweise, die ich mir denken kann, sieht so aus, dass man mit verstopften Ohren auf dem Rücken liegt und seine Gedanken kreisen lässt. In dieser Lage ist mein Gehirn so angespannt, wie das im Stehen oder im Sitzen nie der Fall ist.**

Der ständige Hickhack mit den Menschen, die einem Streiche spielen und eigentlich gar nicht anders reagieren können, zehrt an den Kräften und Nerven. Die verwendet man besser, um die Einsamkeit auszuhalten und sich so schnell wie möglich weiter zu entwickeln. Nur so kann man den Kampf wirklich zu Ende bringen. Nur wenn sich das Gehirn ändert, ändert sich auch die Reaktion der anderen. Wer nicht ganz eisern bei sich bleibt, wird es nie schaffen, so groß zu werden, **dass man zu ihm kommen kann.** Das ist das entscheidende Ziel, das man erreichen muss, um den Kampf und das Tauziehen zu beenden. Der beste Beweis dafür ist, dass die Großen der Weltgeschichte das alle nicht geschafft haben. Sie waren ihr Lebtag lang umstritten und waren meist üble Tyrannen. Wenn das schon einer geschafft hätte, hätte ich es mir auch sparen können, dieses Buch zu schreiben. Ich hätte einfach auf sein Vorbild verweisen können.

Wer schafft das? Wer hält das aus?

Es gab im Laufe der Weltgeschichte ein paar Leute, die es auf diesem Weg ziemlich weit gebracht haben. Es sind diejenigen, die **verfolgt haben** und **verfolgt wurden**, diejenigen, die ein Tauziehen ausgelöst haben. Manche sind relativ unbekannt, weil sie nichts hinterlassen haben, was bis heute Bestand gehabt hätte oder weil wir nichts von ihnen erfahren haben.
Allein die Gedanken kreisen zu lassen, ist bei dieser Entwicklung wesentlich hilfreicher, als viel zu produzieren, weil man bei der Produktion Energie verschwendet, die dann bei der Entwicklung fehlt. Möglicherweise war der griechische Philosoph **Diogenes**, der wenig gemacht hat, „größer" als mancher Renaissancekünstler, der sich sein Leben lang mit den verschiedensten Projekten auf den verschiedensten Gebieten befasst hat, der dadurch aber auch stark von sich abgelenkt wurde. Ich kann darüber nur Vermutungen äußern. Wir wissen nicht viel über Diogenes. Um „größer" zu werden, muss man „bei sich bleiben"! Bei **Voltaire**, einem erfolgreichen und von mir hoch geschätzten Literaten erkenne ich dieses Tauziehen nicht, während ich es bei **Nietzsche**, der sehr umstritten ist und der wie ich und viele andere durch eine finstere Kampf-Krieg-Todphase hindurch gehen musste, immer wieder feststellen kann.

Picasso hat es wohl ziemlich weit gebracht auf diesem Weg. Mit seinen 91 Jahren hatte er viel Zeit. Von ihm haben wir wenigstens Fotos, die seine riesengroßen Augen, sein ernstes Gesicht, seine herabgelassenen Mundwinkel zeigen und wir wissen, dass er am Anfang seiner Karriere sehr viel Häme und Kritik einstecken musste. Um die Größe, d.h. die in sich gekehrte Persönlichkeit beurteilen zu können, schaue ich mir nicht seine Kunstwerke an, sondern die Portraitfotos aus seinen letzten Lebensjahren ...und was mich interessiert: Wie haben seine Mitmenschen auf ihn reagiert?

Rechts:

Der Maler **Pablo Picasso 1881-1973** blieb zeitlebens umstritten, weil er es zwar ziemlich weit gebracht hat, aber doch nicht so weit, **dass man hätte zu ihm kommen können.** Das ist <u>der</u> entscheidende Punkt, den es zu erreichen gilt. Das ist der Wendepunkt einer Persönlichkeitsentwicklung, der den Streit beendet.

Links:
Leonardo Da Vinci: 1452-1519
„*Angebliches*" Selbstbildnis
Ähnliche Gesichtszüge lassen sich auch auf einem Selbstbildnis **Leonardo da Vincis** erkennen. Ein Tauziehen kann ich bei ihm nicht feststellen. Er hat sich einigen Fürsten angedient, hat für einen Herrscher Kriegsgerät erfunden und seine Feste inszeniert. Auch Künstler müssen leben, - in ihrer Zeit.

19

Links

Ganz ähnlich zeigt
sich an diesem Porträt
**Ludwig van Beethovens
1770-1827**
die in sich ruhende
Persönlichkeit.

Rechts:

**König Ludwig XIV.
„Der Sonnenkönig".**

Der *„Sonnenkönig"* **Ludwig der XIV.** dagegen war bestimmt nicht besonders groß, er erscheint nur groß, weil er in einem „großen" Palast gewohnt hat und zweifellos große Macht gehabt hat. Wenn er eine größere Persönlichkeit gewesen wäre, dann hätte er keinen so riesigen Palast mehr gebraucht, dann hätte er seine Sockenhalter und die anderen überflüssigen Diener nicht zur Pflege seines Egos benötigt, sondern hätte sie wohl als ziemlich störend empfunden.

Da er keine besonders große Persönlichkeit war, brauchte er Versailles, die Diener und all den Firlefanz, um wenigstens groß zu scheinen. Er führte ein extrovertiertes Leben. Siehe Ludwig XIV. weiter unten.

> Starke Leute sind nicht unbedingt erfolgreich; sie bleiben meist Außenseiter der Gesellschaft, wenn sie sich nicht mit Gewalt über sie stellen, - dann beginnt aber erst das Unheil, - für die Unterworfenen.

Diejenigen, die die Weltgeschichte entscheidend geprägt haben, also: Alexander, Cäsar, Karl der Große, Otto, Napoleon, Hitler, Stalin, Mao... auch die großen Religionsstifter Buddha, Jesus und Mohammed, waren alle nicht so groß, **dass man sie hätte haben wollen.** Das konnten sie aufgrund ihrer Lebensweise gar nie sein. Buddha vielleicht noch am ehesten, weil er achtzig Jahre alt geworden ist, viel meditiert hat und bei sich geblieben ist.

Die Diktatoren musste man haben, mit all dem Schrecken, dem Leid, dem Terror, den sie brauchten, um sich an die Macht zu bringen und an der Macht zu halten. Diktatur bedeutet auch immer andauernde Verfolgung für diejenigen, die nicht bereit sind, eine Terrorherrschaft (unter z.B. Hitler; Lenin; Stalin; Mao;..) einfach zu erdulden. Das waren vor allem diejenigen, die selbständig denken konnten und die mutig genug waren, dies auch kund zu tun. Das waren diejenigen, die sich nicht einfach anpassten, um Karriere zu machen. Ihnen ging es um höhere Werte: um Wahrheit, Gerechtigkeit, Freiheit, vor allem um Meinungsfreiheit.

> Es mag im Interesse eines Diktators und seiner Anhänger liegen, sich die Alleinherrschaft zu erobern, aber es liegt im Interesse all derer, die ihre persönliche Freiheit lieben, dies zu verhindern.

Auch das katholische Christentum und der Islam sind mit sehr viel Gewalt verbreitet oder von oben verordnet worden. Hätten die Menschen freiwillig nach diesen Religionen gegriffen? Mit Sicherheit hätten diese Weltanschauungen nicht diese Verbreitung, zumindest nicht in ihrer jetzigen Form, gefunden und sie hätten nicht diese Bedeutung erlangt, wenn sie nicht die alten Religionen so vollständig verdrängt hätten, wenn sie nicht mit so massiver Intoleranz und Gewalt gegen andere Religionen vorgegangen wären, wenn sie nicht mit Täuschung und Betrug ihre Froh-Botschaft verbreitet hätten. Das Unheil dieser Weltanschauungen rührt vor allem daher, dass sie sich für die einzig wahren hielten und es oft immer noch tun. Sie haben anderen gleichsam vorgeworfen, absichtlich und böswillig falsch zu denken, absichtlich und böswillig nicht das Richtige zu glauben. Das erlaubte es ihnen, diese schwarzen Schafe, die nicht auf der Seite Gottes sein konnten, zu verfolgen und zu vernichten.

> Jeder hatte Gott auf seiner Seite und zerschmetterte mit Gottes Hilfe des anderen Schädel.

Erst heute sind die Menschen, zumindest in Mitteleuropa, relativ frei, ihre Religion zu wählen. Erst jetzt kann man allmählich erkennen, was das Christentum den Menschen wirklich wert ist.

Es war ja auch nicht das Christentum, das ab dem 4. Jahrhundert meist mit Gewalt verbreitet wurde, sondern es waren die Lehren des Paulus, die Dekrete des Konstantin, die Ideen der Kirchenväter und der Päpste, die wegen der Machtinteressen von Konstantin, Chlodwig, Karl (dem Großen) usw. durchgepeitscht wurden.

Die geschichtliche Wahrheit ist ernüchternder als die Legenden, die die Menschen gerne glauben wollen. Sie glauben, was sie sich wünschen. Sie wünschen sich einen, dem sie blind vertrauen, den sie lieben und verehren können. Von ihm erhofften sie sich Rettung aus der Not, ewiges Leben, einen besonderen Platz im Jenseits oder er verspricht *„glorreiche Zeiten"* (Wilhelm II.), Auserwähltheit (Judentum – Christentum - Islam), rassische Überlegenheit (Hitler) und begründet seinen Führungsanspruch mit einem geschichtlichen Auftrag, den ihm göttliche Vorsehung zugewiesen hat.

> Das Bedürfnis der Menschen, sich einem Führer anzuvertrauen, ihre Opferbereitschaft auf der einen Seite und die Unvollkommenheit dieser Führer auf der anderen Seite, hat oftmals zu riesigen Tragödien und endlosen Enttäuschungen geführt. Der Wunsch nach einem edlen Helden ist in allen Zeiten eine mächtige und romantische Vorstellung. Sie beruht auf einer Sehnsucht der Menschen nach einer heilen Welt, nach einem Halt in dieser Welt, die fließt, auf dem Wunsch nach Führung und Orientierung.

Massen, die einmal eine Autorität als solche anerkannt haben, sind nicht mehr fähig zu kritischem Denken. Sie sind zu allem bereit für ihren *„Führer"* und rechtfertigen alles: Verfolgung und Mord,... im Namen dieser Autorität, vor allem, wenn sie ihnen Auserwähltheit vor anderen und Wichtigkeit verspricht. Gläubige sind Hörige, sie haben ihren Verstand und ihr Gewissen an eine höhere Instanz abgegeben.

> Wir müssen die verurteilen, die Feindschaft zwischen den Menschen schüren... und das sind vor allem die, die sich für „auserwählt" halten.

Aus dem Gefühl der Auserwähltheit entstand der Größenwahn, das Gefühl der Überlegenheit, aus ihm entstanden Gesetze und Denkweisen, die anderen abzuwerten, zu verfolgen, auszurotten, im Namen der wahren Weltanschauung.

„Viele Menschen würden eher sterben als denken. Und in der Tat: Sie tun es."
Bertrand Russell

> Persönliche Freiheit ist für die Masse kein hoher Wert. Sie ist eher bereit, einem Führer zu folgen und dabei Einschränkungen ihrer Freiheit in Kauf zu nehmen. Die Masse besteht nicht aus Weisen.

Diejenigen, die die Geschichte schreiben, die Lob und Tadel austeilen, haben auch einen Einfluss darauf, wie die zukünftige Geschichte weitergeht. Wenn die Geschichte anders geschrieben worden wäre, wenn nämlich „Große Verbrecher" nicht dauernd verherrlicht worden wären, wäre die Geschichte sicher auch anders verlaufen. Gerade „Große Männer" suchen in ihrer Jugend nach Vorbildern für ihr Streben nach Ruhm. Wenn der Rücksichtslose Ruhm erntet, eifern sie ihm nach.

Schlechten Vorbildern sollte man keine Denkmäler bauen und doch geschieht dies in aller Welt, wohl aus Mangel an wirklichen Vorbildern oder weil es kaum eine „Größe" ohne Schattenseiten gibt. Es ist gefährlich einem Mann wie Napoleon, der in erster Linie eine gesamteuropäische Tyrannei errichtet hat, ein Denkmal zu setzen. Das könnte Hitler dazu verführt haben, zu glauben, dass er ein noch größeres Denkmal bekommt, wenn er noch größeres Unheil anrichtet.

Als ich meinen Vater einmal daran erinnerte, dass die Deutschen im Zweiten Weltkrieg Russland ohne Not überfallen hätten, gab er mir zur Antwort: „Hat das nicht Napoleon auch schon getan und hat man ihn dafür zum Verbrecher abgestempelt?" Nein, er blieb ein bewunderter Feldherr, dessen Rechnung halt mal nicht ganz aufgegangen ist. Ähnliches gilt für Friedrich den Großen, der aus reiner Hab- und Machtgier mitten im Frieden Kriege angezettelt hat, denen tausende junger Männer, Frauen und Kinder zum Opfer gefallen sind. Hat man ihn deswegen als Verbrecher abgestempelt? Nein, „Der große Fritz" reitet heute immer noch, wie Napoleon, auf vielen Denkmälern und die armen Leute, die er ins Jenseits befördert hat, sind vergessen. „Hunde wollt ihr ewig leben?", soll er seine Soldaten einst gefragt haben. Er dachte wohl: „Es reicht, wenn ich ewig lebe." Und das hat er ja geschafft, - mit dem Blut seiner Soldaten und der Tinte seiner Schmeichler. Man dürfte ihm aber kein Denkmal setzen, sondern müsste ihm nachträglich den Prozess vor einem Kriegsverbrechertribunal machen.

Für den türkischen Herrscher und Eroberer **Tamerlan**, 1336-1405, der unglaubliche Massaker unter seinen Feinden angerichtet hat, gibt es in Samarkand und Taschkent Denkmäler. In Usbekistan ist er immer noch ein Nationalheld. 1387 hat er 70000 Iraner köpfen lassen und mit den Köpfen Türme gebaut.
Für **Dschingis Khan**, 1167? – 1227, mongolischer Eroberer, Gründer des Mongolischen Reiches und völkermörderischer Kriegsherr, der unter seinen Feinden ungeheuren Schaden und Zerstörung angerichtet hat, wurden in der mongolischen Hauptstadt Ulan Bator mehrere Denkmäler errichtet, die es heute immer noch gibt.

Der Wahnsinn der Weltgeschichte bestand meist darin, dass immer ein Mächtiger oder eine Partei oder eine Religion versucht hat, die Alleinherrschaft über alle anderen auszuüben und allen Menschen vorzuschreiben, wie sie zu leben und zu denken haben und auf welche Weise sie glücklich werden müssen.

> **Verfolger betrachteten sich selbst nicht etwa als böse Menschen, sondern sie hielten sich im Gegenteil, meist unter dem Deckmäntelchen einer Ideologie, für besonders wertvoll, für Eiferer im Interesse des Guten, für Gärtner, die das „Gute" pflegen und das „Schädliche" ausmerzen. Sie hatten kein schlechtes Gewissen, sondern handelten aus Überzeugung und tun es immer noch.**

Das Leben ist nicht einfältig, sondern vielfältig. Das Glück auf dieser Welt, - mal angenommen dass das wirklich ein Ziel ist, - kann für verschiedene Menschen sehr unterschiedlich aussehen. Wir werden uns darauf einstellen müssen, dass die Menschen sich bald nicht nur durch die Vielfalt ihrer Nasen, sondern auch durch die Vielfalt ihrer Weltanschauungen unterscheiden. Deswegen müssen in einem Staat Toleranz, Vielfalt der Meinungen und der Lebensweisen garantiert sein.

> **Nur die freiheitliche Demokratie kann der Vielfalt des Lebens gerecht werden.**

Das Buch ist chronologisch aufgebaut. D.h. Verfolger und Verfolgte werden nebeneinander und durcheinander besprochen. Oft war dieselbe Person Verfolger und Verfolgter, z.B. Paulus oder Luther oder Lenin.

Göttliche Verfolgung

In der griechisch-römischen Antike wurde zwar eine Vielzahl von Göttern nebeneinander geduldet, aber auch damals erwarteten die Herrschenden, dass man an die anerkannte Götterwelt glaubte und auch damals betrachtete man fremde Götter, das Fremde überhaupt, mit Argwohn.

> **Es ist eine typisch menschliche Eigenschaft, das „Eigene", das „Bekannte" in Sprache, Religion und Sitte für wertvoller zu halten als das Fremde, das Unbekannte, das Neuartige.**

Der griechische Philosoph **Protagoras**, -480 bis -410, ist ehrlich genug zu sagen, *er wisse nichts von Göttern und könne weder behaupten, dass es welche gebe, noch versichern, dass es keine gebe.* Er stirbt auf der Flucht aus Athen, wo eine tyrannische Regierung ihn wegen Gottlosigkeit verurteilt und seine *„Abhandlung über die Götter"* öffentlich verbrannt hat.

Theodoros aus Kyrene, ein überzeugter Atheist wurde Ende des - 4. Jh. verbannt und soll in Athen beinahe wegen Gottlosigkeit (Asebie) angeklagt worden sein.

*Es war vor allem **Platon**, -427 bis -348/347, der im 4. Jh. gegen den Unglauben kämpfte. Er kann als Vater der Diskriminierung Gottloser angesehen werden: Ungläubige erklärt man seitdem für staatsfeindlich, vulgär, unmoralisch, Verderber der Jugend. Platon nahm die schlimme Formel vorweg: ‚Wenn Gott nicht existiert, ist alles erlaubt‘. Der ‚göttliche‘ Platon, Vertreter des Guten und Wahren gegen das Böse und den Irrtum, forderte der Sache nach Inquisition und Konzentrationslager".*
Gerhard Czermak

Dabei dienten gerade Gott und seine angeblichen Gebote als Anlass unzähliger Verfolgungen. *„Die athenische Vollversammlung hatte anno -432 den Beschluss gefasst, diejenigen zu verfolgen, die nicht an das Göttliche glauben und Lehren von (göttlichen) Erscheinungen im Himmelsraum bestreiten. Ihnen wird die Todesstrafe angedroht....*

Die griechischen Philosophen **Sokrates**, um -470 bis -399, **Aristoteles** -384 bis -322, und **Anaxagoras**, um -500 bis -428, die an den althergebrachten Glaubensvorstellungen zweifelten, wurden wegen Gottlosigkeit verfolgt. Sokrates wurde zum Tode verurteilt, Aristoteles wurde aus Athen vertrieben und Anaxagoras verließ seine Heimat Athen, nachdem er dort verhaftet worden war. Er behauptete, dass die Sonne aus glühendem Gestein bestehe und also nichts Göttliches an sich habe. Auch der Mathematiker und Religionsstifter **Pythagoras** floh 538 aus seiner Heimat Samos, nachdem sich dort der Tyrann Polykrates an die Macht bringen konnte.

> Freidenker können nicht unter Tyrannen leben.

Viele andere freie Denker teilten dieses Schicksal später im christlichen Europa. Sie durften nicht kund tun, dass sie an der Existenz Gottes, welchen Gottes? ihre Zweifel hatten und dass sie die Dogmen der Kirche für menschliche Machenschaften hielten. 1723 musste der Philosoph **Christian Wolff** seine Professur aufgeben und die Stadt Halle aufgrund eines Befehls des preußischen Königs Friedrich Wilhelms I. innerhalb von 48 Stunden verlassen. Seine pietistischen Gegner hatten ihn des Atheismus beschuldigt.
Der deutsche Philosoph und Erzieher Johann **Gottlieb Fichte** wurde während seiner Jenaer Professur, 1794-1799, zur Zielscheibe im sogenannten *„Atheismusstreit"*. 1799 hatte eine zunächst anonyme Streitschrift Fichtes den Streit ausgelöst: Fichte wurde wegen Verbreitung atheistischer Ideen und Gottlosigkeit verklagt und zum Rücktritt gezwungen.
Auch religionskritische Philosophen wie **David Hume**, 1711-1776, **Auguste Comte**, 1798-1857, **Ludwig Feuerbach**, 1804-1872, **David Friedrich Strauß**, 1808-1874, hatten zu ihrer Zeit kaum Möglichkeiten an einer Universität zu lehren.

Der Philosoph Baruch de **Spinoza**, jüdischer Abstammung, wurde 1660 wegen seiner Bibelkritik von der jüdischen Gemeinde aus Amsterdam vertrieben. Es gab auch islamische Märtyrer der Wissenschaft. Der spanisch-arabische Philosoph **Averroes = Ibn Rushd** 1126-1198 wurde 1195 von seinem Herrscher ins Exil geschickt, weil er die Vernunft für wichtiger hielt als den Glauben. **Avicenna** um 980 bis 1037 leugnete, wie viele mittelalterliche Philosophen, die Unsterblichkeit der menschlichen Seele, Gottes Interesse an Einzelereignissen, sowie eine Erschaffung der Welt in der Zeit. Er wurde deswegen von sunnitischen Theologen scharf angegriffen.

Timuriden-Fürst in Samarkand **Ulug Beg**, 1394-1449, wurde wegen seiner Ansichten in Samarkand ermordet. Ihm wird folgender Satz zugeschrieben: *„Die Religionen zerstreuen sich wie Nebel, die Zarenreiche zerstören sich von selbst, aber die Arbeiten des Gelehrten bleiben für alle Zeiten. Das Streben nach Wissen ist die Pflicht eines jeden!"*

> Es darf keinen Zwang geben, an Wesen zu glauben, die nicht erkennbar sind. Wir können einen Gott so wenig erkennen wie das Vorhandensein einer unsterblichen Seele. Wir können auch darüber, was unser Schicksal bestimmt und was nach dem Tod kommt, nichts wissen, sondern wir können über solche Fragen nur Vermutungen äußern bzw. dies oder jenes glauben. Auch Autoritäten wie Platon und Aristoteles können sich irren und haben sich geirrt.

Zu unduldsamen Verfolgern wurden ganze Staaten, meist auf Veranlassung eines strenggläubigen Herrschers, der seine Macht durch eine erzwungene Einheit des Glaubens festigen wollte. Das versuchten Konstantin, Chlodwig, Karl d. Große, Karl V., Philipp II., Ludwig XIV., Mohammed, islamische, nationalistische und kommunistische Herrscher. Da strenggläubig immer auch engstirnig und unduldsam bedeutet, heißt das, dass der Strenggläubige weder Falschgläubige noch Ungläubige dulden, sondern sie im Namen der *„wahren"* Götter, insbesondere im Namen des *„einen wahren Gottes"* verfolgen wird.

> Wenn ein unduldsamer Gott als einzig wahrer Gott und eine unduldsame Religion als einzig richtige geglaubt wird, führt das unausweichlich zu Tyrannei und Verfolgung.

Er duldet keine anderen neben sich. Er will sie vernichten, herabsetzen, entmachten. Er ist eifersüchtig und jeder weiß, wozu Eifersüchtige fähig sind: zu allem. Anhänger solcher Gottheiten (Jehova; Allah;) nehmen sich das Recht heraus, ihre Glaubensvorstellungen mit Gewalt durchzusetzen und wissen Gott, den einzig wahren Gott natürlich, auf ihrer Seite. Besonders die Herrschenden und die Priesterschaft fördern diesen Glauben, weil er ihnen am meisten Nutzen, d.h. Status, Reichtum und göttliche Legitimation ihrer Macht bringt. Sie sind mit ihm aufs Engste verbunden, stehen in seinem

Glanz, teilen seine Unfehlbarkeit, rechtfertigen in seinem Namen Kriege, Eroberungen, Gesetze, Verfolgungen und kassieren zu seiner Ehre Steuern aller Art. Vor allem bedrohte die einzig wahre Religion jene, die es wagten, Anderes, *„Falsches"* oder gar nichts zu glauben. Ungläubige waren dann keine Menschen mehr, man durfte, musste sie sogar verfolgen, vernichten, ausrotten im Namen des wahren Gottes, zum Wohle der Rechtgläubigen, der Auserwählten Gottes.

Gott war und ist immer noch die Keule gegen jene, die es wagen, an ihm zu zweifeln. Wären die Menschen, die diesen Gott erfunden haben, größer gewesen, wäre ihr Geschöpf nicht so bedrohlich ausgefallen. Ihr Gott steckt in der Kampf-Krieg-Todphase, er wirkt nicht befreiend, sondern bedrückend.

Dass der Glaube an einen Gott auch tolerant sein konnte, zumindest in seinen Anfängen, bewiesen die Anhänger Zarathustras, der zwischen ~ -1800 bis -600 in Persien wirkte; seine Lebenszeit ist ungeklärt. Das ist eine rühmliche Ausnahme. Er setzte nicht auf gewaltsame Verbreitung seiner Botschaften, sondern auf Überzeugung und eben doch auf einen mächtigen Befürworter.

„Der Mensch wird als vernünftiges Wesen frei geboren und kann allein durch freie Entscheidung und persönliche Einsicht zu Gott gelangen." **Zarathustra**

Wie alle Neuerer wurde Zarathustra verfolgt. Er wandte sich gegen die Götzendienerei der Mithras-Priester, - wieder einer, der wusste, welches die richtige Religion und der wahre Gott ist. Erst als er im König von Choresmien einen mächtigen Fürsprecher seiner Ideen fand, breiteten sie sich schnell aus.

> Meist haben die Mächtigen entschieden, was die Menschen denken und glauben.

~700 Jahre später, 224, riss Ardaschir I., ein persischer Vasallenkönig, die Macht des zerfallenden Partherreiches an sich und gründete eine neue persische Dynastie, die Sassaniden-Dynastie. Er machte die alte Religion Zarathustras nicht nur zur einzig wahren Staatsreligion, sondern verfolgte im Namen des einzig wahren Schöpfergottes **Ahura Mazda** alle Andersgläubigen unbarmherzig, vor allem das entstehende Christentum. „Nun, da wir die (wahre) Religion auf der Erde gesehen haben, werden wir niemand seiner falschen Religion überlassen, und wir werden sehr eifrig sein." *Quelle: Deschner K.d.C.= Kriminalgeschichte des Christentums*

Aus der Überzeugung, im Besitz der Wahrheit zu sein, leitete er das Recht ab, allen diese Wahrheit aufzwingen zu dürfen. Aus einer gut gemeinten Religion wurde eine Religion, die andere verfolgte, eine Entartung, die sich zwangsläufig aus jedem Alleingültigkeitsanspruch ergibt. Eine ähnliche Wandlung zur unduldsamen Religion wird auch das Christentum ab dem 4. Jahrhundert unter den Nachfolgern Konstantins durchmachen.

Jehova - Jahwe - Allah

Unduldsamer Gott der Israeliten, Christen und Muslime.

„Es ist unmöglich, mit Leuten, die man für verdammt hält, in Frieden zu leben; sie lieben hieße Gott hassen, der sie bestraft. Es bleibt keine andere Wahl, als sie zu bekehren oder zu peinigen." **Rousseau**

In der griechisch-römischen Antike wurden viele Götter nebeneinander verehrt. Sie ergänzten sich gegenseitig. Sie waren ein Team und niemand störte sich daran, für verschiedene Lebensbereiche verschiedene Götter zu haben, bis dieser unduldsame, jüdische Gott der einzig *„wahre Gott"* sein sollte.

Die Wurzel allen Unheils

Drei Glaubenssätze machten die Juden zu Fremdkörpern in der antiken Welt:
- Der Glaube, dass es nur einen *„wahren"* Gott gäbe,
- dass sie das einzig auserwählte Volk dieses Gottes seien,
- dass dieser Gott ihnen ein Land versprochen habe, das sich allerdings noch im Besitz anderer Völker befand, was für ein auserwähltes Volk natürlich kein Problem darstellt.

Das erste Gebot, das Jehova Moses, dem jüdischen Anführer gab, hieß:
1. Gebot: *„Du sollst keine anderen Götter neben mir haben"*.

Und was geschah mit denen die mal abtrünnig wurden, weil sie es vielleicht mit einem sympathischeren Gott probieren wollten? Hören wir den *„lieben Gott"* selbst oder besser die Menschen, die ihm diese Worte in den Mund gelegt haben:

Hosea 13:16 oder 14:1 Samaria wird wüst werden; denn es ist seinem Gott ungehorsam. Sie sollen durchs Schwert fallen und ihre kleinen Kinder zerschmettert und ihre Schwangeren aufgeschlitzt werden.

Hier noch ein paar weitere Stellen, um abzuklären, wie der Herr mit Ungläubigen verfährt, die sich ihm nicht unterwerfen wollen:

Jesaja 34:2 Denn der Herr ist zornig über alle Heiden und grimmig über all ihr Heer. Er wird sie verbannen und zum Schlachten überantworten. ₃Und ihre Erschlagenen werden hingeworfen werden, dass der Gestank von ihren Leichnamen aufgehen wird und die Berge von ihrem Blut fließen.

Nachdem die Israeliten es gewagt hatten, ihrem Herrn untreu zu werden, befahl er (besser: seine Erfinder) Folgendes: *2 Mose Ex 32:27 „So spricht der Herr, der Gott Israels: Ein jeder gürte sein Schwert um die Lenden und gehe durch das Lager hin und her von einem Tor zum andern und erschlage seinen Bruder, Freund und Nächsten... Vom Volk fielen an jenem Tag gegen dreitausend Mann. "*

Als die Israeliten die Götter der Moabiter angebetet hatten, **4 Mose: Nu 25:3**
„...entbrannte des Herrn Zorn über Israel, 4 und er sprach zu Mose: Nimm alle Oberen des Volks und hänge sie vor dem Herrn auf im Angesicht der Sonne, damit sich der grimmige Zorn des Herrn von Israel wende.... Es waren aber durch die Plage getötet worden vierundzwanzigtausend. "

Und so ahndete er die Absicht religiöser Seitensprünge:
5 Mose Dt:13:7-11 *Wenn dein Bruder... dein Sohn... deine Tochter... deine Frau... dein Freund sagt: ...'dienen wir anderen Göttern'... dann sollst du ihn anzeigen. Du sollst ihn (als Erster) steinigen, und er soll sterben.*

Und das Volk tat wie Gott befohlen hatte:
2. Chronik 23:17 *Da ging das ganze Volk in das Haus Baals und brach es ab, und seine Altäre und Bilder zerbrachen sie und töteten Mattan, den Priester Baals, vor den Altären.*

Jahrtausende lang haben Bibelgläubige dieses in der Bibel gutgeheißene Verhalten gegen Ungläubige und Falschgläubige in die Tat umgesetzt, die Juden gegen die Kanaaniter, die Christen gegen die Juden, gegen die Heiden, gegen die Ketzer, gegen die Muslime, gegen die Indianer...Das Interessante ist, dass Rechtgläubige gar nicht merken, was die Bibel den Falschgläubigen antun will, weil es als *„richtig "* im Sinne der eigenen Weltanschauung empfunden wird, wenn Falschgläubige bedroht, bestraft, verfolgt und ausgerottet werden. Ist ja nur Recht so...oder?

Seit der Zerstörung des ersten Tempels -586 durch die Babylonier waren die Juden in vieler Herren Länder (Babylon; Ägypten, Griechenland...) zerstreut. Diejenigen, die ihre jüdische Identität nicht verlieren wollten, waren geistig nach Jerusalem orientiert. Dorthin schickten sie auch regelmäßige Abgaben für den Tempel, die Tempelsteuer. So wurde ihre Treue gegenüber dem Land, das sie gerade bewohnten und gegenüber der dort herrschenden Regierung, der sie dienen sollten, immer in Zweifel gezogen und misstrauisch beäugt. Die in aller Welt zerstreuten Juden wurden zwar durch ihren gemeinsamen Glauben an ihren Gott miteinander verbunden, gleichzeitig erregten sie durch die Einhaltung der mosaischen Gesetze und vor allem durch den Glauben an ihre Auserwähltheit bei ihren Nachbarn Unbehagen.

> **Auserwähltheit für die einen bedeutet auch immer Abwertung der anderen. Wer sich selbst für auserwählt hält, neigt dazu, die „anderen" mit Geringschätzung zu betrachten und sie schließlich auch so zu behandeln.**

Die Juden durften gemäß ihren religiösen Gesetzen nicht mit den Andersgläubigen Tisch- und Ehe teilen. Sie beteiligten sich auch nicht an deren Kulthandlungen. Sie sonderten sich ab und hielten sich an besondere Reinheits- und Speisevorschriften. Auch durch ihre Beschneidung und durch die Einhaltung des Sabbats wollten sie sich überall als Israeliten von den *„Anderen"* abgrenzen. Das war für die *„Anderen"* Anlass die Juden ihrerseits für arrogant zu halten und ihrerseits Gesetze gegen sie zu erlassen, wo immer sie die Macht dazu hatten.

„Untersagt war ferner bereits nach mosaischem Recht die Eingehung einer Ehe mit den kanaanitischen Völkern; später wurde dann dieses Eheverbot auf alle fremden Völker erstreckt und die Eingehung jeder Mischehe verboten".
Lexikon jüdisches Recht 1980

Die Juden wurden immer wieder aus den Ländern vertrieben, in denen sie sich niedergelassen hatten. Wer sich aus Reinheitsgründen absondert, wird in den Dreck gezogen und vertrieben. So funktioniert das Leben. Die ganzen Judengesetze des europäischen Mittelalters tendierten in diese Richtung. Schon der römische Geschichtsschreiber **Tacitus**, 55-115, schreibt: Die Juden seien *„den Göttern verhasst und den übrigen Religionen entgegengesetzt"*. Er wirft ihnen Verachtung der Götter und des Vaterlandes vor. *„Sie halten zusammen und betrachten den Rest der Welt mit Feindschaft"*.
Ihre Religion und ihr Auserwähltheitswahn machten sie unverträglich für andere.
Zu ersten Judenverfolgungen kam es unter dem hellenistischen König **Antiochus IV.**, der die Einheit des Glaubens unter der griechischen Götterwelt erzwingen wollte. Er ließ im Tempel in Jerusalem ein Schwein opfern (Schweine sind für die Juden unreine Tiere) und untersagte alle jüdischen Kulthandlungen. Damit löste er -167 den Aufstand der Makkabäer aus.

Die Entstehung der hebräischen Bibel

Die ältesten biblischen Texte entstanden etwa um -1000 aus einer Vielzahl verschiedener Sagen und Erzählungen, aus erfundenen und wahren Geschichten. Im 3. und 4. Jahrhundert vor unserer Zeitrechnung übersetzten hellenistisch geprägte Juden ihre biblischen Schriften aus dem Hebräischen ins Griechische.

„Alle Missverständnisse, welche in die griechische Bibel durch Unkenntnis, Übersetzungsfehler und willkürliche Zusätze hineingekommen waren, hielten sie für das Wort Gottes, und so lehrten sie später manches im Namen des Judentums, was ihm durchaus fremd oder entgegen ist." **Heinrich Graetz: Geschichte des Judentums.**

Diese **Septuaginta** genannte Bibelfassung wurde um 100 unserer Zeitrechnung abgeschlossen. Zusammen mit dem Neuen Testament wurde sie ins Lateinische übersetzt und nach einer Auswahl der Texte als **Vulgata** vom Katholizismus übernommen und

---

verbreitet. Die evangelische Bibel wurde von Luther übersetzt und entspricht in weiten Teilen der Auswahl der Vulgata. Obwohl er, wie Hieronymus, versucht hat, auf den Urtext zurückzugreifen, lag dieser nur bruchstückhaft in zahllosen verschiedenen, von den Kopisten erweiterten und veränderten, Abschriften vor.

Auserwählte sind unduldsam. Sie wähnen sich im Besitz der einen Wahrheit und schweben über den anderen, denen man natürlich nicht dieselben Rechte einräumt. Klare Belege dafür gibt es in der **Bibel** und im **Talmud**, den heiligen Büchern der Juden. Diese verhängnisvollen, *„heiligen Schriften"* in denen ein Volk gegen andere Völker abgegrenzt und aufgehetzt wird, gehören zur folgenschwersten Hetzliteratur der Weltgeschichte. Weil die Juden sich mit Hilfe des Talmuds abgrenzten und erhöhten, sind sie von den andern Völkern erniedrigt und vertrieben worden.

> **Wenn jemand glaubt, sein Gott gebe ihm das Recht, mich zu betrügen, kann es zwischen uns kein Zusammenleben geben, keine Freundschaft, keine Gemeinschaft, nur Misstrauen und Feindschaft!**

Dass Gott gerade mit dem Volk Israel einen Bund geschlossen haben soll, wollen natürlich vor allem die Juden glauben. Wer will nicht zu den Auserwählten zählen? Die Bibel ist von den Juden geschrieben worden und deswegen spielen die Juden in diesem *„Drehbuch"* auch die Hauptrolle. Die Indianer Nordamerikas würden darüber wahrscheinlich ganz anders denken, ebenso anders dachten die Nachbarn der Juden im Vorderen Orient, die Ägypter, die Babylonier, die Perser, die Assyrer und Syrer, die Griechen und Römer.

Auserwähltheitswahn

> **Menschen und Völker haben eine bemerkenswerte Fähigkeit, sich zu überschätzen, sich für wertvoller, nützlicher, achtbarer zu halten als andere. Sie sehen sich im Mittelpunkt des Weltgeschehens und verteufeln die Fremden, die Barbaren, die Ungläubigen. Das gibt ihnen scheinbar ein gutes Gefühl, ein Gefühl der Überlegenheit und Auserwähltheit.**

Fremde und Andersdenkende stellen die Alleingültigkeit der eigenen Kultur bzw. der eigenen Denkweise in Frage. Sie erschüttern damit die Sicherheit, die der einfache Mensch in seiner Beschränktheit erlebt. Für einen lernfähigen und neugierigen Geist ist Andersartigkeit Bereicherung und anderes Denken Anregung.

Die **Griechen** bezeichneten alle anderen Völker als *„Babler"* oder *„Barbaren"*. Auch die Philosophen schlossen sich der Abwertung dieser *„Anderen"* an. *„Platon bezeichnet die Barbaren als die natürlichen Feinde der Hellenen. Xenophon nennt den Perser-*

hass „edel". Isokrates, der bedeutendste Propagandist eines Rachekrieges gegen Persien forderte gegen die Barbaren Kampf und zwischen den Hellenen Eintracht: Homonoia. Und Aristoteles, der von -343 bis etwa -340 im Auftrag Philipps II. den Kronprinzen Alexander zusammen mit Hephaistion und weiteren Söhnen aus makedonischen Adelsgeschlechtern unterrichtete, betrachtete alle Barbaren, vor allem die Völker Asiens, als Sklaven von Natur aus. Er gab seinem Schüler Alexander in einem Sendschreiben den Rat, die Griechen als freie Männer wie Freunde und Verwandte zu betrachten, die Barbaren aber wie Tiere oder Pflanzen als Sklaven zu behandeln".
Wikipedia

Aristoteles behauptet: *„Ja, mit Fug den Griechen sind die andern untertan."*
Auf Aristoteles beriefen sich später auch die Spanier, als es um die Frage ging, ob die Indianer Amerikas versklavt werden dürfen oder nicht. Auch Kant, Goethe, Locke, Hegel…waren von der Minderwertigkeit dunkelhäutiger Völker überzeugt.
Die **Inkas** hielten ihre Hauptstadt Cuzco für den Nabel der Welt.
Die **Wampanoag Indianer** an der Ostküste Nordamerikas bezeichneten sich als Volk des ersten Lichtes.

„Die amerikanischen Indianer betrachteten sich als das erwählte Volk, vom großen Geiste zu erhabenem Beispiel der Menschheit geschaffen. Ein Indianerstamm führte den Namen ‚die einzigen Männer'; ein anderer ‚Männer der Männer'; die Karaiben sagten von sich: ‚Nur wir sind Leute', und die Eskimo glaubten, dass die Europäer nach Grönland gekommen seien, um gute Manieren und Tugenden zu erlernen."
Will Durant

Die **Chinesen** bezeichneten ihr Reich als das *„Reich der Mitte"*, weil sie sich im Mittelpunkt der Welt und der Weltgeschichte wähnten. Sie fühlten sich anderen Völkern überlegen.
Die **Japaner** glaubten mindestens bis 1945, dass alle Königreiche von Menschen gemacht und nur das japanische göttlichen Ursprungs sei.
Die **Franken** glaubten, als führendes christliches Volk *„das neue von Christus auserwählte Volk zu sein"*, was ihnen auch erlaubte, alle nicht-christlichen Völker, z.B. die Sachsen, zu verfolgen, auszurauben und zu *„bekehren"*.
Die **USA** nennen sich gerne *„Gods own nation"*. Auch die Pilgerväter glaubten zu Gottes auserwähltem Volk zu gehören. Für ihre Nachbarn, die Indianer, war das tödlich.
Die **Russen** hielten sich seit den Anfängen ihres Staates für das neue Israel, als dem Land, in dem sich die Heilsgeschichte vollenden werde.
Die **Engländer** hielten sich seit Cromwell für das auserwählte Land, das dazu berufen sei, die ganze Welt mit dem Christentum missionieren zu müssen und allen kolonialisierten Völkern die *„englische Lebensart"* aufzwingen zu dürfen.

Die „**arische Rasse**" hielt sich schon lange vor Hitler für die Herrenrasse und unter Hitler, der darin die *„germanische* Rasse" erkannte, steigerte sich ihr Auserwähltheitswahn so weit, dass es ihr keine Gewissensbisse bereitete, andere „Rassen" auszurotten. Die **Arier** waren eine indogermanische Volksgruppe, die ursprünglich im Iran siedelte und dann um -1200 nach Indien auswanderte.

Die **Franzosen** fühlten sich nach der Französischen Revolution als das Volk, das auserwählt war, der Menschheit die Freiheit zu bringen, - aber auch dazu waren alle Mittel recht.

Man sieht an diesen wenigen Beispielen, dass es meist unheilvoll für andere Völker, vor allem für die Nachbarvölker war, wenn sich ein Volk für auserwählt hielt.

Die Menschen wollen wichtig sein und im Mittelpunkt stehen, sonst hätten sie nicht Jahrtausende lang geglaubt, sich im Mittelpunkt des Weltalls zu befinden und abgetrennt von der Tierwelt, die Krone der Schöpfung zu sein, was sich ganz offensichtlich als eine abwegige Überschätzung herausstellte.

> **Wichtig sein, fühlt sich gut an, und wenn man es nicht ist, so möchte man es doch wenigstens glauben können.**

Man kann das Ausmaß der Verfolgung gar nicht ermessen, das der Glaube an den unduldsamen, unbarmherzigen, rachsüchtigen, gewalttätigen und eifersüchtigen Gott des Alten Testamentes, der Glaube an seine Alleinherrschaft und an die noch unseligeren Texte, die seine Gebote und ewigen Wahrheiten enthalten sollen, verursacht hat. Sie werden heute noch immer in den Synagogen, den Kirchen und den Moscheen gelesen und in die Köpfe und Herzen der Kinder eingeprägt.

So werden Eroberungskriege gerechtfertigt:

Psalm 105:43 Also führte er sein Volk in Freuden und seine Auserwählten in Wonne 44 und gab ihnen die Länder der Heiden, dass sie die Güter der Völker einnahmen, 45 auf dass sie halten sollten seine Rechte und seine Gesetze bewahren. Halleluja!

Und so wird die Eroberung durchgeführt:

2 Mose Ex:34:12 „Hüte dich, einen Bund zu schließen mit den Bewohnern des Landes, in das du kommst, damit sie dir nicht zum Fallstrick werden in deiner Mitte; sondern ihre Altäre sollst du umstürzen und ihre Steinmale zerbrechen und ihre heiligen Pfähle umhauen; denn du sollst keinen andern Gott anbeten. Denn der Herr heißt ein Eiferer; ein eifernder Gott ist er." In diesem Sinne gingen später auch die christlichen Eroberer mit gutem Gewissen gegen die ungläubigen Ureinwohner der eroberten Länder vor. Die Menschen wurden versklavt und vernichtet. Ihre Kulturdenkmäler wurden *„umgehauen"*...von den „Auserwählten Gottes".

Der Glaube auserwählt zu sein, schweißt einerseits ein Volk zusammen, führt andererseits aber auch zur Abwertung anderer Völker. Das wiederum hat seine Folgen im Verhalten gegenüber diesen *„fremden"* Völkern. Sie sind von dem Moralkodex, der für das eigene Volk gilt, ausgenommen. Das heißt, man darf sie berauben, töten, ihre Frauen schänden usw., was gegenüber den *„eigenen Leuten"* verboten ist. So sind die Zehn Gebote, die Gott Moses gab, nur für Juden gültig.

5. Gebot: Du sollst nicht töten!
5 Mose Dt. 20:16 „Aber in den Städten dieser Völker, die dir der Herr, dein Gott, zum Erbe geben wird, sollst du nichts leben lassen, was Odem hat,..."

6. Gebot: Du sollst nicht ehebrechen!
7. Gebot: Du sollst nicht stehlen!
9. Gebot: Du sollst nicht begehren deines Nächsten Haus!
10. Gebot: Du sollst nicht begehren deines Nächsten Weib!
Das sind die Gebote, die Gott seinem Volk gab, aber wie sollen sie andere Völker behandeln? Der Auftrag ist klar:
Jesaja 13:16 „Es sollen auch ihre Kinder vor ihren Augen zerschmettert, ihre Häuser geplündert und ihre Frauen geschändet werden. [17] Denn siehe, ich will die Meder gegen sie erwecken, die nicht Silber suchen oder nach Gold fragen, [18] sondern die Jünglinge mit Bogen erschießen und sich der Frucht des Leibes nicht erbarmen und die Kinder nicht schonen."

Sie taten, wie der Herr gebot,
Josua 6:21 ... „und verbannten alles, was in der Stadt war, mit der Schärfe des Schwerts: Mann und Weib, jung und alt, Ochsen, Schafe und Esel."

Die Politik der *„verbrannten Erde"* ist also keine Erfindung der Neuzeit.
Als im Juni 1942 Obergruppenführer Reinhard Heydrich durch zwei Exiltschechen ermordet wurde, rächten sich die Nazis dafür an dem Ort Lidice in der Tschechoslowakei. Die Anleitung dafür hätten sie aus den oben zitierten Stellen der Bibel entnehmen können:
Nachdem die Männer exekutiert, Frauen und Kinder in Konzentrationslager verschleppt worden waren, wurde der Ort niedergebrannt und die Ruinen von Angehörigen des Reichsarbeitsdienstes Stein für Stein abgetragen. Nichts, was auch nur im Entferntesten mit dem Ort zu tun hatte, sollte übrig bleiben. Für die Nazis war das die einzig angemessene Antwort auf die Ermordung von SS-Obergruppenführer Reinhard Heydrich.

> Menschen, die sich für Auserwählte halten, sind eine große Gefahr für den Weltfrieden, weil sie Grundrechte für alle Menschen nicht anerkennen.

Das gilt für Juden, Christen, Muslime, Nazis, Kommunisten, Scientologen...und sicher noch für viele psychisch gestörte Individuen und Gruppen. Sie schaffen es, sich durch Abgrenzung und Ausdeutung der Wirklichkeit, für auserwählt zu halten und sich darauf aufbauend einen speziellen Moralcodex zu entwerfen, der die hemmungslose Vernichtung und Benachteiligung anderer Gruppen rechtfertigt.

> Es gab noch nie ein auserwähltes Volk, aber es gab schon viele, die sich für auserwählt hielten. Völker neigen genauso wie Menschen dazu, sich zu überschätzen.

„Die Bibel ist ein Regelwerk der Gruppenmoral mit Anweisungen zum Völkermord, zur Versklavung anderer Gruppen und zur Weltherrschaft." **John Hartung**

Menschenrechte in der Bibel galten nur für die Rechtgläubigen. Für Völker und Menschen anderen Glaubens (2. Mose 23: 23-32) gab es dagegen klare Sonderregelungen. Man durfte sie vertreiben, ausrotten und versklaven. (3. Mose 25:44) Das Erste der Zehn Gebote widerspricht der Religionsfreiheit, *„...Du sollst keine anderen Götter haben neben mir."* Außerdem gibt Gott damit zu, dass es noch andere Götter geben könnte. *„ ... Bei denen, die mir Feind sind, verfolge ich die Schuld der Väter an den Söhnen, an der dritten und vierten Generation"* Das darf ja wohl nicht unser Vorbild sein! Das ist Sippenstrafe! 2. Gebot: *„Du sollst den Namen des Herrn, deines Gottes, nicht missbrauchen."* Widerspricht dem Recht auf freie Meinungsäußerung! Die ersten drei Gebote begründen eine hierarchische Ordnung, mit einem obersten Herrn, der bedingungslose Unterwerfung fordert, keineswegs eine demokratische. Im Zehnten Gebot werden Frauen, Esel und Sklaven in einem Satz als Besitztum des Mannes aufgeführt. Die Zehn Gebote können also nicht Vorläufer der Menschenrechte sein. Sie sind diktatorische Forderungen. Die Menschenrechte sind Freiheitsrechte. Sie werden von Menschen gewährt, weil einer ein Mensch ist. Sie werden nicht von Gott gewährt.

> Religion, - dabei denke ich vor allem an die drei unduldsamen abrahamitischen Religionen, - bedeutet Unheil, Verfolgung und Krieg, wenn nicht ein Gebot über ihnen steht: Das Gebot zur Toleranz, auch gegenüber Andersgläubigen und Ungläubigen. Diese Toleranz wird nur durch einen freiheitlichen Rechtsstaat gewährleistet, in dem die Menschenrechte und nicht eine Religion oder eine Ideologie an oberster Stelle stehen.

Allah

Einzig wahrer Gott der Muslime.
Bestrafer und Verfolger aller Andersgläubigen.

Für Gottsuchende ist es gar nicht so einfach, den richtigen Gott zu finden. Keiner lässt sich wirklich sehen. Allein die drei abrahamitischen Götter: Jehova, der Christengott und Allah beanspruchen jeweils der einzig wahre zu sein. Dabei offenbaren sie sich in verschiedenen Büchern und lassen unterschiedliche Botschaften und Wesensmerkmale erkennen. Der Gott der Muslime hat ebenso wie der Gott der Juden keinen Sohn, dafür nennt er als letzten Propheten Mohammed, was weder die Juden noch die Christen glauben. Alle drei sind intolerant und zwei von ihnen, Christengott und Allah, versuchen mit höllischen Drohungen und himmlischen Verlockungen möglichst viele Gläubige zu gewinnen. Ihr größtes Vergnügen ist es scheinbar, ihre missratenen Geschöpfe im ewigen Feuer zu grillen. Da die Botschaften widersprüchlich und die dazu passenden Wundergeschichten ziemlich unglaubwürdig sind, kommt es darauf an, wer die Macht hat, die anderen zum richtigen Glauben zu zwingen. Es kommt darauf an: Wer hat die irdische Macht und wer hat die heißeste Hölle bzw. den verlockendsten Himmel im Jenseits.

> **Mit Drohungen gewinnt man keine denkenden Menschen, sondern höchstens Angsthasen und Dummköpfe.**

Echnaton / Amenophis IV.

Gründer einer neuen Religion und unduldsamer Verfolger aller Andersgläubigen.

Echnaton war ein ägyptischer Pharao, der im Alter von 16 Jahren den Thron bestieg. 17 Jahre lang, vom Tod seines Vaters Amenhotep III., circa -1380 vor unserer Zeitrechnung bis zu seinem Tod, circa -1334, regierte er Ägypten. Er war mit der berühmten Nofretete verheiratet, hatte mit ihr sechs Töchter und führte offensichtlich ein glückliches Familienleben, das auf vielen Bildern dargestellt wurde.

Sein Wille zur Macht trieb ihn dazu, wohl zum ersten Mal in der Menschheitsgeschichte, die vielfältige Götterwelt Ägyptens abzuschaffen und an deren Stelle den Glauben an den **einen wahren Gott** Aton (Bezeichnung für die Sonnenscheibe) einzuführen. Sein Ziel war es, damit auch die herrschende Amunpriesterschaft, die sich ihm nicht unterordnen wollte, auszuschalten.

Aus dem Sonnengesang des Echnaton. „Du bist schön und groß, glänzend und hoch über jedem Land. Deine Strahlen umarmen die Länder bis zu den äußersten Grenzen alles dessen, was du geschaffen hast. Du bist Re (Sonnengott Altägyptens), du erreichst ihr Land und bezwingst sie für deinen geliebten Sohn (Echnaton). ...Du hast die Erde nach deinem Willen geschaffen, du allein mit Menschen, Vieh und allem Getier,......Wie zahlreich sind doch deine Werke, dem Blick der Menschen verborgen, du einziger Gott, außer dem es keinen anderen gibt!" ...

Zum Sonnengott hatte Echnaton ein besonders inniges Verhältnis. Er hielt ihn für seinen Vater und für den Schöpfer der Welt, ja, er identifizierte sich letztlich sogar mit ihm und wertete mit der Verbreitung dieses Glaubens vor allem sich selber auf. Er verehrte Aton und das Volk sollte ihn verehren.

> **Weil die Menschen ihre Götter erschaffen haben, ist es nur selbstverständlich, dass es unzählige, verschiedene Götter gibt. Aus der Vielfalt der Gläubigen erklärt sich die Vielfalt der Götterwelt.**

Um einen Ein-Gott-Glauben durchzusetzen und damit die Gehirne gleichzuschalten, bedarf es einer mächtigen Organisation, die schnüffelt, befragt und Andersgläubige bedroht und verfolgt.

> **Die Masse stört sich nicht daran, unvernünftige Dinge zu glauben. Sie glaubt, was sie sich wünscht oder was man ihr einhämmert, - auch wenn es noch so widersinnig ist. Deswegen haben sich im Laufe der Weltgeschichte, meist mit Verfolgung und Terror der Mächtigen, die unvernünftigen gegen die vernünftigen Ansichten durchgesetzt. Es gibt nichts, was Menschen nicht glauben könnten.**

Die Sonne war für Echnaton Ursprung und Erhaltung allen Lebens. Er unterscheidet zwischen dem *„wahren Gott"* und den *„falschen Göttern"* und beginnt die *„Falschgläubigen"* zu verfolgen. Im Gegensatz zu Jesus, der keine irdischen Truppen hatte, standen ihm dazu alle staatlichen Machtmittel zur Verfügung. Nachdem er die Amun-Priesterschaft durch Tempelschließung, Verfolgung und Enteignung ausgeschaltet hatte, gab es nichts und niemanden mehr, der seine Herrschaft beschränkt oder kritisiert hätte. Als Zeichen seiner Neuorientierung gab er die alte Hauptstadt Theben auf und verlegte seine Residenz in die von ihm geplante Stadt: Achet-Aton (Horizont des Aton). Systematisch beseitigte er alle Spuren der Vielgötterei, schaffte den Klerus ab und verfeindete sich so mit der Priesterschaft der alten Götter, insbesondere mit der des Gottes Re. Auch die Wünsche des Volkes überging er. Anstelle der alten Mythen, Rituale, Feste und Götter ließ er sich und seine Familie in allen Formen verherrlichen. Sie musste als **Heilige Familie** verehrt werden. Ein von oben erzwungener Personenkult ersetzte die alten Götter.

Das Volk wurde in Anhänger und Gegner seiner Reformen gespalten, wobei die Gegner ihre Stellungen und ihr Gut verloren und die Anhänger reich belohnt wurden. Das Militär stand auf seiner Seite und entschied den Machtkampf zu seinen Gunsten.

Was trieb ihn dazu, solches Chaos und Unheil über sein Volk zu bringen? Zweifellos hat er an Macht und Bedeutung gewonnen, indem er nur einen Gott zuließ, mit dem er sich letztlich selbst identifizierte oder zu dem er ein besonders enges *„Vater-Sohn-Verhältnis"* hatte. **Sein** Gott sollte allein herrschen, damit **er** selbst allein herrschte, damit er zu größerem Ansehen, zu Machtfülle und Reichtum gelangte. Indem Echnaton den Sonnengott Aton zum einzig wahren Gott erhob, sicherte er seine konkurrenzlose **Alleinherrschaft.** Andere Götter und damit deren Priesterschaft wurden entwertet.

Was wäre auch eine Priesterschaft, die einem nicht existierenden Gott dient? Er stand auf dem Gipfel seiner Herrschaft. Selbst im Jenseits hatte er nichts mehr zu befürchten. Das Jenseits und das jenseitige Gericht hat er abgeschafft. Ihm folgte der berühmt gewordene Tutenchamun auf dem Thron.

Es ist schwer, etwas über die *„Größe seiner Persönlichkeit"* auszusagen. Seinen Thron hatte er geerbt. Er musste also nicht um ihn kämpfen; er musste sich nicht einmal besonders bewähren, denn er hätte ihn bekommen, ob er nun zum Herrschen fähig oder unfähig gewesen wäre. Der Thron stand neben seiner Wiege. Einen Machtinstinkt kann man ihm sicher nicht absprechen. Er wusste sehr gut, was ihm nützt, ...zu seinen Lebzeiten. Nach seinem Tod, -1334, tilgten seine Nachfolger alle Spuren Echnatons und kehrten zu den alten Göttern zurück. Nicht einmal die Ursache seines Todes ist uns bekannt. Seine Regierungszeit galt als finstere Terrorherrschaft. Er konnte die Menschen nicht für sich einnehmen und stieß mit seinen Reformen auf großen Widerstand. Er wirkte nicht befreiend, sondern bedrückend. Seine Tyrannei nützte nur ihm und seinen Anhängern. Durch die Spaltung, die er im Volk erzeugte, schadete seine Herrschaft dem Gemeinwesen.

> **Ein Herrscher, der grenzenlose und unkontrollierte Macht genießt, neigt dazu, über seinen eigenen Interessen die Interessen des Volkes zu vergessen.**

Als Architekt, Schöpfer eines neuen Kunststils und als Dichter (Sonnengesang) zeigte er musische Begabung und Eigenheit. - Wäre er bloß Künstler geworden, dann wäre seinem Volk einiges erspart geblieben. Als Sohn des Pharao hatte er keine Wahl.

Die babylonischen Gottkönige

Die Könige Babylons von Kyros dem Großen, -558, Kambyses, Dareios, Xerxes, Artaxerxes I. bis Dareios III., (-331 von Alexander besiegt), glaubten, dass sie ihr Gott **Ahura Mazda** zu Königen erwählt hatte. Alles, was sie taten, war somit von Gott legitimiertes Recht. Niemand konnte sie für irgendeine Tat zur Rechenschaft ziehen. Der Herrscher betrachtete sein Volk als Besitz und umgekehrt sah auch das Volk sich als Besitz des Herrschers an. Auch alles Land war im Besitz des Königs, dem man sich nur mit gebeugtem Haupt nähern durfte und vor dem man sich in den Staub zu werfen hatte. Der König war alles, das Volk war nichts. Das Wort Freiheit existierte in ihrer Sprache nicht. Mit dem Siegeszug Alexanders kam es zur Auseinandersetzung zwischen Ost und West, zwischen Europa und Asien, zwischen Demokratie und Despotismus, zwischen den freiheitlich denkenden Griechen und den unterwürfigen Stämmen des Nahen Ostens.

Alexander

-356 bis -323, makedonischer König -336 bis -323. Eroberer eines Weltreiches.

Der *„Große"* genannt, weil er, wie seine *„Großen Kollegen"*, die Welt in ein großes Chaos gestürzt hat. Er war der Sohn des makedonischen Königs Philipp II. und der Olympias, einer Prinzessin aus Epirus. Er liebte seine Mutter und hasste den Vater. Nach der Ermordung seines Vaters Philipp - man vermutete dahinter die verstoßene Mutter - hatte Alexander schwere Kämpfe gegen aufständische Kräfte im eigenen Land zu bestehen, um sich als Nachfolger aufzubauen.

> **Wenn es keine klaren Regeln über die Nachfolge eines Führers gibt, kommt es bei einem Machtwechsel meist zu einem Bürgerkrieg.**

Weil alle von ihm abzufallen drohten - wer will sich schon der Alleinherrschaft eines jungen Mannes unterordnen - kämpfte er mit allen Mitteln um seine Macht. Aus dem Gefühl ständigen Bedroht-Seins heraus schärfte sich seine Intelligenz und erwuchs seine Brutalität.

> **Ein Führer, der sich Treue nicht durch Zuneigung sichern kann, versucht, sie mit Angst und Terror zu erzwingen.**

Er räumte alle möglichen Rivalen aus dem Weg. Das waren vor allem die Angehörigen seiner Familie, insbesondere seine Halbbrüder. Das wird Schule machen bei Konstantin, Chlodwig und anderen zukünftigen Herrschern, war aber auch schon vor ihm die bevorzugte Methode, sich gegen Rivalen zu behaupten. Auch die Bibel beginnt mit einem Brudermord.

Er hatte die tatsächliche Macht, seine Gegner, die jeder hat, der eine Alleinherrschaft errichten will, zu verfolgen und zu vernichten. Am deutlichsten hat das die Stadt Theben zu spüren bekommen, die er dem Erdboden gleichmachen ließ. Dass ihn deswegen später Schuldgefühle plagten und dass er den Tempel verschonte, zeigt, dass er an eine Form von göttlicher Vergeltung glaubte. Immerhin hatte er noch das Bewusstsein, dass irgendjemand über ihm stand, vor dem er sich rechtfertigen musste, sei es das Schicksal oder seien es die Götter oder sei es einfach sein Gewissen.

Schon sein Vater Philipp hatte die griechischen Stadtstaaten unter seine Herrschaft gebracht. Bis 1830 werden sie nie mehr frei sein.

Alleinherrschaft

Auf Erden duldete Alexander niemanden mehr über sich und niemanden neben sich. Er wollte sich den ganzen damals bekannten Erdkreis unterwerfen. Was ihm auch fast gelang. Das Angebot des persischen Königs Dareios III., mit ihm die Herrschaft über Persien zu teilen, wies er zurück und eroberte sich die Alleinherrschaft über das riesige Perserreich bis zum Indus. Nur einer kann Beherrscher der Welt sein!

Gewalttätigkeit

„Er begab sich nach Delphi, um von dem Gott ein Orakel über den Feldzug zu erhalten. Es waren aber zufällig gerade ungünstige Tage, an denen kein Orakel erteilt werden durfte. Alexander schickte zunächst nach der Pythia (Tempelpriesterin) und forderte sie auf zu kommen. Als sie es ablehnte und sich auf das Gesetz berief, ging er selber hin und brachte sie mit Gewalt zum Tempel. Da sagte sie, von seiner Beharrlichkeit gleichsam überwältigt: »Du bist unüberwindlich, Knabe!« *Als Alexander dies hörte, meinte er, nun brauche er keinen weiteren Seherspruch mehr, er habe bereits das gewünschte Orakel von ihr."* **Plutarch** 46-120, griech. Schriftsteller.

Alexander hielt sich an keine von Menschen gemachte Regeln. Er legte alle Gesetze willkürlich so aus, wie sie für ihn günstig waren. Er muss unglaublich gewalttätig, jähzornig und unbeherrscht gewesen sein. Im Suff und Streit hat er seinen treuen Freund Kleitos mit dem Speer getötet. Kleitos hatte ihm in einer freimütigen Rede vorgeworfen, seine griechischen Kampfgefährten wie Sklaven zu behandeln.

„Kleitos aber ließ nicht locker, sondern forderte Alexander auf, entweder solle er ihn frei heraus sagen lassen, was er wolle, oder er solle sich keine freien Männer, die ein offenes Wort gewöhnt seien, als Gäste einladen, sondern mit Barbaren und Sklaven zusammenleben, die vor seinem persischen Gürtel und seinem rotweißen Rock auf die Knie fielen." **Plutarch**

Aus Kummer über den Tod eines anderen Freundes, Hephaistion, hat er die Männer - immerhin nur die Männer - sehr human! - eines ganzen Dorfes niedergemetzelt. Plutarch schreibt über den Tod des Hephaistion der an einem Fieber starb:
... *„Alexanders Trauer darüber kannte kein Maß; er befahl, unverzüglich den Pferden und Maultieren zum Zeichen der Trauer die Mähnen abzuscheren, und ließ in den umliegenden Städten die Mauerzinnen abbrechen. Den unseligen Arzt ließ er ans Kreuz schlagen, Flötenspiel und jede Art von Musik im Lager verbot er auf lange Zeit, bis von Ammon ein Orakelspruch kam, der gebot, Hephaistion zu verehren und ihm als Heros Opfer darzubringen. Zum Trost für sein Leid stürzte sich Alexander in den Krieg, er zog gleichsam zu einer Menschenjagd aus und unterwarf das Volk der Kossaier, wobei er alle kriegstüchtigen Männer abschlachten ließ. Das nannte er das Totenopfer für Hephaistion."* **Plutarch**
Es waren solche unwägbaren, kriegerischen Ereignisse, die den Griechen ihr Dasein so schicksalhaft erscheinen ließ. Auf ihre Götter konnten sie sich nicht verlassen, entweder sie waren nicht da oder sie kümmerten sich nicht um menschliches Schicksal. In ihrer Literatur kommt die allgegenwärtige Furcht vor der plötzlichen Wende des Schicksals zum Ausdruck, die freie Menschen von heute auf morgen in die Sklaverei

führen konnte. In der Welt der antiken Griechen war Sklaverei eine alltägliche Sache, die selbst Philosophen wie Platon und Aristoteles nicht antasten wollten, sondern für „natürlich" hielten.

> **Weil die Götter keine gerechte Welt schufen, müssen es die Menschen versuchen. Zumindest das von Menschen verursachte Leid sollten sie beenden.**

Frauen

„Er pflegte auch zu sagen, Schlaf und Liebe lehrten ihn am eindringlichsten, dass er ein sterblicher Mensch sei, denn Ermüden und Genießen entsprängen aus derselben Schwäche der menschlichen Natur." ***Plutarch***

Diese Weisheit hielt ihn nicht von Zechgelagen mit Alkoholexzessen ab. ***Plutarch*** schreibt dazu: *„Als Alexander von einer Totenfeier zurückgekehrt war, lud er viele seiner Freunde und Offiziere zu einem Bankett ein und veranstaltete ein Wett-Trinken mit ungemischtem Wein, wobei er einen Kranz als Preis aussetzte. Derjenige, der am meisten trank, war Promachos, er brachte es auf 10 Liter. Er nahm den Siegespreis in Empfang, lebte aber nur noch drei Tage. Von den übrigen, die am Wett-Trinken teilgenommen hatten, starben noch 41, weil während ihres Rausches starker Frost einsetzte."*

Alexander heiratete 327 die baktrische Fürstentochter Roxane. Sie wurde -310 zusammen mit ihrem Sohn von dem Diadochen Kassander umgebracht. Alexander veranlasste auch seine Offiziere, sich mit persischen Frauen zu verbinden. -324 verheiratete er bei einer Massenhochzeit in Susa Tausende seiner Soldaten mit persischen Frauen. Die Ehen zerbrachen aber großenteils nach seinem Tod. Er selbst vermählte sich bei dieser Gelegenheit mit Stateira, einer Tochter des Dareios, und mit Parysatis. Er war also mit drei Frauen verheiratet. Spekuliert wird auch über homosexuelle Neigungen.

Sendungsbewusstsein - Auserwähltsein.

Alexander glaubte wahrscheinlich von den Göttern auserwählt zu sein und zog aus dieser Religiosität viel Kraft, Selbstvertrauen und seine Tollkühnheit im Kampf. Dem Auserwählten müssen sich alle unterordnen. So will es die höchste Autorität: die Götter. Er hatte deswegen auch keine Bedenken, unbeugsame, kritische Geister unter seinen griechischen Mitstreitern aus dem Weg zu räumen.

Seine geschichtliche Aufgabe sah er zunächst darin, die Griechen an den Persern, die einst unter ihrem König Xerxes griechische Heiligtümer zerstört hatten, zu rächen. Die persische Hauptstadt Persepolis ließ er deswegen, nach seinem Sieg über Darios III., niederbrennen.

Sohn des Zeus

Im Frühjahr -331 unternahm Alexander eine Pilgerfahrt zu dem großen Tempel und Orakel des ägyptischen Sonnengottes Amun, den die Griechen mit Zeus gleichsetzten. Dort wurde er von den Amun-Priestern als *„Sohn des Zeus"* begrüßt; seither bezeichnete er sich selbst so. Er fühlte sich am Ende wie ein Gott, duldete keinen Widerspruch mehr und tötete sogar seine aufbegehrenden Freunde. Ob er selbst an seine Göttlichkeit geglaubt hat? Plutarch vermutet, dass er diesen Glauben nur verbreitet hat, um sich mehr Autorität und Gehorsam bei seinen Truppen zu verschaffen. Einige treue Anhänger glaubten an seine Göttlichkeit.

Von sich maßlos überzeugt, verlangte er schließlich von seinen makedonischen Freunden den Kniefall, wie die persischen Gottkönige dies von ihren Untertanen erwarteten. Damit löste er -327 eine Verschwörung aus, bei der auch sein Hofgeschichtsschreiber Kallisthenes, der den Kniefall verweigert hatte, hingerichtet wurde. Kallisthenes hatte Alexander zunächst selbst bis *„in den Himmel"* gepriesen und nährte in ihm den Glauben an seine göttliche Abstammung. Damit machte er ihn hochtragend und herrisch. Schließlich war es dem Freigeist zu viel. Er wollte sich dem Diktator nicht bedingungslos unterwerfen. Es kam zu einem tödlichen Konflikt.

Frühes Ende

Alexander starb mit 32 Jahren nach 12-tägigem Todeskampf vermutlich an der Malaria. Seine Alkoholexzesse dürften zur Schwächung des Immunsystems beigetragen haben.

Wirkung

Nach seinem Tod brachen unter seinen Offizieren die *„Diadochenkämpfe"* aus. Sein Reich und seine Idee von der einen Welt zerfielen, aber die griechische Kultur wurde weit nach Vorderasien hinein verbreitet. Damit hat er zweifellos die Weltgeschichte entscheidend beeinflusst. Erst Alexander d. Große, und darin war er wirklich groß - wenn's denn wirklich stimmt - teilte die Welt nicht mehr in Griechen und Barbaren, sondern er wollte die ganze Welt in Freundschaft verbinden, - unter seiner Führung, versteht sich. *„Alexander habe befohlen, dass alle Menschen gleich welcher Herkunft die Erde als ihr Vaterland, ..., die Guten und Anständigen als ihre Verwandten, aber die Schlechten als Barbaren ansehen sollten."* **Plutarch**

Alexander war eine ungezähmte, große Kraft, die äußerlich sehr viel bewirkt hat. Seine Stärke richtete sich fast ausschließlich nach außen, gegen seine Widersacher und Feinde, gegen Wüsten und Flüsse, die er besiegen wollte. Auf die Beherrschung seines Jähzorns und seiner Trunksucht hat er dagegen wenig Kraft verwendet. Überhaupt hat er seine Stärke nicht gut in Persönlichkeit umgesetzt. In 32 Jahren blieb ihm dafür nicht viel Zeit. Seine Lebensweise war ungeeignet, Stärke in Persönlichkeit umzusetzen. Er lebte nach außen, nicht nach innen.

Cäsar

Cäsar gilt als der klassische Machtmensch und Diktator. Er erstrebte die Alleinherrschaft im Römischen Reich, entfachte dafür einen Bürgerkrieg und wurde schließlich von Senatoren ermordet.
Gaius Julius, -100 bis -44, römischer Feldherr, Staatsmann und Schriftsteller war gebildet, ehrgeizig, machthungrig und rücksichtslos. Er wollte groß und beliebt sein. Er hat sich in Schulden gestürzt, um dem Volk mit Gladiatorenspielen zu gefallen. Er liebte eine großspurige, verschwenderische Lebensart und genoss in jungen Jahren die angenehmen Seiten des Lebens; dass er auch Entbehrungen ertragen konnte, bewies er später, bei seinen militärischen Unternehmungen. Er wollte berühmt sein und hat dazu Dinge gewagt, die noch kein Römer wagte. Als erster setzte er über den Rhein und über den Ärmelkanal. Er besiegte die Helvetier und unterwarf zwischen -58 und -51 ganz Gallien. Er wollte reich sein, beutete dazu die unterworfenen Völker aus und nutzte die Siege, um beim eigenen Volk an Ansehen zu gewinnen. Andere Völker auszubeuten und zu vernichten war nichts Schändliches, wenn es dem eigenen Nutzen diente.

> **Ein Anführer wurde allein daran gemessen, ob er dem eigenen Volk Nutzen oder Schaden brachte. Das Wohl und Wehe anderer Völker kümmerte höchstens einige nachdenkliche Geister.**

Der römische Dichter *Sallust* bekennt: *„Von Anfang an ist alles, was sie (die Römer) besitzen, durch Raub zusammengebracht - die Häuser, die Frauen, das Land, das Reich... Durch Kühnheit, durch Betrug und eine ununterbrochene Reihe von Angriffskriegen sind sie zu ihrer Größe gelangt."*

Plutarch gibt an, dass im Krieg, den Cäsar in Gallien führte, eine Million Gallier ihr Leben verloren, eine weitere Million in die Sklaverei geführt wurde und nur eine Million übrig blieb. Dabei haben ihn die Kelten nicht etwa zum Krieg herausgefordert, sondern er brauchte den Krieg, um sich zu bewaffnen, sich zu bewähren und sich zu bereichern. Sein Vorbild war Alexander. Wenn dieser nicht so gerühmt, sondern mehr kritisiert worden wäre, für das Unheil, das er über andere Völker gebracht hat, dann wären Cäsar vielleicht bei seiner erbarmungslosen Kriegführung gegen die Völker in Gallien auch Bedenken gekommen. Bei Aufständen in Gallien ging er unglaublich brutal vor. So soll er nach der Eroberung der Stadt Uxellodunum allen Gefangenen die Hände abgeschnitten haben.
Der römische Historiker *Tacitus* bemerkt über die Herrschaft seiner Landsleute: *...„Stehlen, Morden, Rauben nennen sie mit falschem Namen „Herrschaft" und dort, wo sie eine Wüste schaffen, nennen sie es „Frieden."*

> Gewalt, Unterdrückung und Ausbeutung erzeugen verborgenen Hass, der sich entladen wird, sobald die Unterdrückten eine Gelegenheit dazu finden. Demütigungen bleiben lange im Gedächtnis eines Volkes.

Der Applaus daheim war ihm sicher. Den brauchte er, um sich mit des Volkes Gunst die alleinige Macht im Staat zu sichern. Als der Senat ihn absetzen und ihm die Truppen nehmen wollte, die man ihm für die Eroberung Galliens zur Verfügung gestellt hatte, löste er einen Bürgerkrieg aus. Seine Macht und seine Ehre standen auf dem Spiel. Er überschritt den Rubikon, die Grenze der Provinz Gallien, und marschierte gegen seine Widersacher: Pompeius und den Senat von Rom, die er in der Schlacht von Pharsalos besiegte.

Darauf erstrebte er die Diktatur auf Lebenszeit. Der römische Senat wollte dies nicht dulden und sah nur noch einen Ausweg: den Tyrannenmord. Im März des Jahres -44 wurde er von Senatoren niedergestochen. Auch Brutus, vielleicht ein unehelicher Sohn, war unter den Mördern. Er war aus gleichem Holz wie Cäsar. Er liebte seine Freiheit und wollte sie verteidigen. Cäsar und Brutus; Vater und Sohn; Verfolger und Verfolgter; Diktator und Freiheitsheld. Hier standen sie sich in einem klassischen Zweikampf gegenüber. Cäsar hatte ihm nach der Schlacht von Pharsalos die Freiheit geschenkt, nun lag sein Leben in der Hand des Diktators und das wollte Brutus nicht erdulden.

„Cicero, der als erster die lächelnde Miene Cäsars, gleich der lächelnden Stille des Meeres, verdächtig und gefährlich gefunden zu haben scheint und hinter der Maske der Freundlichkeit und Heiterkeit einen kühnen, unternehmenden Charakter versteckt sah, sagte einst: Er erblicke in allen Anschlägen und politischen Unternehmungen dieses Mannes nichts als tyrannische Absichten, „allein", setzte er hinzu, „wenn ich auf der andern Seite sehe, dass sein Haar immer so künstlich zurechtgelegt ist und er sich nur mit einem Finger kratzt, so scheint mir dieser Mann ein so großes Unheil, wie es der Umsturz der römischen Verfassung ist, sich gar nicht einmal in den Sinn kommen zu lassen." **Plutarch**

In einem Alpendorf kam Cäsar zu der Erkenntnis: *„Lieber hier der Erste sein als in Rom der Zweite".* Er konnte sich nicht ein- und nicht unterordnen. Er wollte über allen stehen. Zeichen seiner Größe? Dazu musste er die Alleinherrschaft gewinnen. Das haben nur wenige Gebildete, wie Cato und Cicero, erkannt.

Cäsar wäre sicher gerne ein guter Herrscher gewesen und hat seine Fähigkeiten auch bewiesen; warum wollten die Verschwörer dies nicht zulassen? Weil er nicht groß genug war, und weil die Diktatur eines Mannes, der nicht groß genug ist, für freiheitsliebende Geister unerträglich ist.

Die Unruhen in Rom verlangten nach einer starken Regierung. Viele im Volk, das ihn verehrte, glaubten, die Monarchie sei das kleinere Übel, als die gänzliche Auflösung des Staates in Anarchie. Die Masse unterstützte ihn in seinem Streben, die Verfassung aus den Angeln zu heben. Das Volk will immer einen Führer, der den Weg weist.

> **Wenn eine demokratische Regierung zu schwach ist, um anstehende Probleme zu lösen, schreit das Volk nach einem „Starken Mann" und das war sehr oft der Beginn einer Tyrannei. Freiheit ist für die Masse kein hoher Wert, solange sie Brot und Spiele hat. Freiheit wünschen sich vor allem selbständige Geister!**

„Anfänglich glaubten seine Neider, dass dieses Ansehen, wenn erst sein Vermögen durchgebracht wäre, bald wieder verschwinden würde, und ließen es ungestört unter dem Volke aufblühen. Nachdem es aber eine solche Größe erreicht hatte, dass gar nichts mehr dagegen auszurichten war, und es nun offenbar auf den Umsturz des Staates abzielte, sahen sie zu spät ein, dass man nie den Anfang einer Sache für so gering und unbedeutend halten dürfe, dass er nicht durch anhaltende Betriebsamkeit groß werden und bei einer geringschätzigen Behandlung sich zuletzt über alle Hindernisse hinwegsetzen könne." **Plutarch griech. Geschichtsschreiber**

> **Wehret den Anfängen, denn je mehr Macht einer hat, desto schwieriger ist es, ihn zu stoppen. Unkontrollierte, unbeschränkte Macht führt unweigerlich zu einer Willkürherrschaft. Den meisten fällt es schwer, sich selbst Grenzen zu setzen. Sie halten Grenzen erst ein, wenn sie ihnen von anderen gesetzt werden.**

Cäsar hielt sich an keine Gesetze, jedenfalls nicht, solange er sich ungestraft über sie hinwegsetzen konnte. Cornelius Balbus riet ihm, nicht vor dem Senat aufzustehen und sagte: *„Vergiss doch nicht, dass du Cäsar bist; du musst dich als ein höheres Wesen verehren lassen!"* **Plutarch**

Erfolg und Schmeichler machten ihn überheblich. Er begünstigte die Ansicht seiner Schmeichler, wonach er seine Abstammung auf den trojanischen Helden Äneas zurückführen könne, der wiederum ein Sohn der Göttin Venus gewesen sein soll. Wer will nicht gerne glauben von einer Göttin abzustammen und Sohn Gottes zu sein. Mit dem Bau eines Venustempels, ein Jahr vor seiner Ermordung, hat Cäsar diesen Glauben bestärkt. Zwei Jahre nach seinem Tod wurde er durch Senatsbeschluss zur Gottheit erhoben. Die Römer glaubten, er sei in den Himmel aufgefahren. Es waren nicht Wunder, die ihn göttlich erscheinen ließen, sondern, wie bei Alexander, seine Macht.

Ergebnis:
Er hat das Ende der Republik besiegelt und das Kaisertum, das mit seinem Adoptivsohn Oktavian, dem Kaiser Augustus, beginnt, vorbereitet. Durch die Unterwerfung Galliens hat er das Land romanisiert und damit Westeuropa stark geprägt. Sein Juliani-

scher Kalender ist bis heute in Gebrauch. Der Monatsname „Juli" erinnert an ihn. 1582 hat Gregor nur ein paar Tage zur Korrektur eingeschoben.

Wenn Cäsar so groß gewesen wäre, dass man ihn hätte haben wollen, wäre er nicht ermordet worden. Er hatte aber keine Aussicht das zu schaffen, er war viel zu sehr mit seiner Karriere und mit seinen Kriegen beschäftigt. Es brachte ihm, jedenfalls zu seinen Lebzeiten, mehr Ehre, Ruhm, Reichtum und Macht, ganze Völker zu vernichten, als an seiner Persönlichkeit zu arbeiten.

In der „Philosophie der Geschichte" von Hegel fand ich folgenden Satz über die Heroen der Weltgeschichte: „Ein welthistorisches Individuum hat nicht die Nüchternheit, dies und jenes zu wollen, viel Rücksichten zu nehmen, sondern es gehört ganz rücksichtslos dem einen Zwecke an. So ist es auch der Fall, dass sie andere große, ja heilige Interessen leichtsinnig behandeln, welches Benehmen sich freilich dem moralischen Tadel unterwirft. Aber solche große Gestalt muss manche unschuldige Blume zertreten, manches zertrümmern auf ihrem Wege".

Solche Beurteilungen sind bestimmt nicht hilfreich, um zukünftige Diktatoren und Aggressoren zu stoppen, um aus unserer einen Welt, eine gerechte und lebenswürdige Welt für alle Menschen zu machen. Solche Sätze sind eher geeignet ihre Rücksichtslosigkeit, ein Wort das vor allem Hitler gerne und oft gebraucht hat, zu entschuldigen.

> **Das Urteil der Geschichtsschreiber beeinflusst die Geschichte der folgenden Generationen. Sie bestimmen, was als heldenhaft, vorbildlich und nachahmenswert gilt.**

Die römischen Cäsaren

Seit Cäsar hat sich die Herrschaft Roms mehr und mehr zur absoluten Diktatur der nachfolgenden „Cäsaren" entwickelt. Kaum einer von ihnen starb eines natürlichen Todes, fast alle endeten durch Mord oder Selbstmord. Größenwahnsinnig waren fast alle, aber groß war keiner.

> **Stärke sollte so gesteuert und ausgelebt werden, dass nicht unzählige darunter leiden müssen, weil sie ausgebeutet, unterdrückt und vernichtet werden.**
Das ist leichter gesagt als getan, denn wie schon oft in diesem Buch festgestellt: Vor allem der Starke ist ein Problem, weil zwischen dem Ist-Wert und dem Soll-Wert eine erhebliche Abweichung besteht. Sie waren alle nicht, was sie hätten sein sollen, um befreiend zu wirken: groß genug.
Augustus war noch ein „sanfter" Diktator, bei dem sich tatsächlich eine Entwicklung von einem gewalttätigen Jüngling zu einem weisen Herrscher feststellen lässt. **Tiberius** war bald amtsmüde und zog sich nach Capri zurück, wo er nur noch für seine Perversi-

onen lebte und **Caligula**, ein junger Mann, in seinen Zwanzigern, testete aus, wie weit er seine Machtspiele treiben konnte. Er ließ in Hochverratsprozessen zahlreiche Staatsmänner zum Tode verurteilen, bis er schließlich von Senatoren ermordet wurde. Beide Herrscher entledigten sich in *„Säuberungen"* ihrer vermeintlichen Gegner und begünstigten ihre Anhänger. Weil ihnen keine Schranken mehr auferlegt waren, verfielen sie in ihrem Größenwahn in einen Blut- und Machtrausch. So ging es weiter mit dem senilen **Claudius**. Der trieb mehrere Senatoren in den Selbstmord. Tacitus nennt ihn einen Idioten.

Ihm folgte der erst 17-jährige **Nero**. In den Anfangsjahren seiner Herrschaft soll er regelmäßig nachts mit anderen Halbstarken die Straßen Roms unsicher gemacht und Frauen vergewaltigt haben. Je jünger der Mann, desto größer sein Wahn!

Nachdem er seine Mutter ermordet hatte, entdeckte er sein künstlerisches Talent als Sänger, Schauspieler und Wagenlenker. Später entledigte er sich noch seiner zwei Frauen und aller möglichen Konkurrenten durch Mord. Dieser *„Zirkuskaiser"* war für die ehrwürdigen Senatoren nicht länger tragbar. Eine Verschwörung gegen ihn wurde aber aufgedeckt und viele Eingeweihte zu Tode gebracht. Darunter war auch sein Erzieher, der angesehene Philosoph **Seneca**. Schließlich schied Nero im Alter von 30- Jahren durch eigene Hand aus dem Leben, nachdem er vom Senat zum Feind des Volkes erklärt worden war.

> **Eine Erbmonarchie birgt in sich die Gefahr, laufend Idioten an die Macht zu bringen, die zu nichts anderem fähig sind, als ihre Familien zu begünstigen und ihre Feinde auszurotten.**

Man darf nicht davon ausgehen, dass die Monarchen bessere Menschen sind als ihre Untertanen. Sie befinden sich nur in einer anderen Stellung.

Nach dem Tod Neros versuchten im Jahr 69 gleich vier Feldherren: Galba, Otho, Piso und Vitellius mit Hilfe ihrer Truppen die Macht in Rom an sich zu reißen. Es kam zu Metzeleien, zu Mord, Selbstmord und Totschlag bis schließlich Vespasian die Herrschaft gewann.

> **Wenn es keine klaren Spielregeln gibt, wie eine legitime und gerechte Regierung zustande kommt, versinkt ein Staat bei jedem Regierungswechsel im Bürgerkrieg. Er wird zum Spielball der Armee, denn dann entscheidet die Gewalt.**

Wenn einer in den Augen der Regierten keine rechtmäßige Herrschaft ausübt, erzeugt er Widerstand und das wiederum führt zur Verfolgung der Aufständischen.

Das Christentum

Grundsätzlich ist es nicht einfach, darüber Aussagen zu machen, was vor 2000 Jahren wirklich geschehen ist. Es gibt aber Quellen und Historiker, denen ich mehr und andere denen ich weniger vertraue. Für die Aufarbeitung des Christentums und die Verfolgungen, die in seinem Namen geschehen sind, halte ich die *„Kriminalgeschichte des Christentums"* von **Karlheinz Deschner** für das derzeit zuverlässigste und wahrste Werk. Ich vergleiche seine gut belegten Ausführungen aber immer mit anderer Literatur, am besten mit Primärliteratur, um zu einem fundierten Urteil zu kommen. Wer lieber Märchen glauben will, muss die Heiligenlegenden lesen. Gläubige stellen sich nicht gern der Geschichte, sondern machen sich ihre eigenen *„Wahrheiten"*, *„die dem Gemühte wohltun"*. ***David.Fr. Strauß***

Jesus

„Zähle dich zu den Unterdrückten und nicht zu den Unterdrückern, höre Schmähungen an und erwidere sie nicht, tue alles aus Liebe zu Gott und freue dich der Leiden".
Aus Heinrich Graetz: Geschichte der Juden

Als Historiker werde ich versuchen, mich hier mit dem geschichtlichen Jesus zu beschäftigen, sofern das überhaupt möglich ist. Ich stütze mich auf jüngste Forschungsergebnisse moderner Theologen.

Wenn man weiß, wie die Evangelien entstanden sind, kann man Jesuszitate redlicherweise nicht einfach wortwörtlich nehmen. Das älteste Evangelium nach Markus wurde frühestens um das Jahr 70 in griechischer Sprache niedergeschrieben. Vorher waren die Erzählungen über Jesus eine Generation lang in einem aramäischen Dialekt, der Sprache Jesu, mündlich weitergegeben worden. Jeder, der schon einmal eine Geschichte weitererzählt hat, weiß, was herauskommt, wenn dies mehrmals geschieht. Es kann zu Missverständnissen, Ausschmückungen und Kürzungen kommen, es kann zu Fehlern, zu versehentlichen oder absichtlichen Verfälschungen kommen. Die menschliche Natur neigt zu Wichtigtuerei und zu dramatischen Ausschmückungen, um die Aufmerksamkeit der Zuhörer zu gewinnen. Die ewig sensationshungrigen Massen verleiten einen Erzähler zu Wundergeschichten und Übertreibungen. Je nachdem was der Erzähler für Ansichten vertritt, je nachdem vor welchem Publikum er seinen Bericht wiedergibt, wird er sie in dieser oder jener Richtung formen und weitergeben.

Die Jünger Jesu, die diese Geschichten verbreitet haben, hatten die Absicht, damit den Glauben an Jesus als den Sohn Gottes und den von den Juden lang erwarteten Messias zu festigen. Sie waren keine neutralen Historiker, denen es um die geschichtliche Wahrheit ging. Sie waren Missionare und wollten bekehren. Wenn wir

Jesus überhaupt verstehen können, dann nur im Zusammenhang mit seiner Zeit. Luther hat den griechischen Text der Evangelien, von denen allerdings nur Abschriften von Abschriften existierten, ins Deutsche übersetzt. Bei jeder Abschrift entstehen Fehler, ob gewollt oder nicht und bei jeder Übersetzung gibt es verschiedene Möglichkeiten der Auslegung.

Es ist also nicht einfach zu erkunden, was Jesus wirklich gesagt hat. Die Autoren der Evangelien sind unbekannt. Wir nennen sie nur Markus, Lukas, Matthäus und Johannes. Die Apostel sind nicht die Evangelisten.

In den Evangelien lassen sich, von Markus, ~70 unserer Zeitrechnung über Matthäus, Lukas und Johannes, ~120, vom ältesten zum jüngsten Evangelium, zwei wichtige Tendenzen feststellen: Jesus, der bei Markus noch ganz Mensch ist, erhält bei Matthäus und Lukas mehr und mehr göttliche Eigenschaften. Bei Johannes wird er ganz zum Sohn Gottes.

Von Markus bis Johannes wird außerdem Judas und den Juden mehr und mehr Schuld am Tod Jesu zugeschoben. Damit reagiert Johannes auf den Widerstand der Juden, Jesus als Messias anzuerkennen.

Jesus predigte das Reich Gottes und seine Jünger, vor allem Paulus, predigten ihn. Die hier angeführten Bibelzitate stammen aus der Lutherbibel.

Man kann die Bedeutung der Bibel für die Menschen, vor allem des christlichen Abendlandes, nicht hoch genug einschätzen. Sie war Leitlinie des Lebens, Maßstab der Gesetzgebung, unabänderliches Wort Gottes.

Das gilt auch heute noch für moderne fundamentalistische Christen.

Geboren wurde Jesus zwischen -8 und -4 vor unserer Zeitrechnung vermutlich in Nazareth als Sohn jüdischer Eltern: Maria und Josef. Josef war Zimmermann. Jesus hatte auch Geschwister, wurde jüdisch erzogen, konnte vermutlich hebräisch, vielleicht auch etwas griechisch und sprach aramäisch. Nach einer kurzen Zeit des öffentlichen Wirkens wurde er in einem Prozess vor dem römischen Statthalter Pontius Pilatus wegen Aufruhrs und Anmaßung - er stimmte zu, König der Juden und Sohn Gottes genannt zu werden - zum Tode verurteilt und um das Jahr 30 in Jerusalem gekreuzigt. Seine Jünger glaubten, dass er am dritten Tag auferstanden sei. Beweis dafür war ihnen das leere Grab und Berichte, dass er manchen von ihnen begegnet sei.

Jesus gilt im Islam als einer der Propheten. Die Juden wollten ihm keine Bedeutung beimessen. Sie sehen in ihm weder den lang erwarteten Messias, noch den Sohn Gottes. Im babylonischen Talmud (jüdisches Lehrbuch), entstanden vom 3. bis 6. Jh. unserer Zeitrechnung, wird er als Sohn eines römischen Legionärs und der Maria bezeichnet. War das eine Reaktion auf christliche Missionierungsversuche? Den Vorwurf hatte schon der Philosoph Celsus um 178 von den Juden seiner Zeit aufgegriffen.

Auch Christen vertreten und vertraten sehr unterschiedliche Ansichten. Die ersten Anhänger sahen in ihm einen Rabbi oder Schriftgelehrten. Für die meisten Christen ist er Religionsstifter, zentrale Gestalt, Sohn Gottes, Erlöser der Menschheit, Messias.

Fast alles, was wir über ihn wissen, wissen wir aus den Erzählungen seiner Anhänger. Die zeitgenössischen Geschichtsschreiber haben ihn totgeschwiegen. Ein Phänomen, das man auch bei anderen Größen finden kann. Erwähnt wird Jesus lange nach seinem Tod von dem jüdischen Geschichtsschreiber **Flavius Josephus**, 38 - 100, der ihn einen weisen Mann und Messias (Gesalbter, Heilbringer, Erlöser, Erwählter) nennt. Damit gibt er die Ansichten der Christen wieder, denn er selber konnte ihn nicht gekannt haben.

Um 112 berichtet der Römer **Plinius** über die Christen, die sich zu einer strafbaren Versammlung zusammengefunden hatten. Er suchte nach einer geeigneten Methode, um sie zu überführen und erfand den Glaubenstest. Wer einer Götterstatue oder einer Statue des Kaisers huldigte war frei, wer sich weigerte, wurde hingerichtet. Man hielt diese Weigerung, für einen Verrat an den Göttern Roms, der schlimme Folgen haben würde.

Auch der römische Geschichtsschreiber **Tacitus** berichtet im Zusammenhang mit dem Brand Roms von einem Christus, der während der Regierungszeit des Tiberius von den Römern gekreuzigt worden war:

„Um das Gerücht aus der Welt zu schaffen, schob er (Nero) die Schuld auf andere und verhängte die ausgesuchtesten Strafen über die wegen ihrer Verbrechen Verhassten, die das Volk ‚Chrestianer' nannte. Der Urheber dieses Namens ist Christus, der unter der Regierung des Tiberius vom Prokurator Pontius Pilatus hingerichtet worden war. Für den Augenblick war [so] der verderbliche Aberglaube unterdrückt worden, trat aber später wieder hervor und verbreitete sich nicht nur in Judäa, wo das Übel aufgekommen war, sondern auch in Rom, wo alle Gräuel und Abscheulichkeiten der ganzen Welt zusammenströmen und gefeiert werden.“ **Tacitus Annales**

Über die Jugend von Jesus ist uns nichts Geschichtliches bekannt.

Freiheit

Im Erwachsenenalter wählte er ein bescheidenes aber freies Leben als Wanderprediger: Kennzeichen eines weisen Mannes, für den das Sein wichtiger war als das Haben. Geld und Güter schätzte er gering. Vermutlich haben ihn seine Jünger, wahrscheinlich auch die reiche Maria Magdalena unterstützt. Ob er als Zimmermann bei seinem Vater gearbeitet hat, ist nicht bekannt. Eine geregelte Erwerbsarbeit passt ja auch nicht zu einem Revolutionär mit weltgeschichtlichem Auftrag.

Frauen - Heirat

Für jüdische Verhältnisse war es ungewöhnlich, dass ein Mann mit dreißig Jahren nicht verheiratet war. Er hatte viele Verehrerinnen und Anhängerinnen, aber keine Ehefrau und keine Kinder. **Vielleicht <u>konnte</u> man nicht zu ihm kommen.**

Das Verhältnis zu Maria Magdalena bleibt ungeklärt. War sie nur eine Verehrerin oder eine Geliebte? Um für eine Frau und eine Familie zu sorgen, hätte er anders leben müssen. Er lebte, - Zeichen eines großen Mannes, - für seine Berufung. Eine Familie zu gründen, widersprach seinem Glauben an das baldige Ende der Welt. Geliebt werden wollte er sicher, er wollte sogar mehr geliebt werden als alle Angehörigen seiner Jünger. *Lk 14:26 So jemand zu mir kommt und haßt nicht seinen Vater, Mutter, Weib, Kinder, Brüder, Schwestern, auch dazu sein eigen Leben, der kann nicht mein Jünger sein.*
Er kannte keine gleichberechtigten, freundschaftlichen Beziehungen; nur die Beziehung: Meister und Jünger. Zeichen für seine Größe?

Der Revolutionär
Jesus predigte das Kommen des Menschensohnes und das baldige Reich Gottes, in dem alle bestehenden Verhältnisse umgestürzt werden, die Ersten werden die Letzten sein und die Demütigen werden die Herrschenden sein. Er predigte die Liebe zu Gott, dem Nächsten und sogar zu den Feinden. *Galater 5:14 „Liebe deinen Nächsten wie dich selbst."* Das scheint revolutionär. Steht aber schon im Alten Testament: *3. Mose 19:18 ... Du sollst deinen nächsten lieben wie dich selbst; denn ich bin der Herr.*
Man findet diese „Goldene Regel" auch bei Buddha, bei Konfuzius, bei Zarathustra, im Hinduismus, wo sie sogar auf alle Lebewesen ausgedehnt wird, und bei griechischen Philosophen. **Pythagoras** hatte lange vor Jesus gesagt, *man räche sich an seinen Feinden nur, indem man sich bemüht, sie zu Freunden zu machen*; und **Sokrates** sagte im *„Kriton", dass es keinem Menschen gestattet sei, sich mit einem neuen Unrecht für ein erhaltenes Unrecht zu rächen.*
Schon Zenon ca. -335 bis -263, der die philosophische Schule der Stoa begründet hat, lehrte eine *weltweite Brüderlichkeit und dass die wahre Polis die Welt sei, in der alle Menschen als Mitbürger und Brüder leben sollten.*

Jesus war radikal, lebte was er predigte und wirkte damit sehr überzeugend und glaubwürdig. Er kämpfte gegen Kult und Scheinheiligkeit, gegen selbstgerechtes Pharisäertum und gegen die Richter, die zwar die Fehler der anderen, nicht aber ihre eigenen erkennen. Er kämpfte gegen die Unterdrückung und Ausbeutung der Schwachen und war gegen Gewalt und Vergeltung. Damit widerspricht er dem kriegerischen und gewalttätigen Gott des Alten Testaments, der sein Vater sein und ihn gesandt haben soll.
Mat.5:39: Ich aber sage euch, dass ihr nicht widerstreben sollt dem Übel; sondern, so dir jemand einen Streich gibt auf deinen rechten Backen, dem biete den andern auch dar.
Sollte man wirklich den Bösen die Welt überlassen? Hier versucht ein Weiser, nachdenklicher, wohl auch etwas weltfremder Mann, den ewigen Kreislauf der Widervergeltung, das *„Aug um Auge, Zahn um Zahn"*, des Alten Testamentes zu durchbrechen. Das spricht für eine Persönlichkeit in fortgeschrittenem Entwicklungsstadium, einer der

erkannt hat, dass Friedfertigkeit und Verzeihen das Leben lebenswerter macht als Rache und Vergeltung.

Was wäre aus den Christen geworden, wenn sie immer nach diesem Prinzip gehandelt hätten? Wahrscheinlich hätten sie keine geschichtliche Rolle gespielt. Sie hätten in einer gewalttätigen Welt nur als Gedemütigte und Verfolgte im Untergrund überlebt, wie vor dem Sieg Konstantins. Sie wären eine Randnotiz der Geschichte geblieben. Wahrscheinlich wüssten wir gar nichts von ihnen.

„Es steht geschrieben, ... ich aber sage euch", war eine seiner Standardformeln, mit der er zweifellos selbständiges, von der Norm abweichendes Denken bezeugt.

Der Kämpfer, der Anstoß erregt.

Leider gibt es auch im Neuen Testament ganz andere Stellen:

Mat. 10:34 Wähnet nicht, dass ich gekommen sei, Frieden auf die Erde zu bringen; ich bin nicht gekommen, Frieden zu bringen, sondern das Schwert. [35] Denn ich bin gekommen, den Menschen zu entzweien mit seinem Vater, und die Tochter mit ihrer Mutter, und die Schwiegertochter mit ihrer Schwiegermutter; [36] und des Menschen Feinde werden seine eigenen Hausgenossen sein.

Offensichtlich hatte Jesus Probleme mit seiner eigenen Familie. Seine Anhänger standen ihm immer näher als seine Angehörigen.

Wahrscheinlich können wir auch vieles von dem, was Jesus gesagt haben soll, nicht mehr verstehen, weil wir in einer anderen Kultur und in einer anderen Welt leben als er, deswegen empfiehlt es sich vor allem selber zu denken und nicht blindgläubig etwas zu übernehmen, nur weil es in einem angeblich *„heiligen"* Buch steht.

Auserwähltsein

Im Zusammenspiel mit ihrer Zeit erkennen *„große"* Männer ihre Berufung, ihr Ziel und ihren Lebenssinn. Sie suchen *„ihre"* Aufgabe und sie wollen wichtig sein. So wichtig, dass niemand mehr an ihnen vorbei kommt.

Joh. 14:6 „Ich bin der Weg und die Wahrheit und das Leben. Niemand kommt zum Vater außer durch mich." Er spricht sich eine Schlüsselrolle zu, denn nur einer ist der Meister:

Mat. 23:8 Aber ihr sollt euch nicht Rabbi nennen lassen; denn einer ist euer Meister, Christus; ihr aber seid alle Brüder. Es gibt nur einen, der sagt, wo's lang geht. Auf Diskussionen mit Untergeordneten wird sich der *Meister, der Christus* (Gesalbte), *der Sohn Gottes, der König der Juden* wohl nicht eingelassen haben. Damit ist seine Führungsrolle zumindest innerhalb seiner Jüngerschar geklärt und anerkannt.

Er war allerdings nicht der einzige, der damals für den *„Sohn Gottes"* gehalten wurde, aber sicher der, mit dem größten Charisma. Schon Salomon wurde im Alten Testament *„Sohn Gottes"* genannt. Selbst das Volk Israel wird in der Bibel *„Sohn Gottes"* genannt.

Hosea 11:1 Da Israel jung war, hatte ich ihn lieb und rief ihn, meinen Sohn, aus Ägypten.

Vermutlich verstanden die Juden darunter eher einen heiligmäßigen, edlen, ehrwürdigen Mann, der ein besonderes Verhältnis zu Gott hatte und keinen tatsächlich von Gott gezeugten Sohn.
Auch Alexander nannte sich *„Sohn des Zeus"*. Antiochos IV. Epiphanes heißt: *der Erschienene (Gott)*. Einige römische Kaiser wollten nicht nur „Sohn Gottes", sondern Gott selber sein. In der Antike wimmelte es nur so von Göttern und Gottessöhnen. Gilgamesch, der etwa -2500 gelebt haben soll, soll zwei Drittel Gott und ein Drittel Mensch gewesen sein. Schon im Gilgameschepos steht wortwörtlich die Geschichte von der Sintflut und der Rettung des Noah mit allen Tieren.
Auch in anderen Kulturen finden wir Götter und Gottessöhne: Pharaonen, Gottkönige von Sumer und Akkad, Herakles, Alexander, Cäsar…Die japanischen Kaiser hielten sich bis zum Zweiten Weltkrieg für Söhne der Sonnengöttin Amaterasu.

Sein wollte Jesus nicht wenig. Er wollte direkt unter Gott stehen, eine ganz besondere Verbindung zum Allerhöchsten haben.
Joh. 15:5 Ich bin der Weinstock, ihr seid die Reben. Wer in mir bleibt und ich in ihm, der bringt viele Frucht, denn ohne mich könnt ihr nichts tun.
Ohne ihn kann die Welt also nicht weiterlaufen. Ohnehin war sie, seiner Ansicht nach, am Ende der Zeit angelangt.
Er war sehr selbstbewusst, glaubte an sich und wirkte so auch auf andere überzeugend.
Joh. 8:51. „Wahrlich, wahrlich ich sage euch: So jemand mein Wort halten wird, der wird den Tod nicht sehen ewiglich"; und *Joh. 8:58 „Jesus sprach zu ihnen: Wahrlich, wahrlich ich sage euch: Ehe denn Abraham ward, bin ich."*
Es ist ganz klar, dass diese Worte für gläubige Juden überheblich klingen mussten und dass sie ihn deswegen demütigen wollten. Ein Neuerer stößt immer auf Ablehnung.

Außerhalb des Jüngerkreises formierte sich der Widerstand.
Sie wollten ihn nicht als Herren über sich dulden. Warum eigentlich nicht, wenn er doch solche Wunder getan hat? **Vielleicht, weil er nicht groß genug war?**
Sie hatten sich ihren *„Messias"* ganz anders vorgestellt: als mächtigen, reichen, erfolgreichen Siegertyp von vornehmer, königlicher Abstammung. Er sollte sein wie der König Kyros, der die Juden aus der babylonischen Gefangenschaft befreit hat. Er sollte die Juden vereinigen, aus der Knechtschaft der Römer und zum Sieg über die Feinde führen. Die Juden erwarteten damals den Messias und er erkannte darin *„seine Mission"*. Er bezog die Vorhersagen der hebräischen Bibel auf sich und fühlte sich auserwählt. Auch seine Umwelt muss, jedenfalls am Anfang seines öffentlichen Wirkens, von ihm beeindruckt gewesen sein. Er hatte eine zahlreiche Zuhörerschaft. Wo der Meister auftrat, durfte man mit spektakulären Wundern rechnen und wo Massen hingehen, werden

weitere Massen hingezogen. Das ist heute nicht anders. Es beweist auch nicht allzu viel, außer, dass es die meisten nicht bei sich aushalten.

Tauziehen - Ablehnung - tragisches Ende.

Jesus war wohl eine charismatische Persönlichkeit, die sehr von sich überzeugt war. Dieses sich „auserwählt fühlen" mit dem man sich auch über andere erhebt, findet man bei fast allen „Größen" der Weltgeschichte. Sie können damit begeistern und mitreißen oder, wenn sie nicht oder noch nicht überzeugend, d.h. groß genug sind, fordern sie eine Gegenreaktion heraus.

Schon seine Familie, seine Vaterstadt Nazareth und seine Heimat Galiläa haben ihn abgelehnt. Er reagierte darauf mit Schmähungen und Verfluchungen.

Luk. 10:15 Und du, Kapernaum, die du bis an den Himmel erhoben bist, du wirst in die Hölle hinunter gestoßen werden.

Zu folgender Erkenntnis soll er gekommen sein, nachdem er auf völliges Unverständnis bei seinen Zuhörern stieß:

Mark. 6:4 Jesus aber sprach zu ihnen: Ein Prophet gilt nirgends weniger denn im Vaterland und daheim bei den Seinen.

Gerade am Schicksal des Jesus von Nazareth sehen wir den auffälligen Unterschied zwischen der Selbsteinschätzung und der Missachtung, die einer durch seine Mitbürger erfahren hat. Wie ist es zu erklären, dass die Juden und Römer den „Messias" und „König der Juden" für den er sich hielt, wie den schlimmsten Verbrecher behandelt haben. Größer könnte die Kluft zwischen der Selbsteinschätzung und der Beurteilung durch die anderen nicht sein. Wie ist es zu erklären, dass aus dem gefeierten Prediger der Verfolgte, der Gefolterte, der Gedemütigte, der Gekreuzigte wurde.

Große haben ein überhöhtes Selbstbewusstsein und neigen dazu, sich für Götter zu halten. Damit lösen sie bei ihren Mitmenschen ein Tauziehen aus, das darauf ausgerichtet ist, sie so klein wie möglich zu machen. Im schlimmsten Fall wird also einer, der sich für den Sohn Gottes hält, mit zwei Verbrechern gekreuzigt. Die Wahrheit lag wohl dazwischen: Jesus war für mich ein Revoluzzer, der das typische Tauziehen ausgelöst und es gegen die herrschenden Mächte verloren hat. Am Ende waren die Masse, die herrschenden Juden und die Römer gegen ihn. Sie wollten ihn erniedrigen und klein machen. Als die Juden die Möglichkeit hatten, Jesus frei zu lassen, gewährten sie diese Gnade lieber dem Aufrührer Barabbas. Viel tiefer konnten sie ihn nicht drücken.

Mat:26:63... „Und der Hohepriester antwortete und sprach zu ihm: Ich beschwöre dich bei dem lebendigen Gott, dass du uns sagest, ob du seist Christus, der Sohn Gottes. Jesus sprach zu ihm: Du sagst es." Mark:15:2 „Und Pilatus fragte ihn: Bist du der König der Juden? Er antwortete und sprach zu ihm: Du sagst es."

Diese Antwort dürfte für Pilatus der entscheidende Grund gewesen sein, Jesus zum Tode zu verurteilen. Einen König der Juden konnte er nicht dulden. Wir wissen auch, dass der geschichtliche Pilatus keineswegs der Mann war, der lange über Todesurteile feilschte. Die Ängste der jüdischen Priester vor einem volkstümlichen Jesus, der gegen ihre Scheinheiligkeit polemisierte, dürften zwar die Ursache für dessen Gefangennahme durch die Schergen des Kaiphas gewesen sein. Gemäß dem jüdischen Gesetz verdiente er als Ketzer den Tod. Siehe *5 Mose Dt. 13.* Als „König der Juden" stellte Jesus aber vor allem die Macht des Pilatus in Frage. Er wurde zu seinem Rivalen. Pilatus sah sich herausgefordert und gab der grölenden Masse nach, die die Kreuzigung Jesu forderte. Scheinbar waren diese Schreier von seinen Wundern, seinen Heilungen und Totenauferweckungen nicht besonders beeindruckt gewesen. Oder wie sollte man das verstehen? Nicht nur der römische Statthalter auch Kaiser Tiberius musste sich durch den Anspruch Jesu, der Sohn Gottes zu sein, herausgefordert fühlen; als Sohn Gottes galt nämlich er, der römische Kaiser.

Die demütigende Hinrichtung durch die Kreuzigung war für die schlimmsten Feinde Roms, für Banditen, Mörder und Rebellen vorgesehen.

Mat:27:25 „Da antwortete das ganze Volk und sprach: Sein Blut komme über uns und unsere Kinder."

Dieser Satz dürfte eine christliche Erfindung sein, um die Judenverfolgungen über die nächsten Jahrhunderte zu rechtfertigen. Matthäus schrieb sein Evangelium kurz nach der Zerstörung des Tempels in Jerusalem im Jahr 70. Diese Zerstörung wurde von vielen Christen als Strafe für die Hinrichtung Jesu angesehen. Es wird hier der Eindruck erweckt, als ob alle Juden zusammengekommen wären und gemeinsam diesen Unsinn von sich gegeben hätten. So unsinnig er auch ist, dieser Satz hat grenzenloses Unheil angerichtet. Er wird heute noch von vielen Christen als Schuldbekenntnis der Juden verstanden. Damit sollte ihr ganzes Unheil in der Geschichte eine Erklärung finden.

Mat:27:26. Da gab er ihnen Barabbas los; aber Jesus ließ er geißeln und überantwortete ihn, dass er gekreuzigt würde.

Als Tauziehen oder Gegenreaktion auf Jesus könnte auch das zeitgleiche Auftreten des **Apollonios von Tyana** gedeutet werden. Er nannte sich ebenfalls *„Sohn Gottes"* und vollbrachte identische Wunder. Er soll ein Mädchen von den Toten erweckt haben, trieb böse Geister aus, heilte Lahme und Blinde, schmähte den Reichtum. Auch er versammelte Jünger um sich. Wie Jesus wurde er gefangen, verurteilt, hingerichtet und soll anschließend in den Himmel aufgefahren sein.

Einsamkeit

Jesus hatte viele einsame Stunden. Ohne Einsamkeit gibt es keine Größe. Er zog einsam in die Wüste, wurde am Ölberg von seinen schlafenden Jüngern im Stich gelassen, später verriet ihn Petrus und schließlich starb er, von Gott verlassen, am Kreuz.

Mat:27:46 Und um die neunte Stunde schrie Jesus laut und sprach: Eli, Eli, lama asabthani? das heißt: Mein Gott, mein Gott, warum hast du mich verlassen?

So stirbt ein Mensch und kein Gott. Vor allem wird nach dem monotheistischen jüdischen Glauben nicht der Gott den Gott um Hilfe bitten…das ist höchstens in der griechischen Vielgötterwelt denkbar.

Glorifizierung

Nach seinem Tod begann seine Verklärung, sein eigentlicher Aufstieg zur weltgeschichtlichen Persönlichkeit. Vor allem der Apostel Paulus und der Evangelist Johannes haben aus Jesus den Sohn Gottes, den Messias, den Christus (Gesalbten), den Erfüller des Gesetzes gemacht. Das war umso leichter, als die Person Jesu geschichtlich kaum fassbar ist. Vorbilder waren dabei offensichtlich die griechischen Heroengötter: Asklepios, Herakles und Dionysos. Auch zum Leben Buddhas gibt es erstaunliche Parallelen.

Das gefiel nicht nur den Kirchenfürsten, sondern auch den Massen besser: Den einen, weil sich dadurch ihr Status und ihre Macht erhöhte, den anderen, weil es leichter ist, einen Gott als einen Menschen zu verehren.

Das Reich Gottes, das Jesus für die damals lebende Generation versprochen hatte, blieb aus. Darin hat er sich ganz offensichtlich geirrt. Auf der Welt ging es weiter wie eh und je: mit Kriegen, Verfolgung, Mord und Totschlag und die Christen taten ihren Teil dazu.

Wirkung

Das traurige ist, dass das Christentum, sobald es unter Konstantin zur Staatsreligion im römischen Reich geworden war, in völlig veränderter Form, Andersdenkende verfolgt hat: Juden, Heiden und Ketzer. Die katholische Kirche war wohl die intoleranteste Organisation, die es je gegeben hat. Über 1600 Jahre hat sie Andersdenkende verfolgt und verunglimpft. Das ist ein Makel, der leider schon in den angeblichen Worten des Jesus von Nazareth seinen Ursprung haben dürfte.

Mk. 16:16 „Wer glaubt und sich taufen lässt, wird gerettet; wer aber nicht glaubt, wird verdammt werden".

Traurig nur, dass solche Sätze eine verheerende Wirkung gehabt haben und dass sie heute immer noch im Evangelium stehen.

Gläubige können nicht mehr kritisieren. Sie sind Hörige und am besten zu vergleichen mit blind Verliebten. Sie sehen die Welt durch eine rosa Brille: Ihr Gegenstand wird idealisiert, Fehler werden nicht mehr erkannt oder übertüncht.

> **Verliebte wollen ihren Geliebten nicht so sehen wie er ist, sondern so, wie sie ihn grenzenlos lieben können. Wer kritisiert wird gehasst, wie wenn er den Geliebten geschmäht hätte.**

Es gibt im Neuen Testament weitere Drohungen, die den christlichen Verfolgern aller Zeiten ein gutes Gewissen verschafft und sicher sehr viel Unheil angerichtet haben. Jesus droht mit dem Feuerofen: *Mat:13:40 Gleichwie man nun das Unkraut ausjätet und mit Feuer verbrennt, so wird's auch am Ende dieser Welt gehen: des Menschen Sohn wird seine Engel senden; und sie werden sammeln aus seinem Reich alle*

Ärgernisse und die da unrecht tun, und werden sie in den Feuerofen werfen; da wird sein Heulen und Zähneklappen.

Joh. 15:6 *Wenn jemand nicht in mir bleibt, der wird weggeworfen wie eine Rebe und verdorret, und man sammelt sie und wirft sie ins Feuer, und sie müssen brennen. ...*
Und sie verbrannten Heiden, Ketzer, Hexen und Juden. Zuerst werden die *„Anderen",* die *„Falschgläubigen"* in den Köpfen der *„Rechtgläubigen"* so weit abgewertet, dass bei ihrer Vernichtung keine Schuldgefühle mehr aufkommen. Die Weltgeschichte spricht da eine klare Sprache: Es sind solche Sätze, die den Taten vorausgehen. Jesus droht angeblich allen, die nicht an ihn glauben und seine Anhänger setzen die Drohungen in die Tat um.

Luk. 14:23 *„Und der Herr sprach zu dem Knechte: Gehe aus auf die Landstraßen und an die Zäune und* **nötige sie hereinzukommen,** *auf dass mein Haus voll werde."*
Diesen Satz, den Jesus gesprochen haben soll, nachdem geladene Gäste alle möglichen Ausreden vorgebracht hatten, um nicht zu einem Festmahl kommen zu müssen, war für Augustinus und für die Päpste der Inquisition die Rechtfertigung, um andere zum *„wahren"* Glauben <u>zwingen</u> zu dürfen. Wie Jesus ihn verstanden hat, ob er ihn überhaupt gesprochen hat, wissen wir nicht. Dass er verheerende Folgen hatte, ist gut belegt.

Jesus kann nicht mein Herr und Gebieter sein. Dazu war er nicht groß genug und dazu ist er für mich nicht nahe genug, d.h. ich lebe in einer ganz anderen Situation, in einem ganz anderen Land, in einer ganz anderen Zeit als er. Überhaupt habe ich keinen Herrn und Gebieter über mir, weil ich selbständig denken kann. Er konnte mir ja nichts sagen, wie ich mich zu einer Persönlichkeit entwickle. In dieser Beziehung waren Epikur oder Nietzsche für mich viel wichtiger. Ich bin kein Anhänger, sondern ein selbst gesteuertes Fahrzeug - er ist ja auch nicht mein Anhänger - was ich ihm freistellen würde. Das Leben eines Wanderpredigers ist für mich nicht nachahmenswert. Ich ziehe es vor, daheim zu sein, weil ich mich dabei am wohlsten fühle und mich auch noch am schnellsten zu einer Persönlichkeit entwickle. Jesus war einer und ich bin ein anderer.
Jesus war kein Verfolger, dazu hatte er nicht die wirkliche Macht, aber er war, wohl eher ungewollt, mit Paulus der Ausgangspunkt für die schlimmsten Verfolgungen der Weltgeschichte. Es ist für einen *„Großen"* und dazu zähle ich Jesus, sehr wichtig, andere frei reagieren zu lassen. Auch wenn das enttäuschend sein mag, erkennt man daran, was man für sie bedeutet, wo man steht, auf dem Weg zu einer großen Persönlichkeit.

> Solange man nicht in sich ruht, muss man damit rechnen, abgelehnt zu werden, auch wenn man selbst noch so sehr von sich überzeugt ist.

Jesus war nicht so groß, **dass man hätte zu ihm kommen können.** Das konnte er auf Grund seines Alters und seiner Lebensweise nicht sein. In 33 Jahren kann man dieses

Ziel nicht erreichen. Der beste Beweis dafür ist, dass die Größten und Stärksten der Weltgeschichte dies bis zu ihrem hohen Alter nicht geschafft haben: z.b. Buddha 80 J., Konfuzius 72 J., Platon 80 J., Picasso 91 J., Leonardo da Vinci 77 J., Beethoven 56 J., Goethe 82 J..... Für mich war er ein Weiser, ein Lehrer, ein Freund, ähnlich wie die griechischen Philosophen Epikur -341 bis -270 oder Plutarch 45 - 125.

Jesus war ein Apokalyptiker. Er glaubte an den nahen Weltuntergang, der allerdings bis heute nicht gekommen ist: typisch für einen jungen Mann in der Kampf-Krieg-Todphase. *Mat. 16:28 Wahrlich ich sage euch: Es stehen etliche hier, die nicht schmecken werden den Tod, bis dass sie des Menschen Sohn kommen sehen in seinem Reich.* Wäre er älter geworden, dann hätte er seine Todessehnsucht vielleicht überwunden. Er hätte gelernt, das Leben zu lieben. Er hätte womöglich Frau und Kinder gehabt und auch mal einen Witz gemacht, ...aber er starb zu jung, in einem Alter, das auch für mich das schlimmste meines Lebens war.

> **Wir haben hier das klassische Problem der Weltgeschichte: Einer fühlt sich auserwählt, aus welchen Gründen auch immer, und da war Jesus überhaupt nicht selbstlos: Er wollte der zweite Mann hinter Gott sein. Das war sein wichtigstes Anliegen. Wer das nicht sehen oder glauben wollte, wird von ihm verdammt und später von seinen Anhängern verfolgt und physisch vernichtet.**

> **Wenn einer mehr sein will oder sein soll als er ist, gibt es ein Problem.**

Wenn die Juden nicht geglaubt hätten, ein von Gott auserwähltes Volk zu sein und wenn die Christen nicht geglaubt hätten, dass Jesus der Messias und der Sohn Gottes war, dann hätte es nie diese Feindschaft zwischen Juden und Christen gegeben, die die letzten zwei Jahrtausende vergiftet hat. Sie hätten als Menschen unter Menschen in Frieden miteinander leben können. Der Glaube schuf zwischen ihnen Gräben, die es für Ungläubige nie gegeben hätte und die es auch heute für sie nicht gibt.

Paulus

Saulus (jüdisch), genannt Paulus (römisch) von Tarsus, lebte etwa zwischen ~3 und 64 unserer Zeitrechnung. Er entwickelte sich vom Verfolger der Christen zum erfolgreichsten Missionar des Christentums und fand ein tragisches Ende als christlicher Märtyrer. Vielleicht war er einer der ersten Opfer der Christenverfolgung unter Nero nach dem Brand von Rom, im Jahr 64.
Als Sohn strenggläubiger, gelehrter Juden in Tarsus (heutige Türkei) geboren, wurde er in pharisäischer Theologie und im Wissen über griechische Kultur ausgebildet. Außerdem lernte er das Handwerk des Zeltmachers. Als Glaubenseiferer verfolgte er die frühen Christen. Er hielt sie wohl für eine abweichende jüdische Sekte, die dem falschen

Messias (Jesus) nachlief. Schon damals wollte der Eiferer anderes, seiner Ansicht nach falsches Denken, nicht tolerieren. Er soll die Steinigung des Stephanos, eines der ersten christlichen Märtyrer, beaufsichtigt und die Christen mit besonderer Härte verfolgt haben.

Ein einschneidendes Erlebnis löste in ihm eine plötzliche Kehrtwende aus. Er erkannte in Jesus den lange verheißenen Gesandten Gottes, den Messias, und wurde zu seinem eifrigsten Apostel. Da er diesem aber nie begegnet war und er wohl nur sehr vage mündliche Informationen von dem Mann hatte, dem er nachfolgte, auch, weil er eine starke, eigenwillige Persönlichkeit war, entwickelte er sehr schnell sein *„eigenes Christentum"*. Er begann auf eigene Faust zu predigen und zwar nicht Jesus, sondern seine Ideen, seine eigenwilligen Gedanken, seine Frauenfeindschaft, seine Verunglimpfung der Sexualität, sein Staatsverständnis, seine Abneigung gegen das Judentum, seine Idee vom Auferstandenen, von der Ursünde (Ungehorsam von A. und E. im Paradies), die angeblich durch ein Blutopfer des Gottessohnes getilgt werden musste… Damit rückte er sich selbst in den Mittelpunkt des Erlöserglaubens. Paulus wurde wichtiger als Jesus. Er war felsenfest davon überzeugt, in einem besonderen Verhältnis zu Gott zu stehen. Er empfing seine Offenbarungen direkt von Gott. Seine Gewissheit war ihm mehr als ausreichend, um den *„wahren"* Glauben zu verkünden. Er hatte es nicht nötig, sich Berichte über Jesus anzuhören.

> Man kann sich nicht genug darüber wundern, wie sicher Fanatiker alles zu wissen glauben. Weise Männer wie Sokrates oder Kant kamen dagegen eher zu dem Schluss, dass wir nichts oder wenig wissen können.

1. Korinther 3:10 *Ich nach Gottes Gnade, die mir gegeben ist, habe den Grund gelegt als weiser Baumeister; ein anderer baut darauf.*

Als er endlich nach drei (kurze Begegnung) bzw. 14 Jahren (Apostelkonzil) mit den Aposteln zusammentraf, geriet er vor allem mit Petrus und Jakobus in Streit. Es ging um die Rangordnung: Er kam nicht auf Befehl, er ordnete sich den *„Erzaposteln"* nicht unter, er empfing keine Weisungen. Es ging nicht um die Wahrheit, sondern um die Macht und um die Bedeutung in der Weltgeschichte. Weil er diesen ungebildeten Fischern und Zimmerleuten rhetorisch überlegen war, setzte er mit dem ihm eigenen Fanatismus, mit Missionsreisen und Briefen, *„sein Christentum"* im römischen Reich durch. Das paulinische Christentum beherrscht heute die Welt.

Paulus brachte sein anerzogenes römisches, jüdisches und hellenistisches Denken in die Lehre von einem gekreuzigten und wiederauferstandenen Gottessohn ein. Anstatt zu fragen, was Jesus gelehrt hat - er zitiert ihn fast nie - deutete er ihn gemäß den heidnischen Mysterienreligionen, die er kannte. Deswegen gibt es so viele Übereinstimmungen seiner Jesusgeschichte mit den Geschichten über Herakles, dem Gottessohn, Dio-

nysos der gekreuzigt und am dritten Tage wieder auferstanden ist und mit Asklepios, der Tote auferweckt und Kranke geheilt haben soll.
Gläubige Juden versuchten durch Tieropfer einen zornigen Gott zu besänftigen: Ohne Blut gab es keine Sühne. Siehe AT Jesaja Kap 53. Der Gottesknecht vergießt für die Vergebung der Sünden sein Blut. Also deutete er aus diesem Wissen den Kreuzestod Jesu als ein Sühneopfer, mit dem die ganze Menschheit ein für allemal von einer angeblichen Erbschuld erlöst werden sollte, die ein mythologisches Ehepaar: Adam und Eva, durch Ungehorsam gegen Gott auf sich geladen hatte. Es hatte versucht, nach Erkenntnis zu streben. Eigentlich ein lobenswertes Ziel.

*3.Mos. 5:6 So soll er für seine **Schuld** dieser seiner Sünde, die er getan hat, dem Herrn bringen von der Herde eine Schaf- oder Ziegenmutter zum Sündopfer, so soll ihm der Priester seine Sünden versöhnen.*
Röm.5:12 *Durch einen einzigen Menschen kam die Sünde in die Welt (Eva) und durch die Sünde der Tod, und auf diese Weise gelangte der Tod zu allen Menschen, weil alle sündigten. Hier haben wir die „Ursünde", die Tertullian und nach ihm Augustinus „Erbsünde" nennen wird. Er glaubt, nach jüdischem Verständnis, dass Schuld durch Zeugung weitergegeben werden kann.*

> Für meine Sünden muss kein Mensch sterben. Ich glaube nicht, dass meine Schuld mit dem Blut eines Unschuldigen getilgt werden kann. Das ist archaisches Denken. Schuld kann man höchstens durch eine Entschuldigung mildern und schuldig werden kann man nur durch eigenes schuldhaftes Verhalten, nicht durch Schuld, die vom Vater auf den Sohn vererbt wurde.

Wahre Religion ist gebaut auf das Wahre, das Gute in der Menschennatur, nicht auf der Sünde Morast. **Ludwig Feuerbach, dt. Philosoph, 1804-1872**

Paulus lehrt nicht den verzeihenden Gott Jesu, sondern den Gott des Alten Testamentes, der besessen ist zu richten und zu strafen.
Röm. 1:18 *„Denn Gottes Zorn vom Himmel wird offenbart über alles gottlose Wesen und Ungerechtigkeit der Menschen, die die Wahrheit in Ungerechtigkeit aufhalten."*
2 Thess. 1:7-9 *„Dann übt er Vergeltung an denen, die Gott nicht kennen und dem Evangelium Jesu, unseres Herrn, nicht gehorchen. ... Mit ewigem Verderben werden sie bestraft".*
Er denkt stets an Sünde und Strafe. Vor allem ist Sex Sünde. Eine Einstellung, die das Christentum stark geprägt und zur Sexualneurose der Frommen geführt hat, obwohl Jesus darüber kaum ein Wort verloren hat. Sexualität kommt in der Bibel fast nur in seiner negativen Form mit den Worten Unzucht, Hurerei, Unreinigkeit, Befleckung, Lüsternheit...vor. Alles *„Fleischliche"* ist nach Paulus Sünde, Tod und Teufel. Geist dagegen ist Leben und Gott.

Röm. 8:7 *Denn fleischlich gesinnt sein ist wie eine Feindschaft wider Gott, sintemal das Fleisch dem Gesetz Gottes nicht untertan ist; denn es vermag's auch nicht.* **8:8** *Die aber fleischlich sind, können Gott nicht gefallen.*

Diese sexualfeindliche Gesinnung des Paulus hat die letzten 2000 Jahre das christliche Leben beherrscht. Dabei richtete diese Moral, die es den Christen erlaubte, Andersdenkende und sogenannte Unzüchtige (Homosexuelle) zu verfolgen, mehr Unheil an, als die angebliche Unmoral ihrer Gegner.

Man kann sich darüber nicht genug wundern, wo doch alles Leben aus der Sexualität entsteht. Schon vor 40000 Jahren haben, vermutlich männliche Künstler, nackte weibliche Körper geformt und wahrscheinlich wird sich das Interesse daran erhalten, solange es Menschen gibt.

„Alle schönen Seiten des Christentums knüpfen sich an Jesus, alle unschönen an Paulus". **Der Theologe Overbeck.**

Der Glaube an Jesus, meint Paulus, mache einen Menschen gerecht, nicht ethisches Verhalten, das unwichtig sei, wenn man sich nur im Besitz der Gnade Gottes weiß und die weiß er, hat gerade er in vollem Maße erhalten. Das ist das Gegenteil von dem was Jesus lehrte, nämlich:

Mat. 7:12 *„Alles nun, was ihr wollt, dass euch die Leute tun sollen, das tut ihr ihnen auch! Das ist das Gesetz und die Propheten"*

Er duldete auch keine selbständig denkenden Menschen um sich, ließ sich nicht korrigieren oder kritisieren und verfluchte alle, die irgendwie anders dachten.

Galater 1:8 *„Wer euch aber ein anderes Evangelium verkündigt, als wir euch verkündigt haben, der sei verflucht, auch wenn wir selbst es wären oder ein Engel vom Himmel".* Und:

1. Korintherbrief. *„Wer den Herrn nicht liebt, der sei verflucht".* Weil das wohl Schule machte, steht im **1.Clemensbrief** (geschrieben von Clemens von Rom) *„[20] wenn ihr aber nicht willig seid und nicht auf mich hört, so soll euch das Schwert fressen".*

Mit folgendem Text aus dem **1. Korintherbrief**, werden später die Inquisitoren ihre Opfer verbrennen:

1. Korinther 5:4-5 *„...in dem Namen unsers Herrn Jesu Christi, in eurer Versammlung mit meinem Geist und mit der Kraft unsers Herrn Jesu Christi, ihn zu übergeben dem Satan zum Verderben des Fleisches, auf dass der Geist selig werde am Tage des Herrn Jesu.* Und

1 Tim 1:19-20 *„Schon manche haben die Stimme ihres Gewissens missachtet und haben im Glauben Schiffbruch erlitten, darunter Hymenäus und Alexander, die ich dem Satan übergeben habe, damit sie durch diese Strafe lernen, Gott nicht mehr zu lästern."*

Er war immer noch der alte Verfolger, der niedermachte, was ihm nicht passte. Er hatte nur die Partei gewechselt, aber nicht an seinem Charakter gearbeitet. Er ist nicht größer geworden, nicht sanftmütiger, nicht duldsamer, nicht weiser, nicht warmherziger und liebenswürdiger. Er redete nur von Liebe, lebte sie aber nicht, weil er sie nicht hatte und sie deswegen nicht geben konnte. Er warf den Juden die Verfolgung der Propheten und den Tod Jesu vor: *Apostelgeschichte 7:52 Welchen Propheten haben eure Väter nicht verfolgt? Und sie haben getötet, die da zuvor verkündigten die Zukunft dieses Gerechten, dessen Verräter und Mörder ihr nun geworden seid.*
Tatsächlich gab es zwei Prophetenmorde. Außer der Kreuzigung Jesu gab es, nach der Überlieferung, die Märtyrertode des Jeremia und des Jesaja -690.

Paulus beschuldigte die Juden generell, dass sie ehebrechen, stehlen, Tempel plündern... und da man das Jahrhunderte lang in jeder Kirche und in christlichen Schulen gelehrt hatte, ist aus der Religion der Liebe eine Religion des Hasses geworden.

Als Jude und Römer betonte er die Minderwertigkeit der Frau gegenüber dem Mann und erzog dazu, der Obrigkeit des Staates blind zu gehorchen:
Röm. 13:1-2 Jedermann sei untertan der Obrigkeit, die Gewalt über ihn hat. Denn es ist keine Obrigkeit ohne von Gott; wo aber Obrigkeit ist, die ist von Gott verordnet. Wer sich nun der Obrigkeit widersetzt, der widerstrebt Gottes Ordnung; die aber widerstreben, werden über sich ein Urteil empfangen.
Auf diese verhängnisvollen Sätze beriefen sich die *„Könige von Gottes Gnaden"*. Diese Sätze haben lange Zeit, solange sie nämlich für die unfehlbaren Worte Gottes gehalten wurden, jeden Widerstand gegen ungerechte Herrschaft verhindert.

> **Heute glauben wir, dass eine rechtmäßige Obrigkeit nicht von Gott verordnet, sondern vom Volk gewählt und abgewählt werden kann.**

Von dieser Obrigkeit, die er nicht antasten wollte, wurde er drei Mal ausgepeitscht, sieben Mal eingesperrt, verfolgt und schließlich geköpft. Im Sinne der damaligen Regierung billigte er auch die Todesstrafe, die Sklaverei und den Kriegsdienst. Damit hat er die Voraussetzungen geschaffen, um das *„Christentum"* zur Staatsreligion im römischen Reich zu erheben. Er konnte es den Mächtigen schmackhaft machen. Was wäre auch eine Herrschaft ohne Kriegsdienst, ohne Sklaven, ohne Todesstrafe, eine Herrschaft, die Andersdenkende toleriert, die eine Vielfalt des Denkens zulässt. Wie könnte ein Diktator einen solchen Staat im Griff behalten? Mit dem *„paulinischen Christentum"* hat er das Werkzeug dazu!

Aufforderung zur Verleumdung:
2. Thessalonicher 3:14 So aber jemand nicht gehorsam ist unserm Wort, den zeigt an durch einen Brief, und habt nichts mit ihm zu schaffen, auf dass er schamrot werde;

Blinder Gehorsam gegen Diktatoren und Sklavenhalter:
Titus 3:1 Erinnere sie, (die Sklaven) *dass sie den Fürsten und der Obrigkeit untertan und gehorsam seien, zu allem guten Werk bereit seien,* ...

Epheser 6:5 *Ihr Knechte, seid gehorsam euren leiblichen Herren mit Furcht und Zittern, in Einfalt eures Herzens, als Christo* ...

Die Nachkommen der Urgemeinde wurden von den Nachkommen der paulinischen Denkweise als Häretiker (Abweichler; Ketzer) verfolgt, weil sie nicht an die Göttlichkeit und den Opfertod Jesu zur Erlösung von einer Erbsünde glaubten, nicht an die Heilsbedeutung des Blutes oder an die jungfräuliche Geburt Jesu oder weil sie weniger staatstreu waren. Mit Paulus wurde es den Christen wichtiger zu beweisen, dass Jesus Gottes Sohn war als seine Idee von der Nächstenliebe zu leben. Die Erlösung durch Gnade wurde wichtiger als das eigene Verhalten.

Die Verfolgung der Christen

Joh. 15:20 ... *„haben sie mich verfolgt, so werden sie auch euch verfolgen,"* ...
Die Juden waren im römischen Reich seit den Zeiten Cäsars vor Verfolgung geschützt, weil sie trotz ihrer *„Eigenbrötelei"* eine uralte Tradition hatten. Ihre Religion war *„erlaubt"* (religio licita). Dagegen galt der Glaube der *„Neuen Juden"*, für die man die Christen zunächst hielt, als gefährlicher Aberglaube (Superstitio), der die Einheit des Staates gefährdete.

Der berühmteste Christenverfolger war Paulus und sein prominentestes Opfer war Stephanus. Dieser hatte den Juden schlimme Vorwürfe gemacht: Sie seien Prophetenmörder und hätten auch Jesus auf dem Gewissen. Ein Vorwurf, den Paulus, nach seiner Bekehrung übernimmt, und mit dem der Judenhass bis in unsere Zeit begründet wird; als ob ein ganzes Volk an diesem Tod schuldig gewesen wäre!

Schon die ersten Christen hatten im römischen Reich von den Kaisern Nero, Trajan und Mark Aurel zeitweise Verfolgung zu erleiden. Sie wurden aber nicht systematisch verfolgt, weil sie Christen waren. Die christliche Religion war nicht verboten. Sie wurden verfolgt, weil sie nicht den römischen Kaiser als ihren Herrn anerkannten und weil sie nicht den römischen Göttern opferten. Man hielt sie für intolerante Atheisten, die an allem Unheil schuldig waren. Die Götter, so glaubten die Römer, rächten sich für ihre Missachtung mit Hungersnöten, Bränden, Seuchen, Kriegen und anderem Unheil, wenn man diese Gottlosen ungestraft in den eigenen Reihen duldete. Die Verfolgung ging vor allem vom niederen Volk aus.
Beim Martyrium des Bischofs Polycarp wird uns berichtet, dass die römischen Richter den Christen goldene Brücken bauen wollten, um sie von ihrem Martyrium abzuhalten.

Sie hätten nur einmal einem römischen Gott opfern brauchen, um sich zu retten, aber sie zogen es vor, ihrem Herrn Jesus ins Martyrium nachzufolgen, um desto sicherer das ewige Heil zu erlangen. *„Die Marter ist kurz"*, sagten sie, *„im Verhältnis zum ewigen Heil im Himmel"*. Sie glaubten, die einzig wahre Religion zu haben.

Sie beriefen sich auf die Bergpredigt: **Mat 5:10-12** *„Glückselig die um Gerechtigkeit willen Verfolgten, denn ihrer ist das Reich der Himmel. Glückselig seid ihr, wenn sie euch schmähen und verfolgen und alles Böse lügnerisch gegen euch reden werden um meinetwillen. Freut euch und frohlockt, denn euer Lohn ist groß in den Himmeln; denn ebenso haben sie die Propheten verfolgt, die vor euch waren.*

> **Wenn jemand für eine bestimmte Sache stirb, beweist das noch lange nicht, dass sie gut oder wahr ist. Es beweist nur, dass einer von dieser Sache überzeugt ist. Diese Überzeugung findet man häufiger bei Menschen, die nicht lange fragen und forschen, sondern bei denen, die glauben, was sie glauben wollen.**

Wenn einer für die Überzeugung stirbt, dass die Sonne sich um die Erde dreht, wird sich nach seinem Märtyrertod die Erde immer noch um die Sonne drehen.

Verfolgt wurden die Christen:
- Unter dem römischen Kaiser Nero, der sie beschuldigte, Rom in Brand gesteckt zu haben.
- 202 erließ Kaiser Severus ein Edikt, das den Übertritt zum christlichen Glauben verbot.
- Decius veröffentlichte einen Erlass: *„Wer nicht den römischen Göttern opfert, wird getötet."*
- Schließlich startete Kaiser Diokletian 303 eine reichsweite, zehnjährige, systematische Christenverfolgung. Für ihn war das Christentum ein Aberglaube, der das Reich bedrohte.

Dabei gehen neuste Forschungen davon aus, dass die Zahl der Opfer nicht, wie oft behauptet, in die Tausende ging, sondern es sollen einige hundert Märtyrer gewesen sein, die gefoltert, verbrannt und den wilden Tieren vorgeworfen wurden.

Zu den frühen Opfern der römischen Christenverfolgung gehörten so berühmte Bischöfe wie Ignatius von Antiochia †Rom ~110-117 und Polycarp, Bischof von Smyrna 70-150, wahrscheinlich auch der Apostel Paulus um 64.

Unter Diokletian wurden die Kirchen zerstört, die heiligen Bücher verbrannt und die Anführer der Christen verhaftet. Man warf den Christen auch vor, bei ihren geheimen Treffen, die meist nach Einbruch der Dunkelheit stattfanden, inzestuöse Orgien zu feiern. Vermutlich leitete man diesen Vorwurf davon ab, dass sie sich küssten und sich mit Bruder und Schwester ansprachen. Der Brauch, ihre Abendmahle mit dem Fleisch und Blut ihres Meisters zu feiern, brachte sie in den Verdacht, kleine Kinder zu verspeisen.

Der lateinisch-sprachige, christliche Apologet (Fürsprecher) Marcus Minucius Felix versuchte das Christentum im 2. Jahrhundert in seiner Schrift *„Octavius"* gegen Kannibalismus, Inzest und Atheismus zu verteidigen. Dabei betonte er, dass die Christen im Gegensatz zu den Heiden, keine Tieropfer darbrachten und keine Kinder aussetzten, wie das im damaligen Rom üblich war. Man entledigte sich auf diese Weise vor allem der unerwünschten Mädchen.

Den Vorwurf, kleine Kinder zu verspeisen, machten die Christen später auch den Juden. Der Feind muss moralisch abgewertet werden, damit er hemmungslos und mit gutem Gewissen verfolgt werden kann.

Die Zersplitterung der Christen

Die Christen, die von den Römern einst als Atheisten angeklagt worden waren, beanspruchten bald, den einzig wahren Glauben zu haben. Dabei zersplitterten sie sich in viele verschiedene Bekenntnisse. Im frühen 3. Jahrhundert kannte man in Rom über dreißig, Ende des 4. Jahrhunderts soll es über hundert konkurrierende christliche Bekenntnisse gegeben haben, die sich gegenseitig als Ketzer bekämpften, verurteilten, verfluchten und verfolgten.

Dabei stand die unterschiedliche Einschätzung der Person Jesu im Mittelpunkt des Streites. Die jüdisch-christlichen **Ebioniten**, die sich zu freiwilliger Armut bekannten, sahen in Jesus den von Gott erwählten Messias, der nur <u>Mensch</u> war. Sie waren strikte Monotheisten. Jesus war für sie, wie später für die **Arianer**, nicht Gott und wurde auch nicht von einer Jungfrau geboren. Sie beriefen sich auf das Matthäusevangelium.

Die **Markioniten**, Anhänger Markions, glaubten dass Jesus <u>Gott </u> und nur <u>scheinbar Mensch</u> war. Für sie gab es also zwei Götter: Vater und Sohn. Sie beriefen sich auf das Lukasevangelium.

Die **Gnostiker** teilten sich in mehrere verschiedene Gruppen. Sie beriefen sich auf das Johannesevangelium.

Weitere Gruppen stützten ihren Glauben auf apostolische Texte, die zum großen Teil verloren gegangen, von den Gegnern absichtlich vernichtet oder von der siegreichen kath. Kirche als unwichtig und ungültig erklärt worden waren, z.B. auf das Evangelium nach Thomas, das Evangelium nach Petrus, nach Maria Magdalena, nach Phillipus, nach Judas…Es gab etwa 30 Evangelien, die die Kirche als ketzerisch verwarf.

„Alle Ketzer sind keine Christen. Sind sie aber keine Christen, sind sie Teufel;
*„Schlachtvieh für die Hölle". **Der hl. Kirchenlehrer Hieronymus***
„Welch ein Unheil! Wir fallen übereinander her und verschlingen einander ... Überall wird da der Glaube vorgeschoben; bei persönlichen Streitigkeiten muss dieser ehrwürdige Name herhalten. So kommt es natürlich, dass die Heiden uns hassen. Und, was

das Schlimmere ist, wir können nicht einmal behaupten, dass sie Unrecht haben ... Dies hat uns der innere Krieg beschert. " **Kirchenlehrer Gregor von Nazianz**

„Kaum haben sie Christus gepredigt, beschuldigen sie sich gegenseitig, Antichristen zu sein ...und natürlich gab es unter diesen theologischen Gezänken kein einziges, das nicht auf Absurditäten und Betrügereien aufgebaut gewesen wäre. " **Voltaire**

Jede christliche Glaubensrichtung versuchte mit Hilfe der Mächtigen über die andere zu herrschen und wusste Gott als ihren Verbündeten hinter sich. Gesiegt hat schließlich das Christentum, das die meisten Anhänger gewinnen konnte, weil es ein Gemeinschaftsgefühl und Fürsorge für die Glaubensgenossen bot, weil es am besten organisiert, staatstreu und am wohlhabendsten war. Zu diesem paulinisch-kath. Christentum bekannte sich Kaiser Konstantin und verhalf ihm zum Siegeszug im römischen Reich.

Konstantin

Lebenszeit 274 - 337. Römischer Kaiser 306 - 337.

Es gibt kaum eine geschichtliche Persönlichkeit, die auch heute noch so unterschiedlich beurteilt wird wie Konstantin der Große. Für die katholische Kirche, die ihm seine Macht verdankt, war er ein Heiliger. Macht heiligt scheinbar alles. Für die Kirche zählt nicht, wie jemand lebt, sondern was einer für sie tut.
Für den Historiker Karlheinz Deschner, *Kriminalgeschichte des Christentums*, war er vor allem ein rücksichtsloser Despot. Das scheint mir der Wahrheit näher zu kommen, denn dies lässt sich heute, in einer Zeit, in der die Kirche nicht mehr einfach ihre Sichtweise diktieren kann, von Historikern belegen.

Konstantin I., genannt „*der Große*", weil er der Kirche zu großer Macht verholfen hat, hieß eigentlich Flavius Valerius Constantinus. Er war der erste römische Kaiser, der sich zum Christentum bekannte. Vom Verfolger der Christen entwickelte er sich zum toleranten Kaiser und schließlich zum Verfolger der Heiden, Juden und Ketzer.

Anders als sein Vorgänger Diokletian, sah Konstantin im Christentum die Möglichkeit, sein Reich zu einen. Ob er ein überzeugter Christ war? Darüber ist viel gerätselt worden. Vermutlich war sein Bekenntnis zum Christentum ein rein politisch kalkulierter Akt, denn er war zweifellos in erster Linie ein begabter Machtmensch, der es verstand, in dieser Bewegung seinen machtpolitischen Nutzen zu erkennen.

Das Christentum fand vor allem bei den Benachteiligten Massen der römischen Gesellschaft großen Zulauf. Es schenkte den Armen, den Schwachen, den Kranken, den Sklaven und den Frauen Hoffnung und bot seinen Anhängern Gemeinschaft und Fürsorge in einer von Männern beherrschten, herzlosen Welt, in der wenige Reiche und Mächtige alles beherrschten. Das erkannte Konstantin und benutzte diese aufstrebende Bewegung für seine Machtinteressen. Er war ein Meister der Propaganda. Er schreckte nicht vor Geschichtsfälschungen zurück und bastelte sich seine eigene Lebensgeschichte. Dabei wurde aus seiner Mutter, einer Schankwirtin, eine Prinzessin, die dann mit Hilfe der Kirche zur heiligen Helena aufstieg. Auch die Tatsache, dass er unter Diokletian an Christenverfolgungen mitgewirkt hatte, verschweigt er. Natürlich möchte die Kirche das anders sehen. In der Ostkirche wurde er samt seiner Mutter unter die Heiligen aufgenommen und als 13. Apostel verehrt.

> **In der katholischen Kirche werden Wahrheiten nicht gefunden, sondern erfunden und beschlossen.**

Wie er selbst, der ein ausgeprägtes Sendungsbewusstsein hatte, möchte die Kirche in Konstantins Bekenntnis ein Eingreifen Gottes in die Weltgeschichte erkennen. Das Bekenntnis zum Christentum hat ihn allerdings nicht davon abgehalten, seine ganze Familie zu ermorden.

Konstantin hat in seinem Leben eine für die Weltgeschichte enorm bedeutende Wandlung durchgemacht: Vor seiner Thronbesteigung beteiligte er sich an Christenverfolgungen. 313 garantierte er den Christen freie Religionsausübung (Mailänder Religionsedikt). 333 droht ein Gesetz die Verbrennung aller Häretiker an.
Damit hat er zwar die Christenverfolgungen seines Vorgängers Diokletian beendet, hat aber auch schon die Grundlagen dafür gelegt, dass aus den Verfolgten Verfolger wurden. Es ging ihm nämlich in keiner Weise um die Verwirklichung christlicher Werte, um Nächstenliebe, Fürsorge, Gemeinschaft von Brüdern und Schwestern,... sondern er benutzte diese neue, beliebte Religion, die nun die alleingültige sein sollte, um seine Alleinherrschaft im Römischen Reich zu festigen. Es geht immer um die Macht, bloß sagt das niemand so deutlich wie Hitler. „**Gott-Christus-Kaiser**" – hieß es unter Konstantin. Hitler machte daraus „*Ein Reich, ein Volk, ein Führer*".
Konstantin begründete den Anspruch, dass der Kaiser als Stellvertreter Christi nicht nur Herr des Staates, sondern auch Herr der Kirche sei. Damit legte er den Grundstein für das mittelalterlich christliche autokratische Europa. Später werden die Päpste den Anspruch erheben, über den Kaisern zu stehen.
Die Vielfalt antiker Religiosität wurde nach und nach eingeschränkt. Auch die zahllosen anderen christlichen Bekenntnisse, z.B. die Ebioniten, die Gnostiker, die Markioniten, die Arianer, die Donatisten, die Monophysiten...wurden unterdrückt, zugunsten des einen katholischen Glaubens, der ihm die absolute Herrschaft sicherte.
Wo immer es seiner Macht nützte, hat er den Klerus und die Großkirche beschenkt und gefördert, hat sie so gekauft, von sich abhängig gemacht und schließlich beherrscht. So

konnte er auch die geistigen Grundlagen des Katholizismus wesentlich mitprägen. Dabei hat er das „wahre Christentum", das Urchristentum, den Geist der Bergpredigt verraten. Was man freilich schon Paulus in hohem Maße vorwerfen muss. Es ist etwas ganz Neues entstanden: der Katholizismus. Man kleidete sich in Prunkgewänder, - er liebte den Pomp. Der strahlende Gott Apollo war sein eigentliches Vorbild. Bevor er sein *„Erweckungserlebnis"* mit Christus hatte, hatte er ähnliche Erlebnisse mit Apollo und Sol invictus, dem unbesiegbaren Sonnengott. Man strebte nach Reichtum und Macht. Man war für den Krieg und die Todesstrafe, als hätten sie nie etwas von der Friedensbotschaft des Jesus von Nazareth gehört. Man beutete die Armen und die Sklaven aus, weil jemand die Zeche zahlen musste, die die Herrschenden verprassten. Man pflegte Kult und Scheinheiligkeit, weil das einfache Volk sich gerne blenden lässt. Man richtete und schwor, weil Jesus wohl aus einer anderen Welt stammte und man nannte sich *„christlich"* und hätte sich doch treffender *„konstantinisch"*, nennen sollen. Hat Jesus zu radikale Forderungen gestellt, als dass man sie hätte erfüllen können? *Verschenke alles was du hast...; Wenn dich einer auf die eine Backe schlägt, so halte ihm die andere hin...; Du sollst deine Feinde lieben...; Richte nicht, damit du nicht gerichtet wirst...*

Von der Schuld, die er durch zahllose Morde an seiner Verwandtschaft auf sich geladen hatte, - er soll seine Frau und seinen Adoptivsohn ermordet haben - wollte er sich vermutlich durch die Taufe, die er bis kurz vor seinem Tod hinausgezögert hat, reinwaschen. So jedenfalls war die Glaubensvorstellung: Die Taufe reinigt von allen Sünden. Schließlich hat er der Kirche zu Macht und Reichtum, zur Kirchensteuer, zu zahllosen Privilegien und in der nie stattgefundenen ***„Konstantinischen Schenkung"*** zu eigenem Grund- und Boden, dem Lateran, verholfen. Die Kirche zeigte sich dankbar, sie hat ihm, trotz seiner Verbrechen, ein ehrwürdiges Andenken bewahrt und ihn, wie später auch Theodosius und Karl, den *„Großen"* genannt und heiliggesprochen. Die Weltgeschichte bekam durch ihn eine entscheidende Wende.
Unter den Nachfolgern Konstantins wurde die Intoleranz der Römischen Kirche gegen Juden, Heiden und Ketzer beschlossene Sache.

„Vor dem Sieg des Christentums verlangt man, dass der Staat keinen zu einer bestimmten Gottesverehrung zwingen darf, dann aber verlangt man in dem gleichen Ton, dass er alle zur eigenen Gottesverehrung der Christen zwingen muss, und zwar mit Anwendung aller Gewalt". **Der Theologe Carl Schneider.**

Um 350 schrieb der Astrologe **Firmicus Maternus**, nachdem er zum Christentum übergetreten war, ein Traktat, in dem er zur Ausrottung aller heidnischen Religionen aufrief. Es richtet sich vor allem an die Söhne Konstantins, an Konstantius und Konstanz: *„Von Grund aus müssen solche Dinge, allerheiligster Kaiser, ausgemerzt und vernichtet werden und sollen durch schärfste Gesetze und Erlasse euerseits geändert* *werden, damit nicht länger dieser verhängnisvolle irrige Wahn den römischen Erdkreis beflecke, damit nicht diese ruchlosen, verpesteten Gebräuche erstarken, damit nicht länger, was immer einen Mann Gottes zu verderben sucht, auf der Erde herrsche. "*

„Ich bin überzeugt, dass die christliche Religion seit Konstantin mehr Menschen vernichtet hat als es heute Einwohner in Europa gibt. " **Voltaire ~ 1770**

Konstantius II.

341 beschloss der Sohn Konstantins, Konstantius II., um 317 bis 361, *„die Ausrottung des Aberglaubens"* und ordnete 346 die Schließung aller heidnischen Tempel an. 356 wurden alle, die Götzenbilder verehrten, mit der Todesstrafe bedroht. Der Übertritt eines Christen zum Judentum wurde mit der Einziehung seines ganzen Vermögens geahndet, die Heirat eines Juden mit einer Christin, sowie die Beschneidung von Sklaven wurden unter Todesstrafe gestellt.

Theodosius I.

Unter **Theodosius I.**, 347-395, oder besser unter dem Einfluss des Bischofs **Ambrosius** wurde das katholische Christentum offiziell Staatsreligion im Römischen Reich. Tempelbesuch und Opfer wurden mit Verbannung oder Tod bestraft, auch im eigenen Haus durfte die Religion nicht frei ausgeübt werden. Die Juden wurden aus dem Heer entfernt. Die erste Synagoge wurde Mitte des 4. Jahrhunderts in Norditalien auf Anweisung eines Bischofs zerstört.

380 befahl das **Religionsedikt von Thessalonich** jedem römischen Bürger *„unter Androhung himmlischer und irdischer Strafen"* die Annahme des katholischen Glaubens. Alle, die dies nicht freiwillig taten, wurden für *„toll und wahnsinnig"* erklärt und *„Ketzer"* genannt. Dieses Edikt richtete sich vor allem gegen die Arianer.

„Die Größe des Christentums lag nicht in versuchten Vergleichsverhandlungen mit etwa ähnlich gearteten philosophischen Meinungen der Antike, sondern in der unerbittlichen fanatischen Verkündung und Vertretung der eigenen Lehre. " **Hitler M. Kampf**

Fanatisch haben vor allem Paulus und die Kirche eine völlig neue Lehre, den Katholizismus, verkündet.

Theodosius II.

Im Reichsgesetzbuch, dem **Codex Theodosianus** 438, werden unter **Theodosius II.**, 408-450, achtzig Gesetze gegen Ketzer aufgeführt. Man verbietet Kultbauten, Gottesdienste, Versammlungen, Lehrtätigkeit und vernichtet das ganze Schrifttum der *„Ketzer"*. Diese unterschieden sich von der katholischen Lehre meist dadurch, dass sie der Botschaft Jesu näherstanden als die katholische Kirche.

Der Versuch, eine politische und religiöse Einheit unter dem katholischen Glauben zu schaffen, bedeutete für unzählige Verfolgung, Verarmung, Bestrafung und Tod.

> **Während das einfache Volk solche Einheit oft als wohltuende Geborgenheit empfinden mag, leiden unter verordneter geistiger Gleichschaltung vor allem Menschen, denen Denken ein Bedürfnis ist, Freidenker, die nach Wahrheit suchen, die man nicht mit Polizeigewalt dazu zwingen kann, unvernünftige Dinge zu glauben oder zumindest Dinge, die gar nicht so klar sind wie die Herrschenden sie darstellen wollen.**

Die Frage, ob Jesus Messias oder Gott oder nur Mensch war, ist eben eine Glaubensfrage, die von den Juden, den Arianern, den Muslimen, den Heiden, den Philosophen und den Katholiken verschieden beantwortet wurde. Wir wissen zu wenig Geschichtliches über Jesus als dass wir die zahllosen Mythen und Legenden, die sich um ihn gebildet haben, entschleiern könnten. Deswegen muss es erlaubt sein, das eine wie das andere zu glauben, - solange damit niemandem Unheil angetan wird.

Die Kirchenväter: gegen Juden und Heiden

Zwar sind es die Mächtigen, die verfolgen und Verfolgung anordnen, die geistigen Grundlagen dafür werden aber meist von anderen geschaffen. Ohne diese weltanschaulichen Grundlagen, ohne die Überzeugung, richtig zu handeln, wenn man andere verfolgt, ist Verfolgung nicht mit der Heftigkeit und Überzeugung denkbar, mit der sie sich tatsächlich abgespielt hat.

So beginnt die Verfolgung Andersgläubiger durch die Kirche und den Staat mit der für *„unfehlbar"* geglaubten Bibel, mit unglücklichen, falsch ausgelegten oder gefälschten Worten des Meisters. Sie gewinnt weiter an Fahrt mit dem Fanatismus des Paulus, mit den Drohungen des Evangelisten Johannes und mit der Intoleranz der *„allweisen"* Kirchenväter und Päpste, die in ihrer geistigen Finsternis, begründet durch die Bibel, nur noch <u>eine</u> wahre Religion gelten lassen wollten und die, wie Jahwe, der Gott der Bibel, alle *„Ungläubigen"* mit dem Tode bedrohten. Sie hatten den einzig richtigen Glauben und die anderen waren die Gottlosen. Eigentlich ist das ziemlich primitiv, wenn man bedenkt, dass ein Gott nicht erkennbar ist, dass die Christen selbst einst von den Römern für gottlos gehalten wurden und dass sie heute auch bei den Muslimen als Ungläubige gelten.

> **Es sind die unvernünftigen, unbelegbaren Glaubenssätze, mit denen die Fanatiker die Welt in Brand setzen und ihre unmündigen Anhänger zur Verfolgung anstacheln.**

Wahrheit hat man nicht, Wahrheit muss man immer suchen, in Frage stellen, überprüfen. Unser ganzes Wissen ist zunächst mal Vermutung. Die Vermutungen, die wir mit unseren Sinnen immer wieder überprüfen können, erweisen sich schließlich als gültige Naturgesetze, mit denen wir arbeiten und unser Leben verbessern können. Die Religionen glauben sich im Besitz der Wahrheit, die Philosophen und Naturwissenschaftler sind immer auf der Suche nach ihr.

Drohungen und Schmähungen gegen Juden und Heiden findet man bei allen Kirchenvätern. Das sind etwa acht maßgebliche christliche Lehrer, die auf die Apostel folgend das geistige Fundament des katholischen Christentums geprägt haben. Sie bildeten auch die Grundlage für die jahrtausendelange Verfolgung der Juden, der Ketzer und Heiden.
Man kennt vier westliche Kirchenväter: **Ambrosius, Augustinus, Papst Gregor I.** und **Hieronymus** und vier östliche: **Athanasius, Basilius, Johannes I. Chysostomos** und **Gregor von Nazianz.**
Vor den Kirchenvätern gab es noch die apostolischen Väter, das sind Schriftsteller der nachapostolischen Zeit, die zur christlichen Kirche des 1. und 2. Jahrhunderts gehörten: z.B. **Clemens I.** von Rom, **Ignatius von Antiochia** und **Bischof Polykarp** von Smyrna.

Der Hass auf die Juden

„Der christliche Anti-Judaismus legte das Fundament für den rassischen, auf Völkermord zielenden Antisemitismus, indem er nicht nur das Judentum, sondern auch die Juden selbst stigmatisierte und der Schmähung und Verachtung aussetzte. Deshalb fielen die NS-Theorien tragischerweise auf fruchtbaren Boden, der das Grauen eines beispiellosen Völkermordversuchs ermöglichte."
D. Goldhagen; Die katholische Kirche und der Holocaust

Paulus schreibt in einem Brief an die Thessalonicher über die Juden: *1.Thessalonicher 2:15 „...welche auch den Herrn Jesus getötet haben und ihre eigenen Propheten und haben uns verfolgt und gefallen Gott nicht und sind allen Menschen zuwider"*...

71

Die christliche Judenfeindschaft geht vom Neuen Testament aus, besonders von Paulus und vom Johannesevangelium. Den Juden, nicht etwa ein paar wenigen, die damals dabei waren, sondern den Juden insgesamt, wurde von den Christen vorgeworfen, Schuld am Tod Jesu zu sein. Für die Christen war es Gotteslästerung, dass die Juden Jesus nicht als Messias anerkennen wollten.

Wohl als Gegenreaktion auf die beginnende Feindschaft zwischen Juden und Christen, nannte der zwischen dem 3.- 6. Jh. entstandene babylonische Talmud *„Jesus meist nur ,jenen Mann', vermied also seinen Namen, beschrieb ihn als falschen Propheten und Verführer Israels, der Zauberei trieb, über die Weisen spottete und nur fünf Jünger hatte. Er sei am Vorabend des Pessach gehängt worden, nachdem sich trotz vierzigtägiger Suche kein Entlastungszeuge für ihn gefunden habe (Sanhedrin 43a). Jesu Herkunft erklärt der Talmud mit einem Fehltritt Marias: Sie habe sich mit einem römischen Legionär eingelassen und das dabei entstandene Kind dem ,Heiligen Geist' zugeschrieben. Für die talmudischen Rabbiner war sie nur eine ,Hure'. Jesus sei durch seinen römischen Vater ,nicht nur ein Bastard, sondern der Sohn eines Nichtjuden'. Die im NT verkündete Abstammung von König David könne er daher nicht beanspruchen. Diese Idee war mitsamt dem Messias- und Sohn-Gottes-Anspruch Jesu bzw. des NT für die Talmudautoren reiner Betrug. Zudem stellten sie Jesus als promisk dar, der mit einer Prostituierten verkehrt habe und seiner Mutter nachgeraten sei. Dies beweise, dass er kein Prophet gewesen sei."* **Wikipedia**

Die Zerstörung des Tempels im Jahre 70, die jüdische Niederlage gegen die Römer nach dem Aufstand des Bar Kochba 132 bis 135 und die anschließende Vertreibung in alle Welt sahen die Christen als Strafe Gottes für den Unglauben der Juden an. Judenfreundliche Kreise erkannten dagegen gerade in der weltweiten Anwesenheit der Juden eine Vorsehung Gottes, da so der Monotheismus in die ganze Welt gebracht wurde. Außerdem sei der Justizmord an Jesus ja auch heilsgeschichtlich notwendig gewesen. Ohne den Kreuzestod Jesu hätte es, nach paulinischem Glauben, keine Erlösung von der Erbsünde gegeben.

Bar Kochba wurde von vielen Juden als der wahre Messias gefeiert, weil er es, im Gegensatz zu Jesus, gewagt hatte, militärisch gegen die Römer aufzustehen. Ein siegreicher militärischer Führer, immerhin hatte er eine römische Legion besiegt, glich mehr dem erwarteten Messias, als ein gekreuzigter Rabbi.

Während die Juden jede Andeutung auf den Messias Jesus im Alten Testament leugnen, deuten die Christen viele Stellen dieses Buches als Hinweise auf den kommenden Jesus. Sie werfen den Juden vor, ihr eigenes heiliges Buch falsch zu deuten, wenn sie diese Hinweise nicht erkennen wollen.

Da die Evangelisten die hebräische Bibel (Altes Testament) kannten, konnten sie ihre Geschichte von Jesus (Die Evangelien des neuen Testaments) so schreiben, dass sich darin möglichst viele Hinweise auf Jesus finden.

- Z.B. wurde die Geburt Jesu nach Bethlehem verlegt, obwohl jeder wusste, dass er aus Nazareth stammte. Damit erfüllte sich die Weissagung, dass der kommende Messias in Bethlehem geboren werde.

Altes Testament: Micha 5:2 „Und du Bethlehem Ephrata, die du klein bist unter den Städten in Juda, aus dir soll mir kommen, der in Israel Herr sei, welches Ausgang von Anfang und von Ewigkeit her gewesen ist.
Neues Testament: Matthäus, der diese Stelle kannte schrieb dann: Mat. 2:6 „Und du Bethlehem im jüdischen Lande bist mitnichten die kleinste unter den Fürsten Judas; denn aus dir soll mir kommen der Herzog, der über mein Volk Israel ein Herr sei."

Mit folgender Vorhersage sollte darauf hingewiesen werden, dass der kommende Messias von einer Jungfrau geboren werde. Wahrscheinlich liegt aber ein Übersetzungsfehler vor, denn Jungfrau kann auch „junge Frau" heißen, was wohl eher möglich wäre.
Altes Testament Jesaja 7:14 Darum so wird euch der Herr selbst ein Zeichen geben: Siehe, eine Jungfrau ist schwanger und wird einen Sohn gebären, den wird sie heißen Immanuel, d.h. Gott mit uns! Von Jesus ist hier keine Rede.

Folgende Stelle in Jesaja soll auf den Foltertod Jesu hinweisen. Auch hier ist unklar, von wem eigentlich die Rede ist.
Jesaja 53:7 Da er gestraft und gemartert ward, tat er seinen Mund nicht auf wie ein Lamm, das zur Schlachtbank geführt wird, und wie ein Schaf, das verstummt vor seinem Scherer und seinen Mund nicht auftut.

Je katholischer die Christen waren, desto judenfeindlicher waren sie und je mächtiger dieses Christentum wurde, desto mehr verfolgte es Andersdenkende. Kein Wunder, denn auch die prominentesten Kirchenväter und -lehrer hatten diese Feindschaft angeheizt. Mit dem Sieg Konstantins hatte die Kirche die Macht zur Verfolgung.

Die Juden glaubten Gottes auserwähltes Volk zu sein. Nach dem Tod Jesu beanspruchten die Christen diese Rolle für sich. Zwei auserwählte Völker konnte es aber nicht geben. So versuchten die Christen den Juden diesen Anspruch und ihr „Heiliges Buch" wegzunehmen. Die Christen warfen den Juden auch vor, dauernd ihre Propheten missachtet und ermordet zu haben.
Für **Barnabas**, einen Lehrer und Begleiter des Paulus, war das Alte Testament kein jüdisches, sondern ein christliches Buch, das nur dazu da war, auf die Ankunft des Messias - und das sei Jesus - hinzuweisen. Die neue Religion bekam so uralte Wurzeln.

Sie war nicht mehr nur, wie sie in den Augen der Römer erschien, eine moderne Sekte. Ihre „Rechtmäßigkeit" wurde durch tiefe Wurzeln im Alten Testament gestärkt. Im römischen Reich war das Judentum als „legitime" uralte Religion anerkannt und genoss gewisse Vorrechte: Die Juden mussten keinen Kriegsdienst leisten und konnten unbehelligt ihre Feste feiern (Sabbat). Soweit hatten es die Christen, die als eine jüdische Sekte angesehen wurden, noch nicht gebracht.

Die Juden, behauptet Barnabas, im sogenannten Barnabasbrief, hätten den Bund mit Gott schon gebrochen als Moses die Gesetzestafeln auf dem Sinai aus Wut über das Verhalten seiner Stammesgenossen zerbrach. Diese hatten in der Zwischenzeit einen Tanz um ein goldenes Kalb aufgeführt. Überhaupt hätten die Juden das Alte Testament völlig missverstanden, es sei nämlich metaphorisch - bildlich - zu deuten. Das Verbot Schweinefleisch zu essen, **3 Mos 11:4,** bedeute, dass man sich nicht verhalten soll wie die Schweine.

Natürlich wollten die Juden ihren alten Anspruch nicht aufgeben. Sie hatten andere Vorstellungen von ihrem Messias. Sie dachten an einen mächtigen, prächtigen Herrn, der sie aus der Knechtschaft der Römer befreien und alle Juden in das gelobte Land heimholen würde. Das Gegenteil davon war Jesus: ein Leidender und Machtloser, der wie ein Verbrecher gekreuzigt wurde und der sich selber nicht helfen konnte. So kam es zu einem dauernden Konflikt zwischen Christen und Juden.

Bischof Ignatius von Antiochien, ~ 150, der wohl eifrigste Ketzerbekämpfer seiner Zeit, beschimpft nicht nur die Juden, sondern auch alle andersgläubigen Christen als „wilde Tiere", „tolle Hunde", „Bestien in Menschengestalt" und ihre Lehre als „stinkenden Unrat". Er ist um die Einheit des Glaubens besorgt und fordert, dass nicht die Christen jüdisch, sondern die Juden christlich werden sollten.

Den Bischöfen spricht er alle Lehr- und Ordnungsgewalt zu, verlangt eine restlose Unterwerfung der Presbyter (Ältesten) und Diakone und vor allem den unbedingten Gehorsam der Gläubigen. Nur was der Bischof billigt, ist Gott wohlgefällig. „Ohne den Bischof sollt ihr überhaupt nichts tun", verkündet Bischof Ignatius. „Wer den Bischof ehrt, wird von Gott geehrt, wer ohne den Bischof etwas tut, dient dem Teufel". Damit begründet er die hierarchische Ordnung der Kirche, die Entrechtung und Entmündigung des Kirchenvolkes. Er zog den Unmut der römischen Behörden auf sich und starb als Märtyrer in Rom.

Melito von Sardes, Bischof von Sardes, Apologet und christlicher Schriftsteller, †vor 190, klagte die Juden an, dass sie Gott getötet hätten, ein alter Vorwurf des Paulus, der natürlich noch ungeheuerlicher wirkt, wenn man in Jesus nicht nur einen Propheten, sondern Gott sieht. Jesus war für ihn Sohn Gottes und damit Gott.

Der Kirchenvater **Justin** † um 165, möchte die Juden für den Mord an Gott (Jesus) bestraft sehen. An der Beschneidung meint er, könne man die Schuldigen erkennen. Er spricht also alle Juden schuldig, obwohl es doch nur eine kleine Klicke um den

Hohenpriester Kaiphas war, die Jesus vor das römische Gericht gebracht hatte. Er fordert die Todesstrafe für alle, die die Auferstehung leugnen. Justins *„Dialog mit dem Juden Tryphon"* spricht den Juden das Alte Testament ab. Er nennt die Juden: ...*„schlimme Menschen, seelisch krank, Götzendiener, verschmitzt und verschlagen, blind und lahm, ungerecht, unvernünftig, sündhaft, vollständig hartherzig und verständnislos."* **Deschner K.d.C.**

Er behauptet, sie hurten, sie seien voll jeder Schlechtigkeit, ihre Sündhaftigkeit steige bis ins Maßlose, alle Wasser des Meeres würden nicht genügen, um sie zu reinigen. Nach Justin haben die Juden das Gesetz entehrt, den Neuen Bund verachtet, die Propheten getötet und Jesu Anhänger ermordet, so oft sie Macht dazu erhielten.

Gegen die Juden richten sich Kampfschriften der Kirchenlehrer: Tertullian, Cyprian, Augustinus, Johannes Chrysostomos usw. Cyprian behauptet, wie vor ihm Jesus **Joh. 8:44** und später Goebbels, dass *„die Juden den Teufel zum Vater haben"*, bzw. dass sie Kinder des Teufels seien.

Im Talmud werden die Christen mit demselben *„Titel"* beschimpft und verflucht.

Der heilige **Cyprian**, Bischof von Karthago, um 250, spricht allen, vor allem den Juden und Heiden, den wahren Glauben ab, die nicht in der katholischen Kirche sind. *„Der kann Gott nicht zum Vater haben, wer die Kirche nicht zur Mutter hat". „Der ist kein Christ, der nicht in der Kirche Christi ist". „Außerhalb der (katholischen) Kirche gibt es kein Heil."*

„Seit dem 3. Jahrhundert waren die Juden über das ganze Römische Reich verstreut. Die Germanen der Völkerwanderungszeit, Goten, Burgunder, Franken, gewährten ihnen völlige rechtliche Gleichstellung mit den provinzial-römischen Völkern. Auch die arianischen Germanenstämme, die in Italien, Spanien, Nordafrika saßen, begünstigten das Judentum, förderten seine Entwicklung. Mit der Katholisierung der Germanen aber setzte deren Judenfeindschaft ein - noch im Jahr der Einführung des Katholizismus wurde der Grund gelegt für den klerikalen Terror und die grauenhafte Verfolgung der Juden, welche die westgotische Geschichte durch das ganze 7. Jahrhundert entstellten." **Thompson brit. Historiker**

Auf dem 17. Konzil von Toledo, 694, wurden alle Juden wegen staatsfeindlicher Umtriebe und Beleidigung des Kreuzes Christi zu Sklaven erklärt. Das war gleichsam der Auftakt für Entrechtungs- und Vertreibungsorgien in ganz Europa. Nur wenige Herrscher gewährten ihnen zeitweise Schutz. Erst im Zuge der Aufklärung und der französischen Revolution erhielten sie zwischen 1776, in den USA und 1874, in der Schweiz, ihre vollen Bürgerrechte. 1870 wurde das letzte Judenghetto in Rom aufgelöst.

Die Vernichtung des Heidentums

Mit der absichtlichen Zerstörung heidnischer Heiligtümer wollten viele fromme Christen die Schwäche oder das Nichtvorhandensein der heidnischen Götter beweisen, denn wenn dies folgenlos blieb, waren diese Götter scheinbar zu schwach, sich dagegen zu wehren. Natürlich wurde dieser Versuch auch schon mit christlichen Heiligtümern angestellt (z.b. unter dem Kommunismus). Auch sie fielen mit der gleichen Wahrscheinlichkeit wie Synagogen, Moscheen und Tempel, der Zerstörung, den Kriegen, Erdbeben und Feuersbrünsten zum Opfer. Erklärt wird das dann meist mit einer Schuld der Gläubigen, mit unzureichenden Gebeten, Opfern oder der Duldung von Ungläubigen in den Reihen der Gläubigen. So begründeten schon die Römer die Christenverfolgungen. Sie glaubten, dass die Götter sich dafür rächen würden, wenn die *„gottlosen"* Christen geduldet und nicht verfolgt werden.

Bischof Theophilus zerstörte in dem christlichen Zentrum Antiochien heidnische Kultstätten oder wandelte sie, wie einen Tempel des Dionysos, in eine Kirche um. Er veranstaltete mit Tempelgeräten Spottprozessionen und zertrümmerte im Jahre 391 die von Bryaxis, einem großen athenischen Künstler, geschaffene Kolossalstatue des Sarapis (ägyptisch - hellenistischer Gott) eigenhändig mit dem Beil. Dabei wurde er von Mönchen unterstützt, die sich bei der Ausrottung des Heidentums besonders hervorgetan und die sich bei den Heiden entsprechend verhasst gemacht haben.

In Alexandrien ermordete im Jahre 416 der christliche Pöbel unter Anführung eines gewissen Petros auf barbarische Weise die gefeierte Philosophin des Neuplatonismus **Hypatia**. Sie war in der ganzen damaligen Welt bekannt durch ihre Gelehrsamkeit, Klugheit und Tugend. Mit ihrer Ermordung erlosch die alexandrinische Mathematikerschule. Bei dem Mord spielte Bischof **Kyrill** eine entscheidende Rolle. Er gilt als geistiger Urheber dieses und unzähliger folgender Morde an Heiden und Juden. Um das Jahr 415 hatte er sämtliche Synagogen in Alexandrien beschlagnahmt und daraus christliche Kirchen gemacht. Er wurde trotz oder gerade wegen dieser Verbrechen heiliggesprochen und 1882 von Papst Leo XIII. sogar zum Kirchenlehrer ernannt.

Die in der Spätantike aufkommende Bestrafung der sogenannten Hexerei geht auf ein Dekret des Kaisers Konstantius II. zurück, der zur Bekämpfung des Aberglaubens angeordnet hatte, dass alle *„Zauberer"* in Rom den wilden Tieren vorgeworfen werden sollten. Schon das Alte Testament gebietet: *2 Mos 22:18 Die Zauberinnen sollst du nicht leben lassen.*

Die Olympischen Spiele fanden 394 zum letzten Mal statt. Die Universität von Athen, die sich unter den antiken Bildungsstätten am längsten gehalten und bis zuletzt aus-

76

schließlich die heidnische Philosophie vertreten hatte, wurde 529 geschlossen. Die letzten nichtchristlichen Philosophen wanderten daraufhin aus.

Die Heiden niederzumachen und auszurotten hielt der **heilige Bernhard von Clairvaux** für die vornehmste Aufgabe all jener, die das Waffenhandwerk gewählt haben. Der Krieg für Christus und den Glauben ist nach Bernhard immer gerecht: *„Der Kämpfer Christi kann ruhigen Gewissens töten und im Frieden sterben. Stirbt er, so arbeitet er für sich; tötet er, so arbeitet er für Christus. Der Tod der Heiden gereicht zu seinem Ruhm, denn er bedeutet den Ruhm Christi".*
Der Philosoph **Blaise Pascal** hatte darauf die richtige Antwort parat: *„Die Menschen tun nie so vollständig und fröhlich etwas Böses, als wenn sie es aus religiöser Überzeugung tun."*

Im Hinblick dessen, was in diesem Buch noch folgen wird, müsste man ergänzen, *„als wenn sie es aus weltanschaulicher Überzeugung tun",*... denn natürlich haben auch die Nazis und die gottlosen Kommunisten fröhlich und aus Überzeugung gemordet. Aber waren das nicht auch religiöse Bewegungen, die den Verstand und jedes menschliche Empfinden ausgeschaltet haben? Sie erstrebten das Paradies für die ferne Zukunft und schufen in ihrer Gegenwart die Hölle auf Erden. Das Kapital von Marx wurde wie die Bibel gelesen. Es war die letzte, als unfehlbar geltende, Offenbarung und für viele waren Hitler, Stalin und Mao, von der Propaganda maßlos überhöht, gottähnliche Gestalten, die verehrt und angebetet wurden.

Augustinus

Augustinus wurde *354 in Tagaste, Nordafrika, geboren und starb †430 als Bischof von Hippo Regius (heute Algerien). Er war einer der bedeutendsten christlichen Kirchenlehrer. Kulturell prägten ihn drei Elemente: das Römische, das Christliche und das Lateinische. Praktisch sein ganzes literarisches Schaffen ist erhalten geblieben. Als seine beiden wichtigsten Bücher gelten die *„Confessiones", „Die Bekenntnisse"* und *„De civitate Dei" „Über den Gottesstaat".* Mit *„De haeresibus" 428* hat er wohl einen wichtigen Beitrag zur Verfolgung Andersdenkender geliefert.

Schon früh von Ehrsucht besessen, begehrte Augustinus Reichtum, Ruhm als Redner und eine attraktive Frau. Er war in sich verliebt, hörte sich gern und las sich gern. Er wurde Lehrer der Rhetorik in Thagaste und Karthago 374, in Rom 383, und in Mailand 384. Hier hoffte er durch Vermittlung einflussreicher Freunde einen Posten als Provinzgouverneur zu gewinnen.

In seiner Jugend führte er ein ziemlich ausgelassenes Liebesleben: *„Lieben und geliebt zu werden, war das, was mich ergötzte."* Er lebte 15 Jahre mit einer Gefährtin zusammen, von der er mit 18 Jahren einen Sohn hatte. Er nahm dann, auf Wunsch seiner Mutter Monika, ein zehnjähriges Kind zur Braut und gleichzeitig eine neue Mätresse, weil seine Braut noch nicht ehefähig war. Zwar hatte er sexuelle Begierde, doch empfand er dabei große Schuldgefühle, - verständlich, wenn man den sexualfeindlichen Paulus studiert und sich einverleibt hatte.

„Da ich ein Jüngling war, flammte auch in mir die Begierde, mich zu sättigen in höllischen Genüssen, und so gab ich mich in wechselnden und lichtscheuen Liebesgenüssen der Verwilderung preis. Und mein Leib verzehrt sich und ich verfiel vor deinen Augen, während ich mir gefiel und den Menschen zu gefallen strebte. "
Augustinus Bekenntnisse

Er suchte eine geistige Heimat und durchlebte dabei mehrere Stationen. Die Bibel fand Augustinus enttäuschend; insbesondere das Alte Testament stieß ihn ab. Deswegen wandte er sich zunächst, 373, den Manichäern zu.
Die **Manichäer** glaubten, dass die guten und bösen Kräfte auf Erden gleich stark sind. Der Satan habe die materielle Welt geschaffen und Gott die geistige Welt. Es gelte nun den Geist durch Askese und Fasten aus der Materie, dem Körper, zu befreien. Die Manichäer galten bei der katholischen Amtskirche als Häretiker und waren staatlich verboten. Ihnen glaubte er zunächst alles, griff sie aber schließlich an:
„Was immer sie sagten, es mochte noch so unwahrscheinlich sein, ich hielt es für wahr, nicht weil ich es wusste, sondern weil ich wünschte, dass es wahr sei. "
Ab 382 begann er, sich vom Manichäismus mehr und mehr abzuwenden. Er stand nun dem Neuplatonismus nahe. Für die **Neuplatoniker** gibt es nichts Böses. Böses ist nur die Abwesenheit von Gutem. Also eine sehr optimistische Weltsicht.
Schließlich geriet Augustinus in eine geistige, seelische und körperliche Krise. Er musste seinen Beruf aufgeben. Den Wendepunkt bildete, am 15. August 386 ein religiöses Erlebnis, das meist als *„Berufungserlebnis"* bezeichnet wird. In der Folge beschloss er, keinen Beischlaf mehr zu praktizieren, auf Ehe und Beruf zu verzichten und ein kontemplatives Leben zu führen. 387 taufte ihn sein Freund Bischof Ambrosius katholisch. Kurz darauf starben seine Mutter und sein Sohn. Er war allein in der Welt und klammerte sich umso mehr an Gott. In ihm fand er Ruhe. 395 wurde er Bischof von Hippo. Ein Beruf, der ihm, wie er klagt, nicht viel Zeit für die Philosophie ließ.

> **Wer sich selber finden will, braucht vor allem Einsamkeit und freies Sinnieren.**

Er glaubte an Wunder und an die Autorität der Kirche. In der Schule hat er viel Zwang erlebt: *„Zeigte ich mich aber lässig im Unterrichte, so bekam ich Schläge"* ...und jetzt lehrt er auch, dass Zwang manchmal unvermeidlich sei; denn *„werden auch die Besten durch die Liebe gezogen, müssten doch die meisten, leider, durch Furcht gezwungen werden"*. Das bezieht er vor allem auf die Donatisten.

Die **Donatisten** bildeten eine „Eigenkirche" in Nordafrika. Der Name kommt von Donatus Magnus, einem ihrer führenden Theologen und Bischof von Karthago. Sie wollten denjenigen ihrer Priester, die einst unter der Verfolgung des Diokletian kirchliche Bücher an die Römer ausgehändigt hatten, nicht länger die Lehrbefugnis überlassen. Von den Katholiken wurden die Donatisten, wie überhaupt alle Andersdenkenden, als Häretiker verurteilt. Sie erstrebten, im Gegensatz zu den Katholiken, eine Trennung von Staat und Religion. Nach Augustinus sollten sie in die katholische Kirche gezwungen werden.

Gegen die Ketzer, Juden und Heiden

An den Bischof der Donatisten schrieb Augustinus:
Wie Sarah die Hagar verfolgte, so dürfe die Kirche die Donatisten verfolgen. (Da Sarah, die Ehefrau Abrahams, kein Kind mehr bekommen konnte, zeugte Abraham mit seiner Magd Hagar einen Knaben namens Ismael.) *Und wie behandelte Elias die Baalspriester? Und hatte nicht auch Paulus schon einige dem Satan übergeben? Meinst du niemand dürfe zur Gerechtigkeit gezwungen werden, wenn du liest, wie der Hausvater zu seinen Dienern sprach:, Wen ihr findet, nötigt sie hereinzukommen?'*
Luk. 14:23
Die Bibel wurde als Anweisung Gottes ernst genommen.

Augustinus verurteilte scharf die Abspaltung der Donatisten von der römischen Kirche. In seinen Augen hatten sie damit das *„Verbrechen des Schismas"* begangen, sie seien daher nichts als *„Unkraut", „Tiere"* usw. *„Diese Frösche sitzen im Sumpf und quaken: , Wir sind die einzigen Christen!* doch: *„Mit offenen Augen fahren sie zur Hölle hinab".*
Augustinus über die Donatisten

> **Anscheinend lässt die Bibel unzählige Möglichkeiten der Deutung zu. Dass die katholische Kirche sich mit ihren Vorstellungen durchgesetzt hat, lag ja nicht daran, dass sie die wahre Deutung hatte, sondern daran, dass sie die Macht hatte, ihre Deutung durchzusetzen. So wurde sie zur scheinbar einzig „wahren Religion".**

„Duldung" bezeichnete Augustinus in diesem Zusammenhang nur als *„unergiebig und nichtig"* und begrüßte die *„Bekehrung" „durch heilsamen Zwang".* Ja, wer härter strafe, zeige größere Liebe! Nötigten doch auch Eltern ihre Kinder, Lehrer die Schüler zu Zucht und Fleiß. Dabei beruft er sich auf die Bibel: **Sprüche 13:24** *Wer seine Rute schont, der hasst seinen Sohn; wer ihn aber liebhat, der züchtigt ihn bald.*
Nicht ohne Grund ging es in christlichen Schulen und Heimen bis in unsere Zeit so brutal zu. Die Bibel war das Vorbild und die christlichen Lehrer nahmen sie ernst.

Auch gegen die **Pelagianer** zieht er zu Felde. Die Pelagianer glaubten, dass der Mensch durch sein eigenes gutes Verhalten selig werden könne. Alles Unheil auf Erden komme nämlich durch selbstverschuldetes, schlechtes Verhalten zustande. Wenn die Menschen sich an die Gesetze Gottes halten würden, könnten sie den Himmel auf Erden schaffen. Sie glaubten, dass es keine Erbsünde gebe und dass die Kindertaufe deswegen auch überflüssig sei. Augustinus meint dagegen, dass wir allein durch die Gnade Gottes gerettet werden können und dass alles prädestiniert, vorherbestimmt, sei. Unser Handeln sei nicht von Bedeutung. Ein fataler Gedanke, den später vor allem Calvin aufgreifen wird.

> **Wer glaubt, dass alles vorherbestimmt ist, spricht dem Menschen die Möglichkeit ab, sein Schicksal zu lenken und zu beeinflussen. Er nimmt ihm auch jede Verantwortung für sein Handeln.**

416 wurde Pelagius auf den Synoden von Karthago und Mileve verurteilt. Anfang 417 erfolgte die Exkommunikation durch den römischen Bischof Innozenz I.. Pelagius starb auf unbekannte Weise. Seine Anhänger wurden verfolgt und ausgerottet.

> **Nicht der Vernünftige, sondern der Mächtige, der sehr häufig der Brutalere und Dümmere war, hat sich in der Weltgeschichte durchgesetzt.**

Mit Augustinus lassen sich die Verfolgungen der Katharer, der Waldenser und Albigenser, die Inquisition, die Verbrennung des Jan Hus und des Giordano Bruno, die Verfolgungen der Häretiker und Reformer rechtfertigen.

> **Große Vorbilder finden Nachahmer im Guten, vor allem aber im Bösen.**

Einem Abtrünnigen den rechten Weg zu zeigen, wenn er diesen nicht gehen wolle, auch unter Zwang, sei ein Akt christlicher Nächstenliebe; man solle Häretiker durch Folter vor dem ewigen Feuer retten, meint der große Kirchenlehrer. In der Konsequenz sei es besser, die Häretiker zu verbrennen, als *„in den Verirrungen zu erstarren"*. Die Häretiker *„töten die Seelen der Menschen, während die Obrigkeit nur ihre Leiber der Folter unterwirft"*.

„All die bluttriefenden Henker, welche im Mittelalter aufs grausamste gegen die Ketzer gewütet haben, konnten sich auf die angesehene Autorität Augustins berufen - und sie haben es auch getan". **Der Theologe Nigg.**

Gegen die Juden!
In seiner Kampfschrift *„Gegen die Juden"* griff Augustinus die Juden sowohl in ihrer Lebensführung wie auch theologisch an. Für Augustinus waren Juden *bösartig, wild*

und *grausam*, er vergleicht sie mit Wölfen, schimpft sie „*Sünder*", „*Mörder*", „*eine triefäugige Schar*", „*aufgeührter Schmutz*". Sie seien, das ist immer der schlimmste Vorwurf gegen Andersgläubige, des „*ungeheuren Vergehens der Gottlosigkeit*" schuldig.

Er findet diese Abwertung der Gottlosen im „Alten Testament".
Psalm 58:10 *Der Gerechte wird sich freuen, wenn er solche Rache sieht, und wird seine Füße baden in des Gottlosen Blut...*

Das Alte Testament sprach er den Juden ab: „*Sie lesen es als Blinde und singen es als Taube*". Er verneinte nicht nur ihre „*Auserwählung*", sondern sogar das Recht, sich noch „*Juden*" zu nennen. Wie andere Kirchenväter macht er die Juden für den Tod Jesu verantwortlich, was wieder ihre ewige Knechtschaft bedinge.

Ewige Höllenstrafen
Augustinus war der bedeutendste Vertreter der Ansicht, dass man in einer Hölle endlose Qualen leiden muss. Dabei berief er sich auf Matthäus:
Mat. 25:46 „*Und sie werden in die ewige Pein gehen, aber die Gerechten in das ewige Leben.*" *Und Paulus: Siehe 2 Thessalonicher 1:7-9,*

Folter ist gerechtfertigt
Augustinus vertrat die Ansicht: „*Wenn die Folter bei denen angewendet wird, die irdische Gesetze brechen, dann sollte sie erst recht bei denen angewendet werden, die göttliche Gesetze brechen.*"

Im Alter wird ihm die Nichtigkeit allen irdischen Strebens bewusst, der Ruhm, die Macht, die Herrschsucht, die Selbstvergötterung bedeuten ihm nichts mehr. Immerhin hat er eine Entwicklung hin zum Weisen durchgemacht. Der christliche Staat lässt sich auf Erden nicht verwirklichen, er ist zwar gottgewollt doch durch den Sündenfall verrottet. Allein die Kirche sei sündenfrei, der Staat deshalb der Kirche untergeordnet: Das ist die Basis des mittelalterlichen Machtkampfes zwischen Päpsten und Kaisern.

Nach Augustinus darf der Mensch selbst die Krone der Schöpfung, das Ebenbild Gottes, töten, den Menschen. Ja, der Mensch darf nicht nur, er muss den Menschen töten, entweder wenn es Gott, „*der Quell aller Gerechtigkeit*", befiehlt oder „*ein gerechtes Gesetz.*" So ist das Töten jenen erlaubt, die „*auf Gottes Veranlassung Kriege führen oder die als Träger der Staatsgewalt Verbrecher mit dem Tod bestrafen.*" **De civitate**

Blinder Gehorsam!
„*Nichts ist der Seele so von Nutzen wie das Gehorchen*"...nennt er den Ungehorsam das größte Laster! Gehorsam ist für Augustinus noch wichtiger als Keuschheit. Damit

folgt er dem Alten Testament und vor allem Paulus. Glauben und gehorchen ist für beide identisch. Gehorsam wird eine Grundhaltung christlichen Lebens.

Der gerechte Krieg

„Was aber liegt daran, mit welcher Todesart dies Leben endet? Es ist ja, das weiß ich, noch niemand gestorben, der nicht irgendwann einmal hätte sterben müssen. Was hat man denn gegen den Krieg? Etwa dass Menschen, die doch einmal sterben müssen, dabei umkommen? Die Kriege bestehen bis heute, nicht nur zwischen Reichen, sondern auch zwischen Glaubensbekenntnissen, zwischen Wahrheit und Irrtum. "
Kein Soldat sei ein Mörder, der auf Befehl rechtmäßiger Gewalthaber Menschen töte, vielmehr macht er sich, wenn er es nicht tut, der Übertretung und Verachtung des Befehls schuldig.

> Hier haben wir also den blinden Gehorsam, der auf Befehl, mit gutem Gewissen, tötet. Das Gewissen wird an eine höhere Instanz abgegeben. Der Führer will es!

Für die friedfertigen Urchristen war jeder Krieg unrechtmäßig. Dagegen meint Augustinus: Die friedliebenden Forderungen Jesu in der Bergpredigt seien nur dann wörtlich zu erfüllen, wenn man auf Besserung des Gegners hoffen dürfe. *„Die geschichtlichen Tatsachen lehren, dass uns der Krieg größeren Nutzen bringt als der Friede!"*
Augustinus

Auch der Begriff: *„Erbsünde"* wurde von Augustinus eingeführt. Paulus kannte allerdings schon die Ursünde, begangen durch Adam und Eva, die ja durch den Kreuzestod Jesu getilgt werden musste.

*„Von Augustinus erfahren wir und die späteren Hexenverfolger einige ‚Wahrheiten' über die Dämonen. Der Bischof von Hippo, der fest von der Existenz der Frauen nachstellenden Faune überzeugt war, glaubte auch an die Möglichkeit eines Geschlechtsverkehrs mit dem Teufel, an den Koitus der vom Himmel gestürzten bösen Geister mit Menschenfrauen, werde es doch von so vielen vertrauenswürdigen Christen berichtet. Er glaubte an einen Teufelspakt, einen Bund mit dem ‚Bösen'. " **Deschner K.d.C.**

Chlodwig

Lebenszeit ~ 466-511; König der Franken 482 - 511
Begründer der Merowingerdynastie.
Schon mit 16 Jahren bestieg er den Thron,
entsprechend gewalttätig war seine Herrschaft.

Eine bewährte Methode, das Christentum unter den Germanen zu verbreiten, war es, die Anführer für den neuen Glauben zu gewinnen. Vor allem über die weiblichen Angehörigen, die Gattinnen, Mütter, Schwestern fand das Christentum Zugang zu den mächtigen Entscheidungsträgern. Mit ihnen ging meist die ganze Gefolgschaft zum arianischen oder katholischen Glauben über. So geschah es bei Chlodwig, dem König der Franken. Unter dem Einfluss seiner Frau und des Bischofs Remigius von Reims wurde er Katholik. Dazu dürfte ihn, einen machtbesessenen und rücksichtslosen Herrscher, der wie Konstantin seine ganze Familie aus dem Weg geräumt hat, eher der damit verbundene Machtzuwachs als die Erkenntnis des wahren Glaubens bewogen haben.

Wie Konstantin sah er im Christentum die Gelegenheit, die von ihm unterworfenen und noch zu unterwerfenden romanischen und germanischen Völker zu einen. Wie Konstantin hat er damit der Geschichte des Abendlandes eine entscheidende Richtung gegeben. Ihm ist es vor allem zu verdanken, dass der katholische Glaube über den arianischen gesiegt hat. Die Bedeutung Chlodwigs liegt darin, dass er alles, was er niederschlagen und zusammenrauben konnte, niedergeschlagen und zusammengeraubt hat. So schuf er aus einem unbedeutenden Teilfürstentum ein mächtiges, germanisch-katholisches Reich. Er leitete den Bund von Thron und Altar im Frankenreich ein. Mit der Ausdehnung des Reiches unter seinen Söhnen und vor allem unter Karl d. Großen wurde auch der katholische Glaube verbreitet und praktisch allein herrschender Glaube in Europa. Die mächtige Kirche duldete keine Häretiker, verfolgte sie und rottete sie systematisch aus, wo sie die Macht dazu hatte: die Arianer, Markioniten, Priscillianer, Pelagianer, Donatisten, Novatianer, Nestorianer, Monophysiten… und später die Katharer = Albigenser, Waldenser die Hugenotten, die Hussiten, die Wiedertäufer und andere „Ketzer".

Der heilige Bischof Remigius predigte den Katholizismus mit Feuereifer und mahnte Chlodwig bei seiner Taufe: „ ...*Bete an, was du verbrannt, verbrenne, was du angebetet hast.* " Damit meinte er wohl: Die Heiden und ihre Heiligtümer sollten zugunsten der katholischen Kirche vernichtet werden. Und so geschah es auch: Mit Predigt und Zerstörung, mit Angst und Schrecken wurde das Christentum durchgesetzt. Jeden Sieg verdankte man nun dem Christengott und jede Niederlage wurde mit einem Mangel an Glauben begründet. Scheinbar wehrten sich die Heidengötter nicht gegen die Zerstörung ihrer Heiligtümer, sie griffen nicht ein, wenn heilige Bäume gefällt und wenn auf den geweihten Stätten christliche Kirchen gebaut wurden: Das war ein klarer Beweis ihrer Ohnmacht.

Durch die Synode von Orleans wurde 511 der katholische Glaube als verbindlicher Glaube im Frankenreich festgelegt. Durch die zur Pflicht gewordene Taufe wurden alle ausnahmslos in die katholische Gemeinschaft gezwungen. Die Ausübung heidnischer Bräuche, Gesänge, Tänze, Totenkulte, wurde mit hohen Strafen belegt: mit Landverweisung, Einzug des Vermögens und Versklavung.

Die Zeiten waren schrecklich wie eh und je, weil sie von schrecklichen Männern und einigen Frauen geprägt wurden, nicht weil die Zeiten einfach schrecklich waren. Darunter befinden sich viele heiliggesprochene Mörder. Das katholische Christentum hat die rauen Sitten der Germanen vielleicht etwas kultiviert, die Fehden eingeschränkt, aber auch die Verfolgung Andersdenkender systematisch betrieben. Es hat das Volk entmündigt und es der Willkür und Ausbeutung des herrschenden Klerus und Adels ausgeliefert. Der Einzelne hatte kaum Rechte und in den Herrscherfamilien, die sich im ganzen Mittelalter die blutigsten Familiendramen lieferten, gab es nur zwei annehmbare Wahlmöglichkeiten: Entweder man schaffte es zum Thron oder man wurde selbst Opfer der Thronstreitigkeiten. Der Sieger konnte abschlachten, verfolgen, verbannen und hat es fast immer getan.

Der Islam

Mohammed

Mohammed (arabisch: Muhammad, der Gepriesene), ~570-632, Glaubensstifter des Islam, vereinigte die arabischen Stämme unter diesem Glauben. Der islamischen Überlieferung zufolge wurde Mohammed von Gott dazu auserwählt, letzte Botschaften für die Welt zu empfangen. Überbracht wurden ihm diese Offenbarungen angeblich vom Erzengel Gabriel in einer Höhle. Sie wurden teilweise schon zu seinen Lebzeiten, insgesamt aber erst zwanzig Jahre nach seinem Tod, im Koran, schriftlich niedergelegt. Ähnlich wie bei den Evangelien des Neuen Testamentes liegt also zwischen der Verkündigung durch Mohammed und der schriftlichen Festlegung des Korantextes eine Zeit, in der dieser Text von Mund zu Mund und damit natürlich auch verändert weitergegeben worden ist. Da schriftarabisch nur aus Konsonanten besteht, die einer *„Notizschrift"* gleicht, wurden die Vokale erst später eingesetzt, um eine einheitliche Schrift zu bekommen. Noch im 10. Jahrhundert gab es mehrere verschiedene Lesarten des Korans. Siehe dazu die Entstehung der Bibel weiter oben. Muslime können also bei der Auslegung durchaus noch ihre Vernunft walten lassen. Sie müssen Suren, die den Frieden unter den Menschen gefährden nicht als Gebote Gottes auffassen, sondern sie können sie als falsche Auslegungen von Menschen deuten.
Ähnlich wie bei Jesus wurde das Leben Mohammeds erst hundert Jahre nach seinem Tod von Ibn Ishak aufgezeichnet. Unabhängige geschichtliche Quellen gibt es anscheinend nicht. Die Berichte über ihn enthalten unterschiedliche und widersprüchliche Angaben. Das führt so weit, dass manche Gelehrte die Geschichtlichkeit Mohammeds genauso wie die von Jesus bezweifeln. Diese Fragen kann nur eine unabhängige Geschichtsforschung klären. Vermutlich vermengen sich beim einen wie beim anderen Geschichte mit Geschichten, Wahres und Erfundenes. In beiden Fällen, in der Bibel und im Koran, werden die Geschichten so erzählt, dass die Leser durch himmlische Verlockungen oder höllische Drohungen zum jeweiligen Glauben geführt werden sol-

len, also entweder zum Christentum oder zum Islam. In welchen Himmel oder in welche Hölle man kommen möchte, kann man sich durch die Wahl seines Glaubens aussuchen, denn wenn man in den Himmel der Christen kommen möchte, indem man Jesus als Sohn Gottes anerkennt, ist man für die Muslime ein *„Ungläubiger"* und verdient, laut Koran, die Hölle und umgekehrt. *Sure 72:03* ...*"Er (Allah) hat sich weder eine Gefährtin noch ein Kind (oder: Kinder) zugelegt.'" 5:75 Christus, der Sohn der Maria, ist nur ein Gesandter. Vor ihm hat es schon (andere) Gesandte gegeben. 5:17 Ungläubig sind diejenigen, die sagen: 'Gott ist Christus, der Sohn der Maria'. 4:171... sagt nicht (von Gott, daß er in einem) drei (sei)!*

Bibel und Koran sind keine historischen Texte, sondern Glaubensäußerungen von Jüngern, der einen und der anderen Religion.

> Religionen sehen durch die Zahl ihrer Anhänger ihre Glaubensinhalte bestätigt und möchten deswegen möglichst viele Anhänger gewinnen, - wenn sie es mit Missionierung oder Gewalt nicht schaffen, versuchen sie es mit hohen Geburtenzahlen, was sich global katastrophal auswirkt.

Mohammed wurde nach der Überlieferung 570 in Mekka geboren. Über den Tag werden unterschiedliche Angaben gemacht. Wie sich das für einen *„Großen Mann"* gehört, sollen auch bei seiner Geburt Zeichen und Wunder geschehen sein.
Der Vater Mohammeds, ein Kaufmann, starb schon vor der Geburt des Sohnes. Auch die Mutter verschied, als er erst sechs Jahre alt war. Das Kind wurde von einer Amme aufgezogen und später von der Familie seines Onkels aufgenommen.

> Waisenkinder, denen der irdische Vater fehlte, entwickeln oft ein besonders enges Verhältnis zum himmlischen Vater.

Mohammed blieb sein Leben lang Analphabet, lernte aber als Karawanenführer die damalige Welt, die Kulturen und Religionen des Vorderen Orients, d.h. vor allem das Judentum und das Christentum, kennen. Das Analphabetentum war für die Muslime der Beweis dafür, dass er seine Botschaften wirklich von höherer Stelle empfangen hatte - er konnte sie ja nicht irgendwo gelesen haben - während dies für seine Gegner gerade der Beweis für seine Unbildung war. Offensichtlich war er mit den Verhältnissen, die er in seinem Land vorfand, nicht zufrieden. Zeichen eines *„Großen Mannes"*?
Vor allem störten ihn die Vielgötterei und die Zersplitterung der arabischen Stämme. Wie Jesus verkehrte er zwanglos mit den unteren Schichten der Gesellschaft.
Frauen - Heirat
Im Alter von 25 Jahren heiratete er die 15 Jahre ältere Witwe Chadidscha. Sie schenkte ihm zwei oder drei Söhne und vier Töchter. Darunter seine Lieblingstochter Fatima, von der allein seine Nachkommen abstammen. Chadidscha war die erste, die an seine Offenbarungen glaubte. Das war sicher ein Beitrag zu einer harmonischen Ehe, denn

im Koran **Sure 9:23** heißt es: *„O die ihr glaubt, nehmt nicht eure Väter und eure Brüder zu Freunden, wenn sie den Unglauben dem Glauben vorziehen. Und die von euch sie zu Freunden nehmen - das sind die Ungerechten."*
Dass hier nicht von Ehefrauen und Müttern die Rede ist, liegt wohl daran, dass man ihnen keine eigene Meinung zutraute.
Bei seinem Tod hinterließ Mohammed einen Harem mit neun Frauen und einigen Konkubinen. Seine Lieblingsfrau Aischa soll er schon mit sechs bzw. mit neun Jahren (Ehe vollzogen) geheiratet haben. Sie soll ihm von Gott in einem Traum zur Frau versprochen worden sein. Da sieht man, wozu der Glaube an Gott gut ist. Nach dem Koran wurde es Mohammed ausdrücklich erlaubt, mehr als die sonst im Islam maximal gestatteten vier Ehen gleichzeitig einzugehen. Schließlich hat er den Koran nicht umsonst verfasst. Wer die Gesetze macht, darf dabei auch an sich denken.

Geld
Nach einer ärmlichen Kindheit und Jugend als Schafhirte brachte er es als Karawanenführer und insbesondere durch die Heirat mit der reichen Chadidscha zu ansehnlichem Wohlstand. Dies genügte ihm offensichtlich nicht.

Auserwählt
Er beanspruchte eine wichtigere, eine weltgeschichtliche Rolle. Er kannte die Lehren der Christen und Juden. Wie die Juden wollte oder konnte er in Jesus nicht den Sohn Gottes erkennen. Er entwickelte eine geniale Idee, die ihm und nicht Jesus den zweiten Rang hinter Gott sichern sollte, - natürlich mit Gottes Einverständnis. Er beanspruchte die Rolle des letzten und wichtigsten Propheten. Und Jesus? Der soll einer von ihnen, allerdings ein geringerer Prophet gewesen sein. Eine originelle Idee. Wir sehen hier, wie sich ein *„Großer"* aus den Gegebenheiten seiner Zeit eine möglichst bedeutende Rolle zuschanzt.

Mohammed sieht sich als *„das Siegel der Propheten"*, das heißt, als Beglaubiger der früheren Propheten oder als letzten Propheten in der Geschichte der Menschheit. Nach ihm soll nichts mehr kommen, jedenfalls nichts von Bedeutung. Diese Rolle sollte auch durch alte jüdische und christliche Schriften von Heiligen und Gelehrten bestätigt werden. Wie schon die Christen, so suchten auch die Muslime mit den alten *„heiligen Texten"* der Bibel, ihre *„Wahrheiten"* zu untermauern.
Mohammed gilt im Gegensatz zu Jesus als Mensch. Man schreibt ihm allerdings einige Wunder zu, z.B. eine spektakuläre Himmelfahrt. In einer Höhle am Berg Hira bei Mekka, wohin er sich öfter in die Einsamkeit zurückzog, erschien ihm ab dem 39. Lebensjahr immer wieder der Engel Gabriel im Traum und überbrachte ihm die Offenbarungen, die später in den Koran Eingang fanden. Dabei wurde er von starken Kopfschmerzen und Albträumen geplagt. Ob das etwas mit den Schmerzen zu tun hat, die

bei der Persönlichkeitsentwicklung auftreten? Oder war es Epilepsie? Immerhin kannte er die Einsamkeit, die notwendig ist, um sich selbst zu finden.

Kämpfe

Als er seine Botschaft in Mekka verkündete, fand er dort wenig Anklang. Im Gegenteil, man war ihm feindlich gesinnt, weil er die alte, von der herrschenden Elite verehrte, polytheistische Götterwelt in Frage stellte.

> **Propheten und Neuerer stoßen bei denen, die nichts ändern wollen, bei den eingesessenen Eliten, verständlicherweise immer auf Ablehnung und wurden auch oft verfolgt.**

Schließlich war die Ablehnung in Mekka so groß, dass daraus Feindschaft gegen Mohammed entstand. Er musste fliehen und sich in das 300 Kilometer entfernte, spätere, Medina zurückziehen (Hidjra). Dort entstand die erste muslimische Gemeinschaft, der zunächst auch Juden und Christen angehörten. Der Koran nennt sie Heuchler, weil sie wohl keine überzeugten Muslime waren, sondern nur so taten, als ob sie es wären. Wen wundert es?

> **Heuchelei entsteht, wenn freie Meinungsäußerung mit Nachteilen verbunden ist.**

Wahrscheinlich wären alle vertrieben oder ermordet worden, wenn sie ehrlich gewesen wären. Belege dafür gibt es genug: In Medina ließ er mehrere Personen ermorden, die ihn kritisierten, darunter Dichter, einen 100-jährigen Greis, eine Mutter von fünf Kindern, einen Freund seiner Familie und eine Frau, die es abgelehnt hatte, an ihn zu glauben. Insgesamt wirft man ihm 40 Morde an Gegnern vor.

Nachdem die Juden und Christen sich ihm, entgegen seiner Erwartung, nicht anschlossen, behauptete Mohammed, dass die Schriften der Juden und Christen gefälscht wurden und dass er der einzig wahre Prophet der alten Religion Abrahams sei. Zwischen Mekka und Medina brach offene Feindschaft aus. Es kam zu Überfällen auf Karawanen der Mekkaner und zu Angriffen der Mekkaner auf Medina, die allerdings abgewehrt werden konnten. Wie so oft in der Geschichte entschied letztlich nicht der freie Wille, nicht Überzeugung, sondern militärische Stärke über die Religion in diesen Städten.

„Nur ein bewaffneter Prophet hat Erfolg!" Machiavelli
Er brauchte Gewalt, weil er nicht überzeugen konnte.
> **Wer nicht groß genug ist, kann nicht überzeugen, wer nicht überzeugen kann, fühlt sich verschmäht und neigt zur Gewalt.**

Nach einem Sieg Mohammeds über die Mekkaner wurden die Juden aus Medina vertrieben. Er warf ihnen Verrat vor. Zwei der dortigen jüdischen Hauptstämme durften nach dem muslimischen Sieg abziehen, aber der dritte (die Quraiza) erlitt ein trauriges Schicksal. Seine 600 bis 900 Männer wurden auf dem Marktplatz von Medina hingerichtet, Mohammed schaute zu, die Frauen und Kinder wurden versklavt, 627. Aus der Beute, die den Juden abgeknöpft wurde, erhielt Mohammed ein Fünftel und eine Frau.

> **Letztlich ging es ihm um Macht, Gut und Sex; dazu erfand er den Koran. Religion ist nur das Deckmäntelchen, um dies zu verschleiern.**

Auf die Juden Medinas bezieht sich die ***Sure 59:3-5*** *„Wenn Gott nicht die Verbannung für sie bestimmt hätte, hätte er sie im Diesseits (auf andere Weise) bestraft. Im Jenseits aber haben sie die Strafe des Höllenfeuers zu erwarten. Dies dafür, dass sie gegen Gott und seinen Propheten Opposition getrieben haben. Wenn ihr [...] Palmen umgehauen habt - oder habt stehen lassen, - geschah das mit Gottes Erlaubnis. Auch wollte er [auf diese Weise] die Frevler zuschanden machen".* ***Übersetzung: Rudi Paret***

Wer gegen Mohammed war, war also gegen Gott. Jedenfalls soll dieser Anschein erweckt werden. Es gab wohl keinen König, keinen Feldherrn, keinen Führer *(„der Größte aller Zeiten"* sowieso), der nicht davon überzeugt war, dass Gott auf seiner Seite stand. Wer Gott auf seiner Seite hat, hat auch immer die Wahrheit und das Recht auf seiner Seite. Er kann damit die *„Falschdenkenden"* bedenkenlos abschlachten.
„Gott mit uns", wurde zum Schlachtruf in den Kreuzzügen. Dieser Schlachtruf stand im Ersten wie im Zweiten Weltkrieg auf den Koppelschlössern der deutschen Soldaten. Aber natürlich glaubten auch ihre Feinde, dass Gott mit ihnen und mit ihnen allein sei.

> **Für „Rechtgläubige" sind „Andersgläubige" immer „Falschgläubige", weil man nicht an zwei Religionen glauben kann.**
Sie sind nie gleichwertig, sondern immer minderwertig, deswegen bleibt zu wünschen, dass alle Menschen Ungläubige werden und sich dann verbrüdern, denn solange sie Gläubige sind, haben sie ein Feindbild: die Ungläubigen und die Falschgläubigen.

Mohammed sprach zu den Juden: ... *„nehmt zur Kenntnis, dass das Land Gott und seinem Gesandten zusteht und dass ich euch (von hier) vertreiben werde. Wer von euch Eigentum hat, soll es verkaufen. Wenn er dies nicht tut, so nehmt zur Kenntnis, dass das Land Gott und seinem Gesandten zusteht"* ***Bericht des Abu Huraira***
Wer Gott am nächsten ist, dem gehört auch Gottes Land, deswegen konnten sich später auch die Spanier, die Engländer und alle anderen Kolonialmächte das Land der Eingeborenen ohne Gewissensbisse unter den Nagel reißen: Sie wussten Gott auf ihrer Seite, zumindest den *„richtigen"* Gott.

Die Enteignung der jüdischen Stämme erklärt Mohammed damit, dass es auf der arabischen Halbinsel keine zwei Religionen geben darf. Warum eigentlich nicht? Da sieht er wohl seine Machtposition in Gefahr. Außerdem will Gott das nicht. Das ist die beste Erklärung, für alles was man selbst nicht will.
Wie die Christen sich einst von den Juden, so distanziert er sich jetzt bewusst von beiden älteren Religionsgemeinschaften, indem er nicht den Sabbat der Juden oder den Sonntag der Christen, sondern den Freitag als Feiertag einführt und die Gebetsrichtung nach Mekka anordnet, anstatt nach Jerusalem. Mit den folgenden Suren distanziert er sich weiter von Judentum und Christentum.

Sure 98:6 Wahrlich, jene, die ungläubig sind unter dem Volk der Schrift (Christen/Juden) und den Götzendienern, werden im Feuer der Hölle sein, um darin zu bleiben. Sie sind die schlechtesten Geschöpfe.

Sure 4:89 „Sie möchten gern, ihr wäret ... ungläubig, so wie sie (selber) ungläubig sind, damit ihr (alle) gleich wäret. Nehmt euch daher niemand von ihnen zu Freunden, solange sie nicht (ihrerseits) um Gottes willen auswandern! Und wenn sie sich abwenden (und eurer Aufforderung zum Glauben kein Gehör schenken), dann greift sie und tötet sie, wo (immer) ihr sie findet, ...“ Übersetzung: Rudi Paret

Bis 630 gelang es Mohammed schließlich, Mekka widerstandslos einzunehmen. Dort ließ er alte Götterbilder zerstören. Er bekämpfte das Heidentum, die Christen und die Juden.
Sure 5:51. O die ihr glaubt! Nehmet nicht die Juden und die Christen zu Freunden. Sie sind Freunde gegeneinander. Und wer von euch sie zu Freunden nimmt, der gehört fürwahr zu ihnen. Wahrlich, Allah weist nicht dem Volk der Ungerechten den Weg.
Natürlich muss man diese Aussagen Mohammeds, wenn sie überhaupt so gemacht wurden, aus seiner Zeit und aus seiner Situation heraus verstehen. Er wollte seine neue Religion gegen die jüdische und christliche Religion abgrenzen. Der Islam betrachtet Juden und Christen nicht als Gleichberechtigte. In einem islamischen Staat werden und wurden sie bestenfalls als Personen minderen Rechtes geduldet und auch nur, um Steuern zu zahlen. Nicht geduldet werden Atheisten.
Sure 9:29 „Kämpft gegen diejenigen, die nicht an Gott und nicht an den Jüngsten Tag glauben und nicht verbieten, was Gott und sein Gesandter verboten haben, und nicht der Religion der Wahrheit angehören von denen, denen das Buch zugekommen ist, bis sie von dem, was ihre Hand besitzt, Tribut entrichten als Erniedrigte.“

Wie soll man die unverhohlenen Drohungen im Koran gegen jene verstehen, die es wagen, von ihrem gesunden Menschenverstand Gebrauch zu machen, die es wagen zu zweifeln. Es gibt kaum eine Seite im Koran, in der nicht gegen Ungläubige gehetzt und mit Höllenqualen gedroht wird... und Ungläubige sind alle, die Mohammed nicht als letzten Propheten, Allah nicht als einzig wahren Gott, der keinen Sohn hat, *Sure 72:3* und den Koran nicht als unfehlbares Buch anerkennen wollen, *Sure 2:2*, weiter unten auf dieser Seite. Wer behauptet, der Koran sei nur Menschenwort, wird ins Feuer geworfen.

Sure 74:24. Und sprach: „Das ist nichts als Zauberei, die weiter getragen wird; [25.]*Das ist nur Menschenwort".* [26] *Bald werde Ich ihn ins Feuer der Hölle werfen.*

Veränderungen am Koran sind nicht möglich:

Sure 50:29 „Und Allah wird sprechen: Streitet nicht in meiner Gegenwart, da ich euch ja schon früher meine Drohungen habe wissen lassen; [30] *mein Wort duldet keine Veränderung, und ich tue meinen Dienern kein Unrecht."*

Was will man da noch diskutieren? Man kann nur hoffen, dass das heute niemand mehr ernst nimmt. Mit Menschen, die es ernst nehmen, kann es kein friedliches Zusammenleben geben. Sie wollen in ihrem Sinne herrschen und ich will mich nicht beherrschen lassen.

Der Koran gilt bei Muslimen als das direkt von Gott verkündete Wort, an dem es nichts mehr zu rütteln geben soll und an dem sich das islamische Recht, die Scharia, ausrichtet.

Sure 2:2. „Dies ist ein vollkommenes Buch; es ist kein Zweifel darin: eine Richtschnur für die Rechtschaffenen."

Der Koran ist ursprünglich in arabischer Sprache verfasst worden. Aber warum sprach Gott arabisch? Es ist klar, dass jede Übersetzung z.B. ins Deutsche auch eine Auslegung und damit eine Entfernung vom Urtext ist. Ich entnehme meine Koranzitate meist aus einer Übersetzung des renommierten Tübinger Islamwissenschaftlers **Rudi Paret** 1901- 1983.

Aus einem urmenschlichen Wunsch, in einer Welt, die fließt, feste Maßstäbe und Orientierung zu finden, neigen Gläubige dazu, heilige Texte für unfehlbar zu halten. Sie wünschen sich ein Buch, das man jederzeit aufschlagen, zu allen Dingen befragen und „Amen" sagen kann. Die Herrschenden fördern diesen Glauben, wenn er ihre Herrschaft sanktioniert.

Schon der Gesetzgeber Hammurabi, -1728 bis -1686, König von Babylon, wollte seinem Volk glauben machen, dass seine Gesetze direkt von Gott kommen. Auch Moses will ja die „Zehn Gebote" direkt aus Gottes Hand empfangen haben. Dadurch erhalten die Texte mehr Gewicht und können von den Menschen nicht mehr so leicht angezweifelt, hinterfragt oder gar missachtet werden. Aber was ist, wenn heilige Texte unvernünftige Dinge enthalten, wenn sie Feindschaft zu anderen Menschen predigen? Dann fehlt jede Korrektur, weil Kritik an göttlichen Texten nicht erlaubt ist.

Sure 9:5. Und wenn die verbotenen Monate verflossen sind, dann tötet die Götzendiener, wo ihr sie trefft, und ergreift sie, und belagert sie, und lauert ihnen auf in jedem Hinterhalt. Bereuen sie aber und verrichten das Gebet und zahlen die Zakat, (Steuer) dann gebt ihnen den Weg frei. Wahrlich, Allah ist allverzeihend, barmherzig.

Sollen das die Worte eines Gottes sein, der für alle Menschen da ist? Nein, es sind die Worte eines Stammesführers, der seine Feinde verfluchen und besiegen und dafür Gott auf seine Seite ziehen will.

> **Es gibt nichts Gefährlicheres als wenn Texte für heilig und unfehlbar gehalten werden, in denen zu Feindschaft, Mord und Totschlag aufgefordert wird. Das gilt sowohl für die Bibel als auch für den Koran. Wenn ein Buch dazu auffordert, Andersdenkende zu verfolgen, sollte man daran zweifeln, dass es ein „heiliges", von Gott inspiriertes Buch ist.**

Wie kommt es, dass der Gott der Araber arabisch spricht und den Arabern hilft, dass der Gott der Juden hebräisch spricht und den Hebräern hilft, dass die Götter der Griechen griechisch sprechen und den Griechen helfen? Weil nicht Gott die Menschen, sondern die Menschen ihre Götter nach ihren Wünschen erschaffen haben.
Wohin führt dieser Satz *Sure 17:19*. *Wer aber das Jenseits begehrt und es beharrlich erstrebt und gläubig ist - derer Streben wird belohnt werden.*
Mit solchen Sätzen werden irdische Probleme sicher nicht gelöst, im Gegenteil. Alles Streben wird darauf ausgerichtet, möglichst schnell ins Jenseits zu gelangen.

Christen und Muslime glauben, dass die Welt erst in Ordnung ist, wenn alle Menschen Christen bzw. Muslime sind, deswegen erregen Andersgläubige, z.B. die Juden bei den Christen solches Unbehagen. Eher wird aber ein Kamel durch ein Nadelöhr gehen, als dass alle Menschen einen Glauben haben werden.

> **Wäre es nicht ein erstrebenswerteres Ziel, wenn die Menschen weniger gläubig, in Frieden miteinander leben könnten. Gerade dies wird aber durch die Rivalität der Religionen und ihre widersprüchlichen Lehren verhindert.**

Nach dem Sieg über Mekka wurde Mohammed zum Beherrscher fast der ganzen arabischen Halbinsel. Er wurde reich und mächtig. Die muslimischen Streitkräfte drangen bis in den Süden Syriens vor. 632 unternahm er seine letzte Pilgerfahrt von Medina nach Mekka (Hadsch) und starb kurz nach seiner Rückkehr.
Nach dem Glauben der Muslime wurde er von Gott eines Nachts von Mekka nach Jerusalem geführt und stieg vom Felsendom in den Himmel zu Gott empor, wie schon vor ihm Romulus, Herakles, Moses, Jesus, Maria, Cäsar und andere Größen. Über seinem Wohnhaus in Medina wurde seine Gruft mit der heute zweitgrößten Moschee errichtet.

Wirkung
Indem Mohammed sich zum letzten Propheten erklärt hat, hat er erreicht, was „*Mann*" auf Erden für erstrebenswert hält: Ruhm, Macht, Reichtum, Frauen, Unsterblichkeit. Er wollte für die Araber eine monotheistische Religion schaffen, die Stämme einigen und

mit der Erfüllung dieser Aufgabe reich und mächtig werden und ein sinnvolles Leben haben. Ist ihm das gelungen? Jedenfalls nicht ohne Terror, Gewalt und Blutvergießen! Mit dem Islam fühlten sich die Araber als das von Gott erwählte Volk... Wieder ein auserwähltes Volk.

Sure 5:3 *„Heute habe ich euch eure Religion vervollständigt (so dass nichts mehr daran fehlt) und meine Gnade an euch vollendet, und ich bin damit zufrieden, dass ihr den Islam als Religion habt."*

Er empfiehlt, die Ungläubigen, Juden, Christen, Atheisten zu bekämpfen:

Sure 9:123. *O die ihr glaubt, kämpfet wider jene der Ungläubigen, die euch benachbart sind, und lasst sie in euch Härte finden; und wisset, dass Allah mit den Gottesfürchtigen ist.*

Die Lust zu strafen und zu foltern scheint eine göttliche Eigenschaft zu sein. In Wirklichkeit ist es natürlich eine menschliche, die sie ihren Göttern andichten. **Sure 4:56.** *Die Unseren Zeichen Glauben versagen, die werden wir bald ins Feuer stoßen. Sooft ihre Haut verbrannt ist, geben wir ihnen eine andere Haut, damit sie die Strafe auskosten. Wahrlich, Allah ist allmächtig, allweise.*

Ergebnis

Wir haben hier wieder ein klassisches Beispiel, wie Verfolgung entsteht: Einer fühlt sich auserwählt, weil er vom Erzengel Gabriel angeblich Botschaften empfangen hat. Viele sind bereit, ihm zu glauben, weil jeder gerne glauben möchte, zu den Auserwählten zu gehören, andere aber sind aus verschiedenen Gründen dazu nicht bereit, z.B. weil sie nicht leichtgläubig sind, weil sie an übernatürliche Erscheinungen nicht glauben und ihrer Vernunft vertrauen, weil sie wissen, dass sich Menschen gerne wichtigmachen wollen oder weil sie bereits eine andere, für sie überzeugendere Religion haben. Katholiken glauben lieber an die Botschaften der heiligen Maria, die ja viel öfter und viel mehr Menschen erschienen ist als der Erzengel Gabriel. Auch sie sendet regelmäßig, ob von Fatima oder Lourdes, ihre Drohbotschaften aus, um die Menschen zum wahren, katholischen Glauben zu nötigen.

Der **Auserwählte** zweifelt nicht an sich. Er ist sich sicher und fühlt sich überlegen. Er sieht nur sich und sein Ziel. Er darf alle Mittel anwenden, gegen jene, die nicht auserwählt, d.h. minderwertiger sind, weil sie nicht glauben und erkennen können oder bösartig nicht erkennen wollen, was er zu erkennen glaubt. Von diesen muss man sich auch im täglichen Leben distanzieren, weil sie *„unrein"* sind und den Gläubigen in der *„Festigkeit"*, man könnte auch sagen: *„Engstirnigkeit"*, seines Glaubens schwächen. Das ist der Grund, weshalb sich Sekten immer von der Gesellschaft und von Informationen abschotten. Die Auserwählten glauben nun, solange kämpfen zu müssen, bis sie ihr Ziel, in diesem Fall, die islamische Gesellschaft erreicht haben. Erst dann kann es Frieden geben.

Mohammed wird böse, wenn die anderen seine Botschaft nicht glauben wollen, schließlich weiß er den allerhöchsten Gott auf seiner Seite. Wie kann man gegen Gott und seinen Propheten sein? Er fängt an zu drohen und sobald er die Macht dazu hat, bekämpft und verfolgt er die Ungläubigen nicht nur mit Worten.

Juden, Christen und Heiden werden in einem islamischen Gottesstaat nicht als Gleichberechtigte geduldet. Das war im christlichen Gottesstaat Europas von Karl d. Großen bis in die Neuzeit nicht anders, deswegen besteht Hoffnung, dass sich der Islam durch Aufklärung verändern könnte. Auch im alten Europa wurden Juden, Heiden, Andersgläubige, sogar Menschen mit anderen christlichen Bekenntnissen nur widerwillig in untergeordneten Stellungen geduldet...und sehr oft nicht geduldet, sondern verfolgt und vertrieben. Der *Kodex Omar*, 580 bis 644, regelte das Verhältnis der Muslime zu den Ungläubigen im arabischen Herrschaftsbereich, *„so durften Christen keine politischen Ämter bekleiden oder Muslime als Dienstboten beschäftigen. Auch war es ihnen verboten, Waffen zu tragen und Pferde zu reiten; sie durften keine neuen Gotteshäuser bauen und in der Öffentlichkeit keine religiösen Feiern abhalten. Es war ihnen auch nicht gestattet, Bekehrungen vorzunehmen. Genaue Kleidervorschriften sollten darüber hinaus Nichtmuslime von der übrigen Bevölkerung unterscheiden; Juden sollten als Erkennungszeichen gelbe Flicken an ihren Ärmeln tragen, Christen dagegen einen dunkelblauen Flicken. Ebenso wurde eine Kopf- und Grundsteuer für Juden eingeführt".* **Encarta 2009**

Sure 9:33. *Er ist es, der seinen Gesandten geschickt hat mit der Führung und dem wahren Glauben, auf dass er ihn obsiegen lasse über alle (andern) Glaubensbekenntnisse, mag es den Götzendienern auch zuwider sein.*

Und noch eine Ermutigung für Glaubenskrieger, ihr Leben einzusetzen: *Sure 4:95 „Die unter den Gläubigen, die stillsitzen - ausgenommen die Gebrechlichen -, und die, welche für Allahs Sache ihr Gut und Blut einsetzen im Streit, sie sind nicht gleich. Allah hat die mit ihrem Gut und Blut Streitenden im Range erhöht über die Stillsitzenden. Einem jeden aber hat Allah Gutes verheißen; doch die Gottesstreiter hat er vor den Stillsitzenden ausgezeichnet durch einen großen Lohn."*

Mohammed mag eine charismatische Persönlichkeit, ein genialer Feldherr, ein weiser Gesetzgeber gewesen sein, aber er war auch ein Machtmensch, der für seinen Vorteil über Leichen ging und eines war er eben nicht: Wie alle, die ich in diesem Buch behandle, war er nicht so groß, **dass man hätte zu ihm kommen können,** dass man ihn hätte haben wollen. Man musste ihn haben und man muss es immer noch. Jedenfalls will ich nicht, dass er oder der Islam über mich herrschen. Ich lasse mich von meiner Vernunft leiten und unterwerfe mich nicht unvernünftigen Regeln. Ist man ein guter Mensch, weil man kein Schweinefleisch isst? Muss man unvernünftige Märchen glauben, um in den Himmel zu kommen? Ich kann nicht tolerant sein gegenüber einer Religion, die mich bedrohen, beherrschen, unterwerfen und in die Hölle schicken will!

Der Islam und die Menschenrechte heute

Der Islam muss sich an den geschichtlichen Tatsachen und an den tatsächlichen Verhältnissen messen lassen, die heute in den islamischen Ländern herrschen.

---

*„Die **Scharia,** das islamische Recht, unterteilt die Menschen und Völker je nach ihrem Glauben und ihrem Verhältnis zum islamischen Staat in verschiedene rechtliche Kategorien, die den Rechtsstatus einer Person festlegen: Es gibt also keine Gleichheit vor dem Gesetz.*
   **1.   Bürger des islamischen Staates*:*
Muslime - sie haben alle Rechte und Pflichten.*
***Dhimmis** - Schutzbefohlene („Buchbesitzer", Monotheisten), die eingeschränkte Rechte haben, Sondersteuern zahlen müssen, aber staatlicherseits geschützt sind und keinen Kriegsdienst leisten müssen.*
Anmerkung: Das ist ein Unrechtsstaat! Humanisten und Atheisten werden nicht geduldet. Dabei gibt es immer mehr davon. Sie dürfen sich nur nicht offen dazu bekennen.
   2.   Bürger fremder, nicht-islamischer Staaten:
***Harbis** - Nicht-Muslime, die sich im Kriegszustand mit den Muslimen befinden. Die Scharia gebietet es, diese Menschen zu töten. Frauen, Kinder und nicht am Kampf beteiligte Männer wie z.B. Mönche, sind jedoch gesondert geschützt. Rechte wie das Recht auf Eigentum haben Harbis nicht, so darf beispielsweise ihr Eigentum als Kriegsbeute genommen werden.* (Anmerkung: Diese Anmaßung!)
*Sowohl Bürger des islamischen Staates als auch fremder Staaten werden als **Mu'ahids** bezeichnet, wenn sie nicht Muslime sind, sie aber den islamischen Staat anerkennen und einen Friedensvertrag mit ihnen geschlossen haben. Sie zu töten ist eine schwere Sünde, ihre Rechte müssen geachtet werden."* **Aus Wikipedia** .

> Unrecht ist es allein schon, auf Bürger eines Staates unterschiedliches Recht anzuwenden. Daraus entstehen Unzufriedenheit und Bürgerkriege.

In vielen islamischen Staaten ist **freie Meinungsäußerung** nicht möglich: Verbot jeder Islamkritik. Schriftsteller und Filmemacher, die modernes Denken in die Köpfe bringen wollen, werden in Saudi Arabien von *„Obersten Richtern"* mit dem Tode bedroht. Unter dem Deckmantel der Religion, die jede Kritik verbietet, wird die Meinungsfreiheit eingeschränkt. Schon Mohammed ließ Personen umbringen, die ihn als *„Prophet"* nicht ernst nahmen.

94

Es gibt keine echte **Religionsfreiheit**. In Pakistan, Ägypten und im Iran werden z.B. die Bahai seit der islamischen Revolution 1979 verfolgt.

Die **Bahai** haben sich 1848 vom schiitischen Islam abgespalten. 1863 von Baha Ullah, 1817-1892, in Bagdad begründet. Sie anerkennen den Koran, aber auch die heiligen Schriften der anderen Weltreligionen als Glaubensquellen, lehren einen transzendenten Gott und erstreben ein neues Zeitalter des Friedens für die ganze Menschheit.

„Das islamische Recht sieht vor, dass muslimische Männer Christinnen oder Jüdinnen heiraten dürfen, ohne dass diese ihren Glauben aufgeben müssen. Musliminnen hingegen dürfen keine christlichen oder jüdischen Männer heiraten. Dort, wo islamisches Recht auch staatliches Recht ist, sind Kinder, die aus christlich-muslimischen Ehen hervorgehen, immer Muslime. In einigen islamischen Ländern, etwa im Iran, müssen Christinnen, die einen Moslem heiraten wollen, zum Islam übertreten."
Aus: Christen begegnen Muslimen EKD
Sinn und Zweck dieser Bestimmungen ist es natürlich die zahlenmäßige Überlegenheit und damit die Macht über die „Ungläubigen" zu gewinnen.

Die **Todesstrafe** für Abtrünnige findet man heute noch in den Gesetzbüchern verschiedener islamischer Länder wie Mauretanien, Sudan, Saudi-Arabien, Afghanistan, Iran... Die Todesstrafe steht in diesen Ländern auch auf Homosexualität. Im Iran wurden im Jahre 2010 zwei junge Männer allein wegen des Verdachts auf Homosexualität gehängt. (Quelle: Arte 2010) Dies wird nicht durch den Koran, aber durch die Bibel begründet: Luther Bibel: *Wenn jemand beim Knaben schläft wie beim Weibe, die haben einen Gräuel getan und sollen beide des Todes sterben; ihr Blut sei auf ihnen.* **3 Mose 20:13** Bis in die 1970er Jahre gab es keine Hinrichtungen von Homosexuellen im Islam.
In Mauretanien gibt es heute noch **Sklaverei**. Der Koran verurteilt die Sklaverei auch nicht, sowenig wie die Bibel.
Die **Frauen sind nicht gleichberechtigt**; Frauen dürfen laut Koran geschlagen werden, wenn sie *„widerspenstig"* sind und dürfen auch nur halb so viel erben wie Männer. Laut Scharia, dem islamischen Gesetzbuch, dürfen sie auch, bei Ehebruch, gesteinigt werden.
In Saudi-Arabien wurde 2012 der Menschenrechtler Raif Badawi wegen **Apostasie und Beleidigung des Islams** verhaftet und zu 600 Peitschenhieben, sowie 10 Jahren Gefängnis verurteilt. Er hat behauptet, dass Muslime, Christen und Atheisten gleichwertige Menschen seien.

Es gibt **keine echte Demokratie**; keine Trennung von Religion und Staat, keine Trennung der Gewalten, d.h. vor allem keine unabhängige Justiz, keine Gleichberechtigung aller Staatsbürger / innen. Die Gesetzgebung orientiert sich an der Scharia. Die Menschenrechte werden nur innerhalb der Scharia gewährt. Eine Aufarbeitung der gewaltsamen Verbreitung des Islams unter Mohammed und seinen Nachfolgern hat nicht stattgefunden. Eine Aufklärung, die zweifelhafte Autoritäten hinterfragt, hat es nicht gegeben. Dafür gibt es **unmenschliche Körperstrafen**: Steinigung, Hand abhacken.

Tiere werden so grausam behandelt, wie bei uns im Mittelalter (Schächten). Natürlich findet man solche **Tierquälerei** auch in christlichen Ländern. Stier-, Hunde- und Hahnenkämpfe gibt es noch im katholischen Europa. Die Ursache entspringt derselben hochmütigen Denkweise: Man sieht nicht die Verwandtschaft und die gleiche Abstammung von Tier und Mensch, sondern fühlt sich, gemäß der Bibel, weit überlegen, als ein von der Tierwelt abgetrenntes Geschöpf Gottes.

Es bleibt zu hoffen, dass auch der Islam, wie einst die christliche Gesellschaft Europas, eine Aufklärung durchmacht und auf Drohungen und Gewalt verzichtet. Noch gibt es - auch in Deutschland - Beschneidung von minderjährigen Buben, Schächten von Tieren, Kopftuchzwang durch Eltern, Zwangsheiraten und Ehrenmorde.

> **Der Staat, die Vernunft und die Menschenrechte müssen über den Religionen stehen. Die Religionen, auch die islamische, dürfen nicht den Staat beherrschen, sondern müssen vom Staat getrennt sein. Religionen sind Privatsache. Sie dürfen werben aber sie dürfen nicht drohen. Sie sollten nicht durch Herrschaftssymbole wie Türme, Glocken, Muezzine, Feld- und Gipfelkreuze Menschen einschüchtern, bedrohen oder auch nur belästigen, die sich bewusst gegen die eine oder die andere Religion entschieden haben. „Heilige" Schriften und „heilige" Menschen müssen sich Kritik gefallen lassen und das können sie nur lernen, wenn sie kritisiert werden. Sie sind nicht unantastbar.**

> **Gottesstaaten sind Staaten, in denen Gott die Terrorherrschaft von Menschen rechtfertigen soll.**

> **Muslime in Deutschland sollten die Freiheit erhalten, ihre Religion im Rahmen des Grundgesetzes zu leben, aber es darf hier keinen islamischen Staat und keine Einführung der Scharia geben. Muslime müssen sich an die Gesetze halten, die von frei gewählten Abgeordneten gemacht werden. Auch die Scharia ist Menschenwerk!**

Die Ausbreitung des Islams

Nach dem Tod Mohammeds wurde der Islam in Windeseile, mit *Feuer und Schwert* ausgebreitet. Mit Schlachten, Plünderungen, Massakern, Pogromen, Vergewaltigungen, Versklavungen, Vertreibungen, Zerstörung von Kulturgütern, von Tempeln, Kirchen und Bibliotheken, hinterließ der Islam in 1400 Jahren eine Blutspur von der arabischen Halbinsel ausgehend über Kleinasien, Syrien, Ägypten, Libyen, bis nach Spanien, Südfrankreich und die Steiermark im Norden, von Persien, Afghanistan bis Indien. Er verfolgte die **Juden** (Spanien, Kleinasien), die **Christen** (Kleinasien, Europa), die **Zoroastrier** und **Bahai** (im Iran), die **Kopten** (Ägypten), die **Armenier** (Kleinasien), die **Yazidis** (Irak), die **Buddhisten** und **Hindus** (Indien); zuerst als arabischer Imperialismus und dann als osmanischer, türkischer und mongolischer Imperialismus. Nach 1000 eroberte der Islam unter Mahmud Indien mit verheerenden Massakern. Anstelle der „Götzentempel" wurden Moscheen errichtet. Es gab allerdings auch freiwillige Übertritte zum Islam, z.B. der Monophysiten in Persien und der Donatisten in Nordafrika, die vor der Verfolgung durch die katholische Kirche Schutz suchten.

Die Muslime sahen sich gemäß dem Koran (Siehe Koran **Sure 4:95**) als Welteroberer und Glaubenskämpfer gegen die Ungläubigen. Sie schufen Reiche, in denen Staat und Religion - wie im christlichen Abendland - eine Einheit bildeten. Die „Besitzer des Buches": Christen, Juden und Zoroastrier wurden als Steuerzahler in untergeordneter Stellung geduldet und mussten sich kennzeichnen, die anderen wurden vertrieben, versklavt und vernichtet. Neben toleranten Herrschern gab es fanatische, unduldsame Glaubenseiferer, die Ghasis, die Kämpfer des Heiligen Krieges (Jihad), vor allem im späteren Osmanischen Reich, 1300-1922.

Dort durfte seit Mehmet II., 1432-1481, der Thronfolger alle seine *„brüderlichen"* Rivalen umbringen und feierlich bestatten. Brüder und Halbbrüder waren, auch in anderen Kulturen, immer die gefährlichsten Rivalen des Thronanwärters.

Im Kalifat von Cordoba lebten zwischen ~711-1492, Muslime, Christen und Juden in einem mehr oder weniger toleranten Staat nebeneinander. Das hing wesentlich von der Persönlichkeit des Herrschers ab. Allerdings waren die *„Ungläubigen"* nicht gleichberechtigt. Sie durften zwar ihre Religion ausüben, wurden gemäß dem Koran aber nur als Steuerzahler minderen Rechtes geduldet. (Siehe Koran **Sure 9:29**) Sie mussten Schutzgeld zahlen. Das kann man nicht wirklich *„Frieden"* nennen. In Granada hatten die Juden sogar eine Zeitlang gleiche Rechte mit den Muslimen. Im christlichen Spanien waren sie 694 zu Sklaven erklärt worden. Gerade in Granada kam es aber 1066 zu einem Judenpogrom, dem 1500 Familien zum Opfer fielen.

Das politische Klima in Spanien änderte sich dramatisch, als 1492 das Land von den Christen zurückerobert worden war. Das Königspaar **Ferdinand** und **Isabella** wollte einen katholischen Einheitsstaat schaffen. Für Toleranz gegen Muslime und Juden war da kein Platz mehr. Nichtchristen mussten sich taufen lassen oder wurden vertrieben.

„Der katholische Erzbischof Jimenez ließ alle arabisch geschriebenen Bücher und Bibliotheken und Schriften beschlagnahmen und ohne Rücksicht auf ihren Inhalt verbrennen, da sie ‵dem wahren Glauben entgegenstanden‵ Es wurden Listen über ihre erfolgreiche ‵Exorzierung‵ angelegt, in denen berichtet wird, daß auf diese Weise über 1 Million Bücher aus allen Sparten der Wissenschaft und Kultur vernichtet worden seien." **Gerhard Czermak**

Das Abendland

Karl I. der Große

Lebenszeit *747, †Aachen 814
König der Franken seit 768 und der Langobarden seit 774, Kaiser seit 800.
Karl stammte aus dem Geschlecht der Arnulfinger, das später nach ihm Karolinger genannt wurde. Er war der Sohn Pippins III., des Jüngeren und Bertradas. Aus vier Ehen und sechs weiteren Verbindungen hatte er etwa zwei Dutzend Kinder. Nach dem Tod des Vaters, Pippin III., wurde das Frankenreich zwischen Karl und seinem Bruder Karlmann geteilt. Als Karlmann aber plötzlich starb - ein äußerst günstiger „Zufall" - riss Karl dessen Reich an sich. Kurz darauf eilte er zum Schutz des Papstes nach Rom, besiegte die Langobarden und schmiedete mit dem Papst ein Bündnis: Er bot ihm Schutz, bestätigte die Schenkungen seines Vaters (Kirchenstaat) und bekam dafür die feierliche Anerkennung der Kirche. Von Papst Leo III. wurde er zum Kaiser gesalbt. Zwar gab es schon einen oströmischen Kaiser, der allerdings nichts dagegen machen konnte, - denn die Geschichte gestaltet noch immer der Mächtige.

Seitdem der Hausmeier Pippin III., Karls Vater, von Papst Stephan 754 zum König der Franken gesalbt worden war, hatte sich die Idee des *„Königtums von Gottes Gnaden"* entwickelt. Eigentlich war dies ein unrechtmäßiger Vorgang, ein Thronraub, da die herrschende Merowingerdynastie dadurch einfach abgelöst wurde.

> **Was Recht ist, bestimmt der, der die Macht hat. Oder: Der Mächtige macht die Gesetze so, dass er Recht hat.**

Es war eine machtpolitische Entscheidung des Papstes. Die Karolinger boten dem Papst eine engere Zusammenarbeit an als die Merowinger. Sie anerkannten die geistliche Autorität der Päpste und bekamen dafür wiederum deren Anerkennung und Salbung. Anerkennung und Salbung des Königs durch den Papst und die Kirche genügten nun für das *„Königsheil"*. Der König war damit nicht mehr vom Volk, d.h. von den freien Männern, abhängig, die ihn bis dahin, bei den Germanen, wählen und absetzen konnten. So festigte sich die Verbindung von Thron und Altar im abendländischen Mittelalter, die unter Konstantin und Chlodwig eingeleitet wurde und die in Deutschland bis 1918 andauerte. Der König war nun dem Volk weder rechtlich, noch sonst verbunden. Das Volk wurde in die Stellung eines unmündigen, rechtlosen, minderjährigen Kindes heruntergestuft, das zu gehorchen hatte. Natürlich ließ es sich so auch leichter regieren.

Karl führte sein Leben lang fast ohne Unterbrechung Krieg: gegen die Langobarden, die Bayern, die Sachsen, die Awaren, die Basken... Sein Reich in der Mitte Europas reichte von Spanien bis Bayern und von Friesland bis Italien. Kriege führen, erobern und Feinde abschlachten galt als männlichste aller Beschäftigungen. Ziel war es, die Völker in sein Reich einzugliedern, zu christianisieren und das Heidentum zu vernichten. Die gemeinsame katholische Religion sollte sein Reich verbinden. Nach den Soldaten kamen die Missionare. Den längsten und blutigsten Krieg führte er gegen die Sachsen, die den neuen Glauben als Mittel der Beherrschung durch die Franken erkannten und sich heftig gegen die unfreiwillige Christianisierung wehrten. Es kam immer wieder zu Aufständen unter Führung ihres Herzogs Widukind. Einmal ließ Karl 4500 Sachsen bei Verden an der Aller hinrichten.

Karl schrieb in einem Brief an Papst Leo III: *„Unsere Sache ist es, mit Gottes Hilfe die heilige Kirche Gottes überall vor dem Einbruch der Heiden und der Verheerung durch die Ungläubigen mit den Waffen zu verteidigen, nach außen und im Innern den katholischen Glauben zu festigen. Eure Sache, heiliger Vater, ist es, gleich Moses mit zu Gott erhobenen Händen Unsere Streitmacht zu unterstützen, damit durch Eure Gebete mit der Gnade Gottes das christliche Volk überall und immer über die Feinde seines Namens den Sieg erlange und der Name unseres Herrn Jesus Christus auf der ganzen Welt verherrlicht werde."*

Verteidigen musste er allerdings nicht, weil er angegriffen wurde, sondern weil er erobert hatte. Seine Eroberungen galt es zu verteidigen, gegen diejenigen, die gerne ihre Freiheit behalten hätten. Damals erkannte ein griechisches Sprichwort: *„Den Franken habe zum Freund, nicht aber zum Nachbarn".* Schon ein Vorgänger Karls auf dem Frankenthron, Chlotar II., hat 629 *„unvergesslichen Ruhm"* erlangt, weil er bei einem Verwüstungszug alle Sachsen töten ließ, die größer waren als sein Schwert. Immerhin konnte eine Spatha, ein fränkisches Langschwert, bis zu 110 cm lang sein.

Die Christianisierung durch die Franken war gleichbedeutend mit der Unterwerfung und dem Verlust der Freiheit. Zwar förderten die oberen Schichten die Missionierung, für die Bauern bedeutete sie aber Ausbeutung und Leibeigenschaft. Das Volk hielt an den heidnischen Bräuchen fest. *Es sei der blutigste und langwierigste aller Kriege der Franken gewesen*, schreibt Einhard, der Biograf und Vertraute Karls, in seiner *Vita Caroli.*

Bei den Sachsen zerstörte Karl die **Irminsul**, das sächsische Nationalheiligtum, einen ungewöhnlich großen Baumstamm, den die Sachsen in einem heiligen Hain unter freiem Himmel verehrten.

„Nachdem die Christen drei Tage lang die Kultstelle gänzlich verheert, den heiligen Hain verbrannt, die Säule vernichtet hatten, zogen sie mit den dort aufgestapelten Weihgeschenken, reichen Gold- und Silberschätzen, davon... Und schon bald erhob sich über dem geplünderten und ruinierten heidnischen Heiligtum eine Kirche."

Karpf, Historiker

Zum Jahr 775 steht in den **Reichsannalen:** „*Nachdem er die Geiseln erhalten, reiche Beute an sich genommen und dreimal ein Blutbad unter den Sachsen angerichtet hatte, kehrte der genannte König Karl mit Gottes Hilfe heim nach Francien.*"

„*Der Staat der Merowinger war vorwiegend weltlich gewesen, das Karolingerreich aber war eine Gottesherrschaft ...*" **Chris Dawson Historiker**

Mit strengen „*Blutgesetzen*" wurde die gottesstaatliche Diktatur in Sachsen gefestigt und jedes abweichende Verhalten im Keime erstickt. Das hört sich so an:
- *Wenn jemand gewaltsam in eine Kirche eindringt und in ihr etwas raubt oder stiehlt oder die Kirche in Brand steckt, so sterbe er des Todes.*
- *Wenn jemand das heilige vierzigtägige Fasten aus Missachtung des Christentums nicht hält und Fleisch isst, so sterbe er des Todes ...*
- *Wenn jemand nach heidnischer Sitte den Leib eines verstorbenen Menschen durch Feuer verzehren lässt und seine Gebeine zu Asche brennt, so sterbe er des Todes.*
- *Wenn jemand künftig im Sachsenvolk ungetauft sich verstecken möchte und unterlässt, zur Taufe zu kommen, weil er Heide bleiben will, so sterbe er des Todes ...*
- *Wenn jemand gemeinsam mit Heiden etwas gegen Christen plant und mit ihnen in Feindschaft gegen die Christen zu verharren sucht, so sterbe er des Todes. Und wenn jemand diesem selben Verbrechen gegen den König und das christliche Volk zustimmt, so sterbe er des Todes.*

Im Frankenreich wurde es seit dem 8. Jahrhundert unter Karl d.Gr. Reichsgesetz, dass jedermann, Adelige, Freie und Bauern den Zehnten (Teil) vom Ertrag des Grundbesitzes und von allem Einkommen der Kirche oder dem Grundherrn zu geben hatte. Diese Abgabe wurde schon gemäß dem „*Alten Testament*" von den jüdischen Priestern eingezogen und galt in Baden-Württemberg bis in die Mitte des 19. Jahrhunderts.

War Karl groß?

Er war zunächst mal von seiner Statur her ungewöhnlich groß, über 190 cm. Er hat ein großes Reich geschaffen. Er hat viele fast immer siegreiche Eroberungskriege geführt. Er war auch durch seine vereinheitlichenden Reformen auf jeden Fall eine bedeutende Figur der abendländischen Geschichte. Die Möglichkeit dazu wurde ihm schon durch seine Geburt, als Königssohn, in die Wiege gelegt. Er wusste diese Gelegenheit zu nutzen. Karl galt als Haupt der abendländischen Kirche und hatte doch tausende von Sachsen niedergemetzelt, verschleppt und versklavt. Da fragt es sich natürlich wieso er sich unbedingt nach dem Kriegsgegner Jesus „*Christ*" genannt hat. Er hätte sich passender „*Cäsar*" oder „*Konstantiner*" nennen sollen. Eine Quelle spricht geradezu von „*gründlicher Ausrottung*" der Heidenvölker. Aber waren denn nicht alle „*Großen*" brutal und grausam? Man kann sich in diesem Buch noch mal davon überzeugen.

War Karl eine große Persönlichkeit? Ruhte er in sich? Konnte man **zu ihm kommen?** Er lebte 67 Jahre, war sehr viel unterwegs und hielt die Einsamkeit nicht aus. Er führte ein turbulentes Familienleben, jenseits all seiner strengen Gesetze, die nur für seine Untertanen galten. Er war eher nach außen als nach innen orientiert. Das ist ein Hinweis darauf, dass er es nicht weit bringen konnte, auf dem Weg zur Verselbstung. Ein Tauziehen hat er wohl nicht ausgelöst. Er stand von Anfang an oben und die Gefolgschaft, die ihn umgab, hatte dem König bedingungslos zu gehorchen. Sie hatten nicht die Möglichkeit frei zu reagieren. Er hatte das Recht zu diktieren, obwohl er nicht groß war. Eine verhängnisvolle Lage, für alle seine Untertanen und für diejenigen, die er dazu machte. Sie mussten sich ducken und kriechen.

Die Verirrungen der Päpste

Sie hielten sich für die besten Christen, sahen sich weit über den Menschen, zwischen diesen und Gott, und waren doch mit ihren menschlichen Schwächen allen irdischen Verlockungen verfallen. Sie beriefen sich auf die Friedensbotschaft des Jesus von Nazareth und führten das Christenvolk in endlose Kriege und Auseinandersetzungen. Dabei ging es vor allem um ihre Macht, ihren Reichtum, ihren Glanz. Sie hielten sich für unfehlbar und mussten immer wieder ihre Fehler bekennen, wenn sie redlich waren. Auf vielen blieben sie auch hartnäckig sitzen. Bis heute gibt es z.B. keine Entschuldigung für die Hinrichtung Giordano Brunos. Sie predigten eine rigide Sexualmoral, hielten sich oft selber nicht daran und mussten diesbezügliche Verfehlungen ihrer untergebenen Priesterschaft immer wieder vertuschen.

> **Wer von seiner Denkweise maßlos überzeugt ist, neigt dazu, alles andere für wertlos zu halten und, wenn er die Macht dazu hat, es zu verfolgen und zu vernichten.**

Mit dem wachsenden Größenwahn und mit der zunehmenden Macht der Päpste entwickelte sich auch ihre wachsende militante Intoleranz gegenüber anderen Glaubensrichtungen.

> **Der Mächtige bestimmt den „wahren" und den „falschen" Glauben.**

Die Päpste erstrebten mit Hilfe der Kirche, mit Königen und Kaisern den irdischen Gottesstaat, die politische und geistige Alleinherrschaft, der sich niemand straflos entziehen durfte. Alle Hirne sollten gleichgeschaltet werden.

In den frühesten christlichen Gemeinden gaben Apostel, Propheten und Lehrer den Ton an. Sie waren, wie Jesus, meist auf Wanderschaft. Bischöfe und Diakone wurden gewählt. Unter den Mitgliedern der christlichen Urgemeinde gab es noch keine Rangordnung. Im Prinzip herrschte ein brüderliches und schwesterliches Miteinander. Jeder, der sich dazu berufen fühlte, konnte lehren. Die Lehrer nannten sich Presbyter = Älteste = Priester. Allmählich, seit dem ausgehenden 2. Jahrhundert, vereinte der Bischof (siehe oben Ignatius von Antiochia) alle Ämter auf seine Person, aber noch immer waren alle Bischöfe gleichrangig.

Noch der Kirchenlehrer **Cyprian**, 205-258, stellt fest: *„Bei uns gibt es keinen Bischof der Bischöfe."* Alle „Apostel" waren für Cyprian ebenbürtig, alle hatten die gleiche Gewalt und den gleichen Rang wie Petrus. Kein Bischof sei dem andern untertan und keiner dem anderen vorgesetzt, keiner könne den andern richten, keiner vom andern gerichtet werden.

Augustinus meint noch: *„Wir sind Christianer, nicht Petrianer".* Damit wollte er wohl sagen, dass sie nicht Anhänger des Papstes, sondern Anhänger von Christus sind, dass für sie nicht das zählt, was der Papst sagt, sondern das, was Christus gesagt hat.

„Was die christliche Mission vorantrieb, war der Enthusiasmus ihrer Träger. Es gab keine planmäßige Propaganda, keine zentrale Organisation und nur wenige berufsmäßige Missionare. Alles geschah spontan, jeder handelte nach seinem Ermessen, fast möchte man sagen: Am besten propagierte sich die „Frohe Botschaft" selbst. Sie drang von Haus zu Haus. Diese charismatische Epoche geht im 2. und 3. Jahrhundert langsam, doch unaufhaltsam in die dogmatische über". **Deschner K.d.C.**

Allmählich bildeten sich ein kirchlich kontrolliertes Bekenntnis und eine kirchliche Rangordnung mit Priestern und Bischöfen heraus. Gott sollte nur noch durch die Vermittlung der Priester erreicht werden. Laien durften nicht mehr predigen. Ebenso sollte der Text der *„Heiligen Schrift"* nicht von Laien, sondern von Priestern erklärt, am besten nur von ihnen gelesen werden. Man wollte damit der endlosen Zersplitterung der Christen entgegenwirken, denn natürlich lässt sich die Bibel auf mannigfaltige Weise auslegen. Sie ist in sich sehr widersprüchlich.

Der angebliche Aufenthalt des Apostels Petrus in Rom und die Vorrangstellung der Stadt im römischen Reich führte im 4. Jahrhundert allmählich zu einer Vormachtstellung der Bischöfe von Rom im westlichen Abendland. Mit zunehmender politischer Macht, vor allem durch die Taufe Chlodwigs und durch das Bündnis mit den Frankenkönigen, stieg ihr Selbstbewusstsein, ihr Sendungsbewusstsein und ihre Macht, unterstützt von einigen Kirchenlehrern, ins Unermessliche.

Seit dem 3. Jahrhundert beruft sich die katholische Kirche bei der Begründung des Papsttums auf die Bibelstelle bei Matthäus *„Du bist Petrus, und auf diesen Felsen will ich meine Kirche bauen".* **Mat. 16:18.**

Jesus dachte nicht an die Gründung einer hierarchischen Kirche und an ein Papsttum. Er glaubte an das baldige Ende der Welt und Hierarchie hat er abgelehnt, außer für sich: Er war der unangefochtene „Boss" unter seinen Jüngern.
Petrus war wohl auch nie Bischof von Rom. Jedenfalls gibt es dafür keine Hinweise.

Größenwahn und Verfolgungswut

Alle großen Kirchenzusammenkünfte der Antike wurden noch vom Kaiser, nicht vom Papst einberufen.
Am frühesten berief sich wohl der herrische **Papst Stephan I.** 254-257, auf *Mat. 16:18*
Er vertrat eine hierarchisch-monarchische Kirchenauffassung.

Leo I. 400-461 (Heiliger),
führte die Vormachtstellung des Bischofs von Rom über alle anderen Bischöfe ein.

Papst Gelasius I. 492-496,
hat den Satz geprägt: „*Toleranz gegen Ketzer ist verderblicher als die schrecklichsten Verwüstungen der Provinzen durch die Barbaren.*"

Gregor I. der Große - Heiliger und Kirchenlehrer
590-604, kann als der Begründer der weltlichen Macht der Päpste betrachtet werden. Er führte zahllose Kriege und lenkte unzählige Machenschaften. Unter Gregor I. erschlichen sich die Päpste durch die gefälschte „*Konstantinische Schenkung*" ihren Kirchenstaat. Wie kein Papst vor ihm betonte er seinen Rang und Vorrang, nicht nur gegenüber allen anderen Priestern, sondern auch gegenüber dem Kaiser, der vor ihm „*fromm den Nacken*" zu beugen habe. Seine Lehre von den „*zwei Schwertern*" soll besagen, dass Gott zur Leitung der Welt eine geistliche (Papsttum und Priesterschaft) und eine weltliche Macht (Kaiser und Fürsten) geschaffen habe. Dabei stehe die geistliche über der weltlichen Macht, weil die Geistlichen für das ewige Heil der Herrscher verantwortlich seien. Letztlich versuchten die Päpste auf diese Weise die irdische Macht an sich zu reißen. Ziel des Papsttums wurde mehr und mehr die politische Weltherrschaft mit religiöser Rechtfertigung. Wie schon die Juden ihre Landnahme religiös begründet hatten, haben auch die Franken und Päpste, später die christlichen Konquistadoren, ihre Eroberungen religiös gerechtfertigt. Schließlich war alles nur zum Wohle Gottes - des „*richtigen Gottes*" natürlich - und seines auserwählten Volkes.

Gregor I. verbietet den Untergebenen, sich über das Leben der Vorgesetzten ein Urteil anzumaßen. Auch wenn diese versagten und mit Recht tadelnswert seien, dürfen sie nicht getadelt werden. Vielmehr soll man willig das Joch der Ehrerbietung tragen.

„Denn wenn wir gegen die uns vergehen, die über uns gesetzt sind, verstoßen wir gegen die Ordnung dessen, der sie über uns gesetzt hat." Nämlich gegen Gott höchstpersönlich. Siehe auch **Paulus Röm. 13:1.**

> **Alles lässt sich mit Gott rechtfertigen und was Gott will, wissen vor allem seine Stellvertreter auf Erden. Sie sind die obersten Richter.**
1.Korinther 2:15 „Der Geistliche aber richtet alles, und wird von niemandem gerichtet."

Gregor griff, wie die meisten Päpste vor und besonders nach ihm, hart gegen Falschgläubige durch. Falschgläubig waren in seinen Augen alle Nichtkatholiken, also auch Christen mit anderem Bekenntnis, die es immer gegeben hat und die immer von den Katholiken bekämpft wurden.
Die planmäßige Ausbreitung der päpstlichen Macht war sein großes Ziel. Er empfahl als Zwangsmittel Folter und Kerker, gelegentlich auch die friedliche Umwandlung heidnischer Kultstätten oder Bräuche.
Heiden besaßen für Gregor weder ein göttliches noch ein menschliches Recht. Heiden gab er als Verfolger der Katholiken aus. Man verteidigt sich ja nur, weil man angegriffen wird! Man solle einen solch verblendeten, dickköpfigen Bauern, der sich auf jede Weise sträube, *„zu Gott dem Herrn zu kommen",* dann *„so sehr mit Steuern belasten, dass ihn diese Strafe antreibt, schleunigst den rechten Weg einzuschlagen".*
„Wenn Ihr jedoch findet, dass sie nicht gewillt sind, ihre Lebensart zu ändern, so wünschen wir, dass Ihr sie mit großem Eifer festnehmt. Sind sie Sklaven, dann züchtigt sie mit Schlägen und Folter, um ihre Besserung zu bewirken. Sind sie aber freie Menschen, sollen sie durch strenge Kerkerhaft zur Reue gebracht werden, wie es angemessen ist, damit diejenigen, die es verachten, die Worte der Erlösung zu hören, welche sie aus der Gefahr des Todes retten, auf alle Fälle durch körperliche Qualen zum erwünschten gesunden Glauben mögen zurückgeführt werden." **Zitat aus: Deschner K.d.C.**

Schon mit den Evangelien entstand die Intoleranz gegen die *„Ketzer".* Sie wurden gemäß den Schriften des Paulus und des Evangelisten Johannes (Apokalypse = Offenbarung) als *„Antichristen"* beschimpft und bekämpft.

Die Juden sollten, laut Gregor *„nicht unbillig unterdrückt und gequält werden".* Sie wurden <u>nur</u> hart besteuert und durften keine neuen Synagogen bauen. Sie durften keine Nichtjuden zum Judentum bekehren und keine Nichtjuden heiraten. Sie durften nichts vererben, kein Amt bekleiden, weder ein militärisches noch ein ziviles. Sie durften auch keine christlichen Sklaven halten und nicht mit christlichen Sklaven Handel treiben, was Christen sehr wohl erlaubt war.
Für Gregor war das Judentum keine Religion, sondern Aberglaube. Für Aberglauben hielt er alles, was nicht katholisch war.

Papst Gregor gestattet auch den Religionskrieg, den Angriffskrieg, zur Unterwerfung der Heiden. Im strikten Gegensatz zu Jesus billigt er Schwert und Kampf als Missionierungsmittel. Alle Eroberungszüge der Franken gingen von diesen und nicht von ihren Nachbarn aus. Und die Päpste gaben immer ihren Segen dazu, denn mit der Ausbreitung des katholischen Christentums gewannen sie an Macht und Reichtum. Unter dem Deckmäntelchen, die Sache Gottes zu verbreiten, mehrten sie vor allem ihre Macht. Jesus wurde zum Schlachtenhelfer. Das ist zwar ziemlich abwegig, aber seit Konstantin und Chlodwig längst volkstümlich. Die Franken begriffen sich als auserwähltes Volk Christi und rechtfertigten damit ihre Eroberungskriege.

> **Der Auserwähltheitsglaube ist die beste Voraussetzung, um andere mit gutem Gewissen verfolgen zu können.**

Zwar wendet sich der Heilige Gregor gegen Bruder- und Bürgerkriege, aber Kriege nach außen, Kriege zur Vergrößerung des christlichen Reiches, zur Vernichtung von „Ketzern", zumal von Arianern, zur Auslöschung von Heiden und sonstigen Ungläubigen, waren absolut gerecht-(fertigt).
So schreibt er in seiner „*Fränkischen Geschichte*":
„*O möchtet doch auch ihr, o Könige, solche Schlachten schlagen, wie die, in denen eure Vorfahren ihren Schweiß vergossen haben, dass die Völker voll Furcht wegen eurer Eintracht, sich beugen müssten vor eurer Macht. Denkt an Chlodovech (Chlodwig) mit dem eure Siege begannen, was er getan hat: Er tötete die Könige, die seine Gegner waren, schlug die feindlichen Völker, brachte die einheimischen unter seine Gewalt und hinterließ euch die Herrschaft darüber ungeteilt und ungeschwächt.*"

Das Volk auf beiden Seiten litt unter diesem von Kirche und Staat erzeugten Unheil und die Kirche bereicherte sich an dieser Furcht.
„*Weil sie von ihnen Schutz und Hilfe erwarteten, wandten sich die beständig von Plünderungen, Feuersbrünsten, Mord und Vergewaltigung bedrohten Menschen an die Kirche und ihre Heiligen*" . **Bleiber: Historiker**
Die Gläubigen bezahlten die Kirche für ihren Schutz. Es war also durchaus von Vorteil für die Kirche, wenn die Menschen unter qualvollen Zuständen lebten, wenn die Verhältnisse sich nicht besserten. Je hoffnungsloser die Lage, desto größer der Glaube, desto reicher die Kirche. Wieso sollte die Kirche also daran interessiert sein, die Lage zu verbessern? Die Bischöfe unterdrückten mit der übrigen Herrenkaste gemeinsam das Volk und beuteten es aus. Allein zwischen 475 und dem Beginn des 6. Jahrhunderts verzehnfachte sich die Zahl der gallischen Klöster.
„*Die merowingischen Urkunden lassen die große Veränderung der Grundbesitzverhältnisse zugunsten der Kirche erkennen*". **Sprandel, Historiker.**

Die freie germanische Bevölkerung wurde während des Mittelalters durch die Herrschsucht und die Habgier von Kirche und Adel zu einem Sklavendasein in Leibeigenschaft herabgedrückt. Damit wenige herrschen und in Saus und Braus leben konnten, mussten die vielen leiden. Das ist heute in weiten Teilen der Welt immer noch so.

Gregor VII.

trug 1076 einen Machtkampf mit Kaiser Heinrich IV. aus. Es ging um die Frage: Wer ist der Höchste im christlichen Abendland? Wer vertritt Gott auf Erden? Bei ihm finden sich Anklänge an die Theorie, der zufolge dem Papst alle Gewalt gebühre, auch das Verfügungsrecht über die Staaten. *„Der wahre Kaiser ist der Papst".* *„Nur der Papst kann den Kaiser einsetzten und absetzten."* *„Der Papst sagt, was Wahrheit ist."* *„Der Papst ist allein schon durch die Weihe heilig".* *„Keiner kann zum Heil gelangen ohne den Papst."* *„Die Kirche, das sind der Papst und seine Priester."*
Er setzt Heinrich den IV. ab und bannt ihn; worauf der sich kurzzeitig demütig dem Papst unterwirft. (Gang nach Canossa) 1084 setzte Heinrich aber Gregor ab.

Nach Gregor VII. und seinen hochmittelalterlichen Nachfolgern geht, gemäß den Aussagen des heiligen Augustinus, die kaiserliche Macht auf den Teufel zurück. Sie ist, wie überhaupt jedes weltliche Fürstentum *„fleischlich"* und das heißt seit Paulus *„sündig".* Doch könne die teuflische Macht durch die entsündigende, heilende, rettende Macht des Papsttums, durch Unterordnung unter den Priester-König, in Segen verwandelt werden. Ja, jede neue Staatsgründung in dieser vom Teufel tyrannisierten Welt werde erst durch die päpstliche Anerkennung legitim.

Der Papst erscheint hier als alleiniger Hort der Wahrheit, der Gerechtigkeit, als oberster Herr und Richter der Welt. Alles müsse ihm, dem Nachfolger Petri, Gehorsam leisten. *„Wer von Petrus geschieden ist",* erklärte der Papst, *„vermag keinen Sieg im Kampfe, kein Glück in der Welt zu finden. Denn mit stahlharter Strenge zerstört und zersprengt er, was sich ihm entgegenstellt. Niemand und nichts ist seiner Macht entzogen."*

Innozenz III.

um 1160-1216, Papst 1198-1216. Mit Innozenz III. erreichte das Papsttum den Gipfel seiner irdischen Macht, aber auch den Gipfel seiner Verfolgungswut. Innozenz war mit 37 Jahren einer der jüngsten Päpste, entsprechend größenwahnsinnig war seine Politik.

> Wir erinnern uns: Junge, „starke Männer" leiden an Größenwahn, weshalb es ratsam ist, niemals einem solchen Mann unbeschränkte und unkontrollierte Macht zu geben. Was an sich schon Unsinn ist.

Innozenz stachelte die Franzosen gegen die *„häretischen"* Waldenser und Albigenser auf, die eigentlich nur einen Wunsch hatten: Jesus ernsthafter nachzufolgen als dies die

Kirche tat. Gegen die Verheißung eines Ablasses aller Sünden wurden seine Soldaten zu Mordtaten angetrieben:

„Auf, Streiter Christi! Das Blut der Gerechten schreit zu dir, dass du der Kirche den Schild des Glaubens gegen deren Feinde vorhältst; erhebe dich und umgürte dich mit dem Schwert".

Darauf erschlug man im Juli 1209 in Beziers etwa 20000 Einwohner und brannte die Stadt nieder. Ein zwanzigjähriger *„heiliger Bürgerkrieg"* begann.

Genügend Munition für brutales Verhalten erhielten siegreiche Herrscher auch immer aus der Bibel, vor allem aus dem Alten, aber auch aus dem Neuen Testament:

Wer siegt und zum Ende an den Werken festhält, die ich gebiete, dem werde ich Macht über die Völker geben. Er wird über sie herrschen mit eisernem Zepter und sie zerschlagen wie Tongeschirr (und ich werde ihm diese Macht geben wie auch ich sie von meinem Vater empfangen habe ....)" **Offb. 2:26 - 28**

Bis zu Innozenz III. hielten sich die Päpste, bescheiden wie sie waren, für Stellvertreter Petri. Innozenz setzte noch eins drauf, er nennt sich *„Statthalter Jesu Christi"* und *„Stellvertreter Gottes auf Erden"*, und er droht: *Wer gegen ihn ist, macht sich Gott zum Feind.* Ketzerei ist Majestätsbeleidigung.

> Hier erkennt man klar den Zusammenhang zwischen Größenwahn und Verfolgung. Weil einer maßlos von sich überzeugt ist, hält er sich für berechtigt, alle Andersdenkenden, alle Feinde, alle Kritiker gnadenlos verfolgen zu dürfen.

Er weist auf die Erhabenheit des Klerus hin, auf die Stellung der geistlichen über der weltlichen Macht, auf den göttlichen Ursprung der Priesterschaft und den sündhaften des Fürstentums. *Er könne dem Kaiser das Regiment geben und nehmen, unabhängig von den geschworenen Eiden.* Schließlich:
„Müsse man Gott mehr gehorchen als den Menschen"....und was Gott will, weiß niemand besser als er. D.h. im Klartext: Wer ihm gehorcht, gehorcht Gott. Er war die letzte, höchste Autorität und dabei betont er immer wieder, dass er ja nur Diener und Knecht Gottes ist.

> Wir sehen hier, wie der Glaube an Gott zur Rechtfertigung päpstlicher Herrschaft benutzt wird, denn Gott war natürlich katholisch. Alle Herrscher versuchten den Eindruck zu erwecken, als sei Gott auf ihrer Seite und als wüssten sie allein, was Gott will.

„Innozenz verband Willenskraft mit einem stupenden Augenmaß für die Realisation des Möglichen, Zweckmäßigen. Er nützte jede ihm günstige Gelegenheit bis auf den Grund und ließ sich durch keine ungünstige entmutigen. Sein Fleiß, sein ungeheurer Ehrgeiz, sein Griff nach der Weltmacht scheute vor nichts zurück, was ihm dienlich sein, was

seine Sache fördern konnte. Opportunität und Praktikabilität waren oberste Richtlinie, Religion und Moral allenfalls zweitrangig, kriminelle Kreaturen in Kirchendiensten durchaus erwünscht, wenn sie sich funktionalisieren, für seine Zwecke gängeln ließen. Auch vor Heuchelei, Unterstellungen, evidenter Unwahrheit schreckte er nicht zurück." **Deschner K.d.C.**

An König Johann von England schreibt er: *„Denn zu mir ist beim Propheten gesagt: Ich habe dich über die Völker und Reiche gesetzt, auf dass du ausrufest und niederreißest, zerstörest und zerstreuest, pflanzest und auferbauest ... Ihr sehet ja, wer der Knecht ist, der über das Haus gesetzt wird ... gesetzt als Mittler zwischen Gott und den Menschen, unter Gott, doch über dem Menschen, geringer als Gott, aber größer als der Mensch."*

Innozenz IV.
1252 erließ Papst Innozenz IV. die Bulle *Ad Extirpanda*. Darin werden andersgläubige Christen mit Räubern, Mördern und Dieben auf eine Stufe gestellt. Sie verpflichtet die Herrscher, alle *„Häretiker"* zu einem Geständnis auch durch Anwendung der Folter und zum Verrat ihrer Genossen zu zwingen und an den für schuldig Befundenen binnen fünf Tagen die Todesstrafe zu vollstrecken.

Gregor IX. 1227-1241
behauptete im Hinblick auf die *„Konstantinische Schenkung"*, Konstantin habe es für angemessen erklärt, dass der Papst auf dem ganzen Erdkreis nicht nur über Seelen, sondern auch über alle Menschen und Sachen herrsche, wonach es kein unabhängiges Kaisertum zu geben hatte. Der Papst sei der wahre Kaiser.

Die römisch-katholische Kirche hat auf dem Konzil von Florenz 1442, auf dem Konzil von Trient 1546 und auf dem 1. Vatikanischen Konzil 1870 die Lehre von der *„göttlichen Inspiration der Bischöfe"* zum Glaubensdogma gemacht. 1870 verkündete das 1.Vatikanische Konzil die Unfehlbarkeit des Papstes in Glaubensfragen, wenn der Papst ex Cathedra, aus päpstlicher Vollmacht, spricht. Eine Ex Cathedra Entscheidung des Papstes Pius XII. von 1950 war das Dogma von der leiblichen Aufnahme Mariens in den Himmel. Das Konzil von Florenz 1442 verkündete ausdrücklich, dass alle Nichtkatholiken, alle Juden und Heiden wie sämtliche christlichen Ketzer, in die Hölle kämen.

Bonifaz VIII.
* um 1235 in Anagni; † 1303 in Rom.
Er verkündete 1302 in der Bulle *„Unam Sanctam"* es sei *„für jede Kreatur heilsnotwendig, dem römischen Pontifex zu unterstehen"*.
Außerdem vertrat er folgende Ansichten:

„Die christliche Religion sei ebenso gut Menschenwerk, wie der Glaube der Juden oder Mohammedaner, die Jungfrau Maria könne, da sie einen Sohn gebar, so wenig Jungfrau gewesen sein, wie seine eigene Mutter, als sie ihn zur Welt brachte. Es sei dumm, zu glauben, ein Gott sei ein dreifacher Gott. Die Leute seines Gefolges verhöhnte er, als sie vor der Hostie niederknieten, die zu einem Sterbenden gebracht wurde; andere nannte er aus gleichem Anlass ›Esel‹ und ›Bestien‹. Er trug bereits die Papstkrone, als er gelegentlich erklärte: die Toten würden so wenig auferstehen, wie sein vorgestern krepiertes Pferd, es gäbe kein Weltende, denn die Welt sei ewig, nur für den Menschen bedeute freilich der Tod das Ende der Welt, denn es gäbe keine andere als die sichtbare". **Davidsohn Historiker.**

„Geschlechtsverkehr und die Befriedigung der Naturtriebe ist so wenig ein Vergehen wie Händewaschen"; „Paradies und Hölle gibt es nur in dieser Welt, nicht im Jenseits; wer gesund, reich und glücklich ist, hat das Paradies auf Erden". „Alle drei Religionen und besonders das Christentum enthalten neben Wahrem viel Falsches. Die christliche Wahrheit ist, dass ein Gott existiert, dagegen ist die Reihe des Unwahren lang, sie schließt Dreieinigkeit, jungfräuliche Geburt, Menschwerdung Christi, die Verwandlung von Brot und Wein in den Leib Christi und die Auferstehung der Toten mit ein." **Wikipedia**

Paul III.,
*1468 in Canino, †1549 in Rom,
war von 1534 bis 1549 Papst. Er war ein klassischer Vertreter des Nepotismus, der Begünstigung der Verwandten. Von ihm ist der Spruch überliefert: *„ Wenn mein Vater ein Ketzer wäre, würde ich eigenhändig das Holz für seinen Scheiterhaufen sammeln."* **Quelle: ZDF Der Index**

Nikolaus V. erlaubte in seiner Bulle „Romanus Pontifex" 1455 dem portugiesischen König Alfons V. alle nicht-christlichen Menschen (z.B. Indianer) zu versklaven, was sich vor allem auf die Menschen in den neu entdeckten Ländern Amerikas bezog.

Der Streit um die Transsubstantiation, die Wandlung von Brot und Wein in den Leib und das Blut Christi, ein bis heute umstrittener Vorgang, ließe sich einfach klären, indem man ein Chemielabor beauftragt, vor der Wandlung und nach der Wandlung eine Probe zu nehmen. Erst 1215 hatte Papst Innozenz III. auf dem 4. Laterankonzil verkündet, dass diese Verwandlung nicht etwa symbolisch, sondern wirklich stattfindet. Vorher waren alle Christen davon überzeugt, dass dies ein symbolischer Akt zur Erinnerung an das Abendmahl sei.

Pius VI.
verurteilt 1791 die Gleichheit aller vor dem Gesetz. Die Gedanken-, Rede- und Pressefreiheit verdammte er als Ungeheuerlichkeiten.

„Kann man etwas Unsinnigeres ausdenken als eine derartige Gleichheit und Freiheit für alle zu dekretieren". Siehe Pius IX.

Leo XII.,

1823-1829, wendet sich in fortschrittsfeindlicher Weise gegen die napoleonischen Freiheiten, gegen Tolerantismus und Indifferentismus (Gleichgültigkeit). Er schickte nach dem Sieg der *„Heiligen Allianz"* über Napoleon 1815 die Juden in die Ghettos zurück, belebte die Inquisition und verbot Nacktdarstellungen in der Kunst. Zur Pockenimpfung hatte er Folgendes zu sagen: *„Wer auch immer sich der Impfung unterzieht, hört auf, ein Kind Gottes zu sein. Die Pocken sind ein Strafgericht Gottes, die Impfung ist eine Lästerung des Himmels."* **Wikipedia**

Gregor XVI.

Im Jahre 1832 verurteilte auch Papst Gregor XVI. Gewissensfreiheit als *„Wahnsinn"* (deliramentum). Er sprach sich auch gegen die Gasbeleuchtung der Straßen und die Eisenbahn aus, weil das den Aufruhr befördert. *Es sei besser die Leute im Dunkeln und an einem Ort zu halten.*

Pius IX.

Nach einer anfänglich liberalen Phase begann er zu diktieren: z.B. dass Maria ohne Erbsünde gewesen sei.

1864 verurteilte er im **Syllabus Errorum** = Buch der Irrungen, einige fortschrittliche Ideen, die für uns heute selbstverständlich sind: z.B. Demokratie, Menschenrechte, die freie Wahl der Religion. Er stellt sich ausdrücklich gegen jenen *„Indifferentismus",* der jedem gestatte, die Religion zu ergreifen, die er für wahr hält. Der Staat habe vielmehr das Recht, alle anderen Religionen als die katholische auszuschließen. Diese Ansichten mussten vor allem in evangelischen Ländern als Anmaßung verstanden werden und führten zum Kulturkampf. Siehe Bismarck.

Rationalismus, Liberalismus; Sozialismus, Kommunismus, Modernismus waren schon lange die Feindbilder der Päpste und blieben es bis zum 2. Vatikanischen Konzil, 1962-1965, unter Johannes XXIII. und Paul VI. Bis dahin hielt die Römisch-katholische Kirche sich für die einzig wahre Kirche, bis dahin wurde für die abtrünnigen Juden gebetet.

Pius XI. 1922 -1939

Er bestätigte die antidemokratische Politik seiner Vorgänger und schloss Bündnisse mit den größten Verbrechern der Weltgeschichte: mit Mussolini 1929, mit Hitler 1933; wohl aus Furcht vor der kommunistischen Gefahr.

Pius XII., 1939-1958

In einer schwierigen Lage befand sich Papst Pius XII. Schwere Vorwürfe erhebt der Historiker Daniel Goldhagen gegen die Kirche und ihn, die auf unterlassene Hilfeleistung für die Juden während des Holocausts hinauslaufen. Schließlich habe die Kirche, wie auch in diesem Buch gezeigt, Jahrhunderte lang gegen die *„Gottesmörder"* gehetzt, ihre *„Ausschaltung"*, Gettoisierung und Entrechtung befürwortet und letztlich nichts Ernsthaftes gegen ihre Vernichtung getan oder gesagt. Das 1851 geschlossene Konkordat mit Spanien wurde 1953 mit Franko erneuert.

Johannes Paul II.

entschuldigte sich im Jahr 2000 für viele Fehler der Kirche: für die Verurteilung von Galileo Galilei; für den Sklavenhandel, an dem vor allem auch Katholiken (Portugiesen und Spanier) beteiligt waren, für die Ungerechtigkeiten gegenüber den Frauen, für das Schweigen der Kurie während des Holocaust, für die Misshandlung der Indianer ...

Der Index

Ab 1559 wurde von Papst **Paul IV.** der *„Index librorum prohibitorum"* herausgegeben. Das ist ein von der römisch-katholischen Kirche veröffentlichtes Verzeichnis von etwa 6000 verbotenen Büchern, die als eine Gefahr für den Glauben und die Sitten galten. Katholiken drohte die Strafe der Exkommunikation, wenn sie eines der im Index aufgeführten Bücher besaßen, lasen, verkauften oder weitergaben, ohne zuvor die Genehmigung der Kirche eingeholt zu haben. Die letzte Ausgabe des Index wurde 1948 veröffentlicht. 1966 erklärte die Kirche, dass keine weiteren Ausgaben erstellt würden und dass die bestehende Liste nicht länger bindend sei.

Auf dem Index standen vor allem die Ketzer, aber auch die deutsche Bibelübersetzung, die Aufklärer und die Begründer der modernen Staatstheorie: Holbach, Hobbes; Marx; Montesquieu; Locke; Montaigne; Rousseau; Diderot; Sartre; Voltaire; Machiavelli, Galileo Galilei; Giordano Bruno; Nikolaus Kopernikus; Martin Luther; Immanuel Kant; Heinrich Heine; Spinoza; Descartes; Friedrich II. von Preußen; usw. Hitler und *„Mein Kampf"* stehen nicht auf dem Index.

Noch immer fordert die Kirche blinden Gehorsam gegenüber ihren Dogmen, - muss sie wohl. Wer würde sie sonst glauben?

> Nach all den schweren Fehltritten, die sich die Kirche im Laufe ihrer Geschichte erlaubt hat, sind der Glaube an ihre Unfehlbarkeit und blinder Gehorsam nicht angebracht. Autorität erwirbt man nicht durch Weihwasser, man muss sie durch Wort und Tat verdienen. Wer Antisemiten wie Pius IX. heiligspricht hat nichts gelernt und will nichts lernen.

Noch Johannes Paul II. und Benedikt XVI. ließen für die katholische Kirche viele neue Exorzisten weihen. Die Teufelsaustreibung wird immer noch weitläufig praktiziert. Darüber braucht man sich nicht wundern. Es ist wohl kein Zufall, dass Teufelsaustreibungen vor allem in den Ländern notwendig werden, in denen der Teufel am nachdrücklichsten eingetrieben wird, nämlich in den stark katholischen Ländern: Polen, Italien, Spanien....

Nur die Kritik der Aufklärung hat die Päpste schließlich dazu bewegt, sich der modernen Welt anzunähern. Nur der Verlust an Macht hat sie bescheidener und friedlicher werden lassen. Wer Kritik verbietet, nimmt sich die Möglichkeit zu lernen. Dieser Kritik ist es zu verdanken, dass die Kirche schließlich, trotz biblischer und kirchenväterlicher Befürwortung, die Ketzerverfolgung, Sklaverei, Folter und Todesstrafe, die Verunglimpfung unehelicher Kinder, die Prügelpädagogik, Teufels- und Höllendrohungen, Verachtung von Vernunft und Wissenschaft aufgab, dass sie sich der sozialen Frage stellte, dass sie sich nicht mehr strikt gegen Demokratie und Menschenrechte sträubte und nicht mehr zu Glaubenskriegen hetzte. Dass sie die Gleichheit der Frauen, wenigstens theoretisch, anerkennt, dass sie andere Religionen nicht mehr in Grund und Boden verdammt. Dass das Festhalten am Verbot der Empfängnisverhütung die Menschheit weiter ins Chaos führen wird, kann sie immer noch nicht erkennen.

Die Kreuzzüge

Bernhard von Clairvaux 1090-1153, Heiliger, französischer Mönch und Kreuzzugsprediger prägte den Satz: *„Die Fülle der Gewalt über die Kirchen des Erdkreises ist durch einzigartige Vorrechte dem Apostolischen Stuhl verliehen. Wer daher dieser Gewalt widersteht, widersteht den Anordnungen Gottes."*
Er nutzte seine Redekunst, um im Auftrag von Papst Eugen III. für den zweiten Kreuzzug, 1147 bis 1149, zu werben.
Zu Weihnachten 1146 erreichte Bernhard in Speyer, dass sich der deutsche König Konrad III. sowie dessen welfischer Gegenspieler Welf VI. zur Teilnahme am Kreuzzug bereiterklärten. In seiner *„Lobrede auf die Tempelritter"* verdammt er das weltliche Rittertum als verderblich und plädiert für Mönche als Krieger, für die Verbindung von Mönchtum und Rittertum (Tempelritter). Nur Krieger im Namen des Christentums seien ehrenwerte Krieger.
Mit seinen Predigten entfachte er in ganz Europa einen Sturm der Begeisterung für die Kreuzzüge. Er warb für sie im nördlichen Frankreich, in Flandern und in der Rheingegend. Er sah das ritterliche Ideal der Kreuzzüge, das Sterben für den Herrn, als höchsten Verdienst. Entschieden trat er für die in der Kirche umstrittenen *„bewaffneten Mönche"*, die Tempelritter, ein. In seinem Brief an diesen Ritterorden gibt er eine theologische Rechtfertigung religiös motivierter Waffenhandlungen und warnt sie gleichzeitig vor Ausschweifungen und Lastern im Kriegsdienst. Das Scheitern dieses Kreuzzuges, die Niederlage der Kreuzfahrer, wurde ihm angelastet.

Bernhard war auch ein wortgewandter Ketzerverfolger und riet zu deren physischer Vernichtung. Der Kreuzzugseifer richtete sich nun gegen Ungläubige und Ketzer in der eigenen Umgebung. Siehe übernächstes Kapitel.

In einem beispiellosen Siegeszug hatten die muslimischen Araber seit Mohammeds Tod, 632, große Teile der ehemals christlichen Welt erobert. Sieben Kreuzzüge wurden von 1095-1270 auf Initiative des Papstes zur Befreiung Jerusalems geführt.

Die Heidenmission

Die siegreichen Feldzüge Karl Martells 718 und 720 gegen die Sachsen ebneten den christlichen Missionaren den Weg. (Ironie) Sie *„befreiten"* die vormals heidnischen Völker von ihrem *„Irrwahn"* und ihren *„Dämonen"*. Sie brachten ihnen den *„einzig wahren, lebendigen Gott"* und nahmen ihnen die *„falschen Götter"*. Sie zerstörten die friesischen und sächsischen Heiligtümer mit ihren *„leblosen Götzenbildern"*, töteten die heiligen Tiere, fällten die heiligen Bäume und begannen die Ungläubigen zu taufen. Dabei haben sich **Willibrod** und **Bonifatius** besonders hervorgetan. Bonifatius erlebt es noch, dass dreißig Kirchen und Kapellen, die von ihm in Thüringen erbaut worden waren, auch wieder vernichtet wurden. Am 5. Juni 754 wurde Bonifatius nach 25-jährigem Wirken mit seinem Utrechter Chorbischof Eoban und 50 Gefährten von den Friesen bei Dokkum an der Doorn erschlagen.

Gemäß Luk. *14:23 Nötige sie herein zu kommen!* ...fühlte sich schon Augustinus im Einklang mit der Bibel, wenn er andere zum *„richtigen"* Glauben zwang.

Meist waren „Heilige" auch Eiferer, die mit der Verfolgung der Heiden und mit der Zerstörung ihrer Kultstätten *„unsterblichen Ruhm"* erlangt haben; zum Beispiel der **Heilige Martin**, 316? – 397?, der heute, wie seine Kollegen, noch weithin verehrt wird.

> Wenn man den „richtigen Glauben" hat, betrachtet man die Vernichtung der Falschgläubigen nicht als Verbrechen, sondern als eine glorreiche Tat für Gott. Das gilt heute genauso wie in der Vergangenheit, z.B. für Islamisten oder Rechtsextreme.

Der Kampf gegen die Ketzer

Der Mächtige möchte gern alles, vor allem auch das Denken, in seinem Herrschaftsbereich kontrollieren. Leute, die es wagen, andere Meinungen zu vertreten, betrachtet er als Bedrohung seiner absoluten Macht. Die Einheit des Denkens und Glaubens soll sein Herrschaftsgebiet verbinden, harmonisieren, gleichschalten. Er droht den Abweichlern mit Entrechtung, Unterwerfung, Vernichtung.

So reagierte auch die katholische Kirche, nachdem sie im 4. Jahrhundert mit der staatlichen Macht verbunden war, immer heftiger, nicht nur gegen Heiden und Juden, sondern auch gegen andersdenkende christliche Gruppierungen. Sie ging mit all ihrer Macht, mit Drohung, Verdammung, Entzug des Besitzes, mit Vertreibung, Verfolgung, Kerker, Raub und Verbrennung gegen nichtkatholische Christen vor.

Wichtige Häretiker waren Markion 160, Donatus 315, Arius ~300 und Pelagius ~ 400. Ketzerbewegungen entstanden zwischen dem 3. und 5. Jahrhundert als Gegenreaktion auf die *„Konstantinische Wende"*, nach der die Kirche einen neuen Kurs einschlug: weg vom urchristlichen Ideal der brüderlich - schwesterlichen Gemeinschaft, weg von den Idealen der Armut und Demut, hin zu einer mächtigen, prunkliebenden, weltlichen, hierarchisch aufgebauten Staatskirche. Schon Kaiser Justinian erließ 527 Gesetze, die Ketzern (Monophysiten, Donatisten), Heiden und Juden die bürgerliche Existenz entzogen.

Die meisten häretischen (abweichlerischen) Bewegungen predigten, Jesus nachfolgend, das Armutsideal. Sie lehnten die Rangordnung in der Kirche und ihre selbstgeschaffenen Dogmen ab. Allein die Bibel war für sie richtungweisend. Oft lehnten sie Ehe, Eid und Kriegsdienst ab, ebenso wie die Verehrung von Bildern, Heiligen- und Reliquien.

Zu den bedeutendsten Ketzergruppen zählten die Katharer = Albigenser, Bogomilen, Waldenser, Hussiten und später die Hugenotten.

1022 verurteilte die katholische Synode von Orléans eine Gruppe, die den Gnostikern nahe stand. Diese lehnte die Taufe und Kommunion, die Priesterweihe, Messe, Sündenabsolution, die Ehe, das Fleischessen, auch Kirchenbauten und die Bischofsgewalt ab. Auf die Behauptung, Christi Auferstehung sei doch wirklich geschehen, entgegneten sie: *„Wir waren nicht dabei, und wir können nicht glauben, dass das wahr ist."* Und sie bemerkten zur Jungfrauengeburt: *„Was gegen die Natur ist, ist niemals in Harmonie mit dem Schöpfer."*

Einer der ersten Aufrührer, auf den sich später die Katharer beriefen, war ein gewisser **Tanchelinus** aus Flandern. Er schimpfte die Kirche ein Bordell, verteufelte den verkommenen Klerus, die Rangordnung, die Sakramente und die Forderung der Zehntabgabe. Er forderte eine arme Geistlichkeit und wurde 1115 von einem Priester erschlagen.

Weitere *„Irrlehrer"* in Südfrankreich verwarfen die Kindertaufe, die Eucharistie (Wandlung von Brot und Wein), die Messe, Seelstiftungen für Verstorbene (Gebete und Zahlungen für Verstorbene, um ihre Zeit im Fegfeuer zu verkürzen). Sie ließen nur die Evangelien, nicht aber die Lehren der Kirche gelten. Sie bekämpften das Alte Testament, die Apostelbriefe, die Auslegungen der Kirchenväter, erklärten Kirchen für unnütz, forderten, keine mehr zu bauen und bestehende niederzureißen. *Man könne ebenso gut im Stall beten und im Wirtshaus.* Wiederholt verbrannten sie öffentlich Kreuze. Auch sie landeten schließlich in den Flammen.

Die Katharer - Bogomilen - Albigenser

Zu einer Volksbewegung wurden die Katharer, die Reinen, von denen sich auch das Wort „*Ketzer*" herleitet. Sie traten im Laufe des 12. Jahrhunderts schon stark in Erscheinung und sind erstmals in Westeuropa 1143 in Köln bezeugt, waren aber vor allem im Süden Frankreichs beheimatet. Sie wollten ernst machen mit der Lehre Jesu: *Markus 10:21 Gehe hin, verkaufe alles, was du hast, und gib es den Armen, so wirst du einen Schatz im Himmel haben,...* und *...komm, folge mir nach und nimm das Kreuz auf dich.*

Sie nannten sich die „*Armen Christi*", und wollten nach dem Beispiel der Apostel leben, ohne festen Wohnsitz und ohne Besitz. Sie erstrebten eine sozial gerechte Gemeinschaft, verneinten die Ehe und weigerten sich, Fleisch, Eier und Milch zu genießen. Sie führten ihre Gemeinschaft auf Christus und das Neue Testament zurück. Dementsprechend schätzten sie die vier Evangelien, besonders das Vierte Evangelium des Johannes, aber auch die Briefe des Paulus. Sie deuteten die Bibel auf eigenartige Weise, wie die katholische Kirche ja auch. Sie sahen in Jesus keinen, der gekommen war, die Menschen von ihren Sünden zu erlösen, keinen, der Fleisch geworden war, der am Kreuz gestorben und in den Himmel aufgefahren war. Sie hielten ihn weder für einen Sohn Gottes noch für einen wirklichen Menschen. Sie sahen vielmehr einen Engel, Gesandten des Himmels, einen Boten Gottes in ihm. Auch die Kreuzigung habe nicht wirklich stattgefunden, weshalb sie das Kreuzsymbol ablehnten. Sie vertraten die Ansicht, dass es unpassend sei, das Kreuz zu verehren, weil man ja auch keinen Galgen verehrt, an dem ein Verwandter oder ein Freund zu Tode gemartert worden sei. Sie schätzten Jesu Botschaft unabhängig vom Streit um seine Person. Die Existenz einer jenseitigen Hölle bestritten sie, glaubten aber an Seelenwanderung, wobei die Kette der Wiedergeburten in verschiedenen Körpern für sie jedoch eine Art Hölle war. Sie verwarfen den größten Teil des Alten Testaments, verwarfen besonders scharf die ganzen Kulthandlungen der Kirche einschließlich der Heiligen- und Reliquienverehrung. Die Kirchenbilder hielten sie für Götzendienerei, die Glockentürme nannten sie die „*Trompeten des Teufels*". Auch die Sakramente erschienen ihnen als Satansdienst.

Das Gedankengut der **Katharer** ist teilweise vorchristlich. Es enthält Ideen der Gnostiker, des altiranischen Propheten und Religionsstifters Zarathustra und der Manichäer, nach denen nicht Gott, sondern der Satan die Welt erschaffen hat. So erklären sie das „*Böse*" in der Welt. Ihre Lehre ist stark dualistisch geprägt: Gut und Böse, Gott und Satan, Geist und Materie kämpfen miteinander. Sie glaubten: Der Mensch kann erlöst werden, indem er alle fleischlichen Begierden überwindet und Geist wird. Nur eine reine und geistig ausgerichtete Existenz führe zur Erlösung und verheiße ein von allem irdischen Ballast befreites Leben nach dem Tod. Verfehlungen hätten dagegen die Wiedergeburt der Seele in einer neuen sterblichen Hülle, als Mensch oder gar als Tier, zur Folge. Sie beanspruchten aber auch, allein die wahre Kirche zu sein. Die traditionelle christliche Kirche mit ihrem korrupten Klerus und ihrer gewaltigen Anhäufung materiellen Reichtums hielten sie für ein Machwerk Satans, das vernichtet werden müsse.

> Mani, der Begründer des Manichäismus, war ein persischer Weiser, um 216 bis ca. 276, der unter Kaiser Bahram I. wegen Ketzerei hingerichtet wurde. Er hatte Visionen von einem Engel und hielt sich selbst für den letzten Propheten. Es werden allerdings noch viele letzte Propheten kommen, - bis in unsere Zeit. Zum Beispiel: Mohammed, der Prophet des Islams; Sabbati Zwi, 1648, ein jüdischer Prophet; Joseph Smith, 1830, der Gründer der Mormonen...
> Der Manichäismus vereinigte Elemente des Parsismus (Lehre des Zarathustra), des Christentums und der Gnostik.

1209 begann Papst Innozenz III. einen Kreuzzug gegen diese *„Ketzer"*, der als Albigenserkrieg bekannt wurde. Da sie nicht widerriefen, wurden sie verfolgt und brutal vernichtet. Weite Teile Südfrankreichs wurden in Schutt und Asche gelegt. Dabei kämpften oft Katholiken und Katharer aus dem Süden zusammen gegen die Eroberer aus dem Norden. Letztlich war dieser Krieg ein politischer Krieg, in dem es wie immer um Macht und Gut ging. Die Ketzerei bot einen günstigen Anlass, den Süden zu unterwerfen und zu erobern. Kleine Gruppen der Katharer retteten sich in abgelegene Gegenden und trotzten der Inquisition bis ins 14. Jahrhundert hinein.
„Tötet sie alle, Gott erkennt die Seinen schon!" So dachte damals *der päpstliche Legat Arnald von Cîteaux* und spätere Erzbischof von Narbonne, der Anführer des Kreuzzugs gegen die Albigenser.

„Den Verteidigern des Ortes, mehr als 100, rissen sie die Augen heraus und schnitten ihnen die Nase ab. Einem von ihnen ließ man ein einziges Auge, damit er zur Verhöhnung unserer Feinde die übrigen nach Cabaret führe". **Historia Albigensis**

Den Soldaten, die gegen die Albigenser kämpften und diese vernichteten, gewährte Papst Innozenz III. 1208 einen vollkommenen Ablass (Vergebung) ihrer Sünden.
Der Kreuzzug gegen die Albigenser dauerte zwanzig Jahre und endete mit der völligen Ausrottung der Katharer, von spärlichen Resten abgesehen, die später noch aufgerieben wurden, etwa auf dem Montsegur 1244. Jahrzehntelang stritten die Bischöfe von Albi mit dem König um die Beute aus der Albigenserabschlachtung.

Die Waldenser

Die Waldenserkirche kann auf eine über 800-jährige Geschichte zurückblicken und ist eine der ältesten evangelischen Kirchen. Ihre Wurzeln reichen in das 12. Jahrhundert zurück. Die **Waldenser, Arme von Lyon,** waren eine zwischen 1170 und 1176 in Süd-

116

frankreich entstandene Buß- und Armutsbewegung, benannt nach ihrem Begründer, dem Lyoner Kaufmann **Petrus Waldes**, †~ vor 1218, der sein Vermögen unter die Armen verteilte und mit Gleichgesinnten die folgerichtige Nachfolge Jesu im Geist der Bergpredigt anstrebte.

Wegen der von ihnen, trotz kirchlichen Verbots, praktizierten Laienpredigt wurden sie 1184 als Häretiker verurteilt und von der Inquisition verfolgt. 1192 wurden sie zu Staatsfeinden erklärt und aufgefordert, das Land zu verlassen. Jeder, der sie unterstützte, sie beherbergte, speiste, ihre Predigten hörte, wurde, wie die Ausgewiesenen, all seiner Güter beraubt.

Von der Inquisition verfolgt, siedelten sie vor allem in den Alpentälern von Piemont. Sie lehnten die kirchliche Rangordnung und das Lehramt ab. Jeder wahre Christ könne predigen, glaubten sie, während ein Priester, der sich nicht als würdig erweise, dies nicht tun sollte. Sie organisierten sich als eigenständige Laienkirche, deren Ethik durch eine einfache Lebensweise, die Ablehnung von Eid und Todesstrafe und die Verweigerung des Kriegsdiensts bestimmt war. Sie glaubten nicht an das Fegfeuer und erst recht nicht an die damalige Praxis, es durch Geldzahlungen umgehen zu können. 1532 schlossen sich die Waldenser dem reformierten Zweig der Reformation an.

„Auf der Synode in Verona 1184 wurden die Bischöfe verpflichtet, nicht nur bekannt gewordene Häretiker zu verfolgen, sondern jährlich ein-, zweimal auch bislang unentdeckte aufzuspüren, suspekte Gemeinden selbst oder durch Vertrauensleute zu überprüfen und Verdächtige den weltlichen Behörden auszuliefern. Noch die Friedhöfe mussten von den verpesteten Knochen der Abtrünnigen gesäubert werden. Zudem verhängte der Kaiser auf dieser Synode über Ketzer die Reichsacht, was Exil, Güterkonfiskation, Zerstörung ihrer Häuser und andere Äußerungen christlicher Nächstenliebe nach sich zog." **Deschner K.d.C.**

Die Templer

1307 wurden die Mitglieder des Ordens der Templer, eines militärisch-religiösen Ritterordens, der Ketzerei und der Sodomie, (homosexueller Handlungen), angeklagt. Der Orden war wegen seines Reichtums und seiner Macht dem französischen König Phillip IV. ein Dorn im Auge. Geschickt setzte Phillip den aus Frankreich stammenden Papst Clemens V., der seinen Amtssitz nach Avignon verlegt hatte, unter Druck. Er drohte unter dem Vorwand angeblich vorhandener Kinder des Papstes mit einem Ketzerprozess gegen dessen Vorgänger und Mentor Bonifatius VIII. Er drohte auch die Kirche Frankreichs abzuspalten, falls der Papst seine Unterstützung der Templer nicht einstelle. Schütze der Papst die ketzerischen Templer, wäre er selber ein Ketzer. Am 14. September 1307, einem Festtag, wurde der Verhaftungsbefehl Philipps IV. ausgefertigt, und zwar für alle Templer ohne Ausnahme. Sie seien zu verhaften, gefangen zu halten und dem Urteil der Kirche zuzuführen. Ihre Besitztümer und bewegliche

Habe sei zu beschlagnahmen und zu treuen Händen aufzubewahren. Von der königlichen Kanzlei ergingen an alle „Dienststellen" in Frankreich versiegelte Briefe mit der Auflage, sie am Freitag, dem 13. Oktober 1307, zu öffnen und dann strikt dem Inhalt gemäß zu verfahren. Die Briefe enthielten die Haftbefehle. Mit dieser landesweit abgestimmten Aktion sollte erfolgreich verhindert werden, dass die Brüder sich untereinander warnten. Der Überraschungseffekt war im gesamten Machtbereich Philipps derselbe. Die zahlreichen und fast gleichzeitigen Verhaftungen kamen für die Templer völlig unerwartet. Die königliche Seite brüstete sich damit, dass nur zwölf Ritter entkommen seien, darunter ein einziger Würdenträger. Die Verhaftungswelle war ein gut durchorganisiertes, polizeiliches Kommandounternehmen, - das erste bekannte seiner Art in der Geschichte. 1312 wurde der Orden vom Papst aufgehoben und die Mehrzahl der Mitglieder ermordet.

„Die Festigkeit, mit der die Unglücklichen ihrem Schicksal entgegengingen, ihre Unschuld erneut bekannten und das Urteil Gottes anriefen, machte den Zuschauern tiefen Eindruck. Uns bestätigt der Vorgang nur, was wir längst wissen: dass das Ende des Tempelordens der ungeheuerste Justizmord ist, den die Geschichte kennt, begangen vom französischen Staat, zunächst nicht gehindert, dann geduldet und schließlich gefördert vom Papst." **Johannes Haller Historiker**

Die Juden

Nach der Zerstörung des Tempels in Jerusalem im Jahre 70, insbesondere nach der Niederlage des Bar Kochba 135, wurden die Juden in alle Welt zerstreut. Ihr neues geistiges Zentrum verlagerte sich von Mesopotamien nach Spanien und Nordfrankreich. Es war ihnen bis ins 4. Jh. verboten Jerusalem zu betreten.

Spanien
Unter den in Spanien lebenden Westgoten blieben sie unbehelligt, solange diese dem arianischen Glauben anhingen. Mit der Hinwendung der Westgotenkönige zum Katholizismus kamen die Juden dort in Bedrängnis.
„In **Spanien** *war das Judentum seit der Mitte des siebten Jahrhunderts gesetzlich nicht mehr geduldet; praktizierende Juden waren der Folter und Todesstrafe unterworfen, kein Jude durfte sich im Westgotenreich niederlassen."* **Amnon Linder**

Schon das 6. Konzil von Toledo befahl 638 die Taufe aller in Spanien lebenden Juden. Das 8. Konzil von Toledo 653 wiederholte dieses Gebot und ermahnte König Rekkeswinth, nicht über Gotteslästerer zu herrschen und seine Untertanen nicht mit der Gesellschaft von Ungläubigen zu beschmutzen. Tatsächlich gebietet dieser König sogar: *„Niemandem ist selbst in seinem Innersten der leiseste Zweifel am katholischen Glauben gestattet. Wer zweifelt, wird verbannt, bis er sich anders besinnt"*.

Das 17. Konzil von Toledo erklärte 694 alle Juden wegen staatsfeindlicher Umtriebe und Beleidigung des Kreuzes Christi zu Sklaven. Ihre Vermögen wurden konfisziert. Nach diesem „Sieg" befahl der stellvertretende Erzbischof von Sevilla: „Die Juden, die nicht Christen werden wollen, sind totzuschlagen".

„Unter dem Einfluss des allgemeinen Konzils von Vienne im Jahr 1311 forderte der spanische Klerus immer lauter die Entfernung der Juden aus allen Staatsämtern, die Trennung von christlichen von jüdischen Lebensbereichen, die Aufhebung des Zeugnisrechtes für Juden und ihre öffentliche Kenntlichmachung durch besondere Kleiderattribute, wie dem Tragen eines Judenabzeichens. Am 6. Juni 1391 stürmte der seit Jahrzehnten durch antijüdische Propaganda von der Kanzel herab aufgeputschte Pöbel das jüdische Viertel Sevillas. Seine Bewohner wurden, wenn sie nicht den Tod fanden, als Sklaven verkauft oder der Zwangstaufe unterzogen". Encarta 2009*

Auch unter den muslimischen Herrschern im Reich von Cordoba kam es im 11. bis 13. Jahrhundert zu Verfolgungen die immer wieder abgelöst wurden von Perioden relativen Friedens und relativer Sicherheit für die Juden. 1066 Judenpogrom in Granada.

1492 wurden unter der Herrschaft von Ferdinand und Isabella alle ungetauften Juden aus Spanien und 1497 aus Portugal rücksichtslos vertrieben. Man stellte sie vor die Wahl: Übertritt oder Vertreibung. Die Hälfte dieser sephardischen Juden wechselte zum katholischen Glauben, manche machten sogar als geistliche Würdenträger Karriere. Eine Hälfte verließ das Land in Richtung Nordafrika, Italien, Palästina oder Brasilien. Die übergetretenen Juden (Maranos), denen man, wohl zu Recht, nie ganz zutraute, echte Christen zu sein, wurden dann häufig Opfer der Inquisition.

> Es ist einfach eine Dummheit und Anmaßung zu meinen, man könnte jemanden durch Gewalt oder Androhung von Gewalt zu einem bestimmten Glauben zwingen. So entsteht höchstens Heuchelei. Das erzeugt doch nur Trotz.

1144 wurden die Juden in **England** eines rituellen Christenmordes beschuldigt. Daraufhin kam es zu Enteignungen und Vertreibungen unter Eduard I. Seit 1290 konnten die Juden vier Jahrhunderte lang nicht rechtmäßig im Land leben. Erst Oliver Cromwell holte sie wieder nach England.

In **Frankreich** verbot die Synode von Agde 506 unter Androhung der Exkommunikation das Essen mit Juden. Im merowingischen Franken kam es schon Ende des 6. Jahrhunderts zu Zwangstaufen und Massenausweisungen, zur Niederbrennung oder sonstiger Zerstörung von Synagogen und Judenhäusern.
Der katholische König Philipp August vertrieb 1182 alle Juden aus Frankreich und beschlagnahmte ihr Eigentum. 1394 vertrieb Karl VI. die Juden nochmals aus **Frank-**

reich. Nicht vertrieben hat er den Judenhass, der noch 1894 in der Dreyfus-Affäre deutlich sichtbar wurde.

Deutschland

Seit dem 4. Jahrhundert leben Juden nachweislich auch in Deutschland. Die erste jüdische Gemeinde ist für 321 in Köln belegt.

„Was nützt es, in entfernten Gegenden die Feinde des Christentums aufzusuchen, wenn die gotteslästerlichen Juden, weit schlechter als die Sarazenen, in unserer Mitte ungestraft Christum und die Sakramente schmähen dürfen!" So dachten die Kreuzfahrer 1099 und brachten in Metz, Trier, Worms, Mainz, Regensburg, Prag und anderen Städten Tausende von Juden um. Und so ging es weiter durch das ganze Mittelalter bis in die Neuzeit.

Zeitgleich radikalisierte sich die kirchliche Haltung gegenüber den Juden, was zum Beispiel im 4. Laterankonzil 1215 zum Ausdruck kam. Das Konzil schrieb eine Kennzeichnung von Juden vor (Hut/gelber Fleck) und verbot in Folge der kirchlichen Reformbewegungen des 11. Jahrhunderts Christen die Zinsleihe. In diese Nische drängten dann die Juden, da sie von Militärdienst, Grundbesitz, Landwirtschaft (Verbot der Sklavenhaltung), Handwerk (Zunftverbot für Juden) und Staatsstellen ausgeschlossen waren. Mit dem Eintreiben von Zinsen machten sie sich noch mehr verhasst.

Der einflussreiche Franziskaner **Berthold von Regensburg** nahm die, bereits in der Bibel und von den Kirchenvätern vertretene, Vorstellung von den Juden als Gottesmörder in die Predigt auf. Der Schwabenspiegel, um 1275, forderte eine striktere Trennung im Alltag, die aber bis 1350 nicht üblich wurde. Ritualmordvorwürfe betrafen Juden erstmals 1234 in Lauda und Fulda. Man warf ihnen vor, kleine Kinder der Christen zu töten. Diese Kinder wurden dann oft von der Kirche als Heilige und Selige verehrt. Kaiser **Friedrich II.** bekämpfte diese Legenden.
Parallel dazu kam der Vorwurf des Hostienfrevels auf. Sie wurden bezichtigt, Hostien aus Kirchen gestohlen bzw. gekauft zu haben, um diese dann zu *„martern"*, - so wie sie schon Jesus, den Sohn Gottes, zu Tode gemartert hätten. Gemäß der Lehre der katholischen Kirche kann ein Priester eine Hostie tatsächlich in den Leib Christi verwandeln = Transsubstantiation.
Der marodierende, verarmte Ritter **Rintfleisch** zerstörte in Folge dieser Gräuelpropaganda 1298 über 140 jüdische Gemeinden im mittel- und süddeutschen Raum. Religion diente allzu oft als Vorwand zur Selbstbereicherung.
1336-1339 zogen die **Armlederbanden** durch Franken und das Elsass und töteten 5000 Juden. In Colmar wurden alle umgebracht.

Im Jahre 1349, zur Zeit der Pest, wurden allein in Straßburg zweitausend Juden verbrannt und ihre Vermögen unter den Christen geteilt. Die Katholiken töteten damals in mehr als dreihundertundfünfzig deutschen Gemeinden nahezu sämtliche Juden, meist durch Verbrennen bei lebendigem Leib.

„Etwa zwei Drittel der jüdischen Gemeinden in Deutschland fielen 1348/49 dem Wüten des Judenhasses zum Opfer, mitunter von Stadtfremden, manchmal aber auch, wie in Basel, Straßburg oder Nürnberg, mit aller Umsicht von der Ratsobrigkeit organisiert. Von etwa 350 jüdischen Gemeinden in Deutschland wurden dabei 60 größere und 150 kleinere völlig ausgerottet. " **Handbuch der Europäischen Geschichte**
„Die grauenhaftesten Metzeleien, das Zerhacken und Verstümmeln und Aufschlitzen und Lebendig- Verbrennen von ungezählten Tausenden geschah unter der Parole des Glaubens. " **F.W. Foerster**

Osteuropa
Die meisten Juden, die während der Kreuzzüge und den Pestjahren aus Mitteleuropa geflohen waren, hatten in Polen und Russland Zuflucht gefunden, aber auch dort kam es zu Pogromen.
Im Jahre 1648 wurden in **Polen** bei einer antisemitischen Welle etwa 200000 Juden umgebracht. Der Hetman der Kosaken, **Bogdan Chmelnicki**, erhob sich 1648 gegen seinen Lehnsherrn, den polnischen König. Von der Ukraine aus durchzogen seine Horden ganz Polen-Litauen. Dem Wüten sollen 100000 Juden zum Opfer gefallen sein, 1800 Synagogen gingen in Flammen auf. An den Pogromen gegen die angeblich von der Krone geschützten Juden beteiligte sich auch die Bevölkerung massiv.
In **Russland** kam es noch 1880 (1000 Tote) bzw. 1905 (2000 Tote) zu neuen Pogromen. Wegen dieser Pogrome emigrierten zwischen 1890 und dem Ersten Weltkrieg etwa 2 Millionen Juden aus Russland in die Vereinigten Staaten von Amerika und auch nach Deutschland, wo die Aufklärung allmählich Fortschritte zu machen schien.

Jahrhundertelang hatten die Kirchenväter gegen die Juden gehetzt und konnten sich dabei auf zahllose Bibel- und Talmudstellen berufen.
Mat. 23:33 Ihr Schlangen und Otterngezücht! wie wollt ihr der höllischen Verdammnis entrinnen?

Die meisten Päpste setzten diese Richtung fort. Papst Leo I., der Große, sprach von den ungeheuren Verbrechen der Juden und nannte sie hassenswert und fluchwürdig. Noch Pius IX. vertrat um 1864 die Ansicht:
Durch Ablehnung des Christentums seien die Juden zu Hunden geworden.
Quelle: Goldhagen

Die Inquisition

Seit dem das Christentum im 4. Jahrhundert zur Staatsreligion geworden war, galt abweichendes Denken von dieser offiziellen, staatlichen Form des Glaubens, dem Katholizismus, als Ungehorsam gegen den Staat. Als Reaktion auf die ersten ketzerischen Gemeinschaften richtete die Kirche mit Unterstützung des Staates eine Behörde zur Verfolgung und Vernichtung von Ketzern ein, die Inquisition (lateinisch *inquisitio: gerichtliche Untersuchung*)

„Seit der Erklärung des Christentums zur alleinigen Staatsreligion im Römischen Reich durch Kaiser Theodosius dem Großen, 380, erfolgten diese Verfahren mit Unterstützung des Staates in einigen katholischen Ländern Europas bis in das 19. Jahrhundert hinein. Ursprünglich war die Inquisition eine bischöfliche Einrichtung. Papst Gregor IX. zentralisierte die Inquisition 1231 in einer päpstlichen Behörde.
Von 1542 bis 1965 trug diese den Namen »Sanctum Officium« (»Heiliges Amt«). Das Inquisitionsverfahren gestattete die Anwendung des Gottesurteils und der Folter. Todesurteile wurden in der Regel durch den Feuertod vollstreckt. In Spanien, wo die Inquisition eine von einem Großinquisitor geleitete staatliche Einrichtung war, fielen dem Feuertod insgesamt rund 31000 Menschen zum Opfer." **Meyers Lexikon**

Letztlich ist jede Ketzerei eine Frage der Macht, denn der Mächtige bestimmt, was *„rechtgläubig = orthodox"* und was *„häretisch = vom wahren Glauben abweichend"*, ist und dementsprechend macht er die Gesetze.

> **Aberglaube ist immer der Glaube der anderen.**

Dabei lehrt die Geschichte, dass gerade die geistigen Strömungen von der mächtigen Kirche verfolgt wurden, die dem Vorbild Jesu am besten nacheiferten, während die katholische Kirche sich selbst immer weiter von diesem Vorbild entfernte. Die Kirche erhob den Anspruch, den Inhalt aller Gehirne regulieren zu müssen. Diese Anmaßung entstand aus ihrer wachsenden Macht, aus der Überzeugung, den einzig wahren Glauben zu vertreten und aus dem Größenwahn ihrer Führer. 1252 rechtfertigte Papst Innozenz IV. gesetzlich den Einsatz der Folter bei der Befragung der Angeklagten.

„Indem man die Menschen zittern macht, gelingt es, sie zu unterwerfen und ihre Vernunft zu trüben". **D'Holbach 1723-1789**

Die öffentlichen Verbrennungen der Opfer, die Autodafes, müssen als Demonstrationen der Macht verstanden werden, die in einer Art von Volksschauspielen inszeniert wurden.

Die Inquisition und Hexenverfolgung richtete sich gegen die Außenseiter der Gesellschaft. Bei der öffentlichen Bestrafung dieser Falschgläubigen konnte sich die *„recht-gläubige"*, kritiklose Mehrheit umso besser als Einheit mit gutem Gewissen fühlen. Als eine besondere Ehre galt es, das Holz für den Scheiterhaufen sammeln zu dürfen.

Auch Leprakranke und uneheliche Kinder waren damals Außenseiter und wurden von der Kirche entsprechend verächtlich behandelt. Man orientierte sich an der **Bibel:** *„Dt:23:2: 2 [23:3] Es soll auch kein Hurenkind in die Gemeinde des Herrn kommen, auch nach dem zehnten Glied, sondern soll allewege nicht in die Gemeinde des Herrn kommen."* **Lutherbibel** Und:

...[21]Und ich habe ihr Zeit gegeben, dass sie sollte Buße tun für ihre Hurerei; und sie tut nicht Buße. [22] Siehe, ich werfe sie in ein Bett, und die mit ihr die Ehe gebrochen haben, in große Trübsal, wo sie nicht Buße tun für ihre Werke, [23] und ihre Kinder will ich zu Tode schlagen. **Off. 2:23**
Ohne diese Anregung aus der Bibel käme wohl niemand auf die Idee, uneheliche Kinder tot zu schlagen.

Die Inquisition war vor allem auch ein Wirtschaftsunternehmen. Man konnte jeden anklagen, auf dessen Gut man es abgesehen hatte, deswegen waren die Herrschenden, der Staat, die Kirchen, die Fürsten und die Inquisitoren selbst, nicht daran interessiert, diesen Terror zu beenden.

Papst Lucius III., 1181-1185, erließ im Jahr 1184 in Zusammenarbeit mit Friedrich Barbarossa nach dem Konzil von Verona die Bulle **Ad Abolendam**. Hierin wurde der Kreis der als ketzerisch gebranntmarkten Gruppen ausgedehnt. Namentlich erwähnt werden die Katharer, die Waldenser, die Humiliaten, die Arnoldisten und die Josephiner. Ferner wurde beschlossen, dass der Exkommunikation verfallen sei, wer als Laie predige. Wer dem Verbot der Laienpredigt - das Recht auf Predigt sah die Kirche nur ihren Priestern vorbehalten - nicht Folge leistete, sollte der weltlichen Gerichtsbarkeit zur Verurteilung übergeben werden. Darüber hinaus wurde bestimmt, dass in Zukunft alle Bischöfe jeder Diözese zwei - bis dreimal jährlich ihre Pfarren besuchten, um nach Ketzern zu fahnden.

Der päpstliche Inquisitor Bernhard Guidonis, wies darauf hin, dass diese Kaiser-Erlasse dem Papst ihr Dasein verdanken. Wörtlich schreibt der Inquisitor: »Zu verschiedenen Zeiten hat der apostolische Stuhl Verordnungen erlassen gegen die ketzerische Bosheit; auch die kaiserlichen Gesetze wurden zu diesem Zweck vom Kaiser Friedrich auf Betreiben des apostolischen Stuhles verkündet." **Deschner K.d.C.**

Nicht der Staat war also die treibende Kraft hinter der Inquisition, sondern die Kirche. Die Kirche beeinflusste die Mächtigen in ihrem Sinne und berief sich später wieder auf sie. Der Staat sollte gewissermaßen die Verurteilungen absegnen, indem er die Hinrichtungen, die der Kirche allein nicht erlaubt waren, durchführte. Den Geist der Verfolgung prägten das Alte, aber auch das Neue Testament, die Kirchenlehrer und Päpste. Selten wurde das Bibelwort **Matt 10:36** *„Und des Menschen Feinde werden seine eigenen Hausgenossen sein"*, besser erfüllt als zur Zeit der Inquisition. Männer zeigten ihre Frauen, Frauen ihre Männer an, Eltern verrieten ihre Kinder und Kinder ihre Eltern. Papst Gregor IX. befahl, dass niemand zögern dürfe, die eigene Familie preiszugeben.

1199 erließ Papst Innozenz III. neue Gesetze zur Bekämpfung der Ketzer. Darin hieß es unter anderem: *„Es lasse sich niemand verleiten von falschem Mitleiden (mit den Ketzern). ... Treu und Glauben braucht einem Ketzer gegenüber nicht gehalten zu werden, und der Betrug, gegen ihn geübt, wird geheiligt."* **Otto Wille**

Thomas von Aquin lehrte im 13. Jahrhundert: *„Was die Ketzer anlangt, so haben sie sich einer Sünde schuldig gemacht, die es rechtfertigt, dass sie nicht nur von der Kirche vermittels des Kirchenbannes ausgeschieden, sondern auch durch die Todesstrafe aus dieser Welt entfernt werden. Ist es doch ein viel schwereres Verbrechen, den Glauben zu verfälschen, der das Leben der Seele ist, als Geld zu fälschen, das dem weltlichen Leben dient. Wenn also Falschmünzer oder andere Übeltäter rechtmäßiger Weise von weltlichen Fürsten sogleich vom Leben zum Tode befördert werden, mit wie viel größerem Recht können Ketzer unmittelbar nach ihrer Überführung wegen Ketzerei nicht nur aus der Kirchengemeinschaft ausgestoßen, sondern auch billigerweise hingerichtet werden".*

Thomas dringt sogar darauf, jeden der Gesellschaft gefährlichen Menschen wie ein schädliches Tier totzuschlagen: Heilige Vorbilder, mit unheilvoller Wirkung, die die kommenden Jahrhunderte entscheidend geprägt, d.h. vergiftet haben. Toleranz wurde als Gleichgültigkeit und Laster angesehen. Man wollte aktiv für Gott gegen die Ketzer kämpfen und war sich sicher, Gott als Verbündeten zu haben.

Ketzerei wurde zum Akt des *„öffentlichen Aufruhrs",* der ähnlich dem Majestätsverbrechen geahndet werden konnte. Inquisitoren wurden von der Kirche auch heiliggesprochen. Man hielt es für eine lobenswerte Tat, die Gesellschaft von schädlichen Elementen zu säubern, so wie damals in Rom die Gesellschaft von den Christen gesäubert werden sollte, um die Götter wieder gnädig zu stimmen. Die Ketzer, glaubte man, bringen alles Unheil, Krankheit, Naturkatastrophen… über die Gesellschaft, wenn man sie nicht bekämpft. Papst **Urban II.** sah im Umbringen von Exkommunizierten aus Eifer für die Kirche keinen Mord. Papst **Gregor XI.** exkommunizierte bis in die siebte Generation. Diese Denkweise, dass Schuld auf nachfolgende Generationen übergeht, stammt aus dem Alten Testament.

2. Mose 34,7...der die Missetat der Väter heimsucht auf Kinder und Kindeskinder bis ins dritte und vierte Glied.

> Wer gefährlichen Unsinn nicht kritisiert, macht sich schuldig an zukünftigen Generationen, denn es ist die Denkweise, die unheilvolles Handeln rechtfertigt oder gar befiehlt.

Hauptziel der Inquisition war nach kirchlichem Verständnis die Reinerhaltung des Glaubens. Häretiker waren von ihrem Weg abzubringen, um auch ihre Seelen dem *„ewigen Heil"* zuzuführen. Die Inquisitionsprozesse sollten bei Ketzern in erster Linie zu Reue und Buße führen. Wo alle Mittel nichts nutzten, sollte der Unglaube jedoch auch physisch vernichtet werden.

Religiöse Toleranz im modernen Sinn gab es im Mittelalter nicht, auf katholischer Seite so wenig wie auf Seiten der häretischen Gruppen. Calvin war in Glaubensfragen genauso intolerant wie Luther, Zwingli und die Päpste. Außer den drei staatskirchlichen Konfessionen – katholisch, lutherisch, reformiert – durfte es in Deutschland nach der Reformation nichts geben. Waldenser, Hutterer, Böhmische Brüder, Wiedertäufer... vor allem Nichtchristen, wurden von denen, die die Macht hatten, vertrieben, verfolgt, ihrer Güter beraubt und oft auch getötet, wenn sie ihrer habhaft werden konnten.

Zu dieser Zeit regte *Gregor IX.*, Papst ab 1227, auch den Mainzer Erzbischof zur Ketzer-Abschlachtung an, ebenso König Heinrich, indem er diesem leuchtende Beispiele des Alten Testaments zur Nachahmung empfahl:
„Wo ist der Eifer eines Moses, der an einem Tag 23000 Götzendiener vernichtete? (Weil sie ein goldenes Kalb angebetet hatten). *Wo ist der Eifer eines Phinees, der den Juden und die Madianiterin mit einem Stoße durchbohrte!* (Weil sie Jehova untreu geworden waren). *Wo ist der Eifer eines Elias, der die 450 Baalspropheten mit dem Schwerte tötete ..."* (Weil sie den falschen Gott angebetet hatten).
1. Könige 18:40 Elia aber sprach zu ihnen: Greift die Propheten Baals, dass ihrer keiner entrinne! und sie griffen sie. Und Elia führte sie hinab an den Bach Kison *und schlachtete sie daselbst.* **Lutherbibel**

> Solche Vorbilder sind vielleicht gut, wenn man einen autokratischen Gottesstaat schaffen will, aber sie eignen sich ausgesprochen schlecht für eine zivilisierte Gesellschaft.

Texte haben ihre Folgen, vor allem Texte, die als heilig gelten, werden von den Menschen, die ohnehin nicht viel denken, bedenkenlos übernommen.

Die bekanntesten durch die Römische Inquisition verurteilten Personen waren **Giorda-no Bruno**, 1600 verbrannt, und **Galileo Galilei, 1633** Hausarrest. 1992 wurde Galileo Galilei von der römisch-katholischen Kirche formal rehabilitiert, nicht so Giordano Bruno.

Dominikaner und Inquisition

Die Dominikanermönche waren führend bei der Ketzerbekämpfung und nannten sich: *„domini canes"* = Hunde des Herrn.

Im Jahr 2000 veröffentlichten *die deutschen Dominikaner*, denen auch Inquisitoren wie **Heinrich Kramer**, genannt Institoris, Verfasser des Hexenhammers, angehörten, folgende Erklärung: *„Deutsche Dominikaner waren nicht nur in die Inquisition verstrickt, sondern haben sich aktiv und umfangreich an ihr beteiligt. Historisch gesichert ist die Mitwirkung an bischöflichen Inquisitionen und an der römischen Inquisition. ... Wir empfinden dies als ein dunkles und bedrückendes Kapitel unserer Geschichte. Dies gilt in gleicher Weise für die nachgewiesene Beteiligung des deutschen Dominikaners Heinrich Institoris an der Hexenverfolgung. Durch das Verfassen des „Hexenhammers" (Malleus Maleficarum) unterstützte und förderte er die menschenverachtende Praxis der Hexenverfolgung. Folter, Verstümmelung und Tötung haben unendliches Leid über zahllose Menschen gebracht; deutsche Dominikaner haben dazu, neben anderen, die Voraussetzung geschaffen. Die Geschichte dieser Opfer - namenlos und vergessen - können wir nicht ungeschehen machen. Wiedergutmachung ist unmöglich. Uns bleibt die Verpflichtung zur Erinnerung. Wir wissen, dass der Geist von Inquisition und Hexenverfolgung - Diskriminierung, Ausgrenzung und Vernichtung Andersdenkender - auch heute latent oder offen in Kirche und Gesellschaft, unter Christen und Nicht-Christen lebendig ist. Dem entgegenzutreten und sich für eine umfassende Respektierung der Rechte aller Menschen einzusetzen, ist unsere Verpflichtung, die wir Dominikaner den Opfern von Inquisition und Hexenverfolgung schulden. Das Provinzkapitel fordert alle Brüder unserer Provinz auf, unsere dominikanische Beteiligung an Inquisition und Hexenverfolgung zum Thema in Predigt und Verkündigung zu machen. "*

> Es gab also durchaus Menschen, die aus der Geschichte etwas lernen wollten und gelernt haben.

Thomasio de Torquemada,

1420-1498, wurde von Papst Sixtus IV. zum ersten Großinquisitor des Königreichs Aragón bestellt. Sein Zuständigkeitsbereich dehnte sich schließlich auf ganz Spanien aus. Er soll dafür verantwortlich sein, dass 10.000 Menschen verbrannt wurden und 100.000 auf den Galeeren schuften mussten.

Mit dem Aufbau eines eigenen inquisitorischen Verwaltungsapparates für Spanien legte Tomás de Torquemada den Grundstein für die Spanische Inquisition, die bis ins 19. Jahrhundert bestehen sollte. Ziel und Opfer der inquisitorischen Verfolgungen waren außer Häretikern in erster Linie Conversos, das sind zum Christentum konvertierte Juden (Maranos = Schweine) und zum Christentum konvertierte Mauren (Moriskos). Zwischen 1609 und 1611 wurden die letzten 275000 Morisken aus Spanien ausgewiesen.

> **Die Heilige Dreifaltigkeit: Unwissenheit, Frömmigkeit und Grausamkeit konnte sich unter seiner Führung voll entfalten.**

Jan Hus,

Jan Hus war ein tschechischer Theologe, Priester und Reformator. 1370 wurde er in Husinec, Südböhmen, geboren und am 6. 7. 1415 auf dem Konzil von Konstanz als Ketzer verbrannt. Als Prediger und Universitätslehrer in Prag klagte er die Unsitten der Kirche an. Er war Anhänger der Ideen John Wyclifes, 1330-1384, der in England die Abkehr der Kirche von Besitz und weltlicher Macht forderte und sich gegen den Ämterkauf, gegen Reliquienkult, Heiligenverehrung und Ohrenbeichte aussprach. Wie Wyclif forderte Hus eine strenge, tugendhafte Lebensweise, vor allem vom Klerus, aber auch vom Volk. Er beklagt, dass die Geistlichen seiner Zeit durch Gewinnsucht und Heuchelei die Kirche in Verruf brächten. Die Kirche besaß damals mehr als ein Drittel des Bodens, um Prag herum sogar mehr als die Hälfte. Statt dem Volk zu helfen - so Hus - berauben sie es, statt es zu verteidigen, unterdrücken sie es noch grausamer als die weltlichen Herren. Viele forderten Geschenke oder Geld für Salbung, Taufe, Kommunion, Priesterweihe, für die Segnungen der Altäre und für Begräbnisse. Hus kritisiert den Ablasshandel und erfundene Reliquien. Verkauft wurde von Mönchen: Stroh aus dem Stall von Bethlehem, Eselsmist des Grippenesels, Wasser vom Jordan, Manna aus der Wüste, Gebrauchsgegenstände von sogenannten Heiligen, Haare vom Fell des Täufers und vom Bart Jesu usw.

Hus wendet sich gegen die Bilderverehrung und gegen erfundene Wunder. Die Gnade Gottes dürfe nicht käuflich sein. Während die Päpste glaubten, sie seien allein schon durch ihr Amt heilig, wollte sie Hus nach ihrem Verhalten und ihrer Befähigung beurteilen. Er wandte sich gegen Lehren, dass dem Papst unbegrenzte Autorität zukomme. Er wollte ihn auch nicht zwischen Gott und Mensch einstufen, wie Innozenz III. und seine Kollegen dies gerne gesehen hätten. Hus sah die Bibel als *„ganz wahr und hinreichend zur Seligkeit des Menschengeschlechts"* an. Sie sei der Maßstab, nach dem sich das Leben richten müsse. Er forderte, nichts zu glauben, festzuhalten, zu behaupten und zu predigen, was nicht durch die Aussagen der Bibel begründbar sei. Die Schrift, so Hus, müsse geglaubt werden, sie sei der Zugang zum Himmelreich. Er wollte nicht anerkennen, dass die Autorität der Kirche über der Bibel stehe. Die Kirche wolle das Volk über die „Heilige Schrift" in Unkenntnis halten, damit es gefügig bliebe. Von John Wyclif übernahm Hus zudem die Lehre der Prädestination und setzte sich für die Landessprache tschechisch als Gottesdienstsprache ein. Überhaupt war er ein glühender Vertreter des Tschechen- und des Slawentums, das er von der zahlenmäßig geringeren aber mächtigen deutschen Oberschicht beherrscht sah.

> **Wir begegnen hier wieder einem unbeugsamen Geist, der sich nicht einfach einer von Menschen gemachten Rangordnung unterordnet und der keine menschliche Autorität anerkennt. Auf der Suche nach letztgültigen Maßstäben verweist er auf die Bibel, die er für ein göttliches und unfehlbares Buch hält.**

1410 erhielt er Predigtverbot durch den Prager Erzbischof. Er hielt sich aber nicht an dieses Verbot, predigte weiterhin gegen Papsttum und Bischöfe und brachte in kurzer Zeit große Teile Böhmens auf seine Seite. 1411 folgte die Exkommunikation, 1412 der Bann durch den Papst. Aufgrund seiner Beliebtheit, die in Volksdemonstrationen gipfelte, lehrte er unter dem Schutz des böhmischen Königs zunächst noch ein Jahr weiter. Er verurteilte nun die Kreuzzugs- und Ablassbullen von Papst Johannes XXIII. 1412 musste er jedoch fliehen.

1414 stellte er sich dem Konzil von Konstanz, wurde trotz des Versprechens von König Sigismund auf freies Geleit verhaftet und nach Verweigerung des Widerrufs als Ketzer verbrannt.

Auch sein Schüler **Hieronymus von Prag** wurde wegen Ketzerei am 23. Mai 1416 in Konstanz an der gleichen Stelle wie Jan Hus durch Verbrennen hingerichtet

In seiner Grundhaltung war Hus, wie später der junge Martin Luther, der Kirche gegenüber loyal gesinnt. Er bemühte sich, kein Ketzer zu sein und lehnte dieses Urteil über sich ab.

Mit der Bildung der Tschechoslowakei erklärte diese 1925 den 6. Juli zum Staatsfeiertag, worauf der Heilige Stuhl für drei Jahre seine diplomatischen Beziehungen mit dem „Ketzerstaat" unterbrach. Bis heute ist eine Wiedergutmachung nicht erfolgt.

Hussitenkriege

Die Verbrennung von Jan Hus in Konstanz löste den ersten Prager Fenstersturz und die Hussitenkriege, 1419-1436, aus. Der zweite Fenstersturz löste 1618 den Dreißigjährigen Krieg aus. Die Kriege verwüsteten in der ersten Hälfte des 15. Jahrhunderts nicht nur Böhmen und Mähren, sie griffen auch auf die Nachbarländer über, bis die Hussiten besiegt wurden. 150000 Menschen flohen aus ihrem Land, als es wieder katholisiert wurde. Bis ins 18. Jahrhundert hinein wurde ein nichtkatholisches Bekenntnis mit dem Tod bestraft.

*„Es war immer erlaubt, Hinterlist, Betrug und Lüge anzuwenden, sobald es darum ging, die Sache Gottes zu verteidigen. Die jähzornigsten, heftigsten, verdorbensten Menschen sind für gewöhnlich am eifrigsten. Das ökumenische Konzil zu Konstanz ließ Johannes Hus und Hieronymus von Prag trotz des kaiserlichen Geleitbriefes verbrennen. Mehrere Christen haben gelehrt, dass man Ketzern gegenüber sein Wort nicht zu halten brauche. Die Päpste haben hundertmal von den Eiden und Versprechungen entbunden, die man Irrgläubigen gemacht hat. Die Geschichte der Religionskriege zwischen Christen zeigt uns Verrätereien, Grausamkeiten, Treulosigkeiten, die in anderen Kriegen ohne Beispiel sind. Wenn man für Gott kämpft, ist alles gerechtfertigt. In diesen Kriegen sieht man nichts als an Mauern zerschmetterte Kinder, (Hosea 13,16) hingeschlachtete schwangere Frauen. **Holbach***

Der Hexenwahn

Hexenverfolgungen fanden vorwiegend in West- und Mitteleuropa vom 13. bis ins 18. Jahrhundert statt. Nach neusten Schätzungen sollen ihm zwischen dem 15. und 18. Jahrhundert in Mitteleuropa 60000 Menschen zum Opfer gefallen sein.

Grundlage für die massenhafte Verfolgung war die damals weit verbreitete Vorstellung einer vom Teufel geleiteten Verschwörung gegen das Christentum. Hexen und Hexer, glaubte man, brächten durch Magie und Zauber Schaden und Tod über Mensch und Vieh. Drei Viertel der Opfer waren Frauen, vereinzelt wurden auch Kinder angeklagt und verbrannt.

Die Obrigkeit wollte ihre Verantwortung an den miserablen Verhältnissen auf hilflose Randgruppen, auf Hexen, Juden, Häretiker… abschieben. Sie lenkte allen Unmut auf einen anonymen Sündenbock, der sich nicht wehren konnte. Das unterdrückte und ausgebeutete Volk gab den Druck, den es von oben erhielt, weiter an die Allerniedrigsten.

> **In Krisenzeiten suchen die Menschen ihr Heil in der Unvernunft.**

Das finstere Mittelalter war eine Zeit des Aberglaubens, der Unvernunft, der Unwissenheit und der damit verbundenen Ängste, die noch von Teufels-, Höllen- und Endzeitpredigern geschürt wurden. Die Masse der Bauern verarmte immer mehr, weil Adel und Geistlichkeit allen Grund und Boden für sich beanspruchten.

Auf das Ausmaß der kirchlichen Verbrechen mögen ein paar Zahlen hinweisen: „Der Erzbischof von Salzburg ließ im Jahre 1678 aus Anlass einer großen Viehseuche 97 Frauen verbrennen. Der Bischof von Bamberg ließ 600 Frauen verbrennen und mit seiner Zustimmung 1659 eine Schrift erscheinen ‚Wahrhaftiger Bericht von 600 He-

*xen.' Unter der Regierung des Bischofs Adolf von Würzburg wurden 219 Hexen und Zauberer verbrannt, darunter mehrere Chorherren und Vikare, 18 Schulknaben, ein blindes Mädchen, ein neunjähriges Mädchen und sein noch jüngeres Schwesterchen. Erzbischof Johann von Trier verbrannte 1585 so viele Hexen, dass in zwei Ortschaften nur zwei Frauen übrig blieben. **Deschner K.d.C.***

Gregor IX., 1227-1241, gab als erster Papst den Befehl zur Hexenverfolgung. Unter seinem Pontifikat kam es in der Gegend von Trier zum ersten Hexenprozess. Die Angeklagten bekannten, was man von ihnen hören wollte, nämlich dass sie Hexen mit ungeheuerlichen Fähigkeiten seien. Sie fühlten sich dadurch mächtiger als sie selbst glaubten und natürlich als sie wirklich waren. Oft wurde den Hexen vorgeworfen, bei ihren Orgien kleine Kinder zu verspeisen, ein in der Geschichte immer wiederkehrender Vorwurf gegen Randgruppen, ein Vorwurf, den schon die Römer den ersten Christen machten, dann wurde es den Juden und schließlich den Wilden Amerikas und Afrikas angelastet. Man wollte damit wohl zeigen wie tief die kulturelle Kluft zwischen diesen unzivilisierten *„Untermenschen"* und der eigenen, hochkultivierten Mehrheitsgesellschaft war.

> **Die Mehrheit kann grausamer sein als ein Tyrann.**

Zu trauriger Berühmtheit brachte es ein Werk der Dominikaner **Heinrich Kramer** und **Jakob Sprenger**. Sie sammelten in ihrem Buch der *„Hexenhammer"* Ansichten über die Hexen und Zauberer. Es wurden bestehende Vorurteile übersichtlich präsentiert und mit einer scheinbar wissenschaftlichen Argumentation begründet. Durch klare Regeln wurde eine systematische Verfolgung und Vernichtung der angeblichen *„Hexen"* ermöglicht. Das Buch fand nach der Erfindung des Buchdrucks, 1440 durch Gutenberg, weite Verbreitung. Der Dr. theol. Kramer wurde zum Inquisitor für ganz Deutschland ernannt, stieß aber auf so starken Widerstand, dass er zunächst nach Rom reiste, um sich den Beistand des Heiligen Vaters zu sichern. Dort erhielt er die beglaubigte kirchliche Unterstützung durch Papst **Innozenz VIII.** In dessen *„Hexenbulle"* vom 5. Dezember 1484 heißt es: *„Wir haben neulich nicht ohne große Betrübnis erfahren, dass es in einzelnen Teilen Oberdeutschlands, in Städten und Dörfern, viele Personen beiderlei Geschlechts gebe, die mit buhlerischen Nachtgeistern sich leiblich vermischen, durch zauberische Mittel mit Hilfe des Teufels die Geburten der Weiber, die Früchte der Erde zugrunde richten und vernichten... und die Männer am Zeugen, die Weiber am Gebären, beide in der Verrichtung ehelicher Pflichten zu hindern vermögen"* **Wikipedia.**

Am Schluss seines Erlasses verbot der Papst jedermann unter Androhung schrecklicher Strafen, der von ihm befohlenen Hexenausrottung entgegenzutreten. *„Wenn aber jemand sich dieses zu erkühnen unternehmen würde, der soll wissen, dass er den Zorn des allmächtigen Gottes und seiner Heiligen Apostel Petri und Pauli auf sich laden*

werde". „Zur größten Hexerei gehört es, wenn man nicht ans Hexenwesen glaubt."
Der Hexenhammer

Schon in den frühen Kulturen der Babylonier, der Ägypter, der Inder, der Juden, in fast allen Kulturen findet man Magie, den Versuch von Zauberern, Medizinmännern, Magiern, Schamanen und Priestern die übernatürlichen Mächte zu beeinflussen, im Guten, wie im Bösen. Die verschiedensten Gespenstersorten bevölkerten die Unterwelt, die Erde und den Luftraum. Sie erschreckten oder beschützten die Menschen.

Das Hexenwesen entstand in einer patriarchalen, bäuerlichen Gesellschaft, deswegen dreht sich vieles um Frucht- und Zeugungsvorgänge, um Wetter und Viehzauber. Sicher war die Hexenverfolgung auch eine Möglichkeit, für die zölibatär lebenden Inquisitoren, ihre sexuellen Phantasien auszuleben. Tabulose Sexorgien, vor allem mit dem Teufel, spielen bei den Verhören eine zentrale Rolle.

In der Bibel wird Zauberei mit der Todesstrafe bedroht. Besonders die Stelle *Exodus / 2 Mos 22:18 „Die Zauberinnen sollst du nicht am Leben lassen!"*- diente den Verfolgern der Hexen später als Rechtfertigung.

Schon in der Bibel, im AT und NT, gibt es Dämonen, böse Geister und Teufel. Das Übel in der Welt musste erklärt werden. Die einfachste Erklärung war, dass es neben dem guten Gott noch den bösen Teufel gab, der alle bösen Geister lenkte. Mit ihm konnte man, laut Augustinus, einen Pakt schließen, mit dem eigenen Blut geschrieben, auf Lebenszeit oder für ein paar Jahre. Dafür, dass man sich dem Teufel verschrieb, ihn an Gottes Stelle setzte und anbetete, bekam man Macht, Reichtum, Sex oder die Erfüllung anderer Wünsche.

Zwar hatte sich die frühe Kirche von allem heidnischen Aberglauben gelöst, Autoritäten wie **Augustinus** und **Thomas von Aquin** haben den Wahnsinn aber mit ihrer Theorie vom Teufelspakt wieder in den Köpfen des Kirchenvolkes verankert.

Viele namhafte Künstler wurden zu traurigen Handlangern des Hexenwahns: **Albrecht Dürer**, 1471-1528, malte um 1497 Hexenbilder, ebenso andere berühmte Künstler wie **Hans Baldung Grien**, 1485-1545, **Michelangelo**, **Rubens** und **Goya**. Bildende Künstler konnten mit ihren bildhaften Darstellungen das Volk am ehesten vom tatsächlichen Vorhandensein der Hexen, Teufel und Geister überzeugen. Intelligente Menschen, katholische und evangelische, waren gleichermaßen von dieser Massenpsychose besessen. Tausende Bücher wurden über die Hexen geschrieben und bestätigten damit gleichsam ihr Dasein.

Zu den Merkmalen einer Hexe gehörten laut der Hexenlehre der frühneuzeitlichen Hexentheoretiker:

- der Hexenflug auf Stöcken, Tieren, bösen Geistern oder mit Hilfe von Flugsalben;
- Treffen mit dem Teufel und anderen Hexen auf dem sogenannten Hexensabbat;
- der Pakt mit dem Teufel;
- der Geschlechtsverkehr mit dem Teufel und
- der Schadenszauber.

Dass vor allem Frauen der Hexerei beschuldigt wurden, ist zum Teil der kirchlichen Erbsündenlehre zuzuschreiben. Sie legte nahe, dass Frauen besonders empfänglich für die Einflüsterungen des Teufels seien. Der Hexenhammer behauptet, Frauen seien von Natur aus schlecht und die wenigen guten Frauen seien schwach und den Verführungen des Teufels leichter ausgeliefert; gerade in ihrer Funktion als Hebamme kämen sie mit schlechten Säften in Verbindung, die sie verderben und für die Verführung des Teufels anfällig machten.

Zwei Deutsche Wissenschaftler, **Gunnar Heinsohn** und **Otto Steiger**, erörtern in ihrem Werk *„Die Vernichtung der weisen Frauen"* die Ansicht: *„Das Ziel der Hexenverfolgung der frühen Neuzeit ist die Beseitigung von Geburtenkontrolle."* Die Kirche habe versucht, die Trägerin des Verhütungswissens, die Hebamme, auszurotten. Das ist eine mögliche Erklärung, aber wohl nicht die ganze Wahrheit.

In Deutschland wurde 1775 im Stift Kempten im Allgäu **Anna Schwegelin** als letzter Hexe wegen Teufelsbuhlschaft der Prozess gemacht. Das Urteil des Fürstabts **Honorius von Schreckenstein**, dem kraft kaiserlichen Privilegs die geistliche und weltliche Gerichtsbarkeit zustand, wurde aber aus unbekanntem Grunde nicht vollstreckt. Anna starb 1781 52-jährig im Gefängnis.

Schon im 16. und 17. Jahrhundert fehlte es nicht an Männern, welche sich den Inquisitoren widersetzten und den Glauben an Hexerei bekämpften, - vor allem der deutsche Jesuit und Dichter **Friedrich Spee** 1591-1635.
Der Hexenglaube lebt heute noch in Afrika und Indien.
Beginen,
Jungfrauen und Witwen, die sich zu klosterähnlichen Gemeinschaften (in *Beginenhöfen*) zusammengeschlossen haben, entglitten der Kontrolle der katholischen Kirche und führten, von dieser argwöhnisch beobachtet, ihr eigenes Leben, ohne Bevormundung durch Kirche und Männer. Teilweise als häretisch gebrandmarkt, wurden sie von der Inquisition verfolgt.

Luther

Verfolgter und Verfolger.
Martin Luther, 1483-1546, war der Sohn des Bergmannes Hans Luder und wurde in Eisleben geboren. Der Wohlstand, zu dem es sein Vater gebracht hatte, erlaubte es Martin das Studium der Rechtswissenschaft anzufangen. Zum Konflikt mit dem Vater kam es, als er das Studium bereits nach zwei Monaten abbrach und nach einem erschütternden Gewitter-Erlebnis Mönch, Priester und später Professor der Theologie wurde.
Als Mönch war Martin Luther bemüht, den Willen Gottes unbedingt und ohne jede Einschränkung zu erfüllen, um seinem Zorn zu entgehen. Er entwickelte eine geradezu masochistische Denkweise der Selbstbeschuldigung. Er hatte schreckliche Angst vor

allgegenwärtigen Teufeln, vor dem letzten Gericht und vor der ewigen Verdammnis. Über Jahre rang er innerlich mit der Frage: *„Wie bekomme ich einen gnädigen Gott?"*

> **Allein aus unvernünftigen Gedanken können Angst, Verzweiflung und Verfolgung entstehen. Intelligenz hindert die Menschen nicht daran, unvernünftige Dinge zu glauben.**

Zumal Luther der Ansicht war, dass *die Vernunft die höchste Hure des Teufels sei.* Aus der Bibel, *Röm. 1:17*, zog er die Erkenntnis, dass es für die Erlösung genügt, an Gott und an die Bibel zu glauben. Der Glaube ist alles, das Handeln ist unwichtig. Kein Mensch, davon ist Luther überzeugt, kann wirklich rechtschaffend sein, wenn er nicht an das Evangelium glaubt.

> **Paulus, Augustinus, Luther, das sind drei Erzieher zu blindem Glauben und Gehorsam. Eine willkommene Vorarbeit für jeden Diktator. Blind glauben und der Obrigkeit ebenso blind gehorchen soll demnach der Weg zur Erlösung sein. Ignatius von Loyola, der Gründer des Jesuitenordens, setzt dann nochmal eins drauf: den Kadavergehorsam, gehorchen, als sei man ein Leichnam.**

Luther wandte sich gegen den Reliquienkult und gegen die Heiligenverehrung. Zwar entlarvte er die Heiligenlegenden als Märchen, lebte aber geistig in der Hexen- und Teufelswelt des Mittelalters. Behinderte Kinder hielt er für die Frucht des Teufels. Er befürwortete den Kriegsdienst ebenso wie den Kampf gegen Ketzer, Hexen und Juden. Er hetzte gegen die aufrührerischen Bauern, hielt an der Leibeigenschaft fest und wollte an der von Gott gegebenen Hierarchie nichts ändern. Nur die Autorität des Papstes griff er an, nicht die der Fürsten. Was natürlich klug und überlebensnotwendig war, für ihn und für die Reformation.

> **Angst und Blindgläubigkeit gegenüber Autoritäten sind schlechte Ratgeber, wenn es darum geht, die Wahrheit und den richtigen Weg zu finden.**

Luther war ein Kind seiner Zeit. Auf der Suche nach gültigen Maßstäben orientierte er sich an Autoritäten, z.B. an der Bibel oder an Aristoteles. Als er vom heliozentrischen Weltbild des Kopernikus erfuhr, rief Luther empört aus: *„Der Narr will mir die ganze Kunst Astronomia umkehren! Aber wie die Heilige Schrift zeigt, hieß Josua die Sonne still stehen und nicht die Erde."* Obwohl es schon im antiken Griechenland bekannt war, dass die Sonne und nicht die Erde im Mittelpunkt des Sonnensystems steht, glaubte man der Bibel und der Autorität des Aristoteles, der diese Ansicht verwarf. **Aristarchos von Samos**, um -310 bis -250, stellte erstmals den Lehrsatz auf, dass die Erde um die Sonne kreist. Mit der Zeit wurde die katholische Kirche zum Hauptgegner des heliozentrischen Weltbildes. Es widersprach der Sonderstellung der Erde.

Luther geriet in Konflikt mit der Kirche, als er deren finanzielles und unwürdiges Gebaren kritisierte. Insbesondere verwarf er den Ablasshandel, d.h. die damals weit verbreitete Praxis, dass man durch Geldzahlungen an die Kirche, die Zeit der Läuterung im Fegfeuer verkürzen kann. Das sollte nicht nur für die Tilgung eigener Schuld, sondern auch für die Tilgung anderer Schuld möglich sein. Viele besorgte Menschen versuchten so das Leiden ihrer Angehörigen im Fegfeuer zu lindern. Auch andere unsichtbare Weihe- und Segensdienste wurden verkauft. *„Der Klerus spendete die Gnade, der Gläubige das Geld."* 1514 gewährte eine katholische Bischofsversammlung allen Verrätern von Gotteslästerern einen Ablass von zehn Jahren, - also zehn Jahre weniger Fegfeuer. Dabei war die Gesamtstrafe allerdings unbekannt.

Die katholische Kirche schloss Luther schließlich aus der Gemeinschaft der Gläubigen aus und verfolgte ihn. Er verbrannte die Bannbulle des Papstes öffentlich und fand Schutz bei **Friedrich dem Weisen**, Kurfürst von Sachsen, einem mächtigen Gönner. In seinem Versteck auf der Wartburg übersetzte er als Junker Jörg die Bibel ins Deutsche. Von da an war der Papst für Luther der Antichrist.

Gegen die aufrührerischen Bauern

Zur Zeit Luthers war die Lage der Bauern, die in den vergangenen Jahrhunderten immer mehr in Hörigkeit und Leibeigenschaft geraten waren, so verzweifelt, dass es, vor allem im süddeutschen Raum, zu wiederholten Aufständen kam. Mit seinen Schriften, in denen sehr viel von Freiheit die Rede war, z.B. in seiner Schrift *„Von der Freiheit eines Christenmenschen"*, weckte Luther bei den Bauern Hoffnung, sich ihre Freiheit erkämpfen und die Abgabenlast abschütteln oder sie wenigstens verringern zu können. Als sie dies aber tatsächlich versuchten und massiv gegen die Obrigkeit aufstanden, stellte er sich auf die Seite der Fürsten. Gewalttätige Unruhen hasste er, vor allem solche von unten, während er der *„Obrigkeit"* stets Gewalt zur Herstellung der Ordnung zubilligte. Dabei sah er die Schuld für die Aufstände sehr wohl bei den Fürsten. Seine Reaktion gegen die zügellosen Bauernhaufen war gnadenlos. Die Freiheit wollte er geistig und nicht *„fleischlich"* verstanden wissen. Aufruhr war Auflehnung gegen Gott und die von ihm geschaffene Ordnung. Er mahnt deshalb die Bauern: Aufruhr sei ohne Vernunft und treffe mehr Unschuldige als Schuldige. *„Darumb ist auch kein Aufruhr recht, wie rechte Sach er immer haben mag."* Jeder Christ habe, gemäß dem Vorbild Jesu, nicht zu rechten und zu fechten, *„sondern Unrecht zu leiden und das Übel zu dulden."*

Das ist nicht gerade die geeignete Denkweise, um gegen eine ungerechte Herrschaft aufzustehen. Die Bauern ließen sich dadurch nicht einschüchtern. In den Satzungen des Bundschuhs, eines Bauernbundes hieß es:

„Wir wollen alle Joche und Leibeigenschaften zerbrechen und mit Waffen uns freien, weil wir wie die Schweizer frei sein wollen. Niemals mehr wollen wir Obrigkeit über uns dulden und niemand Zins, Zehnt, Steuer, Zoll und noch andere Abgaben bezahlen,

sondern uns aller dieser Beschwernisse auf ewig entledigen. Wir wollen die Fürsten und Edelleute mit Gewalt brechen und vertreiben oder totschlagen samt allen Pfaffen und Mönchen, ihre Güter wollen wir teilen". ...

In **Zwölf Artikeln** forderten die Memminger Bauern, ihre Pfarrer frei zu wählen, den kleinen Zehnt (auf Haustiere; Gemüse) und die Leibeigenschaft abzuschaffen; die Jagd sollte kein Vorrecht des Adels mehr sein; die Allmende (das unbebaute Land) sollte allen gehören. Sie wollten keine zusätzlichen Frondienste mehr leisten. Sie wendeten sich gegen zu hohe Pachtzinsen, gegen die Willkür bei Gerichtsverfahren und beim Strafen, gegen die Abgaben beim Todfall. (Beim Tod eines Leibeigenen wurde der Leibherr mit dem besten Stück Vieh aus dessen Stall entschädigt). Dabei sollten alle Forderungen gemäß der Heiligen Schrift sein und nicht gegen sie. An ihrem Glauben wollten sie festhalten. Anscheinend sprach die Bibel aber keine klare Sprache. Luther wies die Bauern 1525 in seiner Schrift *„Wider die räuberischen und mörderischen Rotten der Bauern",* in ihre Schranken. Er beschimpfte sie als tollwütige Hunde und gab den Fürsten grünes Licht zu ihrer Verfolgung: *„Solch wunderliche Zeiten sind jetzt, dass ein Fürst den Himmel mit Blutvergießen verdienen kann, besser als andere mit Beten."* Dabei hat er ein gutes Gewissen: *„Es ist genug, dass mein Gewissen Christus gefällt".* Die Zahl der insgesamt im Bauernkrieg Getöteten schätzt man zwischen 70000 und weit über 100000.

Erst an seinem Lebensende kommt in Luther doch noch Reue auf: *„Ich habe im Aufruhr alle Bauern erschlagen. Denn ich hab sie heißen totschlagen. All ihr Blut ist auf meinem Hals."* Aber er fügt hinzu, dass er ja nur auf Gottes Gebot hin gehandelt hat. Alles wieder in Ordnung?

In den folgenden 300 Jahren begehrten die Bauern kaum noch auf. Erst mit der Märzrevolution von 1848/49 konnten Ziele durchgesetzt werden, die die schwäbischen Bauern 1525 in Memmingen bereits in den Zwölf Artikeln formuliert hatten. Sie gelten als Wegbereiter für die Menschenrechte in Europa.

Die Reformation war lange vorbereitet worden: von England (John Wicliff) bis Böhmen (Jan Hus) hatte sich eine antirömische Opposition entwickelt, die sich gegen die Kirchentyrannei, die Verschwendungssucht und die Unsitten des hohen Klerus aussprach. Luthers Kritik am Papsttum und damit an der Obrigkeit ermunterte die Bauern, den erfolglosen Aufstand zu wagen.

Gegen Hexen und Häretiker

Nachdem sich Luther in seinen frühen Jahren als Reformator für Toleranz gegenüber Andersdenkenden ausgesprochen hatte, - *frei von jedem Zwang sollte das Evangelium verkündet werden, jeder nur seinem Gewissen folgen,* - zog er in späteren Jahren ganz andere Saiten auf. Er konnte die Andersdenkenden nicht so für sich gewinnen wie er sich das vorgestellt hatte und kämpfte fortan gegen sie.

> Wer mit Werben nichts erreicht, verfällt leicht aufs Drohen.

Gegen die Wiedertäufer, zum Beispiel, war Luther genauso wie seine Reformator - Kollegen Zwingli und Calvin so intolerant wie die katholischen Mächte. Auch sie forderten die Todesstrafe für die *„Gottlosen"*. Luther schreibt dazu*: „Mit Ketzern braucht man kein langes Federlesen zu machen, man kann sie ungehört verdammen. Und während sie auf dem Scheiterhaufen zugrunde gehen, sollte der Gläubige das Übel an der Wurzel ausrotten und seine Hände in dem Blute der Bischöfe und des Papstes baden, der der Teufel in Verkleidung ist"*.

„Wie der Papst der Antichrist, so ist der Türke der leibhaftige Teufel", **Luther**
„Er hat die Bauern, die Türken und die Juden im wörtlichen Sinne, eindeutig belegbar, verteufelt und dazu aufgerufen, sie als Teufel - und keineswegs nur als weltliche Feinde zu behandeln". **Müller-Streisand Historiker.**

Die Gewissheit, mit der er von seinen Ansichten überzeugt war, erlaubte es ihm, seine Gegner nicht nur zu kritisieren, sondern sie mit derben, ordinären und beleidigenden Worten zu verdammen. Er macht den Eindruck eines trotzigen Schuljungen, der kein Verständnis für andere Ansichten aufbringen kann. Da stellt sich die Frage: War er eine große Persönlichkeit? Benimmt sich so eine große Persönlichkeit, ein geistiger Führer, ein fortschrittlicher Denker, ein Weiser?
Er ist mit der Exkommunikation und Tötung von Hexen genauso einverstanden wie die Päpste. Er fürchtet den Teufel mehr als der Papst. *„Die Kinder soll man die Teufelsgefahren in frühem Alter fürchten lehren",* meint der Reformator.

> Wem der Teufel eingetrichtert wurde, bei dem wird er eines Tages auch wieder herauskommen!

Aus dem Evangelium glaubt er die bösen Teufel belegen zu können, - und damit hat er nicht Unrecht. Im Alten und im Neuen Testament wimmelt es nur so von bösen Geistern.
Vom Teufel kommt nach Luther alles irdische Unglück: Hagel und Ungewitter, Krieg, Feuer, Pest, Wahnsinn, Selbstmord, vor allem die Krankheit. Er war im wahrsten Sinne des Wortes *„vom Teufel besessen"*.
„Ein Christ soll das wissen, dass er mitten unter den Teufeln sitze, und dass ihm der Teufel näher sey, denn sein Rock und Hemde, ja näher denn seine eigene Haut, dass er rings um uns her sey ...

> Weil die Religionen die Welt falsch erklären, denken und verhalten sich die Gläubigen falsch, d.h. unvernünftig und verhängnisvoll.

Man glaubte alles zu wissen und wusste doch nichts. Die Bibel als Quelle aller Erkenntnis führte zu sehr widersprüchlichen Annahmen. Die einen glaubten aus ihr dies und die anderen jenes herauslesen zu können. Die Quäker schlossen aus ihr, dass ein Christ auf die Taufe verzichten könne, die Wiedertäufer erkannten, dass nur die Erwachsenentaufe gerechtfertigt sei und die Katholiken wussten: Ein Kind muss in den ersten Lebenstagen getauft werden. Die Evangelischen fanden durch das Studium der Bibel, dass es zwei Sakramente, Taufe und Abendmahl gebe, die Katholiken haben bis heute sieben Sakramente. Nach Wissen zu streben, galt seit Adam und Eva als Sünde. Erkenntnis ist teuflisch (Faust) und böse. Wissen war Gott vorbehalten, der gute Christ sollte fürchten, glauben und gehorchen.

1 Mose: 2:17 ...*aber von dem* **Baum der Erkenntnis** *des Guten und des Bösen sollst du nicht essen; denn welches Tages du davon isst, wirst du des Todes sterben.*

> **Die Bibel ist, weil von Menschen gemacht, kein Buch, dem wir blind vertrauen könnten. Es ist kein Buch, das uns zu unfehlbaren Entscheidungen verhilft. Man kann aus ihr herauslesen, was man will.**

Frauen hält Luther für minderwertig. Schließlich hatte eine Frau ja Schuld an der Erbsünde und hat damit erst den ganzen Schlamassel mit der notwendigen Kreuzigung und der Erlösung durch Jesu Tod ausgelöst. Er hält es für möglich, dass ein böser Teufel eine Frau schwängern kann. Luther spricht dann von Wechselbälgen und empfiehlt, solche Kinder zu ersäufen.
Im Frühjahr 1526 fordert der Prediger gemäß dem alttestamentlichen Gebot *„Die Zauberinnen sollst du nicht am Leben lassen"* *2 Mos 22:17* für sie die Todesstrafe. *„Der Volksmund nennt sie die Weisen Frauen. Sie sollen getötet werden... Es ist ein überaus gerechtes Gesetz, dass die Zauberinnen getötet werden, denn sie richten viel Schaden an ... Deswegen sind sie zu töten ... nicht allein weil sie schaden, sondern auch, weil sie Umgang mit dem Satan haben."* **Luther**

Wegen satanischen Umgangs sind schon Milchdiebinnen für Luther des Todes würdig. *„Kein Erbarmen mit ihnen!"* ruft er im August 1538: *„Ich wollte sie selber verprennen, nach Weise des mosaischen Gesetzes, wo die Priester mit der Steinigung der Schuldigen den Anfang machten."*

Die Bibel hat ihre Früchte. Auf Luthers Betreiben wird in Kursachsen der Predigtbesuch unter Strafandrohung amtliche Vorschrift. Schon 1520 stieß Luther den Schrei aus, warum greifen wir nicht *„diese Kardinäle, diese Päpste und das ganze Geschwärm der römischen Sodoma, welches die Kirche Gottes ohne Ende zu Grunde richtet, mit allen Waffen an und waschen unsere Hände in ihrem Blut?"*

Die Wiedertäufer

Im Zuge der Reformation entstand die endzeitliche Bewegung der Wiedertäufer, deren Ziel es war, das Reich Gottes auf Erden zu verwirklichen. Sie gaben sich folgende Satzung:

1. Ablehnung der Kindertaufe (Erwachsenentaufe)
2. Verstoß der Sünder aus der Gemeinde
3. Absonderung von allen Übeln der Welt (Abschottung)
4. Eigene Wahl der Anführer
5. Verzicht auf Gewalt
6. Ablehnung obrigkeitlicher Ämter
7. Ablehnung des Eides

Anfänglich in der Schweiz beheimatet verbreiteten sie sich schnell in Süddeutschland. 1527 wurden ihre ersten Märtyrer **Felix Manz** ertränkt und **Michael Sattler** in Rottenburg erhängt, seine Frau im Neckar ertränkt. Heute leben Wiedertäufer noch in Amerika.

1536 wurde das Täuferreich in Münster blutig niedergeschlagen. Das Münsterische Wiedertäuferreich wurde von dem Haarlemer Bäcker **Jan Matthis**, der sich als Prophet sah, angeführt. Er wollte alle *„Gottlosen"* umbringen. Gottlos waren natürlich alle, die anders dachten als er.

> **Wieder einer, der allein wusste, was Gott will. Gottlose kämpften also gegen Gottlose, weil man die Gottlosen gemäß dem immer wieder zitierten Vorbild des Elias und des Moses abschlachten muss, um dem Willen des wahren Gottes Genüge zu tun. Gott ist die Keule, mit der man alle Andersdenkenden niederschlägt.**

Sein Nachfolger wurde **Jan Bockelsen** aus Leiden (Jan van Leiden), 1509-1536. Er nahm als Johann I. den Königstitel an, errichtete das *„Königreich Zion"* und umgab sich mit einem glänzenden Hofstaat. Mit Hilfe von *„zwölf Aposteln"* als seinem Rat und zusammen mit seinem Statthalter und Scharfrichter **Bernd Knipperdolling** und seinem *„Reichskanzler"* **Heinrich Krechting** übte er ein Schreckensregiment aus und erstickte jeden Widerstand im Blut. In Vorbereitung auf die vermeintlich nahende Endzeit ließ er alle Bücher bis auf die Bibel verbrennen, schaffte das Geld ab und führte Gütergemeinschaft ein. Verstöße gegen die Zehn Gebote wurden mit der Todesstrafe belegt. Er ließ sich König von Zion nennen und erlaubte vor allem für sich Vielweiberei. Er hatte 17 Frauen.

> **Hier kommt der Mensch zutage wie er ist, wenn ihn niemand beschränkt: größenwahnsinnig und herrschsüchtig. Dabei gilt wieder: Je jünger der Mann, desto größer sein Wahn.**

> Es sind diese Glaubenseiferer, die mit ihrer Intoleranz die Hölle auf Erden schaffen, die es im Jenseits nicht gibt. Deswegen darf man Intoleranz nicht dulden!

Die Täufer in Münster wurden von den Truppen des Bischofs und des Landgrafen von Hessen 1535 nach einem Verrat besiegt. Da Jan van Leiden, Bernd Knipperdolling und Heinrich Krechting sich nicht bekehren wollten, wurden sie am 22. Januar 1536 mit glühenden Zangen zu Tode gezwickt. Ihre von Marterwunden übersäten Leichen wurden in eisernen Körben am Turm von St. Lamberti zur Abschreckung aufgehängt.

„Wenn Märtyrer die Wahrheit einer Religion beweisen könnten, dann gäbe es keine Religion und keine Sekte, die nicht als wahr angesehen werden könnte." **D'Holbach**

Die Wiedertäufer wurden von den Katholiken ebenso wie von den Reformatoren bis aufs Blut verfolgt, obwohl es sich bei ihnen, gemäß ihrer Satzung, um sehr friedliche Menschen handelte. Gegen die Täufer hatte Luther 1536 eine Schrift verfasst *„Dass weltliche Oberkeit den Wiedertäufern mit leiblicher Strafe zu wehre schuldig sei"*. Adel und geistliche Obrigkeit bekämpften die Wiedertäufer vor allem auch deswegen, weil sie sich ihrer Kontrolle entzogen.

Für Luther war sein Evangelium das einzig richtige Evangelium und alles, was dem entgegenstand, war Ketzerei.

> Das Problem ist immer dasselbe: Einer glaubt sich im Besitz der Wahrheit und versucht zunächst einmal andere mit friedlichen Mitteln zu überzeugen. Da ihm das aber nicht gelingt und er ganz und gar von seiner Wahrheit überzeugt ist - schließlich steht Gott auf seiner Seite - greift er, mit Gottes Zuspruch, zu Gewalt und Terror, wenn er die Macht dazu hat.

Er konnte, so wenig wie Paulus oder Augustinus, andere Ansichten dulden. Er musste Andersdenkende niedermachen. Das ist ein Problem starker Männer: Sie haben die Wahrheit und sonst niemand. Er als einziger hat sie erkannt! Und natürlich ist seine Wahrheit die allein selig machende. Er will ja nur das Beste für die von ihm Verfolgten: Er zwingt diese unmündigen Kinder zu ihrem ewigen Glück, das sie selber nicht erkennen können.

Luther: „Besser ist es, einen Menschen hinweg räumen als Gott." Mit diesem Satz bewaffnet lassen sich unbedenklich beliebig hohe Leichenberge schichten.

Gegen die Juden

Luther wiederholt alle Vorwürfe gegen die Juden, die schon von Paulus, dem Evangelisten Johannes, den Kirchenvätern, den Kirchenlehrern, den Heiligen und Päpsten in die Gehirne der Gläubigen geimpft wurden. Mehr noch, er gibt ihnen nie da gewesenen sprachlichen Glanz. Er kannte den jüdischen Talmud, in dem ähnlich schreckliche Dinge gegen alle Gojim (Nicht-Juden) geschrieben stehen.

Er versucht die Bekehrung der Juden mit Zuckerbrot und Peitsche. Zunächst spricht er sich gegen ihre Verfolgung aus, als sie sich dann aber nicht gewillt zeigen, sich zu seinem *„wahren"* Glauben zu bekehren, gibt er die bis dahin umfangreichste und schlimmste Hetzschrift *„Von den Juden und ihren Lügen"* heraus. Darin wirft er ihnen vor, das Alte Testament, in dem schon auf den Messias Jesus hingewiesen werde, falsch zu verstehen. Er nennt die Juden *„gottlos"*, weil sie die Erlösung durch Jesus Christus verwerfen und propagiert:

„Dass man ihnen nehme alle ihre Betbüchlein und Talmudisten, darin solche Abgötterei, Lügen, Fluch und Lästerung gelehrt wird... Dass man ihren Rabbinern bei Leib und Leben verbiete, hinfüro zu lehren... Dass man ihnen verbiete, bei uns öffentlich Gott zu loben, zu danken, zu beten, zu lehren, bei Verlust Leibes und Lebens"...

„..., dass man ihren Rabbinern bei Leib und Leben verbiete, hinfort zu lehren ...

Zum fünften, dass man den Juden das Geleit und Straße ganz und gar aufhebe, denn sie haben nichts auf dem Lande zu schaffen, weil sie nicht Herren, noch Amtleute, noch Händler oder desgleichen sind. Sie sollen daheim bleiben ...

Zum sechsten, dass man ihnen den Wucher verbiete und nehme ihnen alle Barschaft und Kleinod und lege es zur Verwahrung beiseite. Und dies ist die Ursache: Alles, was sie haben (wie droben gesagt), haben sie uns gestohlen und geraubt durch ihren Wucher, weil sie sonst keine andere Nahrung haben ...

Den Christen war die Zinsleihe seit dem 4. Laterankonzil 1215 verboten. So übernahmen die Juden, die aus dem Bauernstand gedrängt waren, die keine Staatsämter bekleiden und keine Handwerker sein durften dieses Geschäft.

*Zum siebenten, dass man den jungen, starken Juden und Jüdinnen in die Hand gebe Flegel, Axt, Karst, Spaten, Rocken, Spindel und lasse sie ihr Brot verdienen im Schweiß der Nasen, wie Adams Kindern **Gen 3,19** auferlegt ist. Denn es taugt nicht, dass sie uns verfluchte Gojim (Nichtjuden) wollten im Schweiße unseres Angesichts arbeiten lassen und sie, die heiligen Leute, wollten es hinter dem Ofen mit faulen Tagen, Festen und Pomp verzehren."*

Noch am 1. Februar 1546, in seinem Todesmonat, schreibt er seiner Frau, er müsse sich *„dran legen, die Juden zu vertreiben"*. Die Synagogen sollten zerstört werden, weil er es für Gotteslästerung hielt, wenn man es den Juden erlaubte, den falschen Gott anzubeten. Diese Toleranz, glaubte man, würde von Gott bestraft. Man kannte ja den eifersüchtigen Gott und seine Rachefeldzüge gegen Falschgläubige gut genug aus dem Alten Testament.

Schon **Thomas von Aquin** vertrat die Ansicht: *„Auch darin begeht die Kirche kein Unrecht, dass sie, da die Juden Sklaven der Kirche sind, über deren Güter verfügen kann."* Auf dem Konzil von Toledo, 694, wurden alle Juden wegen staatsfeindlicher Umtriebe und Beleidigung des Kreuzes Christi zu Sklaven erklärt.

Die uneingeschränkte Religionsausübung, von den Lutheranern so energisch für sich beansprucht, gestanden sie auf ihren Territorien keinesfalls den Katholiken zu (und umgekehrt). Ganz ausgeschlossen wurden zunächst Zwinglianer, Calvinisten und Wiedertäufer.

Zwingli

Ulrich Zwingli, 1484-1531, war ein Militärgeistlicher und Schweizer Reformator, der vor allem in Zürich wirkte.
Seine reformatorischen Ansichten wurden vom Rat der Stadt Zürich öffentlich anerkannt: Heiligenbilder, Klöster, Prozessionen, Orgelspiel, Gemeindegesang, Firmung, letzte Ölung und anderes wurden abgeschafft, das Abendmahl auf vier Sonntage im Jahr beschränkt.
Auf Zwinglis Drängen ließ der Rat von Zürich alle (Wieder-) Täufer der Stadt entweder vertreiben oder nach Gefangennahme und Folterung hinrichten. Der Rat beschloss, dass alle Eltern, die ihre Kinder nicht innerhalb von acht Tagen taufen ließen, *„die Stadt mit Weib, Kind und seinem Gut verlassen müssten"*.

Eines der ersten Opfer unter den Schweizer Täufern war **Felix Manz**, unehelicher Sohn eines Züricher Domherrn. Er wurde im Januar 1527 in der Limmat ertränkt, wie fünf weitere Glaubensgenossen zwischen 1527 und 1532.

Weil die Innerschweiz die Reformation ablehnte, kam es zu kriegerischen Auseinandersetzungen in den beiden Kappelerkriegen, 1529 und 1531, zwischen Zürich und den katholischen Kantonen Luzern, Uri, Schwyz, Unterwalden und Zug. Bereits vorher waren Altgläubige, wie beispielsweise die Mönche, aus den Klöstern vertrieben worden. Zwingli war es auch, der den Rat von Zürich zum 2. Kappelerkrieg gegen die Waldstätte drängte, um die Reformation, wenn nicht mit Überzeugung möglich, dann mit Feuer und Schwert auch in der Innerschweiz zu verbreiten. Am 11. Oktober 1531 unterlagen die Zürcher. Zwingli selbst geriet während der Schlacht bei Kappel am Albis in die Hände der katholischen Innerschweizer. Er wurde verhöhnt, indem man ihm anbot, noch einmal die Beichte abzulegen und schließlich getötet. Sein Leichnam wurde geviertelt, verbrannt und die Asche in den Wind gestreut.
Erst 1838 wurde ihm in Kappel und 1885 in Zürich ein Denkmal errichtet. Heinrich **Bullinger** wurde Zwinglis Nachfolger in Zürich. Er sicherte den reformierten Glauben und gilt als eigentlicher Begründer der reformierten Kirche.

> **Die Reformatoren waren nicht toleranter als die Päpste und wie die Hugenotten aus dem katholischen Frankreich vertrieben wurden, so die Katholiken aus den calvinistischen Niederlanden und aus dem England Cromwells.**

Augustinus, Luther, Calvin und Zwingli, diese gelehrten Männer haben genauso wie die Päpste die physische Vernichtung anderer Christen, der Wiedertäufer, befürwortet und angeleitet. Der angesehene Gelehrte **Thomas Morus** hielt die Folter gegen Andersgläubige für richtig. Da muss man sich fragen: Was ist schiefgelaufen in ihrer Erziehung. Sie berufen sich alle auf die Bibel als Gottes Wort und alleingültige Wahrheit. Im Alten, aber auch im Neuen Testament werden wir dann fündig. Jehova, Moses und Elias halten es für ihre Pflicht, die Falschgläubigen zu töten - auf Befehl Gottes. Und dann gibt es noch die Autoritäten der Kirche: Paulus, Augustinus und Thomas von Aquin rechtfertigen die Verfolgung Andersgläubiger und vor allem Ungläubiger. Wie Augustinus glaubt auch Thomas, dass die Gottlosen eine Ewigkeit lang in der Hölle schmoren müssen und dass es zu den höchsten Freuden der Erwählten gehört, sich an deren Qualen zu ergötzen.

Calvin

Johannes Calvin, geboren in Noyon, Frankreich, 1509-1564, prägte als Theologe, Kirchenreformer, Humanist und Pfarrer wesentlich das reformierte Christentum.
Von seinen Mitschülern wurde er *„Akkusativus"* genannt, von accusare = anklagen. Offensichtlich war er schon als Schüler ein Zensor, der das sittliche Verhalten seiner Mitschüler überwachte. Man bleibt sich immer treu.
Er studierte Theologie und - auf Wunsch des Vaters - Jura.

Im Frühjahr 1531 verstarb sein Vater. Calvin, der zu dem Sterbenden geeilt war, musste miterleben, wie seinem Vater, der jahrzehntelang im Dienst der Kirche gestanden hatte, die Totenmesse verweigert wurde, weil er von der Kirche, wegen einer Meinungsverschiedenheit, gebannt war.

> **Empfundenes Unrecht von Seiten der Mächtigen kann zu bitterer, lebenslanger Feindschaft gegen diese Macht führen.** (Siehe auch Lenin)

Am 18. Oktober 1534 wurden überall in Paris, selbst am Schlafgemach des Königs Franz I., Plakate entdeckt: *„Wahrhaftige Artikel über den abscheulichen, großen und unerträglichen Missbrauch der päpstlichen Messe."*
Der König geriet in Zorn und ordnete die Verfolgung der Evangelischen an, so dass bald darauf überall Menschen auf den Scheiterhaufen verbrannt wurden, darunter auch Calvins früherer Gastgeber, der Tuchhändler Étienne de la Forge.

1535, nachdem **Nikolaus Cop**, sein Freund und Rektor der Universität, sich öffentlich zu Luther bekannt hatte, flohen beide aus dem katholischen Frankreich.

1536 begann er zusammen mit **Wilhelm Farel** eine protestantische Gemeinde in Genf aufzubauen. Er erarbeitete eine Gemeindeordnung mit strenger Kirchenzucht, die auf heftige Widerstände stieß. Man warf ihm Übereifer und Herrschsucht vor. Es ist immer das gleiche: **Ein junger, starker Mann kann kein guter Herrscher sein, weil er bedrückend und nicht befreiend wirkt.** 1538 wurden er und Farel aus Genf verwiesen, da sie der gesamten Gemeinde das Abendmahl versagt hatten.

Bis 1541 lebte und wirkte Calvin in Straßburg und kehrte dann wieder nach Genf zurück, wo er abermals seine Kirchenordnung und Kirchenzucht einführen konnte, mit ihm als Diktator Gottes: *„die Prediger haben allen zu befehlen vom Höchsten bis zum Niedrigsten, sie haben die Satzung Gottes aufzurichten und das Reich des Satans zu zerstören, die Lämmer zu schonen und die Wölfe auszurotten, sie haben die Folgsamen zu ermahnen und zu unterrichten, die Widerstrebenden anzuklagen und zu vernichten. Sie können binden und können lösen, den Blitz und den Donner schleudern, aber all dies gemäß Gottes Wort.“*

Man warf ihm vor, dass dieser *„Gottesstaat“*, in dem der Prediger die absolute Macht ausübte, die Entstehung autoritärer Systeme vorweg nahm. Zwar gab es unter Calvin die Anklage und die Bespitzelung der *„Sünder“*, im Gegensatz zu Lutheranern war es Calvinisten aber auch erlaubt, gegen Fürsten und Könige aufzustehen, wenn diese Unrecht taten. Eigentlich hat Calvin den irdischen Staat abgelehnt. Er wollte die Herrschaft Gottes bzw. seiner Vertreter auf Erden. Das war sicher mit ein Grund dafür, dass in England Karl I. 1649 geköpft, dass die Gründerstaaten Amerikas sich 1776 vom Mutterland lossagten und dass die Niederlande sich von der Vorherrschaft des katholischen Spanien befreite. Nach der Schreckensherrschaft des katholischen Statthalters, des **Herzogs Alba**, war es auch mehr als verständlich, dass die Katholiken dort vertrieben und katholische Messen untersagt wurden. Die Spirale der Gewalt drehte sich, …dank der Religion.

Kaiser **Karl V.** hatte seinem Sohn Phillip als wichtigstes Vermächtnis die Einheit der Religion im Heiligen Römischen Reich aufgetragen und **Phillip II.** tat alles, um das Anliegen seines Vaters zu erfüllen. Vor allem ging es ihm bei der Ketzerbekämpfung auch um sein eigenes Seelenheil, das er in Gefahr sah, wenn er nachlässig gewesen wäre, gegen die *„Feinde Gottes“*.

Calvin vertrat, wie schon vor ihm der Kirchenlehrer Augustinus, die doppelte **Prädestinationslehre**, d.h. er glaubte, dass nur wenige von Gott auserwählt seien und zwar schon vor ihrer Geburt und dass alle anderen für die ewige Verdammnis bestimmt wären. Wir können tun und lassen was wir wollen, es ändert unser Schicksal nicht. Gott wählt aus und hat *„die einen zum Heil und die anderen zum Verderben bestimmt“*, d.h. einer kann ohne Verdienst zur Seligkeit gelangen oder ohne Schuld verdammt werden:

Ein fataler und grausamer Gedanke, der dem Menschen jede Verantwortung für sein Handeln abnimmt.

Als der Karmelitermönch **Bolsec** sich gegen diese Prädestinationslehre Calvins ausspricht, wird er verbannt. Kommt Bolsec noch mit der Verbannung davon, wird Michael **Servet**, der sich sehr entschieden gegen die Trinitätslehre, gegen die Erbsünde und die Kindstaufe wendet, auf den Scheiterhaufen geschickt. Im Hintergrund zog Calvin die Fäden. Der Reformator, der auch in seiner berüchtigten Kirchenzucht immer wieder für Milde plädiert, verrät in diesem Fall seine wahre Überzeugung: *„...allemal lieber einen Unschuldigen Strafe erleiden als einen einzigen Schuldigen ihr entkommen sehn"*. Das ist ein herber Rückschritt hinter die Ethik des Römischen Rechtes, in dem galt: *„Im Zweifelsfall für den Angeklagten"*.

Calvin starb am 27. Mai 1564 und wurde auf eigenen Wunsch in einem nicht kenntlich gemachten Grab in Genf beigesetzt.

In England, Schottland und den Vereinigten Staaten entwickelte sich aus den Lehren Calvins der sogenannte Puritanismus, der ganz wesentlich das Leistungsdenken der westlichen Welt mitgeprägt hat.

Cromwell

Oliver Cromwell, 1599-1658, erhielt eine streng puritanische Erziehung, war Gründer der englischen Republik und regierte als Lordprotektor England, Schottland und Irland, 1653-1658, in nahezu monarchischer Stellung.

Obwohl die Adligen dem König Johann Ohneland schon in der *Magna Charta* von 1215 wichtige Freiheitsrechte abgetrotzt hatten, verhielt sich **Karl I.** immer noch wie ein absoluter König von Gottes Gnaden. Er wollte sich in keiner Weise beschränken lassen. In der Magna Charta wurde klargestellt, dass der König nicht über dem Gesetz steht, sondern sich an die Gesetze zu halten hat, dass keinem freien Mann ohne Urteil Leben, Freiheit oder Eigentum genommen werden darf. Die Charta gilt als Grundstein der englischen konstitutionellen Freiheitsrechte.

Die *Petition of Rights, „Bittschrift um die Herstellung des Rechtes"* richtete das Parlament von England 1628 an König Karl I., um sein willkürliches Schalten und Walten, insbesondere bei der Eintreibung von Steuern zu beschränken. Es ist ein wichtiges Dokument in der Verfassungsgeschichte Großbritanniens und der Geschichte der Menschenrechte. Das Parlament erhob darin Beschwerde gegen den König, der das Parlament und die Magna Charta in vielen Punkten umgangen hatte.

Karl nahm die Petition zwar an, hatte aber nichts daraus gelernt. Einige Jahre später 1642, versuchte er mit 400 Bewaffneten die Wortführer im Parlament zu verhaften. Dieser Versuch scheiterte zwar, löste aber den englischen Bürgerkrieg aus.

> **Als der König geschwächt war, konnte ihm das Parlament Rechte abtrotzen, als er sich wieder allmächtig fühlte, verführte ihn dies erneut zur Willkürherrschaft.**

Das Parlament rebellierte offen gegen den Monarchen. Oliver Cormwell hatte den Aufstand organisiert. Er wurde zum entscheidenden Feldherrn des Parlamentsheeres, das letztlich siegte, aber für etliche Verwüstungen im Lande, für die Bilderstürme in englischen Kirchen und für die Unterdrückung der katholischen Iren verantwortlich war. Cromwell war zwar tolerant gegen Protestanten und Juden, die er wieder ins Land holte, nicht aber gegen Katholiken.

Um 1640 hatte Cromwell ein religiöses Erlebnis, das sein Leben veränderte. Gemäß calvinistischer Lehre fühlte er sich auserwählt zu ewigem Heil.

Ab 1653 war Cromwell „*Lordprotektor*" und errichtete eine religiös begründete Militärdiktatur, einen Gottesstaat, der durch eine strenge puritanische Sittenordnung gekennzeichnet war. Theater, Trinkgelage und dergleichen irdische Vergnügen wurden verboten. Der Staat kontrollierte seine Bürger. Das Parlament verlor all seine Rechte und war somit vom Lordprotektor abhängig. Cromwell hatte das Amt auf Lebenszeit inne. Wie schon Augustus war er Diktator in einer angeblichen Republik. Erfolgreiche Seekriege festigten seine Stellung. Er unterwarf Schottland und brach mit grausamer Härte den Widerstand von Irland, das am katholischen Glauben festhielt. Cromwell hatte Schottland und Irland - im Prinzip unabhängige Königreiche - durch englische Truppen besetzen lassen. Nach der Eroberung der irischen Stadt Droghedas wurden 3500 Menschen ermordet: etwa 2700 königstreue Soldaten und alle waffentragenden Männer der Stadt, egal ob Zivilisten, Gefangene oder katholische Priester. Dieses Massaker und die brutale Unterdrückung der Royalisten in Irland im Jahr 1649 belasten noch heute die irisch-englischen und katholisch-protestantischen Beziehungen.

„*Mit einem Wort, die Religion, die sich rühmte, Eintracht und Frieden zu bringen, hat seit achtzehnhundert Jahren Verwüstungen verursacht und mehr Blutvergießen verschuldet als aller Aberglaube des Heidentums. Zwischen den Bürgern der gleichen Staaten wuchs eine Scheidewand. Einigkeit und zärtliche Liebe wurden aus den Familien verbannt. Man hielt es für seine Pflicht, ungerecht und unmenschlich zu sein. Unter einem Gott, der ungerecht genug ist, die Irrtümer der Menschen übel zu nehmen, wurde jeder ungerecht; unter einem neidischen und rachsüchtigen Gott glaubte sich jeder verpflichtet, in seine Streitigkeiten einzugreifen und die Beleidigungen zu rächen, die man ihm zugefügt hatte. Schließlich wurde es unter einem blutdürstigen Gott zum Verdienst, Menschenblut zu vergießen.*" **D'Holbach**

Nachdem die Engländer 1653 die ganze irische Insel unterworfen hatten, hatten Massaker, Pest und Hungersnöte etwa die Hälfte bis zwei Drittel der dort lebenden Bevölkerung ausgelöscht; viele Tausende wurden in die Sklaverei in die amerikanischen Kolonien und Westindien verfrachtet. Wer konnte, floh auf den Kontinent. Die königstreuen Irländer wurden praktisch enteignet und in die weniger fruchtbaren Teile Westirlands vertrieben. Bis 1770 war der Landbesitz von Katholiken auf 5% gesunken.

Mit der von Cromwell betriebenen Hinrichtung Karls I. – 1649 - endeten alle Versuche des schottischen Königshauses der Stuarts, aus England einen absolutistisch regierten Staat zu machen. Allerdings scheiterten am Ende auch Cromwells Bestrebungen, England dauerhaft in eine Republik umzuwandeln.

Die Auseinandersetzungen um seine Politik suchte Cromwell mehrfach durch Auflösung des Parlaments zu beenden; im April 1653 löste er das Rumpfparlament endgültig auf und gab England im Dezember mit dem Instrument of Government die erste geschriebene Verfassung, die Cromwell als Lordprotektor eine annähernd monarchische Stellung einräumte. Die ihm vom Parlament angebotene Königswürde lehnte er zwar 1657 ab, beanspruchte aber das Recht, seinen Nachfolger zu benennen. Er herrschte teilweise mit diktatorischen Mitteln.

Cromwell starb 1658 in London und wurde in der Westminster Abbey begraben. Sein Sohn und Nachfolger, Richard Cromwell, war nicht in der Lage, als Lordprotektor die Machtposition zu behaupten, die sein Vater errungen hatte.

Die Intoleranz des Puritanismus während der Militärdiktatur Cromwells hatte diesen in England verhasst gemacht. Von der „Reaktion" profitierte die Monarchie, die nach dem Tode Cromwells Karl II. auf den Thron brachte. Auf seine Anordnung wurde die Leiche Oliver Cromwells geschändet.

> **Wenn ein Diktator einen anderen ablöst, der nicht größer ist, entsteht eben wieder eine bedrückende Diktatur. Das Problem ist der Mensch.**

Es ist interessant, wie von Cromwell eine monarchische Diktatur unter Karl I. durch eine republikanische abgelöst und umgekehrt von Karl II. wieder die monarchische eingeführt wurde. Das eigentliche Problem steckt ganz tief in der Natur des Menschen und in der Schwierigkeit, gleiches Denken in alle Gehirne zu bringen. Die Menschen sind nun mal sehr verschieden. Sie befinden sich in verschiedenen Situationen und werden deswegen auch immer unterschiedlich denken. Das Sein bestimmt die Denkweise. Cromwell hätte sicher gerne eine parlamentarische Demokratie gehabt, aber natürlich nur mit einem Parlament, das ihm in allen Dingen folgt.

Die Puritaner

Die Bezeichnung „Puritaner" wurde zunächst als Spottname für Laien und Geistliche verwendet, die die Kirche von „papistischen", also römisch-katholischen Lehren „reinigen" wollten.

Die Puritaner waren in der Lehre strikte Calvinisten, die sich neben den vier „*Solas*" (lat. allein) der Reformation, auch an den calvinistischen Lehren orientierten: Sola scripta, an der Schrift; Sola fide, am Glauben, Sola gratia an der Gnade, Solus Christus an Christus.

Sie sahen den Menschen als von Natur aus völlig verworfen an, glaubten, dass nur die von Gott Erwählten gerettet würden und dass die biblische Lehre im Gemeinde- und Privatleben kompromisslos angewendet werden sollte.

Die Puritaner lehnten alle Formen der Religionsausübung ab, die nicht durch die Bibel begründet werden konnten. Damit standen sie im Gegensatz zur anglikanischen und lutherischen Tradition, die alles erlaubte, was durch die Bibel nicht ausdrücklich verboten war.

Die Puritaner sahen den Teufel hinter allen weltlichen Aktivitäten. Das wurde auch in den Predigten zum Ausdruck gebracht, wo das Höllenfeuer ein beliebtes Thema war.

> **Religion, die in erster Linie Angst und Schrecken verbreitet, sollte besser heute als morgen abgeschafft werden!**

Ethik und Geisteshaltung des Puritanismus zeichnen sich aus durch die Heiligung des Alltages, hohes Arbeitsethos, strenge Selbstzucht und die Ablehnung von Unterhaltung, Theater, Vergnügungen und Zerstreuung im weitesten Sinn.

Während der Zeit von Cromwell, unter dem die Puritaner in England ihre Blütezeit erlebten, waren Weihnachtsfeiern gesetzlich verboten.

Unter dem Druck staatlicher und kirchlicher Verfolgung, ab 1583, setzten Auswanderungswellen zunächst in die Niederlande und seit 1620 (Pilgerväter) nach Nordamerika ein. Im Gefolge der Restauration der katholischen Stuarts wurden sie aus dem öffentlichen Leben zurückgedrängt, erlangten jedoch durch die Toleranzakte von 1689 die Anerkennung als religiöse Gemeinschaft.

> **Die Herrschenden benutzen immer ihre Macht, um ihre Glaubensvorstellungen im Staat durchzusetzen, deswegen ist es wichtig, dass Staat und Religion getrennt sind und der Staat weltanschaulich neutral ist. Es genügt, wenn der Staat gute Gesetze macht und für soziale Gerechtigkeit sorgt. Sein Seelenheil soll jeder selbst, gemäß der Vielfalt des Lebens, ohne Zwang und überall suchen können.**

Die **Unitarier** verbreiteten sich seit dem 17. Jahhundert von England aus. „*Diese verwerfen neben dem Dogma von der Trinität auch das Sühneopfer Jesu Christi und dessen göttliche Natur sowie die Erbsünde als unbiblisch und nicht durch die Vernunft nachvollziehbar. Die Eucharistie betrachten sie nicht als Sakrament, sondern als Gedächtnismahl und als Ausdruck ihrer spirituellen Gemeinschaft mit Jesus Christus. Unitarier praktizieren die Kindertaufe, jedoch ist in baptistisch-unitarischen Kirchen die Erwachsenentaufe üblich*". **Encarta 2009**

Sie wurden vom Toleranzedikt 1689 ausgenommen.

> **Die vernünftigsten Dinge wurden immer am heftigsten bekämpft, wenn sie der Überheblichkeit des Menschen zuwider waren.**

Die Quäker

In den 1640er-Jahren entstand in England die *„Religiöse Gesellschaft der Freunde".* Als Gründer der Quäkerbewegung wird **George Fox**, 1624-1691, ein Handwerker und Laienprediger, angesehen. Den Namen *„Quäker" = „Zitterer"* erhielten sie von Außenstehenden. Diese hatten dabei die ekstatische Frömmigkeit der neuen Religionsgemeinschaft vor Augen, deren Glaubensmitte die unmittelbar wahrgenommene Stimme Gottes ist. Aus dieser Glaubenserfahrung leiten die Quäker ein Handeln ab, das durch Sozialarbeit, Friedensdienst und Einsatz für die Menschenrechte bestimmt ist. Gewaltfreiheit, Gleichheit und Toleranz bilden die Grundsätze des Quäkertums. Feste Dogmen lehnen sie ebenso ab wie einen Klerus, der von den Gläubigen abgehoben ist und der für seine Tätigkeit bezahlt wird. Darüber hinaus haben sie kein formelles Glaubensbekenntnis. Dagegen betrachten sie alle Mitbrüder und -Schwestern als mögliche Gefäße, die für das Wort Gottes offen sind. Ein wesentlicher Bestandteil ihres Gottesdienstes ist die schweigende Andacht. Sie lehnen jede irdische Autorität, also vor allem den Staat und eine hierarchische Kirche mit Papst und Bischöfen ab.

Von dem Augenblick an, wo sie sich als religiöse Gruppe gebildet hatten, waren die Freunde Verfolgungen ausgesetzt. Sie legten die Evangelien wörtlich aus und befolgten insbesondere die Sätze der Bergpredigt, z. B. *Mat. 5:34 „Ich aber sage Euch, dass Ihr überhaupt nicht schwören sollt"* und *Mat. 5:39 „Wenn Dich jemand auf deine rechte Backe schlägt, dann halte ihm auch die linke hin".*

Die Quäker weigerten sich, einen Eid zu leisten und predigten gegen den Krieg, selbst bei der Gefahr, angegriffen zu werden. Häufig opponierten sie gegen die Autorität von Staat oder Kirche. Da sie letztere als Institution grundsätzlich ablehnten, waren sie nicht bereit, den Zehnten an die Kirche von England zu entrichten.

In den sechziger Jahren des 17. Jahrhunderts setzte eine massive Auswanderungswelle der Quäker nach Amerika ein. Sie ließen sich vor allem in New Jersey nieder, wo sie 1675 weite Landstriche „kauften". 1681 gründete **William Penn** den Staat Pennsylvania, in dem 1684 bereits 7000 Quäker lebten. Zu Beginn des 18. Jahrhunderts gab es Zusammenkünfte in sämtlichen Staaten, außer in Connecticut und South Carolina. Zunächst hatten die Freunde auch in der Neuen Welt unter Repressalien zu leiden, insbesondere in Massachusetts. Einen Freiraum bot Rhode Island, das sich durch religiöse Toleranz auszeichnete. Hier und in Pennsylvania übernahmen die Quäker später eine führende Rolle. *Quelle großenteils: Encarta 2009*

Die Bartholomäusnacht

Da bei Hochzeiten meist ganze Sippen zusammenkommen, wurde diese Gelegenheit immer wieder zu Massakern genutzt. Traurige Berühmtheit erlangte ein Anschlag auf die Hugenotten in der Nacht zum Bartholomäustag, dem 24. August, im Jahr 1572 in Paris.

Anlässlich der Heirat des hugenottischen Königs Heinrich von Navarra, des späteren Heinrichs IV. von Frankreich, mit der Tochter Katharinas von Medici, Margarete, hatten sich Tausende Hugenotten mit ihren Führern in Paris versammelt. Die Heirat war zur Aussöhnung der beiden Religionsparteien in Frankreich arrangiert worden. Die in Paris versammelten Hugenotten forderten bei dieser Gelegenheit die Untersuchung eines von Katharina de Medici angeleiteten, allerdings misslungenen, Mordanschlags auf den Hugenottenführer **Coligny**. Um eine Aufdeckung des Komplotts zu verhindern, ordnete Katharina, nachdem sie die Zustimmung ihres wankelmütigen Sohnes, des Königs Karl IX. erzwungen hatte, die Ermordung der Hugenotten an.

In Paris wurden in dieser Nacht nahezu alle anwesenden Hugenotten, insgesamt etwa 3000, getötet. In der Provinz fielen nochmals schätzungsweise 20000 Hugenotten dem Blutbad zum Opfer. Nach der Bartholomäusnacht brach der Bürgerkrieg zwischen Hugenotten und Katholiken in Frankreich erneut aus.

> **Der Staat muss über den Religionen stehen, von ihnen getrennt sein, irdische Werte (Goldene Regel) und gute Gesetze vertreten und die Weltanschauungsfreiheit aller in diesem Rahmen garantieren. Die Religionsführer dürfen den Staat nicht dazu benutzen, andere Religionen zu unterdrücken oder die eigene übertrieben zu fördern. Je mehr Macht die Religionen haben, desto unverträglicher sind sie und umgekehrt gilt: je weniger Macht sie haben, desto friedlicher sind sie.**

Giordano Bruno

um 1548-1600, Philosoph,
Universalgelehrter und Dichter der italienischen Renaissance.

Er lehrte an zahlreichen europäischen Universitäten, fiel 1592 in die Hände der Inquisition, die ihm wegen seiner Lehren den Prozess machte und wurde 1600 auf dem Scheiterhaufen in Rom als Ketzer verbrannt. Seine pantheistischen Ansichten, nach denen Göttliches in allen Dingen der Welt existiert, bzw. nach denen kein persönlicher Gott existiert und von einer unendlichen materiellen Welt, widersprach dem Glauben an ein Jenseits. Von der christlichen Kirche wurden Atheismus und Pantheismus lange Zeit gleichgesetzt. Die zeitliche Anfangslosigkeit des Universums, dessen ewiger Bestand, an den Bruno, wie schon Aristoteles, glaubte, schlossen eine Schöpfung und ein Jüngstes Gericht aus. Bruno meinte zudem, dass Jesus Mensch und nicht der Sohn Gottes gewesen sei. Nikolaus Kopernikus stellte damals das heliozentrische Weltbild auf.

Hierdurch ermutigt, entwickelte Bruno im Laufe der folgenden Jahre seine eigene Philosophie. Die Sterne erklärte er damit, dass sie wie unsere Sonne seien, dass das Universum unendlich sei, dass es eine unendliche Anzahl von Welten gebe und dass diese mit einer unendlichen Anzahl intelligenter Lebewesen bevölkert seien. Sein Denken wurde auch von Platon, Epikur, Lukrez, Thomas von Aquin... beeinflusst.

Bruno studierte zunächst in Neapel und trat 1565 in den Orden der Dominikaner ein. Er war Kind armer Eltern und hoffte wohl, sich auf diesem Weg am ehesten bilden zu können. Er liebte Bücher und nannte seine Ordensoberen bald Esel und Ignoranten. In Konflikt mit der Ordensleitung geriet er, als er sich der Marienverehrung verweigerte und alle Heiligenbilder aus seiner Klosterzelle entfernte. Doch das blieb zunächst folgenlos. 1572 empfing er dennoch die Priesterweihe.

1576 geriet er zum ersten Mal unter Verdacht der Ketzerei und musste Neapel verlassen. Er floh nach Rom, um sich dem Papst zu Füßen zu werfen. Als dort jedoch bekannt wurde, dass Bruno bei seiner Flucht aus dem Kloster Schriften des Kirchenvaters Hieronymus in die Latrine geworfen hatte - er verstand es durchaus Ärgernis zu erregen - musste er auch aus Rom fliehen. Dort trat er aus dem Mönchsorden aus. Brunos Leben wurde fortan zu einer Wanderschaft durch halb Europa.

Über Chambéry ging er zunächst nach Genf und trat der calvinistischen Kirche bei, aber Calvin stand den kopernikanischen Lehrsätzen, denen Bruno anhing, ablehnend gegenüber. Bruno wurde verhaftet und von den Calvinisten exkommuniziert. Er widerrief und kam frei.

Die Hugenottenkriege trieben ihn zwei Jahre später nach Paris. Dort blieb er bis 1583 und wurde von König Heinrich III. gefördert. Weitere Stationen seines rastlosen Wanderlebens waren: London, Paris, Prag...

Mit einer finanziellen Unterstützung von 300 Talern von Rudolf II. reiste er nach Helmstedt weiter, wo er eine Professur an der Academia Julia erhielt. Er blieb nie lange an einem Ort. Nach den Calvinisten in Genf exkommunizierten ihn jetzt die Lutheraner. Auf der Suche nach der Wahrheit stieß er überall auf Dogmen und auf Mächtige, die keine Andersdenkenden dulden wollten.

Er erregte Anstoß, war herausfordernd, nahm kein Blatt vor den Mund; typisch für einen jungen, starken Mann. Kein Wunder, dass er damit eine entsprechende Reaktion ausgelöst hat. Er war zeitlebens ein Flüchtling, getrieben von innen und verfolgt von außen. Mit beißendem Spott und mit seiner kompromisslosen Gegnerschaft zu Aristoteles, der glaubte, dass die Sonne um die Erde kreist, schaffte er sich überall Feinde. 1590 kam er nach Frankfurt am Main, legte sich mit den Stadtoberen an, die ihn 1591 auswiesen. Es folgte ein Kurzaufenthalt in Zürich. Nachdem er auf eine Einladung hin nach Venedig gereist war, wurde er dort 1592 verraten und von der Inquisition verhaftet.

Er hat sich darüber beklagt, dass die Menschen so böse zu ihm waren, dass es nur wenige gab, die ihm gut gesonnen waren. Bruno hatte bei seinen rastlosen Reisen durch ganz Europa den falschen Weg eingeschlagen. Er lief vor sich davon und war gezwungen, seinen Lebensunterhalt zu verdienen. Das ist das größte Hindernis, das eigentliche Ziel zu erreichen, das man nur erreichen kann, wenn man seine ganze Kraft und seine ganze Zeit darauf konzentrieren kann, *„bei sich zu bleiben"*. Die Menschen reagierten auf den Zustand seines Gehirns. Solange er nach außen orientiert war und damit Anstoß erregte, erzeugte er auch eine entsprechende Rückwirkung. Man muss „groß sein" d.h. in sich ruhen, um gewinnend und einnehmend zu wirken. Das erreicht man aber nur, indem man ganz eisern bei sich bleibt und älter wird.

Erst im Kerker, als er gezwungenermaßen bei sich bleiben musste, kam er zu der Einsicht, dass dies der beste Weg zur Vervollkommnung ist. Es wurde ihm klar: Die Menschen machen alles falsch, sie leben nach außen, dabei muss man nach innen leben, um sich zu entwickeln. Da war es zu spät.

> **Er hat seine Kraft, und den richtigen Weg, wie Nietzsche und viele andere, zu spät erkannt. Es ist, zumindest am Anfang, nicht leicht bei sich zu bleiben. Man braucht dazu einen gewissen Druck von außen, d.h. Ablehnung und Erfolglosigkeit - und etwas Geld.**

Wenn ich früher Erfolg gehabt hätte oder wenn ich viel Geld gehabt hätte, hätte ich mich nie so unbeirrt auf mein Ziel konzentriert. Ich wusste: Entweder ich schaffe meinen Durchbruch oder ich werde mein Leben lang arm und einsam bleiben. Ich bekomme nichts und niemand kann zu mir kommen. Und dieses Problem hatte auch Giordano Bruno. **Man konnte nicht zu ihm kommen.** Er hatte Probleme mit Frauen, wie Jesus auch.

Giordano Bruno hat letztlich nur gesagt, was ich auch glaube: Jesus war ein Mensch; das Jüngste Gericht ist eine Erfindung der Menschen; außer unserer Welt kann es noch viele andere Welten mit anderen intelligenten Wesen geben. Wenn es so etwas wie einen Gott gibt, dann ist das kein persönlicher Gott, der sich um unser Schicksal kümmert oder der uns hört, sondern es ist ein Gott der gleichgesetzt werden kann mit der Natur: Pantheismus. Er antwortet nicht und wir können ihn nicht erkennen. Nur erlaube ich jedem, anderer Meinung zu sein.

Die Kirche hatte die Macht, ihren Schäfchen unvernünftige Dinge einzurichten. Sie mussten fressen, was sie ins Maul gestopft bekamen. Wem das verordnete Futter nicht schmeckte, wurde aus dem Stall getrieben und verfolgt. Die katholische Kirche konnte zwar Ketzer verbrennen, aber keine Wahrheiten.

Am 8. Februar 1600 wurde das Urteil verlesen: Giordano Bruno wurde aus der Kirche und dem Orden der Dominikaner ausgestoßen und wegen Ketzerei und Magie zum Tod auf dem Scheiterhaufen verurteilt. Bruno reagierte auf das Urteil mit seinem berühmt gewordenen Satz: *„Mit größerer Furcht verkündet Ihr vielleicht das Urteil gegen mich, als ich es entgegennehme."*

Als die Inquisition den vollständigen Widerruf forderte, reagierte Bruno hinhaltend und schließlich trotzig: An der Ablehnung der Gottessohnschaft Christi, wie des Jüngsten Gerichts und der Behauptung, dass es viele „Welten" gebe, hielt er fest. Nach sieben Jahren Haft wurde er in Rom auf dem Scheiterhaufen verbrannt. Seine Bücher landeten auf den Index der verbotenen Schriften, wo sie bis zu dessen Abschaffung 1966 im Zuge des Zweiten Vatikanischen Konzils blieben.

Im Jahr 2000 erklärten der päpstliche Kulturrat und eine theologische Kommission die Hinrichtung Giordano Brunos für Unrecht. Eine vollständige Rehabilitierung des Gelehrten durch die katholische Kirche fand aber nicht statt, da der Pantheismus nicht mit der katholischen Lehre vereinbar ist.

Galilei und Darwin

Zwei Wissenschaftler erschütterten maßgeblich das auf der Bibel basierende Weltbild der Kirche. Während Giordano Bruno eher ein Künstler war, der die Natur poetisch in seiner Gesamtheit erfassen wollte, waren Galilei und Darwin wissenschaftlich-mathematisch geprägte Köpfe.

Galilei, Galileo, 1564-1642, italienischer Mathematiker, Philosoph und Physiker. Seine Planetenbeobachtungen machten ihn zum Vorkämpfer der heliozentrischen Lehre des Kopernikus und zum Kämpfer für freies, wissenschaftliches Denken, gegen Autorität und Dogma. Er wies nach, dass nicht die Erde, sondern die Sonne im Mittelpunkt des Planetensystems steht. Dies führte zu Auseinandersetzungen mit der römischen Kirche, die die Erde und den Menschen im Mittelpunkt eines göttlichen Heilsplanes sehen will. Es kam zu einem Prozess der Kirche gegen Galilei, der 1633 mit seiner Abschwörung und Verurteilung endete.

„Die Bibel ist ein Buch, das Anleitung gibt, wie man in den Himmel kommt, aber sie erklärt nicht, wie der Himmel beschaffen ist." **Galilei**

Galilei wurde zu unbefristeter Haft verurteilt, die er, ab 1637 erblindet, mit kurzer Unterbrechung in seinem Landhaus verbrachte. Seine Rehabilitierung durch die katholische Kirche erfolgte erst 1992 durch Papst Johannes Paul II.

Darwin, Charles Robert, 1809-1882, britischer Naturforscher, entwickelte die Evolutionstheorie und stieß damit, vor allem in kirchlichen Kreisen, auf heftigen Widerstand, da sie die biblische Schöpfungsgeschichte und die Sonderstellung des Menschen im biologischen System ablehnte. Der Mensch war nach Darwin nur noch ein, in Jahrmillionen, aus dem Tierreich hervorgegangenes, durch seine geistigen Fähigkeiten herausragendes Säugetier, das in einer ziellosen Evolution entstanden ist. Und wenn man den Tieren keine unsterbliche Seele zubilligte, warum sollte es mit dem Menschen, seinen engsten Verwandten, anders sein?

Iwan (der Schreckliche)

Iwan IV. Wassiljewitsch (von Russland), genannt der Schreckliche, (1530-1584), Großfürst von Moskau (1533-1547) und erster Zar von Russland (1547-1584). Die russischen Herrscher haben eine lange Tradition darin, mit der Errichtung von Terrorherrschaften gegen ihr eigenes Volk oder gegen Teile ihres Volkes zu regieren. Man könnte hier fast alle Herrscher von Iwan dem Schrecklichen über Peter den Großen, Nikolaus I. und II. bis Stalin nennen. Als Musterbeispiel mitleidloser Herrschaft ging Iwan IV. in die Geschichte ein. Nach dem Tod der Mutter entwickelte sich ein Machtkampf zwischen den Bojaren (Landadel) um die Beherrschung des Throns und des jungen Zaren. Er wurde von ihnen mit Grausamkeit behandelt und von der Außenwelt abgeschottet.

> **Kann ein unmündiges Kind, das zudem noch bedenkliche charakterliche Schwächen aufweist, ein legitimer Herrscher sein? Das können doch nur Dummköpfe meinen oder Leute, die an das Königtum von Gottes Gnaden glauben.**

„Die Idee, dass ein russischer Monarch das Recht zu regieren direkt von Gott erhält wurde Anfang des 15. Jahrhunderts von dem russisch- orthodoxen Abt Joseph von Volokolamsk entwickelt." **Encarta 2009 englisch**

Die Herrschaftszeit Iwans IV. glich einem dreißigjährigen Bürgerkrieg. Als sich Iwan 1543 im Alter von dreizehn Jahren seiner Macht bewusst wurde, schlug er zurück. Er ließ den Bojaren Andrei Schuiski von der Kremlwache ergreifen und von ausgehungerten Jagdhunden zerreißen.
Er gestaltete den Staat um. Große Teile des fruchtbarsten Landes nahm er dem Landadel weg und machte es zu seinem bzw. zu Staatsbesitz. Die Bojaren erhielten zum Ausgleich lediglich minderwertiges Land an den Staatsgrenzen oder wurden gänzlich enteignet und in Klöster verbannt.
Iwan galt als fromm und in der Heiligen Schrift belesen, dazu intelligent, aber auch gerissen, verschlagen und nachtragend.
Nachdem er sich im Jahr 1549 zum Selbstherrscher (Autokrat) von ganz Russland ernannt hatte, residierte er im Zarenpalast des Moskauer Kremls, den er bereits seit Kindertagen kannte.
Im November 1581 erschlug er seinen Sohn Iwan Iwanowitsch mit dem Eisenknauf seines Herrscherstabes im Streit; er traf seine schwangere Schwiegertochter in deren eigenen Gemächern zu leicht bekleidet an und ging deshalb gegen sie vor. Sein Sohn Iwan versuchte, seiner Frau beizustehen.
Nach dem Tod seiner ersten Frau Anastasia Romanowna Sacharjina im Jahre 1560, des einzigen Menschen nach seiner Mutter, den er wirklich liebte, schlug er vor versam-

meltem Hofstaat seinen Kopf gegen die Wand bis er blutete, schrie und tobte wie ein Rasender. Iwan war achtmal verheiratet.

Seine dritte Frau Marta Wassiljewna Sobakina starb zwei Wochen nach der Eheschließung 1571, möglicherweise an Gift. Anna Grigorjewna Wassiltschikowa, seine fünfte Frau, verstieß er nach nicht einmal einem Jahr, steckte sie in ein Kloster und heiratete 1579 seine sechste Frau Wassilissa Melentiewa im selben Jahr. Da sie sich einen Liebhaber zulegte, wurde sie ebenfalls in ein Kloster verbannt, der Geliebte gepfählt. Maria Dolgorukaja, seine siebte Frau ließ Iwan, weil sie keine Jungfrau mehr war, ertränken.

Zwischen 1563 und 1575 suchte er Russland mit neun Massenexekutionen heim, zu deren Durchführung (und für andere Vorhaben) er eine eigene Eingreiftruppe von Abenteurern, die „Opritschniki", gründete. Es war eine berittene „Bande" mit Besen (Reinigung) und Hundekopf (Unterwürfigkeit und Spürsinn) als Abzeichen, deren Mitglieder sowohl Leibwächter wie Spitzel, Häscher wie Henker waren - vergleichbar mit manchen Geheimdiensten der Diktaturen des 20. Jahrhunderts. Die Opritschniki verbreiteten eine wahre Schreckenswelle im ganzen Land und waren seine Handlanger bei der Ermordung der Bevölkerung zu Tausenden. Sie unterstanden ihm unmittelbar und wurden zu einem Staat im Staate.

Berichtet werden verschiedene Beispiele seiner kaum überbietbaren Grausamkeit, speziell in der zweiten Hälfte seiner Herrschaft. Er machte offensichtlich keine Entwicklung zu einem besseren und weiseren Herrscher durch; im Gegenteil. Nach 1560 wurde seine Herrschaft zusehends unberechenbarer und grausamer, vermutlich weil die Kritik verstummt und jeder Widerstand gebrochen war und er sich alles erlauben konnte.

1570 inszenierte er auf dem Hauptplatz in Moskau (dem Vorgänger des heutigen Roten Platzes) eine Massenhinrichtung der grausamsten Art. Seinen treuen Kanzler Iwan Michailowitsch Wiskowaty ließ er bei lebendigem Leibe von den Opritschniki unter ihrem Anführer Maljuta Skuratow zentimeterweise zerstückeln. Die Anklage lautete auf dreifachen Hochverrat, im Zuge dessen der Angeklagte den polnischen König Sigismund II., den türkischen Sultan Selim II. und einen weiteren Herrscher, Devlet I. Giray, den Khan der Krim, um Hilfe gebeten und ersterem den Besitz von Nowgorod und den anderen Zutritt in das Land gewährt haben soll, was der ehemalige Kanzler als Verleumdung zurückwies.

Sein Freund, Iwans Schatzmeister Nikita Funikow, wurde solange mit kochendem und eiskaltem Wasser begossen, bis dessen Fleisch sich von den Knochen löste. Nach vier Stunden waren 200 Menschen auf ähnlich grausame Art und Weise vor den Augen der verbliebenen Moskauer, die den Zaren aus Angst hochleben ließen, abgeschlachtet.

Im Juli 1564 legte er selbst Hand an, als der junge Fürst Dmitri Obolenski einige tadelnde Worte sprach und Iwan ihm darauf ein Messer ins Herz stieß. Peter Petrejus, ein deutsch-schwedischer Reisender und Russlandhistoriker des 17. Jahrhunderts, überlieferte: *„Einmal ließ er einen Fürsten in ein Bärenfell einnähen und auf das Eis bringen. Als seine großen Hunde den vermeintlichen Bären in Stücke rissen, belustigte der Zar sich so sehr, dass er vor Freude nicht wusste, auf welchem Bein er stehen sollte."*

Einen Bojaren, der sich vor ihm in ein Kloster geflüchtet hatte, ließ er fesseln, auf ein Pulverfass setzen und in die Luft sprengen: *„So kommt er dem Himmel und den Engeln näher!"* meinte Iwan.

1569 ließ er Nowgorod und Pskow von den Opritschniki einschließen und alle Bürger von Ruf niedermetzeln, öffentlich rösten oder verbrennen, weil sie sich angeblich gegen ihn verschworen hatten. Frauen und Kinder wurden gefesselt in den Wolchow geworfen, die nicht ertranken von Iwans Schergen mit Äxten erschlagen oder unter die Eisdecke gedrückt. Seit diesem Ereignis begannen seine Untertanen, ihn *„Grosny"* (den „Strengen") zu nennen.

„Es gibt keine wildere Bestie als den Menschen, der zur Leidenschaft Macht hinzugewinnt." – **Plutarch**

Iwan litt zeitlebens unter Stimmungsschwankungen und Depressionen, was mit seiner ungefestigten Persönlichkeit übereinstimmt. Er starb am 18. März 1584. In seinen letzten Lebensjahren soll er Trost bei Hexen und Zauberern gesucht haben und heulend durch sein Schloss gelaufen sein.
Es gibt die Theorie, dass Iwan möglicherweise einem Mordkomplott zum Opfer fiel.

> **Der Staat darf nicht Sache eines Einzelnen sein, vor allem nicht die eines Irren, sondern er ist Sache aller Bürger und muss zum Wohl aller Bürger regiert werden. Dazu braucht er eine vernünftige und rechtstaatliche Verfassung.**

Machiavelli

Der italienische Philosoph und Staatsmann Niccolo Machiavelli, 1469–1527, verfasste in den Wirren seiner Zeit ein Buch mit dem Titel *„Der Fürst"*. In diesem Werk rät er einem gedachten Fürsten zum politischen Wirklichkeitssinn.
Tatsächlich schwärmte er für die Verfassung der römischen Republik, aber er musste im Florenz seiner Zeit leben und das hieß: Er musste sich einem Fürsten, in diesem Fall den Medici, andienen.
Seine Lehre läuft darauf hinaus, dass ein Fürst an der Durchsetzung seiner Ziele gemessen wird und nicht an seinen Methoden. Der Erfolg rechtfertige alle Mittel, d.h., gut ist, was dem Herrscher und der Mehrung seiner Macht nützt. Moralische Erwägungen sollten dabei keine Rolle spielen. Ein Herrscher müsse auch grausam und hart sein können, um sein Land *„richtig"* zu regieren. *„Richtig"* bedeutet vor allem zu seinem Vorteil, denn natürlich geht es einem Fürsten immer erst um sich und die Seinen, im besten Fall um seinen Ruhm. Die Geschichte spricht da eine klare Sprache.

> **Wie sollten sich Herrscher, die gar nicht vom Volk legitimiert sind, an die Macht bringen, wenn nicht mit List und Tücke? Und wie sollten sie sich an der**

Macht halten, wenn nicht mit Terror und Gewalt? Die Diktatur des einen bedeutet immer die Entrechtung von vielen!

Weil die Völker Europas genug hatten von diesen *„machiavellistischen"* Fürsten, haben sie sie nach wirklichkeitsnaher Einschätzung der menschlichen Natur abgesetzt und vertrieben oder sie zumindest durch eine Verfassung beschränkt. Sie sind zu der Einsicht gekommen, dass eine Demokratie und ein Verfassungsstaat ihnen am ehesten die Möglichkeit geben, das öffentliche Leben mitzugestalten und sie vor einer Schreckensherrschaft zu schützen. Zu den Ideen Machiavellis bekannten sich Ludwig XIV., Napoleon, Mussolini...

Von Machiavelli stammt auch der Satz, *dass nur ein bewaffneter Prophet (Visionär) Erfolg hat.* Die Geschichte gibt ihm da recht, denn alle herrschenden Religionen und Weltanschauungen sind mit Gewalt verbreitet worden. Die Verbreitung der christlichen Bekenntnisse im heutigen Europa spiegelt etwa die Machtverhältnisse nach dem Dreißig-jährigen Krieg wieder, nicht die freie Entscheidung der Bevölkerung. Dass der Calvinismus in Deutschland heute kaum, in den Niederlanden aber stark verbreitet ist, liegt daran, dass er hier meist verfolgt wurde und dort als einzig wahrer Glaube mit Gewalt durchgesetzt wurde.

> **Solange die Menschen sich der Gewalt beugen, solange sie das glauben, was ihnen am stärksten eingetrichtert wird, ist Gewalt ein Erfolgsrezept, das auch in Zukunft angewendet werden wird. Für die Rechtgläubigen gibt es immer ausreichend Gründe, ihren Terror zu rechtfertigen.**

Die Inquisition wollte nur das Beste, nämlich das Seelenheil des Verbrannten. Die französischen Revolutionäre von 1789 sprachen davon, dass man die Tugend mit Gewalt durchsetzen muss. Die Kommunisten rechtfertigten ihren Terror später mit dem Satz: *„Das Ziel rechtfertigt die Mittel".*....und die Atombombe musste auf Hiroshima abgeworfen werden, um den Krieg gegen Japan zu beenden.

Der Philosoph Jean **Bodin**, 1530-1596, trat in seiner Staatslehre dafür ein, dass ein Herrscher unbegrenzte und absolute Macht haben müsse, die nur vom göttlichen und natürlichen Recht beschränkt sei. Damit bereitete er den Boden für den Absolutismus der Herrscher von *„Gottes Gnaden".* Ähnliche Ansichten vertrat Thomas **Hobbes.**

Ludwig XIV.

Ludwig dem XIV. wurde das Königtum in die Wiege gelegt. Er war einer der jüngsten und mit 72 Jahren der am längsten herrschende König in der Geschichte Europas. Er lebte von 1638 bis 1715. Seit 1643 war er König. Als Kardinal Mazarin 1661 starb, war der 22-jährige Thronanwärter gut auf sein Amt vorbereitet und verkündete dem Staatsrat, dass er keinen leitenden Minister mehr einsetzen, sondern die Regierungsgeschäfte in eigener Leitung führen werde.

Sein Größenwahn war maßlos, ebenso seine Intoleranz und sein absoluter Despotismus, der auf der Einbildung beruhte, dass er der einzige König von Gottes Gnaden sei. In seiner Verschwendungssucht könnte der gläubige König dem biblischen Vorbild des Königs Salomon nachgeeifert haben.

> **Je jünger der Mann, desto größer sein Wahn.**

Er strebte vom Anfang seiner Herrschaft an nach militärischer Überlegenheit und bedrängte seine Nachbarn: Die Niederlande, Holland, Spanien und Deutschland mit Erbfolge- und Eroberungskriegen. Einen Grund, Kriege zu führen, fand er immer und wenn er noch so fadenscheinig war. Sein Volk und die Nachbarn mussten dafür bluten und zahlen.

Im Inneren baute er seine Königsherrschaft aus. Sein aufwendiger Lebensstil auf Schloss Versailles und seine Mode: Perücke und hohe Absätze, fanden an den europäischen Höfen begeisterte Nachahmer. Hohe Steuern und Hungersnöte waren die Folge. Auf diesem Nährboden gedieh 1789 die Französische Revolution, die diese ungerechte und verhängnisvolle Herrschaft endgültig beseitigen wollte.

Die Verfolgung der Hugenotten:

„...auf hundert verschiedene Weise will ich wiederholen, dass man niemals Gott etwas Gutes tut, wenn man den Menschen Böses tut." **Voltaire**

„Hugenotten" ist die etwa seit 1560 gebräuchliche Bezeichnung für die französischen Protestanten im vorrevolutionären Frankreich. Ihr Glaube war stark von der Lehre Johannes Calvins beeinflusst. Ab 1530 wurde die Glaubensausübung der Protestanten in Frankreich durch den katholischen Klerus und den König gnadenlos unterdrückt, die Hugenotten verfolgt, siehe: Die Bartholomäusnacht, weiter oben.

Weil der katholische König Ludwig XIV. einen Einheitsstaat mit gleichgläubigen Untertanen schaffen wollte, um damit den ganzen Staat mit allen seinen Bürgern besser beherrschen zu können, waren ihm die französischen Protestanten, die Hugenotten, ein Dorn im Auge. Er glaubte, gemäß der Sichtweise seiner Vorgänger, den Staat mit religiöser Einheit stärken zu können, nach dem Motto: ein König, ein Gesetz, ein Glaube. Er war in dem tiefen Glauben erzogen worden, dass die Seele eines Protestanten den Qualen der Hölle ausgeliefert werde. Also meinte er es eigentlich nur gut, wenn er sie von ihrem „verderblichen Irrweg" abbringen wollte.

> Unvernünftige, unbewiesene, unhaltbare, von Menschen in die Welt gesetzte Glaubensdummheiten, die für göttliche Wahrheiten ausgegeben wurden, waren die Ursache für endlose Verfolgungen. Die Religion legte fest, wer zu den Verfolgern und wer zu den Verfolgten gehörte.

Bis ins 19. Jahrhundert mussten die französischen Könige bei ihrer Krönung schwören, die „Ungläubigen" zu vertilgen...und ungläubig waren Juden, Muslime, Freidenker und auch Protestanten. So setzte er die protestantische Bevölkerung unter Druck. 1685 wurde das 1598 geschlossene Toleranzedikt von Nantes wieder aufgehoben. Die Hugenotten sollten sich zum katholischen Glauben bekehren oder auswandern. Hugenotten waren nun nicht mehr durch das Gesetz geschützt. Ihre Prediger erwartete die Todesstrafe. Hugenottische Kirchen wurden zerstört, ihre Schulen geschlossen. Durch Ludwigs Maßnahmen flohen bis 1730 etwa 500000 von 730000 Hugenotten ins Ausland, vor allem in die Niederlande, nach Preußen, ins Rheinland, nach England und Nordamerika, wo sie, als gut ausgebildete Fachkräfte, zur Steigerung der Produktivität beitrugen. Das Ende der Verfolgung kam erst nach der Französischen Revolution mit der Verfassung von 1791.

> Fanatische Prediger sind es, die das Unheil auf Erden schüren. Sie versprechen das Paradies für die Auserwählten im Jenseits und schaffen damit die Hölle im Diesseits.

Religiöse Intoleranz und Zensur, Vertreibung Andersgläubiger; verschwenderische Bauten, Mätressenwirtschaft, Prunkjagden und Müßiggang der Adligen, Korruption, Vorrechte und Willkürherrschaft; militärische Aufrüstung, Festungsbau und Kriege; Hohe Steuern und Hunger beim Volk... waren die Kennzeichen der Herrschaft des Sonnenkönigs, die von der katholischen Kirche abgesegnet wurde. Beim Tod von Ludwig XIV. war Frankreich mit etwa zwei Milliarden Livres ~ 20 Milliarden Euro, verschuldet.

„Was kümmert die Kirche die Tyrannei missratener Könige, sofern sie an deren Macht teilhat!" **Helvetius franz. Philosoph 1715–1771**

Dafür, dass er auch die Kunst und die Kultur, zu seiner Huldigung, gefördert hat, wird er heute von den Historikern hoch gelobt und bewundert. Natürlich haben Diktatoren auch manches Gute für ihr Land getan, meist haben sie, wie Ludwig XIV., das nationale Territorium durch Kriege vergrößert. Die Vergrößerung eines Territoriums durch Krieg bedeutet aber auch immer einen Blutverlust für alle Parteien und die wirtschaftlichen Vorteile die eine Nation durch Eroberung erlangt, sind mit Ausbeutung und Nach-

teilen für andere verbunden. Das gilt für das Wirken von Alexander; Cäsar; Napoleon; Friedrich II., Hitler und unzähliger anderer Despoten und Eroberer.
Auf seinem Totenbett soll Ludwig seinem Nachfolger empfohlen haben, weniger Paläste zu bauen und weniger Kriege zu führen, um das Leid der Bürger zu mindern. Späte Einsicht nach einem prallen Leben für das Ego.

Voltaire

Der französische Schriftsteller und Philosoph Voltaire, 1694-1778, eigentlich hieß er François Marie Arouet, war einer der bedeutendsten Geister der Aufklärung. Er kämpfte in seinen Schriften gegen die Klassengesellschaft, gegen die Vorrechte von Klerus und Adel, gegen die allgegenwärtige Macht der katholischen Kirche und ihre unerbittlichen Maßnahmen, das freie Denken zu beschränken. Interessant ist auch, dass er, der von den Jesuiten erzogen worden war, gerade gegen diesen Orden eine extrem feindliche Abneigung entwickelt hat: ein Paradebeispiel misslungener Erziehung. Er kritisierte ihr Streben nach Reichtum und Macht. Er wendete sich gegen Unvernunft, religiöse Intoleranz und Aberglauben: *„Das Christentum war die schrecklichste und intoleranteste aller Religionen." „Religion setzt die Welt in Brand, Aufklärung hilft diese Brände zu löschen." Voltaire*

*„Ich mag verdammen, was du sagst, aber ich werde mein Leben dafür einsetzen, dass du es sagen darfst." **Stammt nicht von Voltaire, ist aber trotzdem gut.***

Er will den gerechten Staat und findet die Monarchie am besten, an deren Spitze er sich, wie von Platon gefordert, den *„guten und weisen König"* wünscht. Den sah er zunächst in Friedrich dem Großen verkörpert, mit dem er freundschaftliche Beziehungen pflegte, bis es zum Zerwürfnis kam, bis er merkte, dass auch in ihm die vorherrschende Gier nach Macht alle Ideale besiegt hatte. Voltaire glaubte an die Aufklärung von oben. Gerade sein *„aufgeklärtes"* Vorbild aber, Friedrich, hat aus Geltungsbedürfnis, aus Hab- und Machtgier mitten im Frieden zwei Kriege angefangen. Seine Überlegenheit und seine gefüllte Kriegskasse haben ihn dazu verführt. Auch seine Jugend, wie Friedrich später bekennt.

> **Die Aufklärer waren fortschrittsgläubige Idealisten, die nicht die Gefahren in der Tiefe der unvollkommenen menschlichen Natur sahen. Erst Sigmund Freud wies im 20. Jahrhundert auf diese Abgründe hin.**

Voltaire trat ein, für die Abschaffung der Leibeigenschaft und für die Gleichheit vor dem Gesetz. Einen großen Teil seiner Bekanntheit verdankt er seinem erfolgreichen Kampf gegen schwerwiegende Irrtümer bzw. willkürliche Urteile der Justiz, die den

159

Adel bevorzugte und den gemeinen Mann demütigte. Er glaubte aber, dass es immer Reiche und Arme geben werde. Schließlich war er selber gut betucht.

> **Ungerechtigkeit ist es, die Menschen aufgrund ihrer Geburt, ihres Standes, ihrer „Rasse", ihrer Religion, ihrer Nationalität einzuteilen und sie deswegen zu benachteiligen oder zu bevorzugen.**

Er wendete sich gegen grausame Strafen, gegen die Sklaverei und die Folter. Er kritisierte die ständigen, unsinnigen Kriege in Europa und in den von Europäern besetzten Gebieten in Übersee, die endlose Blutopfer forderten und die die unterworfenen Völker ins Elend stürzten. In seinem Roman *„Candide"* machte er sich über die Aussage von Leibnitz lustig, dass wir in der besten aller möglichen Welten leben. *„Wie würde es wohl in einer weniger gut eingerichteten Welt zugehen, wenn schon die beste aller Welten nichts als Leid zu bieten hat?"*
Er wendete sich gegen den Kolonialismus und die Einbildung des weißen Mannes, einer überlegenen „Rasse" anzugehören. Als Weltbürger sah er in der Geschichte eine Summe sinnloser Grausamkeiten. Als Erneuerer der Geschichtsschreibung wollte er das Leid belegen, das die blutigen Kriege der weltlichen und geistlichen Herren anrichteten, denen es dabei nur um ihren Eigennutz ging. Über die Juden hat er nicht viel Gutes zu sagen: Sie haben auf einen Messias gewartet, der aber nur für sie und nicht für uns kommen sollte. Einbildung eines *„auserwählten"* Volkes!
Seine scharfe und witzige Kritik an den herrschenden Verhältnissen brachte ihm viele Feinde, aber auch viele Bewunderer. Ein Streit mit einem Adligen zwang ihn zur Flucht nach England. Dort lernte er die konstitutionelle Monarchie mit Parlament kennen und schätzen.
Obwohl Voltaire ein unerbittlicher Gegner der Kirche war, wünschte er sich ein kirchliches Begräbnis. An der Existenz Gottes wollte er festhalten. Doch verweigerte er auf dem Totenbett die Kommunion ebenso wie den von der Kirche verlangten umfassenden Widerruf seiner Schriften. Auch von seiner Verneinung der Gottessohnschaft Jesu rückte er nicht ab.

Karl Eugen von Württemberg

Karl Eugen, Lebenszeit: 1728-1793, wurde bereits im Alter von neun Jahren zum Herzog von Württemberg, Regierungszeit: 1737-1793, nachdem sein Vater Carl Alexander früh verstorben war. Zur Erziehung kam Karl Eugen mit seinen beiden jüngeren Brüdern an den Hof Friedrichs des Großen nach Potsdam. Der Prinz hatte mit seinen vierzehn Jahren einen eigenen Hofstaat von nahezu fünfzig Leuten, residierte in einem kleinen Palais in der Wilhelmstraße, dem Gebäude der späteren Reichskanzlei und verfügte über ein Lustschloss mit dazugehörigen Jagdrevieren. Dem Kind wurden hohe Ehren zuteil. Der König ernannte ihn zum preußischen Generalmajor und Inhaber eines

Füsilierregiments. Auf Empfehlung König Friedrich II., dem Großen, hat ihn Kaiser Karl VII. mit 16 Jahren vorzeitig für mündig erklärt.

> Wer waren die alten Esel, die einen jungen Mann derart hofierten, dass er zum Tyrannen werden musste, wenn ihm einmal etwas versagt blieb?

„Deutschland wimmelt von Fürsten, von denen Dreiviertel kaum gesunden Menschenverstand haben und die Schmach und Geißel der Menschheit sind. So klein ihre Länder sind, so bilden sie sich ein, die Menschheit sei für sie gemacht." **Freiherr von Wolff**

Das Regieren Karl Eugens erschöpfte sich vorerst darauf, Prunk zu entfalten und Geld zu verschwenden. Da er es immer bekam, verprasste er immer mehr. Die Steuereinnahmen konnten mit den Ausgaben bald nicht mehr mithalten.

Der Rechtshistoriker Johann Christoph Lüding schrieb über die Legitimation absolutistischer Prunksucht schon 1718 folgendes: *„Die meisten Menschen, vornehmlich aber der Pöbel, sind von solcher Beschaffenheit, dass bei ihnen die sinnliche Empfind- und Einbildung mehr als Witz und Verstand vermögen, und sie daher durch solche Dinge, welche die Sinne kitzeln und in die Augen fallen, mehr als durch die bündig- und deutlichsten Motiven commoviret (gerührt) werden. Wenn man dem gemeinen Volk hundert und aberhundert mal mit auserlesensten Worten und Gründen vorstellte, dass es seinem Regenten deswegen gehorchen sollte, weil es dem göttlichen Befehl und der gesunden Vernunft gemäß wäre, dieser aber sich in Kleidung und sonsten in allem schlecht, als ein gemeiner Führer aufführte, so würde man wenig ausrichten. Allein man stelle demselben einen Fürsten vor, der prächtig gekleidet, mit vielen Hofleuten umgeben, von verschiedenen auswärtigen Prinzen und Gesandtschaften verehrtet, auch von einer ansehnlichen Garde bedeckt ist, so wird es anfangen, sich über dessen Hoheit zu verwundern, diese Verwunderung aber bringet Hochachtung und Ehrfurcht zuwege, von welcher Untertänigkeit und Gehorsam herkommen."*
zit. n. Oßwald-Bargende 2004

> Das Volk liebte den Schein und wollte betrogen werden. Mit Prunk und Pomp können die Unmündigen eher beeindruckt werden, als mit vernünftigen Argumenten. Das Volk muss aber nicht auf ewig unmündig bleiben. Unmündig bleibt es nur, wenn es von oben so behandelt wird als sei es unmündig und unverständig.

Karl Eugen wetteiferte mit den Herrschern Europas um die glänzendste Residenz. Vorbild war der *„Sonnenkönig"*, Ludwig XIV. Seine Hofhaltung mit großartigen Schauspielen und zahllosen Mätressen überstieg die Einnahmen seines kleinen Landes bei weitem. Die Bautätigkeit des Herzogs übertraf alles, was man in vergleichbaren Ländern kannte. Auch ein stehendes Heer musste unterhalten werden. Nur eine Erhöhung der Steuern und die Erfindung neuer Steuern konnten ihn vor dem Staatsbankrott retten. Wenn Karl Eugen Geld brauchte, das nicht mehr durch Steuerpressungen oder durch Kredite seines bevorzugten Bankiers hereingeholt werden konnte, entwickelte er mit seinen Beamten stets einen außergewöhnlichen Einfallsreichtum, um alles Mögliche zu Geld zu machen. Ämter jeder Art wurden verkauft, Steuern jahrelang einfach doppelt eingefordert, Abgaben auf Salz und Zucker in schwindelnde Höhen getrieben; von Pferdebesitzern wurden Steuern eingezogen, es sei denn das Tier wurde dem Herzog zu einem Sonderpreis überlassen; wer wegen seiner überaus hoch besteuerten Getreidevorräte in Zahlungsrückstand geriet, musste damit rechnen, binnen kurzer Zeit geplündert zu werden.

Berüchtigt und im Land verhasst waren auch die von Oberst Rieger in herzoglichem Auftrag durchgeführten Zwangsrekrutierungen von Soldaten, die, gegen ihren Willen, in das stehende Heer des Herzogs gepresst und zur Stützung der Staatsfinanzen für ein Kopfgeld Söldnerheeren der britischen Krone verkauft wurden.

Das Volk begann gegen diese ihm aufgebürdeten Lasten zu murren und aufzubegehren; der Herzog wiederum sah sich dadurch veranlasst, die schlimmsten Kritiker mundtot zu machen.

> **Ungerechte und ungerechtfertigte Herrschaft führt zu Widerstand und Widerstand zur Verfolgung der Widerspenstigen.**

Es kam zu willkürlichen Verhaftungen und Verfolgungen, unter denen vor allem die wachsten Geister seines Landes zu leiden hatten. Dazu gehörte der freimütige Schriftsteller **Christian Friedrich Daniel Schubart** 1739-1791. Wegen kritischer Äußerungen gegen die absolutistische Herrschaft und die Vorrechte von Adel und Klerus landete er für 12 Jahre auf dem Hohen Asberg, dem berühmt-berüchtigten Gefängnis der Württemberger. Er starb nur 4 Jahre nach seiner Entlassung - wohl an den Folgen der Haft.

So führte der selbstsüchtige Lebensstil eines Mannes zur Zerrüttung eines ganzen Gemeinwesens. Reumütig, aber unbelehrbar legte er wie Ludwig XIV. gegen Ende seiner Regierungszeit ein Schuldbekenntnis ab, das sogar von den Kanzeln verlesen wurde.

„Wenn der vom Herzog geknebelte und um das Glück von Kindheit und Jugend betrogene Friedrich Schiller seinem Freiheitsdrama »Die Räuber« das Motto »in tyrannos« vorangestellt, so hat er dabei seinen Tyrannen, den Herzog von Württemberg, vor Augen." **Karlheinz Wagner, Biograph**

Was spricht gegen eine Monarchie?

Denkende Bürger fragen sich: Warum sollte gerade eine bestimmte Familie das erbliche Recht haben, den König zu stellen? Woher leitet sie ihre Legitimität? Im besten Fall erwarb sie dieses Recht, weil die Vorfahren erfolgreich und „heilbringend" (Königsheil) für die Volksgemeinschaft wirkten. Man traute ihnen eine besondere Nähe zu den Göttern zu oder sie hatten sich als Heerführer (Germanen) bewährt und waren erfolgreich gegen die Feinde. Manche gelangten durch Adoption (Schweden) in diese bevorrechtigte Stellung, oft waren sie aber einfach die rücksichtsloseren Machtmenschen, die sich an die Spitze gemordet oder die Kurfürsten bestochen hatten. Die Ablösung der Merowinger durch die Karolinger erfolgte im Frankenreich z.b. einfach deswegen, weil die Karolinger den Päpsten genehmer waren, weil sie diesen Schenkungen und Zugeständnisse machten. Im Gegenzug erhielten die Kaiser durch den päpstlichen Segen scheinbar göttliche Legitimation für ihr Amt.

Was ist, wenn ein König unfähig ist? Ein erblicher König kann nicht abgewählt werden. Wenn er schlecht ist, ist er ein Übel. Ein Präsident in einer **Demokratie** ist dagegen gewählter „König" auf Zeit. Er muss sich bewähren und nach bestimmter Zeit wieder abdanken. Er kann in einem **Rechtsstaat** nicht seine Nachkommen ins Amt hieven, seine Verwandtschaft begünstigen und willkürlich schalten und walten. Er kann nicht ohne Bewilligung durch ein **Parlament** sinnlos Geld verschwenden. Ein absoluter König wird immer seine Macht ausleben, er wird seine Schmeichler und seine Familie begünstigen und er wird seine Kritiker verfolgen, die er immer haben wird, vor allem dann, wenn er nicht groß genug ist und er wird die **freie Meinung und Presse** beschränken. Demokratie mag langwierig, langweilig und teuer sein, sie ist aber die Staatsform, die den Machtmissbrauch am ehesten verhindert und die **Menschenrechte** am ehesten gewährleistet. Demokratie ist die Staatsform, die in sich die besten Möglichkeiten birgt, sich zu entwickeln und Missstände zu korrigieren. Dabei geht die größte Gefahr für die Demokratie heute von den Parlamentariern selbst aus, wenn sie abgehoben vom Wählervolk vor allem ihren Eigennutz suchen und sich wie die Fürsten vergangener Zeiten alle möglichen Vorrechte sichern.

Schiller

Johann Christoph Friedrich von Schiller:
Schriftsteller, Philosoph und Historiker, 1759-1805.
Selbständige Geister wehren sich gegen Bevormundung und erregen damit das Unbehagen der Herrschenden. Diese sehen durch Freidenker, die sich nicht einfach unter-

ordnen, ihre Herrschaft gefährdet und benutzen ihre Macht zur Verfolgung und Unterdrückung.
Es gab in der Weltgeschichte mehrere klassische Paare von Verfolgern und Verfolgten. Meist war das ein mächtiger Herrscher, gegen den ein Freigeist aufbegehrte. So stand der Machtwille **Herzog Karl Eugens** dem Freiheitsstreben **Friedrich Schillers** gegenüber. Der eine schwelgte in Luxus und Reichtum, lebte bedenkenlos nach seiner Lust und brachte den anderen um seine Kindheit und Jugend.

Karl Eugen war ein gewalttätiger, verschwendungssüchtiger Despot und Friedrich Schiller der Freigeist par excellence. Es musste zur Auseinandersetzung führen, wenn dieser Tyrann den jungen Schiller auf herzoglichen Befehl, gegen den Willen der Eltern, in eine Militärakademie zwang. Schiller war voller romantischer Gefühle und träumte von einer Laufbahn als Theologe, später als Schriftsteller. Er ließ sich nicht beugen und schrieb heimlich seine *„Räuber"*. Karl Eugen verbot ihm die „Schreiberei". Er warf den eigenwilligen Dichter vierzehn Tage lang ins Gefängnis und untersagte ihm bis auf weiteres, Komödien *„und dergleichen Zeugs"* zu schreiben. Schiller floh nach Mannheim. Das lag damals im Bayrischen, außerhalb des Machtbereiches von Karl Eugen. Schiller fühlte sich im Recht. Er hielt es für ein Verbrechen, wenn jemand davon abgehalten wird, an seiner Selbstvervollkommnung zu arbeiten.

> **Diktatoren wollen verhindern, dass Menschen, die sie als ihre Untertanen, ihr Eigentum, ihre Verfügungsmasse betrachten, sich unerlaubt aus ihrem Bannkreis entfernen. Gefährlich wird die Sache für sie, wenn diese Untertanen die Schreckensherrschaft anprangern. Und ganz unerträglich wird es, wenn sie andere zum Aufruhr bewegen können und dabei selbst an Ansehen und Bedeutung gewinnen. So geschehen durch Friedrich Schiller.**

Auch andere Geister bekamen die Härte des Herzogs zu spüren. Der Dichter Schubart, der wegen seiner demokratischen Gesinnung 1777 für zwölf Jahre ins Gefängnis kam, nannte die Karlsschule eine *„Sklavenplantage"*.

> **Für einen schöpferisch veranlagten, starken Freigeist gibt es nur ein erstrebenswertes Berufsziel: *„freischaffender Künstler"*. Er könnte es nie ertragen, jemanden über sich zu haben, der ihm Anweisungen oder gar Befehle gibt.**

Bei Schiller finde ich sehr viele Parallelen zu meiner Lebensgeschichte: Die Flucht vor autoritären, einengenden Verhältnissen; der Kampf gegen jede Art von Tyrannei; der absolute Freiheitswille; die starken Gefühle der Jugend; die Kopfschmerzen; die Träumereien; die Sinnsuche in einer schöpferischen Tätigkeit und die finanziellen Probleme, die damit verbunden sind. Das Interesse an der Geschichte, den Glauben, dass die

Menschen aus ihr lernen können und dass sich damit die Verhältnisse auf diesem Planeten stetig verbessern lassen.

Schiller studierte die Werke Plutarchs, Shakespeares, Voltaires, Rousseaus und Goethes. Seine Freunde waren die besten Geister aller Zeiten. Er war ein Weltgeist in Deutschland. Er wollte Künstler sein oder nicht mehr sein.

Für seine Freiheitsliebe ernannte ihn die Französische Republik 1792 zu ihrem Ehrenbürger. Dabei waren die Schrecken der Revolution, die allerdings erst 1793 folgten, Schiller ein Gräuel.

Geld

1784, nach einem Jahr als Theaterdichter in Mannheim war Schiller so hoch verschuldet, dass er fast im Schuldturm landete. Erst das gemeinsam vom dänischen Finanzminister Erich Heinrich Graf von Schimmelmann und von Herzog Friedrich Christian II. von Schleswig-Holstein-Sonderburg-Augustenburg 1791 erhobene Ehrengehalt (zunächst auf drei Jahre festgelegt, später um zwei Jahre verlängert) beendete seine finanzielle Misere.

Geld war für ihn kein vordringliches Ziel. Er hielt in Jena historische Vorlesungen ohne Bezahlung. Bei seiner Antrittsvorlesung 1789, im Jahr der französischen Revolution, hielt er eine Vorlesung mit dem Thema *„Warum und wozu betreibt man Universalgeschichte"*. Dabei stellte er dem Brotgelehrten, der nur um des Geldes willen Wissenschaft betreibt, den philosophischen Geist gegenüber, der um der Wahrheit willen, aus Neugier und innerem Interesse forscht. In dieser Vorlesung äußert sich Schiller sehr optimistisch darüber, wie herrlich weit es seine Zeit in Fragen der Gesittung und des Wohlstandes gebracht hat. *„Das Gesetz wacht über sein Eigenthum - und ihm bleibt das unschätzbare Recht, sich selbst seine Pflicht auszulesen."* Und weiter: *„ Wie viele Schöpfungen der Kunst, wie viele Wunder des Fleißes, welches Licht in allen Feldern des Wissens, seitdem der Mensch in der traurigen Selbstverteidigung seine Kräfte nicht mehr unnütz verzehrt...(...) seitdem er das kostbare Vorrecht errungen hat, über seine Fähigkeit frei zu gebieten und dem Ruf seines Genius zu folgen!"* Er vergleicht die Verhältnisse seiner Zeit mit den neu entdeckten Völkern, den *„ Wilden"* Amerikas und Afrikas, die noch in urgeschichtlichen Zuständen leben. *„Alle denkenden Köpfe verknüpft jetzt ein weltbürgerliches Band,"*... *„Die europäische Staatengemeinschaft scheint in eine große Familie verwandelt. Die Hausgenossen können einander anfeinden, aber hoffentlich nicht mehr zerfleischen."*

Mit seinem idealistischen Menschenbild konnte er nicht vorhersehen, wie viel Verfolgung und welch schreckliche Kriege diesen *„herrlichen Zeiten"* der Aufklärung noch folgen würden. Er ahnte nicht, dass die größten Schlächter und die schlimmsten Massaker der Weltgeschichte noch bevorstehen würden. Nochmal Schiller, weil's so schön ist, an das Gute und den Fortschritt zu glauben: *„Seitdem die Gesetze zu der Schwäche des Menschen herunterstiegen, kam der Mensch auch den Gesetzen entgegen. Mit ihnen ist er sanfter geworden, wie er mit ihnen verwilderte; ihren barbarischen Strafen* *folgen die barbarischen Verbrechen allmählich in die Vergessenheit nach. Ein großer Schritt zur Veredlung ist geschehen, dass die Gesetze tugendhaft sind, wenn auch gleich noch nicht die Menschen."*

> **Das Problem des Menschen steckt tief in der Beschaffenheit seines unvollkommenen Gehirns; deswegen wird dieses Problem, unabhängig von der Zeit, immer wieder auftreten. Darüber möchte dieses Buch aufklären, davor möchte es warnen und als schützende Maßnahme die Unerschütterlichkeit eines freiheitlichen Verfassungsstaates empfehlen, der alle Macht beschränkt und kontrolliert. Die Menschen ändern sich nicht, aber sie können daran gehindert werden, Unheil anzurichten, indem man ihre Macht und ihre Befugnisse durch Gesetze beschränkt.**

Freundschaft
So sehr Schiller seine Arbeit liebte, so sehr schätzte er auch die Freundschaft. Das ist schön. Ich liebe sie auch. Aber ich weiß, dass ich ohne Einsamkeit keine Aussicht gehabt hätte, so groß zu werden, **dass man zu mir kommen kann**; und Schiller hatte auch keine, weil er die Einsamkeit nicht ertrug. Er hatte eine Familie und hätte wohl ein glückliches, bürgerliches Leben haben können, wenn er nicht so krank gewesen und so früh gestorben wäre.

Ergebnis
Es ist eine deutliche Entwicklung vom romantischen, gefühlsbetonten Jüngling zum eher vernunftorientierten Mann, vom Dichter zum Historiker und Philosophen zu erkennen. In der Sturm- und Drangphase tauchen jugendliche Kraftausdrücke und Gewaltszenen auf. Er fand bei seiner genialen Veranlagung das Glück in einem bürgerlichen Familienleben. Ein Tauziehen hat er anscheinend nicht ausgelöst.

Von Künstlern und ihren Problemen

Es gab im Laufe der Weltgeschichte viele schöpferische Geister, die ihren Weg in die Gesellschaft nicht gefunden haben, die sich verfolgt, abgelehnt und unverstanden fühlten. Die Auswahl meiner Beispiele ist persönlich. Ich suchte starke Künstler und fand Menschen, die an der Problematik des Lebens zerbrachen.

Die Großen waren nicht unbedingt die Erfolgreichen, sondern diejenigen, die mit diesen Problemen hauptsächlich zu kämpfen hatten. Es sind mehr oder weniger traurige Lebensgeschichten, meist Geschichten von Männern, denen die Gesellschaft die künstlerische Anerkennung, zu ihren Lebzeiten, versagt hat. Viele blieben unbekannt, haben geschwiegen und haben sich offensichtlich selbst nicht verstanden. Wir wissen nichts von ihnen. Keiner hat es geschafft, so groß zu werden, **dass man zu ihm kommen konnte.** Ich versuche nun anhand ausgewählter Lebensgeschichten etwas zum Verständnis dieses Satzes und dieser Männer beizutragen. Es ist eben vor allem ein männliches Problem.

Psychische Probleme
Oft hatten sie **psychische Probleme**, weil ein Starker auf dem Weg zur Verselbstung durch eine verrückte und finstere Welt hindurchgehen muss. Georg Büchner, 1813-1837, Schriftsteller lässt Danton sagen: *„Was ist das, was in uns hurt, lügt, stiehlt und mordet? Puppen sind wir, von unbekannten Gewalten am Draht gezogen; nichts, nichts wir selbst..... Aus Dantons Tod*
„Der Mensch ist nicht Herr in seinem Haus", Georg Büchner.
Unerklärliche Depressionen werden selbst von einem so gesunden Mann wie **Goethe** berichtet.

Auf dem Weg zu einer Persönlichkeit muss man durch diese *„finstere Phase"* hindurchgehen. Sie beherrschte mich etwa vom 18. bis zu meinem 45. Lebensjahr und verflüchtigte sich dann im Laufe der Jahre allmählich. Das ist erklärungsbedürftig, denn man findet Ähnliches bei fast allen größeren Persönlichkeiten.

> **Meiner Ansicht nach handelt es sich bei dieser „Kampf-Krieg-Todphase", wie ich diese Erfahrung nennen möchte, um eine Stufe der menschlichen Persönlichkeitsentwicklung, die man nicht überspringen, sondern nur so schnell wie möglich durchleben kann und zwar indem man ganz eisern bei sich bleibt.**

Gewalt
Auch **Gewalt** spielt zumindest in der Anfangsphase der Persönlichkeitsentwicklung eine zentrale Rolle. Die Stärke muss gebändigt und in eine Form gebracht, im Idealfall in Persönlichkeit umgesetzt werden, indem man ganz eisern bei sich bleibt. Man findet Gewaltszenen bei den Malern Paul Cézanne, Pablo Picasso, Max Beckmann... Berühmt sind die Gewaltszenen bei Caravaggio, 1573-1610, italienischer Barockmaler, der auch im wirklichen Leben sehr gewalttätig gewesen sein soll und des Mordes angeklagt wurde. Desgleichen war Michelangelo ein finsterer Titan. Ebenso Goya, 1746-1828, spanischer Maler und Kupferstecher. Über den Maler Delacroix hieß es in den Salons: *„Wie schade, dass so ein sympathischer Mensch solche Bilder malt."* Er malte Kampf- und Gewaltszenen, z.B. „Das Gemetzel von Chios",„Der Tod des Sardanapal"...Er musste da hindurch.

Meiner Ansicht nach haben sie alle zu viel Energie in ihre Malerei gebuttert oder zu viel Zeit als Lehrer vergeudet. So konnten sie es nicht schafften, so groß zu werden, dass man sie wollte. Es blieb zu wenig Zeit und Kraft für ihre Entwicklung übrig, die man am besten beschleunigt, indem man bei sich bleibt.

Schriftsteller werden in dieser Entwicklungsphase gewalttätige Stücke schreiben: Shakespeare (Hamlet), Kleist (Penthesilea), Schiller (Die Räuber) ...Herrscher werden eine verrückte und gewalttätige Politik machen: Peter d. Große, Wilhelm II.; Hitler; Stalin; Mao...

Weise und Frauen

Meist hatten diese Künstler **Probleme mit Frauen**, weil man **nicht zu ihnen kommen konnte**. Weise Männer hatten immer ein zwiespältiges Verhältnis zu den Frauen: Es ist ein Abwägen zwischen Liebe und Werk, zwischen aufgeregtem Leben und innerer Ruhe. Einem, der die Freiheit liebt und der in der Einsamkeit am besten gedeiht, fällt schwer, das Leben mit einer Frau zu teilen. Zur Liebe genügt es ja nicht einfach, eine Frau zu haben. Auch Goethe ist immer vor einer Bindung geflüchtet. Er brauchte die Frauen vor allem als Katalysator für seine Dichtungen. Kant meinte *„Als ich eine brauchen konnte, konnte ich keine ernähren,...als ich eine versorgen konnte, konnte ich keine mehr brauchen."*

Epikur sah in Frauen Anlass für Unruhe, die den Seelenfrieden stört. Er hatte zwar Frauen unter seinen Schülern, aber keine Ehefrau. Buddha hat seine Frau früh verlassen. Xanthíppe, die Gattin des Sokrates, gilt heute als Musterbeispiel für das zänkische Eheweib. Auch Cicero vertrat die Ansicht, dass es unmöglich sei, ein Philosoph zu sein und für eine Frau da zu sein. Der Komponist Richard Wagner bezeichnete seine erste Ehe mit der Schauspielerin *„Minna"* als Debakel seines Lebens. Ludwig van Beethoven war zeitlebens auf der Suche nach einer Frau und wurde doch nicht fündig. Genauso erging es dem Maler Eugene Delacroix. Arthur Schopenhauer war wie Giordano Bruno ein Frauenverächter. Der Schriftsteller Hermann Hesse glaubte, er sei nicht geeignet für die Ehe. Jesus ließ Frauen nicht wirklich nahe an sich herankommen, war ihnen aber wohl geistig zugeneigt.

Søren Kierkegaard, 1813-1855, schickte Regine Olsen den Verlobungsring zurück. Sie beschwor ihn, von diesem Bruch Abstand zu nehmen; er willigte zunächst ein, löste aber die Verlobung endgültig. Der genaue Grund liegt im Dunkeln. Quälte ihn das Wissen, seinen Kampf nur alleine führen zu können?

Größenwahn und Ablehnung

Der **Größenwahn** der Großen steht dem Spott, der Häme und der **Ablehnung** durch ihre Mitmenschen gegenüber. Ein eindeutiges **Tauziehen** ist aber selten zu erkennen, sehr wohl aber ein Problem mit den Menschen ihrer Umwelt, weshalb sie meist einsam blieben.

Während der Besatzungszeit in Paris erinnert sich der Maler André Lhote an die Schlachtrufe *„Matisse in den Müllkasten"* und *„Picasso ins Irrenhaus!"*.

> Wer keine großen Visionen hat, wird auch nie etwas Großartiges vollbringen können. Stärke macht selbstbewusst. Erst wenn Stärke über Jahrzehnte in Persönlichkeit umgesetzt wurde, weicht der Größenwahn der Weisheit und Bescheidenheit.

Lenz

Jakob Michael Reinhold, 1751-1792, deutscher Schriftsteller des Sturm und Drang. Sohn eines pietistischen Pfarrers. Er studierte mit einem Stipendium Theologie, brach das Studium aber ab und durchlief seinen Militärdienst in Straßburg. Dort verfolgte er auch seine literarischen Interessen. Über Kant entdeckte er Rousseau. Sein erstes Werk: *Die Landplagen*, ein Gedicht in sechs Büchern, erschien 1769. Es folgte eine unerfüllte Liebe; er hatte Probleme mit Frauen. Begegnung mit Goethe, der sein Vorbild wurde. 1774 lebt er als freier Schriftsteller und Hauslehrer. Während eines Besuches bei Goethe kam es zum Bruch. Ausweisung aus Weimar; Reisen. Ab 1777 Auftreten einer Geisteskrankheit. 1781 findet man ihn in Moskau bei den Freimaurern. Zuletzt überlebte er nur durch die Unterstützung russischer Gönner, vor allem aus Freimaurerkreisen. Am frühen Morgen des 24. Mai 1792 wurde Lenz tot in einer Moskauer Straße aufgefunden. Der Ort seines Grabes ist unbekannt.

Hölderlin

Johann Christian Friedrich Hölderlin wurde 1770 in Lauffen am Neckar als Sohn des Klosterhofmeisters Heinrich Friedrich Hölderlin und einer Pfarrerstochter geboren. Er starb nach 36 Jahren geistiger Umnachtung 1843 in Tübingen.

„Er war einer der größten Lyriker der deutschen Literatur. Die Bedeutsamkeit seines dichterischen Werkes, das epochengeschichtlich zwischen Klassik und Romantik steht, wurde erst Anfang des 20. Jahrhunderts erkannt". Encarta 2009

Der Vater starb als Friedrich zwei Jahre alt war. Auf Wunsch der Mutter, einer Pastorentochter, sollte er Pastor werden. So besuchte Hölderlin die Latein- und Klosterschulen in Nürtingen, Denkendorf und Maulbronn. Bis 1793 studierte er am Tübinger Stift Theologie. Dort begegnete er den späteren Philosophen Hegel und Schelling. Alle drei beeinflussten sich gegenseitig. Sie waren Anhänger der französischen Revolution 1789 und begeisterten sich für eine Republik, frei von den Repressalien der Fürsten und der geistigen Bevormundung durch die Kirche. Einem der Freunde, Sinclair, wurde 1805 Hochverrat gegen den Kurfürsten von Württemberg vorgeworfen. Wegen mangelnder finanzieller Mittel und seiner Weigerung, eine kirchliche Laufbahn einzuschlagen, konnte Hölderlin sein Studium nicht fortsetzen. Offensichtlich war ihm seine Freiheit, vor allem die geistige Freiheit, wichtiger als die materielle Sicherheit. Seine Heimat war nicht das Christentum, sondern die griechische Antike.

Wie viele andere Größen dieser Zeit hat sich auch Hölderlin als Privatlehrer verdingt. Ab 1794 war er Hauslehrer bei Charlotte von Kalb in Waltershausen in Unterfranken. Wegen des Verhältnisses zu der Gesellschafterin Charlottes, Wilhelmine Kirms, von der er ein Kind gehabt haben soll, musste er die Stellung aufgeben. Die Suche nach Liebe kann einen in schwierige Lagen bringen.

1797 studiert er Theologie an der Jenaer Universität. In Jena begegnete er im selben Jahr Johann Wolfgang von Goethe. Der schrieb: *„Gestern ist auch Hölterlein bei mir gewesen, er sieht etwas gedrückt und kränklich aus, aber er ist wirklich liebenswürdig und mit Bescheidenheit, ja mit Ängstlichkeit offen... Ich habe ihm besonders geraten, kleine Gedichte zu machen und sich zu jedem einen menschlich interessanten Gegenstand zu wählen."* Auch Schiller lernte er kennen.

Bis 1798 hatte er eine Stellung als Hauslehrer bei dem Bankier Gontard in Frankfurt. Unsterbliche Liebe weckte in ihm die Hausherrin Susette Gontard. Sie wurde die Diotima in seinem Briefroman *„Hyperion"*. Nachdem die, vermutlich Platonische Liebe, bekannt wurde, musste Hölderlin das Haus verlassen. Von 1798 bis 1800 lebte er bei Isaac von Sinclair in Homburg. Hier entstand *„Der Tod des Empedokles"*. Er war wieder auf materielle Unterstützung seiner Mutter angewiesen.
Mehrere Hauslehrerstellen trat er an und beendete sie nach ein paar Monaten wieder. Es war eine Zeit rastloser Wanderschaft. *„Wir sind nichts; was wir suchen, ist alles."* Das Geistige und Poetische wird als einzig Dauerhaftes erlebt: *„Was bleibet aber, stiften die Dichter."*
Er floh vor sich und war letztlich doch an sich gefesselt. Man nimmt sich selber auf jede Wanderschaft mit.

1802 starb Susette Gontard im Alter von nur 34 Jahren. Liebesleid und materielle Not steigerten sich zu einer ernsten Krankheit. Es zeigten sich die ersten Anzeichen einer geistigen Umnachtung.
Hölderlin kehrte zurück zur Mutter nach Nürtingen und stürzte sich in die Arbeit; er übersetzte Sophokles und Pindar, nach dessen Vorbild er auch seine eigenen Gesänge entwarf. Sein Freund, der Hessen-Homburger Regierungschef Sinclair, verschaffte ihm 1804 eine Stelle als Hofbibliothekar. Das Gehalt zahlte Sinclair aus eigener Tasche.

> **Er wusste nicht, dass einer wie Hölderlin keinen normalen Beruf ausüben konnte und er wusste vor allem nicht, dass ein Genie bei sich bleiben muss, um sich weiter zu entwickeln und die psychische Finsternis zu überwinden.**

1806 flackert die Krankheit erneut auf. Er wird in eine Heilanstalt in Tübingen einge-
liefert. Zerrüttet von Wahnvorstellungen brauchte er ab 1807 ständige Pflege. Er war
erst 37 Jahre alt und wurde die folgenden 36 Jahre, bis zu seinem Tod, aufopferungs-
voll von der Familie des Tischlers Ernst Zimmer (einem Bewunderer) in Tübingen ge-
pflegt. Er verbrachte diese vielen Jahre in einer Turmstube am Necker, die heute als
„Hölderlinturm" bekannt ist. Ab 1808 war er geistig umnachtet. Durch seine Hypo-
chondrie hielt er sich ständig für krank, obwohl er eigentlich körperlich gesund war. Er
führte ein sehr nach innen gewandtes Leben und lauschte wohl „auf jeden Pulsschlag"
in sich. Immerhin hielt er es bei sich selber aus.
Am 7. Juni 1843 starb Friedrich Hölderlin im Alter von 73 Jahren in seinem Tübinger
Turm.
Hölderlin wurde vorgeworfen, dass er seine Geisteskrankheit nur erfunden habe, um
desto ungestörter seinen Träumen nachhängen zu können. Das ist zwar unwahrscheinlich, aber es steckt eine Wahrheit darin: Er konnte auf diese Weise nach innen leben, er
musste keinem Brotberuf nachgehen. Er empfand es als Glück, daheim zu sein, bei sich
zu sein, nicht dauernd hinaus zu müssen in die feindliche Welt, die ihm ohnehin nur
Streiche spielte. Vielleicht war er gar nicht verrückt, nur anders! Wahrscheinlich haben
ihn die Behandlungen in der Psychiatrie erst verrückt gemacht.

Kleist

Heinrich von Kleist dramatischer Schriftsteller, Erzähler, Lyriker, Publizist und Patriot.
Aus pommerschem Uradel stammend, wurde er 1777 in Frankfurt / Oder geboren. Er
kam nach dem frühen Tod des Vaters 1788 in das Haus des Predigers S. Cartel und
besuchte das Französische Gymnasium. 1792 trat er getreu seiner Familientradition in
das Potsdamer Garderegiment ein. Noch erfüllte er die Erwartungen seiner Familie,
aber er merkte sehr bald, dass der Soldatenberuf nicht zu ihm passte.
Kleist nahm am Rheinfeldzug 1796 gegen die französische Revolutionsarmee teil.
Trotz wachsender Zweifel am Soldatenberuf blieb er beim Militär, wurde 1795 zum
Fähnrich und 1797 zum Leutnant befördert. Privat nahm er zusammen mit seinem
Freund Rühle von Lilienstern mathematische und philosophische Studien in Potsdam
auf und erwarb sich den Universitätszugang.
Im März 1799 äußerte er die Absicht, den als unerträglich empfundenen Militärdienst
aufzugeben und seinen Lebensplan, auch gegen den zu erwartenden Widerstand der
Familie, nicht auf Reichtum, Würden, Ehren, sondern auf die Ausbildung des Geistes
zu gründen und ein wissenschaftliches Studium aufzunehmen.
Er schlug also eine bürgerliche Karriere aus. Damit hätte er fast die Kurve bekommen,
aber Wissenschaft ist für einen starken jungen Mann auch nicht das richtige Fach.
1800 brach er nach nur drei Semestern das Studium wieder ab und begann eine Tätigkeit als Volontär im preußischen Wirtschaftsministerium in Berlin, obwohl dies seinem
Verständnis eines Lebensplanes „freier Geistesbildung" nicht entsprach. Hintergrund

der Entscheidung war seine Verlobung. Die Familie der Braut forderte, dass Kleist ein Staatsamt bekleide. Er verfehlt wieder den richtigen Weg, weil er, wohl aus Liebe, mehr den Erwartungen seiner Umwelt folgt als seiner eigenen Einsicht und Neigung. Zwischen 1802 und 1803 lebte er in Weimar bei Wieland, wo er auch Goethe und Schiller kennenlernte. Vermutlich hat er dort Anstöße zum Beruf des Schriftstellers bekommen.

Im August 1806 teilte Kleist seinem Freund Rühle von Lilienstern die Absicht mit, aus dem Staatsdienst zu scheiden, um sich nunmehr durch *„dramatische Arbeiten"* zu ernähren. Damit ist er auf dem richtigen, wenn auch steinigen Weg des brotlosen Künstlers.

Auf dem Weg nach Berlin wurden Kleist und seine Begleiter im Januar 1807 von den französischen Behörden als angebliche Spione verhaftet. Im Kriegsgefangenenlager Châlons-sur-Marne schrieb er vermutlich die Novelle: *Die Marquise von O...* und arbeitete weiter an der *Penthesilea*.

> **Gefängnis oder Verbannung vom Alltag kann für einen schöpferischen Geist äußerst fruchtbar sein, vorausgesetzt, dass er dort in Ruhe arbeiten kann. Wir wissen das von Thukydides, Cicero, Boetius, Dante, Machiavelli, Luther...**

Sein Theaterstück *Penthesilea* 1808 handelt von einer Amazonenkönigin, die in kriegerischer Weise auf einem Schlachtfeld vor Troja um den griechischen Helden Achilles wirbt und dabei scheitert. Wegen der stilistisch gehobenen Sprache, den damals nicht darstellbaren Kriegsszenen und der einer antiken Tragödie nachempfundenen Grausamkeit hatte das Stück zu Kleists Lebzeiten keinen Erfolg. Es wurde erst 1876 in Berlin uraufgeführt.

> **Kampf und Gewaltszenen haben also auch seine Entwicklung maßgeblich begleitet.**

Kleist soll tagelang im Bett gelegen sein. Darüber hat sich seine Umwelt sehr gewundert. Ich nicht, denn ich weiß: Ich entwickle mich am schnellsten zu einer Persönlichkeit, wenn ich mit verstopften Ohren auf dem Rücken liege und meine Gedanken kreisen lasse. Da hätten ihn sicher alle für verrückt erklärt.

Im Dezember 1808 vollendete Kleist *„Die Hermannsschlacht"*. Zu dem Drama angeregt haben ihn der Widerstand Spaniens gegen Napoleon, die Besetzung Preußens und die Anfänge des österreichischen Freiheitskampfes. Er war deutsch-national gesinnt und hasste Napoleon.
1810 gab er mit A. Müller die *„Berliner Abendblätter"* heraus, die schon kurz darauf wegen Zensurschwierigkeiten eingestellt werden mussten.

> Es sind vor allem die freiheitsliebenden Geister, die unter der Beschränkung der Meinungsfreiheit leiden.

Als sein Versuch scheiterte, eine Anstellung in der preußischen Verwaltung zu bekommen, und auch sein 1809 begonnenes Schauspiel *Prinz von Homburg* bis 1814 mit einem Aufführungsverbot durch Friedrich Wilhelm III. belegt wurde, musste Kleist innerhalb kurzer Zeit einige Erzählungen schreiben, um sich den Lebensunterhalt zu sichern.

Ohne literarischen Erfolg, an menschlichen Bindungen zweifelnd, offensichtlich hatte er da auch massive Probleme, und über die politische Lage enttäuscht, nahm er sich gemeinsam mit der unheilbar kranken Freundin Henriette Vogel 1811 am Wannsee das Leben. Ein würdiger Abgang für einen Dramatiker, den seit Jahren eine Todessehnsucht begleitet hatte. Er schaffte es nicht, die Sympathien derer zu gewinnen, die er zur Förderung seiner Karriere gebraucht hätte.

„Erst drei Generationen später wurde Kleists wegweisendes Schaffen gewürdigt."
Encarta 2009

Teilweise brachte Kleist gerade potenzielle Förderer, auf deren Unterstützung er angewiesen gewesen wäre, gegen sich auf. Bis auf wenige Ausnahmen blieben dem Dramatiker die Schauspielhäuser als zentrale Wirkungsstätten verschlossen.

Er war kein Schleimer, sondern einer der aneckte, wie das bei jungen, starken Männern häufig der Fall ist. Die Ansprüche von Seiten seiner Familie und persönliche schriftstellerische Neigungen standen sich gegenüber. Dazu kamen der Zwang zur Daseinsvorsorge, die Sehnsucht nach Partnerschaft und ein Problem mit anderen Menschen, manche nennen das Bindungsunfähigkeit. Vielleicht wurde diese *„Bindungsunfähigkeit"* aus der Erkenntnis genährt, dass der Starke am stärksten allein ist; **dass man nicht zu ihm kommen konnte** oder dass er sich am wohlsten fühlte, wenn er ohne Ablenkung bei sich bleiben konnte.

Die Probleme gerafft: Die Familie erwartet eine militärische Laufbahn, die er zunächst auch einschlägt, doch sein Hang zur Schriftstellerei ist stärker. Davon kann er aber nicht leben. Eine Verlobung wird gelöst. Ein normales Familienleben ist ihm wohl nicht möglich. Er findet zwar auf den richtigen Weg, kann als Künstler aber nicht den nötigen Lebensunterhalt sichern und flüchtet in den Selbstmord.

> Man muss einem Genie so viel Geld geben, dass es ein einsames, bescheidenes, auf sich konzentriertes Leben führen kann! Das müsste die Lehre aus dieser Geschichte sein.

Büchner

Karl Georg Büchner, geboren 1813 in Hessen, gestorben 1837 in Zürich, war ein deutscher Schriftsteller, Naturwissenschaftler und Revolutionär. Er war der Sohn eines Arztes, zu dem er zeitlebens ein schwieriges Verhältnis hatte. Der Vater war streng und Monarchist. Zur Mutter hatte der liberale Georg ein inniges Verhältnis. Er war zwar schlecht in Mathematik, interessierte sich aber für die Naturwissenschaften. Am gründlichsten widmete er sich der Geschichte, vor allem der Geschichte der Französischen Revolution, die später Eingang in sein Werk *„Dantons Tod"* fand. 1830 hielt er anlässlich einer Schulfeier eine *Verteidigungsrede für Cato*, einen glühenden Verfechter der römischen Republik. Nach Büchner beging Cato in Utica Selbstmord aus Liebe zur Freiheit, da das Volk unter der Herrschaft Cäsars zur Sklaverei verdammt war. In *„Dantons Tod"* beschreibt er das Scheitern der Französischen Revolution. Im Alter von 18 Jahren schrieb sich Georg Büchner in die medizinische Fakultät der Universität Straßburg ein. Dort wohnte er im Haus des evangelischen Pfarrers. Büchner trat entschieden für politische Freiheiten ein. 1832 verlobte er sich heimlich mit Wilhelmine Jaeglé, 1810-1880. Wieder im Großherzogtum Hessen erlebte er unmittelbar die Schikanen der Obrigkeit und die Gewalt im Staat. Es gab zwar oppositionelle Bestrebungen, doch diese waren ihm nicht radikal genug. Mit Studenten und Handwerkern gründete er die geheime *„Gesellschaft für Menschenrechte"*. Büchner sah als Grundproblem die materielle Ungleichheit und die Armut der Landbevölkerung. 1834 erschien: *Der Hessische Landbote*, eine Flugschrift die Büchner verfasst hatte. Unter der Parole *„Friede den Hütten! Krieg den Palästen!"* rief sie die hessische Landbevölkerung zur Revolution gegen die Unterdrückung auf. Die Resonanz bei der ländlichen Bevölkerung war kläglich.

> **Es sind die wenigen, freien Geister, die unter der Diktatur leiden. Das Volk schickt sich meist in sein - scheinbar - unabänderliches Schicksal.**

Im August wurde Karl Minnigerode, einer der Verschwörer, mit 150 Exemplaren des *„Landboten"* gefasst und verhaftet. Am 4. August ließ Universitätsrichter Konrad Georgi das Zimmer Büchners in Abwesenheit durchsuchen. Einen Tag später wurde Büchner durch Georgi vernommen, aber nicht verhaftet. Nachdem Büchner einer Vorladung des Friedberger Untersuchungsrichters nicht Folge leistete, wurde er steckbrieflich gesucht. Schließlich floh er über Weißenburg nach Straßburg. Nach Büchners Flucht brach sein Vater zwar jeden Kontakt zu ihm ab, erlaubte aber der Mutter, Georg weiter mit Geld zu unterstützen. 1837 erkrankte er schwer an Typhus. Seine Wohnungsnachbarn, die deutschen Flüchtlinge Caroline und Wilhelm Schulz, mit denen er seit dem Straßburger Exil befreundet war, pflegten ihn und benachrichtigten Wilhelmine Jaeglé. Georg Büchner starb am 19. Februar, erst 24-jährig, im Beisein seiner Braut und des Ehepaares Schulz.

Cézanne

Paul 1839-1906, französischer Maler aus Aix-en-Provence, Frankreich.

Cézannes Werk wird unterschiedlichen Stilrichtungen zugeordnet: Er hatte seine Eigenheiten und hat die Malerei von akademischen Zwängen befreit. Er gab die Zentralperspektive auf und brach mit allen Regeln. Zeichen einer starken Persönlichkeit? Seine Malerei rief in der zeitgenössischen Kunstkritik Unverständnis und Spott hervor. Er war noch nicht groß genug, um sich das erlauben zu können. Bis in die späten 1890er Jahre waren es hauptsächlich Künstlerkollegen, denen sich Cézannes Schaffen erschloss. Sie zählten zu den ersten Käufern seiner Gemälde.

> **Eine große Persönlichkeit kann sich vieles erlauben, ohne Anstoß bei den Mitmenschen zu erregen, während ein Schwächerer bei der geringsten Abweichung von eingefahrenen Normen mit dem Spott und Tadel der Herde rechnen muss. Wenn zwei das Gleiche tun, ist es nicht das Gleiche, vor allem dann nicht, wenn sie verschieden große Persönlichkeiten sind. Es kommt eben nicht darauf an, wie einer malt, sondern es kommt darauf an, wie viel Persönlichkeit er hat.**

Auf Wunsch des autoritären Vaters, der in seinem Sohn den Erben seiner Bank sah, immatrikulierte sich Paul Cézanne 1859 an der rechtswissenschaftlichen Fakultät der Universität von Aix-en-Provence und belegte Vorlesungen für das Jurastudium. Er verbrachte zwei Jahre mit dem ungeliebten Studium, vernachlässigte es jedoch zunehmend und widmete sich lieber zeichnerischen Übungen und dem Verfassen von Gedichten. In Abendkursen nahm Cézanne ab 1859 Unterricht an der Freien Städtischen Zeichenschule der Stadt.
Schließlich erlaubte ihm der Vater ein ordentliches Kunststudium, da er die Hoffnung aufgegeben hatte, in Paul den Nachfolger für das Bankgeschäft zu finden und ließ ihn 1861 nach Paris ziehen. Die großen Hoffnungen, die Paul in Paris gesetzt hatte, erfüllten sich nicht. An der École des Beaux-Arts, wo er sich beworben hatte, wurde er abgewiesen. Er schrieb sich daraufhin an der Académie Suisse ein. Hauptsächlich belegte er Kurse im Aktzeichnen. In diesem Punkt war er also ganz normal. Er kopierte oft im

Louvre nach Werken alter Meister wie Michelangelo, Rubens und Tizian. Doch die Stadt blieb ihm fremd. Er dachte bald an eine Rückkehr nach Aix-en-Provence.

> **Die Stadt ist ein schlechter Ort für einen, der in seinem eigenen Kopf leben und dort zur Ruhe kommen will. Sie bietet zu viel Ablenkung.**

Im September 1861 kehrte Cézanne, enttäuscht durch die Ablehnung von der École, nach Aix-en-Provence zurück und arbeitete erneut in der Bank seines Vaters. Doch schon im Spätherbst 1862 zog er wieder nach Paris. Sein Vater sicherte sein Existenzminimum mit einem monatlichen Wechsel über 150 Franc ab. Die École des Beaux-Arts lehnte ihn erneut ab. Er besuchte daher wieder die Académie Suisse, die den Realismus förderte.

Der Ausschluss der Werke von Cézanne, Manet, Pissarro und Monet vom offiziellen Salon, dem Salon de Paris, im Jahr 1863 rief eine solche Empörung unter den Künstlern hervor, dass Napoleon III., neben dem offiziellen Salon, einen *„Salon des Refusés"* (Salon der Abgelehnten) einrichten ließ, in dem auch Cézannes Werke ausgestellt wurden. Auch in den folgenden Jahren wurde er nicht zum offiziellen Salon zugelassen, der die klassische Malweise nach Ingres forderte.

1870 war er Trauzeuge auf der Hochzeit seines erfolgreichen Schriftstellerfreundes Zola in Paris. Cézanne und seine Gefährtin Hortense Fiquet lebten während des Deutsch-Französischen Krieges im Fischerdorf L'Estaque bei Marseille, das Cézanne später häufig aufsuchen und malen sollte, da ihn die mediterrane Atmosphäre des Ortes beeindruckte. Der Einberufung zum Wehrdienst hatte er sich entzogen. Obgleich Cézanne im Januar 1871 als Fahnenflüchtiger denunziert worden war, gelang es ihm, sich zu verstecken. Näheres ist nicht bekannt, da Dokumente aus dieser Zeit fehlen.

> **Das Militär ist ein denkbar ungeeigneter Beruf für einen sensiblen Geist. Dabei hat er durchaus Gemetzel und Gewaltszenen auf der Leinwand abgeliefert. Es ist eben ein wesentlicher Unterschied, ob sich die Schlachten im Kopf oder in der Wirklichkeit abspielen.**

Paul fils, der gemeinsame Sohn von Paul Cézanne und Hortense Fiquet, wurde 1872 geboren. Cézanne verbarg seine nicht standesgemäße Familie vor dem Vater, um die finanziellen Zuwendungen nicht zu verlieren, die dieser ihm zum Leben als Künstler zukommen ließ.

> **Man ist erst wirklich frei, wenn man finanziell unabhängig ist.**

Pissarro, ein einfühlsamer Künstler wurde für den menschenscheuen, reizbaren Cézanne zum Mentor. Sie malten oft gemeinsam vor dem Motiv. Später berichtete Pissarro:

„Wir waren ständig zusammen, aber trotzdem bewahrte sich jeder von uns das, was allein zählt; die eigene Empfindung. " Pissarro setzte Cézannes Teilnahme an Ausstellungen gegen die Bedenken einiger Mitglieder durch, die befürchteten, Cézannes kühne Bilder könnten der Ausstellung schaden. Neben Cézanne stellten unter anderem Renoir, Monet, Sisley, Berthe Morisot, Degas und Pissarro aus. Manet lehnte eine Beteiligung ab, für ihn war Cézanne *„ein Maurer, der mit der Kelle malt".* Die Ausstellung erwies sich als finanzieller Misserfolg; Cézannes Werk, **„Das Haus des Gehängten",** gehörte zu den Bildern, die trotz der Verrisse verkauft werden konnten. Der Sammler, Graf Doria, erwarb es für 300 Francs.

An der zweiten Ausstellung der Gruppe nahm Cézanne nicht teil, zeigte dafür im Jahr 1877, in der dritten Ausstellung, gleich 16 seiner Werke, die sich wiederum erhebliche Kritik zuzogen. Es war das letzte Mal, dass er gemeinsam mit den Impressionisten ausstellte. Er fühlte sich durch die heftige Kritik verletzt.

Im März 1878 erfuhr Cézannes Vater von der lange verborgen gehaltenen Beziehung zu Hortense und dem gemeinsamen unehelichen Sohn Paul. Er kürzte darauf den monatlichen Wechsel um die Hälfte. Für Cézanne begann eine finanziell angespannte Zeit, in der er Zola um Hilfe bitten musste.

Mit Antoine Guillemet wurde 1882 ein Freund Cézannes Mitglied der Jury des Salons. Da jedes Jurymitglied das Recht hatte, ein Bild eines seiner Schüler zu zeigen, gab er Cézanne als seinen Schüler aus und erreichte dessen erste Teilnahme beim Salon. Das Werk, es war ein Porträt seines Vaters aus den sechziger Jahren, wurde an die schlecht belichtete Stelle eines abgelegenen Saals in die oberste Reihe gehängt und erfuhr keinerlei Beachtung... wahrscheinlich nicht, weil es schlecht belichtet war, sondern weil starke Leute bewusst missachtet und kleingemacht werden. Sie lösen ein Tauziehen aus. Die lange freundschaftliche Beziehung zu Émile Zola war inzwischen kälter geworden. Der weltgewandte, erfolgreiche Schriftsteller hatte sich 1878 ein luxuriöses Sommerhaus in Médan in der Nähe von Auvers eingerichtet, wo ihn Cézanne in den Jahren 1879 bis 1885 wiederholt besucht hatte; doch der aufwändige Lebensstil des Freundes hatte ihm, der ein anspruchsloses Leben führte, seine eigene Unzulänglichkeit vor Augen geführt und veranlasste ihn zu Selbstzweifeln.

> **Der Weltgewandte ist meist erfolgreicher, als der nach innen gewandte, obwohl der Introvertierte meist die größere Persönlichkeit ist, aber die Menschen verweigern ihm den Erfolg, weil er ein Tauziehen auslöst.**

Zola, der den Jugendfreund inzwischen als einen Gescheiterten betrachtete, veröffentlichte im März 1886 seinen Schlüsselroman *„L'Œuvre"* dessen Hauptfigur, der Maler Claude Lantier, die Verwirklichung seiner Ziele nicht erreicht und Selbstmord begeht. Um die Parallelen zwischen Dichtung und wahrer Lebensgeschichte noch zu steigern, stellte Zola in seinem Werk dem Maler Lantier den erfolgreichen Schriftsteller Sandoz

zur Seite. Cézanne fand sich als Person in vielen Einzelheiten widergespiegelt. Der Kontakt der beiden Jugendfreunde brach daraufhin für immer ab.
1886 heirateten Paul Cézanne und Hortense Fiquet in Anwesenheit der Eltern in Aix. Die Verbindung zu Hortense wurde nicht aus Liebe legalisiert, da ihre Beziehung schon seit längerem zerrüttet war. Cézanne hatte eine Scheu vor Frauen und eine panische Angst vor Berührungen, ein Trauma, das aus seiner Kindheit stammte, als ihm nach eigener Aussage auf der Treppe ein Mitschüler einen Fußtritt von hinten versetzt hatte. Durch die Heirat sollte der inzwischen vierzehnjährige Sohn Paul, den Cézanne sehr liebte, als ehelicher Sohn in seinen Rechten gesichert werden.

Im Oktober 1886, nach dem Tod des Vaters, erbten Cézanne, seine Mutter und die Schwestern dessen Vermögen, zu dem auch das Landgut Jas de Bouffan gehörte, so dass Cézannes finanzielle Lage wesentlich entspannter wurde. *„Mein Vater war ein genialer Mann"*, bemerkte er rückblickend, *„er hinterließ mir ein Einkommen von 25000 Francs."*
Cézanne lebte in Paris und zunehmend in Aix ohne seine Familie. Hortense und Paul zogen nach Paris. Ambroise Vollard, ein aufstrebender junger Galerist, eröffnete im November 1895 Cézannes erste Einzelausstellung. Der erste Käufer eines Cézanne-Gemäldes war Monet, es folgten Kollegen wie Degas, Renoir, Pissarro und später dann Kunstsammler. Die Preise für Cézannes stiegen um das Hundertfache und Vollard profitierte von seinen Lagerbeständen. Im Jahr 1897 erfolgte der erste Ankauf eines Cézanne-Gemäldes für ein Museum. Hugo von Tschudi erwarb Cézannes Landschaftsmalerei *„Die Mühle an der Couleuvre bei Pontoise"* in der Galerie Durand-Ruel für die Berliner Nationalgalerie. Pissarro schrieb im Juni 1899 aus Paris von der Versteigerung der Sammlung Chocquets aus dessen Nachlass: *„Dazu gehören zweiunddreißig Cézannes ersten Ranges .... Die Cézannes werden sehr hohe Preise bringen und sind bereits mit vier- bis fünftausend Francs angesetzt"*.
1901 erwarb Cézanne ein Grundstück nördlich der Stadt Aix-en-Provence, wo er ein Atelier bauen ließ. Sein Gesundheitszustand verschlechterte sich mit zunehmendem Alter; zu seiner Zuckerkrankheit kamen Altersdepressionen, die sich in wachsendem Misstrauen gegenüber seinen Mitmenschen bis hin zum Verfolgungswahn äußerten. Allerdings machten es ihm die Aixer Mitbürger und Teile der Presse nicht leicht. Trotz der zunehmenden Anerkennung des Künstlers erschienen gehässige Pressetexte und er erhielt sogar Drohbriefe. *„Ich verstehe die Welt nicht, und die Welt versteht mich nicht, darum habe ich mich von der Welt zurückgezogen"*, so äußerte sich der alte Cézanne gegenüber seinem Kutscher.

> Solange er nicht in sich ruht, ist das Tauziehen nicht zu Ende und solange muss er mit den Streichen seiner Mitbürger rechnen. Diese Reaktionen ändern sich eben nicht, wenn man Geld und Erfolg hat. Sie haben auch nichts mit seinen Bildern und mit seinem Erfolg oder Misserfolg zu tun, sondern sie ändern sich,

wenn er größer wird, wenn sich das Gehirn verändert. Um das zu beschleunigen hätte er anders leben müssen. Er ging regelmäßig hinaus und malte im Freien. Falsch! Richtig wäre: Bei sich bleiben! Das hielt er nicht aus.

Als Cézanne 1902 sein Testament bei einem Notar hinterlegte, schloss er seine Frau Hortense vom Erbe aus und erklärte darin seinen Sohn Paul zum Alleinerben.

> Das größte Problem für die Großen sind ihre Frauen, von denen sie nicht so geliebt werden, wie sie es sich wünschen.

Im Jahr 1903 stellte er zum ersten Mal im neu gegründeten Pariser Herbstsalon aus. Vom 15. Oktober bis zum 15. November 1904 war ein ganzer Raum des Salons mit den Werken Cézannes ausgestattet. 1905 fand eine Ausstellung in London statt, in der auch seine Arbeiten gezeigt wurden. 1906 starb Cézanne in Aix-en-Provence.

Die Probleme gerafft: Der autoritäre Vater erwartet einen Brotberuf von seinem Sohn. Den zieht es aber zu den Künsten, von denen es sich allerdings nur schlecht leben lässt. Mit Frauen gibt es Probleme. Er strebt nach Anerkennung, die er aber nur spärlich bekommt, dafür erfährt er umso mehr Kritik und Ablehnung. Er selber hat zu seinen Lebzeiten 300 Franc, zuletzt vielleicht ein paar tausend Franc für seine Bilder bekommen. Mit seinem Tod war das Tauziehen zu Ende. Kurz nach seinem Tod wird er in einer großen Ausstellung gefeiert. 1999 wurde in New York das *„Stillleben mit Vorhang, Krug und Obstschale"* für 60,5 Millionen US-Dollar versteigert.

Van Gogh

Vincent Willem van Gogh, 1853-1890, niederländischer Maler.
Es gibt Persönlichkeiten die man nicht unbedingt als Verfolger oder als Verfolgte bezeichnen kann, die ich aber in diesem Buch besprechen möchte, weil sich an ihnen die Problematik des menschlichen Gehirns sehr deutlich zeigt und nach Erklärung verlangt. Dazu zähle ich Vincent van Gogh. Der niederländische Künstler war einer der bedeutendsten Anreger der Moderne und wurde zu Lebzeiten als Maler und als Mensch völlig verkannt. In den Anfangsstadien der Entwicklung ist eine Persönlichkeit nicht ganz einfach zu erkennen. Außerdem hängt das von der Bildung derjenigen ab, die das erkennen sollten. Seine Eigenheiten, die er schon als Kind zeigte, weisen auf Stärke hin. Er malte, wie es ihm Spaß machte oder einfach so, wie er konnte.

> Stärke ist noch nicht Größe, Stärke führt zu Größe, wenn sie in einem jahrzehntelangen Prozess in Persönlichkeit umgesetzt wird. Man braucht dazu Zeit und, meiner Ansicht nach, viel Einsamkeit.

Van Gogh blieben nur 37 Lebensjahre, um zu zeigen wer er ist. Er führte ein Leben in Armut und immer wieder in Einsamkeit. Er spürte wohl einen Schaffenstrieb, war aber durch die äußeren Umstände, durch die Herkunft als Pfarrersohn und den Willen des Vaters, sowie durch finanzielle Hindernisse zunächst daran gehindert, *„seinen Weg"* zu gehen. Er sollte die Erwartungen seiner Erzieher erfüllen.

Van Gogh wurde am 30. März 1853 in Groot-Zundert, Holland, als Sohn eines Pfarrers geboren. Aufgewachsen ist er in seinem Heimatdorf, nahe der belgischen Grenze, wo der als Eigenbrötler beschriebene Junge die Dorfschule besuchte. Mit elfeinhalb Jahren wurde er in ein Internat in Zevenbergen gegeben. Ab 1866 ging er auf die Mittelschule in Tilburg, wo er fern der Familie wohnte. Trotz guter Noten verließ er diese Schule bereits im März 1868 aus unbekanntem Grund. Offensichtlich fühlte er sich dort unbehaglich. Er ertrug kein Lebensschema, das ihm aufgezwungen wurde. Er hatte seine Eigenheiten und seinen Stil, von Anfang an, in jeder Beziehung.

Drei seiner Onkel waren im Kunsthandel tätig. Eigentlich eine gute Voraussetzung, um eigene Bilder an den Käufer zu bringen. Bei einem Onkel, der in Den Haag wirkte, machte Vincent, auf Beschluss seiner Familie, eine Ausbildung und erste Erfahrungen mit der Malerei zeitgenössischer Künstler. Als er im Auftrag dieses Onkels im Jahr 1873 nach London reiste, verliebte er sich unglücklich in die Tochter seiner Wirtin, von der er zurückgewiesen wurde. Er hat sich sein Leben lang darüber aufgeregt, dass er so hässlich sei und keine Erfolge bei den Frauen hatte. Vielleicht war der Grund aber auch ein ganz anderer: **Man konnte nicht zu ihm kommen.**

Nachdem er zu Weihnachten 1875 - offenbar unerlaubt - nach Hause gefahren war, kündigte ihm sein Vorgesetzter. Der Hauptgrund für die Kündigung scheinen aber eher seine Probleme im Umgang mit Kunden gewesen zu sein. Vincent van Gogh, der jede Heuchelei verabscheute, der ehrlich und wahrhaftig sein wollte, war als Verkäufer, der ja die Fähigkeit haben sollte, Ungenießbares schmackhaft anzubieten, denkbar ungeeignet.

Vincent blieb zunächst noch in London und nahm eine Stelle als Hilfslehrer und Hilfspfarrer an. Sein geringes Einkommen zwang ihn, in dem Armenviertel der Stadt zu wohnen. Van Gogh litt unter dem rauen Leben auf den Straßen und drohte daran zu zerbrechen. Er war offensichtlich zu sensibel für den Umgang mit der *„Londoner Unterwelt."* Es folgte ein kurzes Volontariat in einer Buchhandlung, das er jedoch abbrach, weil er sich nun zu einem Theologiestudium entschlossen hatte.

Ab 1875 beschäftigte er sich sehr stark mit Religion. Er war nicht nur Maler, sondern ein Mensch, der nach einem Sinn in seinem Leben suchte. Er zog zu einem Onkel nach Amsterdam, wo er zur Vorbereitung für die Aufnahmeprüfung der Universität Privatunterricht in Latein, Griechisch und Mathematik nahm. Nach einem knappen Jahr gab er den Unterricht jedoch wieder auf, *da ...„ich die ganze Universität, die theologische wenigstens, für einen unbeschreiblichen Schwindel halte, wo lauter Pharisäertum gezüchtet wird."* Damit bezeugt er selbständiges, kritisches Denken, das es ihm erlaubte, von eingefahrenen Wegen abzuweichen. Das wird er später auch auf dem Gebiet der

Malerei tun. Stattdessen besuchte er ab August 1878 ein Seminar für Laienprediger in Brüssel, wurde aber nach der dreimonatigen Probezeit als ungeeignet eingestuft, wohl weil er sich im Unterricht nicht hatte ein- und unterordnen können.

Mit ganzem Eifer setzte er sich für seine Mitmenschen ein und vergaß dabei oft sich selbst. Seine Selbstaufgabe ging soweit, dass er nicht nur seine Kleidung, sondern auch sein Essen an - seiner Meinung nach - Ärmere verschenkte.

> **Starke sind Eiferer. Sie haben Energie und wollen ihre Sache besonders gut machen.**

Das entsprach nicht den Vorstellungen seiner Vorgesetzten. Im Juli 1879 erfuhr Van Gogh, dass seine Anstellung nicht verlängert werden würde. In der Folgezeit wendete er sich völlig vom Christentum ab. Er blieb noch ein Jahr im Borinage, zeichnete viel und dachte nun daran, einen künstlerischen Beruf zu ergreifen. Im Herbst 1880 entschied er sich, im Alter von 27 Jahren, Maler zu werden.

Nun hatte er eine Möglichkeit gefunden, seine Energie, wann immer er wollte, auszuleben. Er war auf dem richtigen Weg, aber meist darf ein junger Mann in diesem Stadium nicht auf Anerkennung hoffen. So ging es Van Gogh und vielen anderen auch. Er arbeitete zwar sehr viel und im richtigen Beruf, aber er verdiente nichts. Auch damals schon wurde das Maß der Anerkennung durch die Gesellschaft am Einkommen gemessen.

Nach einer Auseinandersetzung mit den Eltern verließ Van Gogh im Jahr 1881 völlig mittellos das Elternhaus für drei Jahre. Vermutlich waren die Eltern besorgt, dass aus ihrem erfolglosen Sohn nichts „werden" würde und er wusste, dass er diesen Weg gehen musste. Sein Bruder Theo in Den Haag unterstützte ihn in jeder Beziehung.

In einem Brief an seine künftige Frau charakterisierte Theo van Gogh 1889 den Bruder: *„Wie Du weißt, hat er seit langem mit allem, was man Konventionen nennt, gebrochen. Seine Art sich zu kleiden und seine Allüren lassen sofort erkennen, dass er ein besonderer Mensch ist, und seit Jahren sagt, wer seiner ansichtig wird: »Das ist ein Verrückter.«*

Ein vergebliches Werben um seine Cousine führte zu einem Konflikt mit seinen Verwandten. Nach dem Hinauswurf aus dem Elternhaus zog er nach Den Haag. Er sehnte sich offensichtlich sehr nach einer geliebten Frau und ließ sich schließlich auf eine Beziehung mit einer schwangeren Prostituierten ein, die ihm auch Modell stand. Der Umstand, dass Van Gogh mit ihr und deren Tochter zusammenlebte, verschärfte die Spannungen zu seiner Familie. Nicht einmal Theo stand diesmal hinter ihm; auch reichte dessen Unterstützung nicht aus, um den Unterhalt für mehrere Personen zu finanzieren. Das Zusammenleben mit der launischen und ungebildeten Frau gestaltete sich schwierig. Schließlich trennte Van Gogh sich 1883 von ihr. Dabei wurde ihm klar, dass er für immer zugunsten der Kunst auf eine Frau und eine Familie verzichten müsse:

„Wir stehen jetzt vor dieser Tatsache - meinem festen Vorsatz, tot zu sein für alles, au-
ßer für meine Arbeit". **Brief 313.**

Von nun an beschränkte er sich darauf, seine sexuellen Bedürfnisse mit leichtlebigen
oder käuflichen Frauen zu befriedigen.

Im Jahr 1885 verstarb überraschend der Vater und Vincent van Gogh verließ Holland,
um, inspiriert von der französischen Kunstszene, in Paris zu arbeiten. Er blieb Autodidakt. Seine Arbeiten ließen sich auch hier kaum verkaufen. Der Frust darüber machte
ihn jähzornig und er begann zu trinken.

> **Die Starken lösen ein Tauziehen aus, an dem sehr viele gescheitert sind. Die
Menschen verweigern ihnen den Erfolg. Sie verfallen dann dem Alkohol, fallen in
geistige Umnachtung, werden aggressiv gegen sich selbst oder gegen andere. Sie
schmähen diejenigen, die ihnen die Anerkennung verweigern und wenn sie die
Macht haben, beginnen sie in dieser Situation ihre Widersacher - und das ist der
Rest der Welt - zu verfolgen. Es ist eine verzweifelte Situation, die immer wieder
auftreten wird, sobald einer stark ist.**

Van Gogh hatte nicht die Macht zu verfolgen, aber es kam zu einem Dauerstreit mit
seinen Mitmenschen. Im Jahr 1888 verließ er Paris und reiste nach Südfrankreich, um
sich in Arles niederzulassen. Auf Dauer waren das hektische Großstadtleben und die
häufigen Streitereien unter den Malern für ihn unerträglich. Er malte unermüdlich, um
Theo, in dessen Schuld er sich fühlte, einen Gegenwert für die kontinuierlichen Zahlungen zu bieten. Vor Gauguins Ankunft klagte Van Gogh über gesundheitliche Probleme durch Erschöpfung.

> **Die Gefahr ist, das einer, der damit Erfolg hat, zu viel Energie auf seine
Kunstproduktion verschwendet, anstatt zunächst einmal die ganze Energie in
Persönlichkeit umzusetzen. Nur wenn sich das Gehirn verändert, wenn man
größer wird, verändert sich auch das Verhalten der anderen, - und die Qualität
der Kunst.**

Sein Wunsch war es, zusammen mit Paul Gauguin und anderen eine Künstlerkolonie
zu gründen. Einzig Gauguin ließ sich zögernd darauf ein, nachdem Theo van Gogh ihm
eine monatliche Zahlung zugesagt hatte. Nach nur wenigen Wochen kam es jedoch
zwischen beiden zu solch heftigen Streitereien, dass Van Gogh, mit einem Messer bewaffnet, auf seinen Freund losging. Anschließend schnitt er sich selbst ein Stück von
seinem Ohr ab und beide trennten sich.

> **Auch wenn die Sehnsucht nach Liebe, Freundschaft und Gemeinschaft groß ist,
kann dies für ein Genie erst gelingen, wenn das Tauziehen zu Ende ist. Bis dahin**

gibt es nur eine richtige Lebensweise: die Einsamkeit. Nur dort kann man die volle Kraft auf seine Entwicklung konzentrieren. Das Tauziehen in der Gesellschaft kostet Energie und führt zu nichts als Streit und Ablehnung.

Kaum aus dem Krankenhaus entlassen, wurde Van Gogh aufgrund einer Petition von Bürgern, die sich vor seinem *„unheimlichen"* Verhalten fürchteten, wiederum im Hospital eingeschlossen. Diese Zwangsinternierung wurde nach kurzer Zeit aufgehoben. Da der Maler sich noch nicht zutraute, allein zu leben, möglicherweise auch, um seinen Bruder, der vor kurzem geheiratet hatte, nicht zu sehr zu belasten, entschied er sich für eine Übersiedlung in die unweit gelegene Nervenheilanstalt Saint-Paul-de-Mausole in Saint-Rémy-de-Provence. Während eines Jahres entstanden hier etwa 160 Öl-Gemälde und Zeichnungen.

Im Jahr 1890 nahm er eine Einladung seines Freundes Camille Pissarro an, nach Auvers-sur-Oise, nordwestlich von Paris zu kommen. Die wenige Zeit die ihm noch blieb, zählt zu seiner intensivsten Schaffensperiode. Er begab sich zwar auch hier in Behandlung, bei dem Kunstliebhaber Dr. Gachet, doch sein Geisteszustand besserte sich kaum.

> **Ein Starker muss am Anfang seiner Entwicklung durch eine verrückte und finstere Welt hindurchgehen. Er kann nur hindurch kommen, wenn er ganz eisern bei sich bleibt. Solange er nach außen lebt, hat er kaum Aussichten, das Gehirn zu verändern und in sich zur Ruhe zu kommen.**

Dr. Gachet hat Van Goghs *„Krankheit"* wohl falsch eingeschätzt. Menschen, die von der Norm abweichen, werden gerne für verrückt erklärt, damals noch eher als heute. Vermutlich hat Dr. Gachet nichts davon gewusst, dass eine Persönlichkeit auf ihrem Weg zur Verselbstung durch eine finstere und verrückte Welt hindurch gehen muss. Gachet hat ihn eher ausgenutzt, indem er Bildergeschenke *„bestellte"*, vielleicht hat er ihn sogar in den Tod getrieben. Der Witwer Gachet war mit zahlreichen modernen Künstlern bekannt, darunter mit Paul Cézanne und Claude Monet, deren Bilder er sammelte.

Während eines ausgedehnten Spaziergangs bei Auvers verletzte sich Van Gogh lebensgefährlich mit einer Pistole. Zwar konnte er sich noch mit eigener Kraft heimschleppen, doch verstarb er zwei Tage später, am 29. Juli 1890, an einer Blutvergiftung.

Über die Beweggründe zu der Tat wurde viel gerätselt: Möglich ist, dass er Theo, der nun Familienvater und selbst in einer angespannten finanziellen Situation war, nicht länger zur Last fallen wollte; vielleicht sollte der Tod eine Preissteigerung seiner Bilder zugunsten Theos bewirken. Ein anderer Beweggrund könnte die Liebesbeziehung zur 21-jährigen Tochter Gachets gewesen sein, die der Vater verboten hatte. Denkbar wäre, dass der Schuss auf sich selbst auch einfach ein *„Hilfeschrei"* ohne wirkliche Tötungsabsicht war. Vermutlich hätte sich sein Geisteszustand gebessert, wenn er noch einige

Jahre gelebt hätte. Gauguin tröstete ihn, dass mit der Entwicklung zu einer Persönlichkeit alles besser wird. Er hatte diese Erfahrung offensichtlich selbst gemacht, - wie ich auch.

In den letzten zehn Jahren seines kurzen Lebens schuf er über 750 Gemälde und 1600 Zeichnungen. Verkauft hat er zu seinen Lebzeiten, der Legende nach, nur eins seiner Werke an den Bruder, wahrscheinlich waren es aber etwa 10 Bilder für Preise um jeweils 400 Franc. Heute gehören seine Gemälde zu den teuersten der Welt. 1911 erwarb die Kunsthalle Bremen das Mohnblumenfeld für 300 000 Mark (~150 000 €uro). 1929 zahlte die Berliner Nationalgalerie für ein anderes Gemälde 240000 Reichsmark (~800 000 €uro). Den derzeitigen Preisrekord für Van-Gogh-Gemälde hält das Porträt des Dr. Gachet, das 1990 für 82,5 Millionen US-Dollar den Besitzer wechselte.

Rousseau

Jean-Jacques, 1712-1778, französisch-schweizerischer Philosoph und Schriftsteller, entstammte einer Hugenottenfamilie. Als Halbwaise erlebte er eine unglückliche Kindheit. Nachdem seine Mutter bei seiner Geburt gestorben war, verließ ihn auch sein Vater, ein Uhrmacher, weil er als Hugenotte aus Frankreich fliehen musste. Jean-Jacques war damals erst zehn Jahre alt. Dieses Gefühl der Einsamkeit hat ihn offensichtlich stark geprägt. Es hat ihn aber nicht daran gehindert, später seine eigenen fünf Kinder in ein Waisenhaus zu geben.

Rousseau war eine der zentralen Gestalten der Aufklärung. Die Aufklärung wollte mit Hilfe der Vernunft die allgemeinen Lebensverhältnisse verbessern. Sie richtete sich gegen die herrschenden Mächte, vor allem gegen das absolutistische Königtum und gegen die kath. Kirche, die beharrlich an der Herrschaft von Adel und Geistlichkeit und den damit verbundenen Vorrechten festhalten wollten.

1742 zog Rousseau nach Paris, wo er seinen Lebensunterhalt als Hauslehrer und als Kopist von Musiknoten bestritt. In diesen Jahren fiel auch seine Entscheidung Schriftsteller und Musiker zu werden.

Er lebte zusammen mit Thérèse Levasseur in freier Ehe - 1768 legalisiert - und ließ die fünf Kinder, die aus der Beziehung hervorgingen, im Waisenhaus aufziehen. Dabei hat er sehr weise Sprüche über die Lebenskunst im Allgemeinen und die Erziehung von Kindern im Besonderen von sich gegeben: *„Wehe jedem, der eine Sittenlehre predigt, die er nicht ausüben will!"*

1756 zog er sich in die Abgeschiedenheit zurück, wo er in fünf relativ glücklichen Jahren, einige wichtige Werke verfasste. Er las, musizierte, experimentierte und begann zu schreiben. Er bildete sich autodidaktisch und stand außerhalb des staatlichen Erziehungssystems. Das machte ihn zu einem originellen Kopf. Es ging ihm um die Suche nach dem Ich, um Sein und Scheinen, um den Einfluss der Gesellschaft auf die Erziehung und die Bildung des Selbstbewusstseins.

Durch seinen einflussreichen Erziehungsroman, Emil, 1762, geriet Rousseau in Konflikt mit der französischen und schweizerischen Obrigkeit. Die Universität Paris verurteilte das Buch Anfang Juni. Das Parlament von Paris verbot es wenige Tage danach und erließ einen Haftbefehl gegen den Autor. Stein des Anstoßes war vor allem das im Émile als Einschub enthaltene *„Glaubensbekenntnis eines savoyischen Vikars"*, worin Rousseau eine gleichsam religiöse Verehrung der Natur bezeugt. Auch die calvinistischen Oberen in Genf waren entrüstet. Sie verboten das Buch noch im Juli und erließen ebenfalls Haftbefehl. Rousseau, der sofort geflüchtet war, fand Aufnahme bei einem Freund in Bern, wurde aber sehr rasch ausgewiesen. Im Juli wandte er sich über den Gouverneur der damaligen preußischen Exklave Neuenburg an Friedrich den Großen, der ihm Asyl und etwas später sogar Bürgerrecht gewährte. Rousseau ließ sich im neuenburgischen Städtchen Môtiers nieder, wohin er Thérèse nachholte. Ende 1765 fühlte er sich auch in Môtiers unwillkommen und verfolgt. Er nahm deshalb eine Einladung des Philosophen David Hume an und ließ sich einen Durchreise-Pass für Frankreich ausstellen. Unterwegs konnte er erfahren, dass er inzwischen durchaus auch Gesinnungsgenossen hatte.

Das Jahr 1766 und die erste Jahreshälfte 1767 verbrachte er überwiegend in England, anfangs bei Hume, mit dem er sich aber zerstritt und der ihn angriff. Immerhin fand er auch in England Gesinnungsgenossen, die z. B. den König bewogen, ihm eine Pension zu gewähren. 1767 und 1768 lebte er an verschiedenen Orten Frankreichs, unter anderem auf einem Schloss von Conti.

Da der Haftbefehl des Pariser Parlaments nicht aufgehoben war, reiste er unter einem Decknamen und gab Thérèse als seine Schwester aus. 1769 und 1770 lebten sie auf einem Bergbauernhof in der südostfranzösischen Dauphiné, nachdem sie im August 1768 dort geheiratet hatten.

Aufgrund der zahlreichen Verunglimpfungen und tatsächlichen Verfolgungen seit 1762 entwickelte Rousseau nach und nach einen Verfolgungswahn. Dieser erzeugte einen Erklärungs- und Rechtfertigungsdrang, aus dem heraus er ab 1763 eine ganze Reihe kürzerer und längerer autobiografischer Texte verfasste. Der bekannteste und umfangreichste darunter waren seine *„Bekenntnisse"*, 1765-70, die auch intime und für den Autor unvorteilhafte Einzelheiten preisgaben und die erst nach seinem Tod publiziert wurden. Den Titel wählte Rousseau in Anlehnung an die *„Bekenntnisse"* des Augustinus von Hippo.

Er forderte persönliche Freiheit gegenüber dem selbstherrlichen Staat und der überheblichen Kirche. Er glaubte an den freien Willen und lehnte die Erbsünde ab. Über das Christentum hat er wenig Schmeichelhaftes zu sagen:

„Das Christentum predigt nur Knechtschaft und Unterwerfung. Sein Geist ist der Tyrannei nur zu günstig, als dass sie nicht immer Gewinn daraus geschlagen hätte. Die wahren Christen sind zu Sklaven geschaffen."
Vom Gesellschaftsvertrag IV, Über die staatsbürgerliche Religion

„Nach Rousseaus Auffassung ordnet sich jeder Bürger zum Zwecke eines rechtmäßig geordneten gesellschaftlichen Zusammenlebens freiwillig einem Gesellschaftsvertrag unter. Dessen Grundlage ist der Gemeinwille, welcher absolut und auf das Wohl des ganzen Volkes gerichtet ist. Jeder Einzelbürger ist somit Teil eines religiös überhöhten und konfessionell neutralen Staatswesens, welches den allgemeinen Willen vollstreckt und zugleich totale Verfügungsgewalt über ihn hat". **Wikipedia**

„Sobald sich jemand nach öffentlicher Anerkennung dieser bürgerlichen Glaubensartikel doch als Ungläubigen zu erkennen gibt, so verdient er die Todesstrafe; er hat das größte aller Verbrechen begangen, er hat einen wissentlichen Meineid im Angesichte der Gesetze geleistet" **Rousseau Der Gesellschaftsvertrag.**

Was der Gemeinwille ist und wie er bei der Vielfalt der Meinungen zustande kommen soll, sagt er nicht. Dass er damit selbst die Grundlagen für den Staatsterror der französischen Revolutionäre, für den Terror des Staates überhaupt, z.B. im Nationalsozialismus und Kommunismus, gelegt hat, war ihm wohl nicht klar. Dabei war ihm die Freiheit ein wichtiges Anliegen:

„Der Mensch ist frei geboren, und überall liegt er in Ketten." „Die Freiheit des Menschen liegt nicht darin, dass er tun kann, was er will, sondern dass er nicht tun muss, was er nicht will." „Das Geld, das man besitzt, ist das Instrument der Freiheit; dasjenige, dem man nachjagt, ist das Instrument der Knechtschaft." - **Bekenntnisse, Bd II**

Gier nach Geld macht also unfrei. Bescheidenheit und Bedürfnislosigkeit machen frei. *„Der höchste Genuss besteht in der Zufriedenheit mit sich selbst."* **Émile IV**
Seine tolerante und psychologisch einfühlsame Erziehungstheorie hatte großen Einfluss. *„Das wird eine knechtische Seele werden, bei der man mit Strenge etwas erreicht."* - *Émile*

Seine Verfolgung hat wohl eher etwas mit seiner Freimütigkeit zu tun, die in einem autoritären Staat immer zu Problemen führt, als mit der Größe seiner Persönlichkeit. Ein Tauziehen hat er offensichtlich nicht ausgelöst.

Beckmann

Max, 1884-1950, deutscher Maler und Graphiker.
Beckmann hat zwei Weltkriege erlebt und in seinem künstlerischen Werk verarbeitet. Er zeigt die zerstörerischen Gewalten seiner Zeit, denen der Mensch ausgeliefert ist. Beckmann wurde in Leipzig geboren. Sein Vater war Müller. 1900 begann er ein Studium an der Kunstakademie in Weimar, ging 1903 nach Paris und ein Jahr später nach Berlin. 1914 meldete er sich als Freiwilliger im 1. Weltkrieg. Seine traumatischen Erfahrungen als Sanitäter in Ostpreußen und Belgien führten 1915 zu einem seelischen Zusammenbruch.

> Selbst Künstler mit Fantasie gingen berauscht in diesen Krieg, weil sie keine Vorstellung davon hatten, was sie wirklich erwarten würde.

Von 1925 bis 1932 lehrte er am Städelschen Kunstinstitut in Frankfurt am Main, ab 1929 als Professor. Er trennte sich von seiner ersten Frau und heiratete Mathilde (Quappi) von Kaulbach. 1933 wurde er von den Nationalsozialisten aus seinem Lehramt entfernt. 1937 emigrierte er aus dem nationalsozialistischen Deutschland als *„entarteter Künstler"*, zunächst nach Amsterdam, wo er nach der deutschen Besetzung der Niederlande in die Illegalität abtauchen musste.

Im selben Jahr fand die Ausstellung *„Entartete Kunst"* in München statt, bei der auch Beckmanns Bilder gezeigt werden sollten. Von 1947 bis 1949 lehrte er an der Washington University in Saint Louis und ab 1949 am Brooklyn Museum in New York. Ein Jahr später, kurz nach Vollendung seines letzten Triptychons, starb er.

Seine Auseinandersetzung mit dem aufkommenden Nationalsozialismus fand in neun Triptychen ihren Ausdruck, die er zwischen 1930 und 1950 malte. Seine gewaltigen Gleichnisse in scharf kontrastierenden Farben entstanden kurz nachdem Beckmann in Deutschland als Professor entlassen worden war.

Wie viele Künstler durchlebte Beckmann schreckliche Phasen der Gewalt. Das mag etwas mit seiner Zeit zu tun haben, es hat aber sicher auch etwas mit ihm und seiner Entwicklung zu tun. Und dass er geliebt werden wollte und nicht so geliebt wurde, wie er es sich wünschte, drückte er in dem Satz aus: *„Gott hat den Menschen so geschaffen, dass man ihn nicht lieben kann."*

Die Aufklärung

Schon in der Zeit der Renaissance, im 14.-16. Jahrhundert, haben Denker in Europa diesseitige Ideale und Werte entwickelt, die sich von den alten, jenseitigen, mittelalterlich-religiösen Auffassungen lösten. Nicht mehr Gott, sondern der Mensch wurde in den Mittelpunkt der Welt gerückt. Ihr Vorbild war das freie, vielseitig gebildete Individuum, das seine Weltsicht mit seinem Verstand prüft und dann selbstständig entscheidet und handelt. Dazu muss es durch Bildung befähigt werden.

Das Zeitalter der Aufklärung war eine Epoche in der geistigen Entwicklung der westlichen Gesellschaft im 17. und 18. Jahrhundert, die auf den Ideen der Renaissance aufbaute. Mit den Mitteln der Vernunft sollte das althergebrachte Denken von starren und überholten Vorstellungen, von Vorurteilen und von Aberglauben befreit werden. Der Glaube an die Vernunft und die damit verbundene Wissenschaft ersetzten den Glauben an unantastbare Autoritäten (Platon, Aristoteles, Päpste, Kirchenväter), Dogmen und heilige Texte. Wissen sollte mit Hilfe der Sinne durch Messen und Experimentieren erworben und für den Menschen nutzbar gemacht werden. Scholastische Hirnkonstruktionen und idealistische Philosophien, die nur in den Köpfen der Gelehrten schlüssig waren, hatten wenig Nutzen für die Verbesserung der menschlichen Lebensverhältnisse gebracht. Der aufgeklärte Mensch sollte auch nicht mehr an die Vorgaben der Obrigkeit oder an die Zwänge von Mode und Zeitgeist gebunden sein, sondern er sollte sein Leben und Denken selbst bestimmen. Erstrebenswert war nicht mehr das Heil im Jenseits, sondern ein sinnvolles Leben im Diesseits. Mit „großen" Taten wollte man sich die Unsterblichkeit sichern. Vernünftiges Handeln, so glaubten die Aufklärer, führe letztlich zu paradiesischen Zuständen auf Erden. Man ging von der Annahme aus, dass der Mensch von Natur aus gut sei und dass man ihm das Richtige nur zeigen müsse, damit er es tut. Das war sehr optimistisch.

> **Zwar prägt das geistige Umfeld das Denken und Handeln, aber es verändert nicht wirklich den Kern des Menschen. Man wird nicht größer durch angelesene Gedanken, sondern durch Entwicklung, dadurch, dass man Stärke in Persönlichkeit umsetzt.**

Ungerechte, unvernünftige und ungerechtfertigte Herrschaften, die nur ihren eigenen Vorteil kannten und nicht an der Verbesserung der allgemeinen Lebensverhältnisse interessiert waren, hatten die Menschen bisher an der freien Entfaltung ihrer Persönlichkeit gehindert. Die Obrigkeit war mehr daran interessiert, das Volk zu beherrschen, als es zu mündigen Bürgern zu erziehen.

Die katholische wie die protestantische Kirche waren mit den Königen und Fürsten verbunden und predigten der meist ländlichen Bevölkerung Ergebenheit in ihr angeblich gottgewolltes Schicksal. Noch um 1800 lebten in Deutschland 75% der Bevölkerung von der Landwirtschaft. Unwissenheit, Aberglaube (z.B. Hexenwahn), Vorurteile und ein tiefer Pessimismus, eine lähmende Ergebenheit in die scheinbar unabänderlichen Verhältnisse, waren weit verbreitet.

Im 18. Jh. begannen Teile des Bürgertums, vor allem Akademiker und einige Adlige, zunächst in Frankreich, diese Zustände zu kritisieren. Frei von göttlicher und fürstlicher Bedrohung wollte man glauben und denken, was die Vernunft gebietet. Man erstrebte das größtmögliche Glück der größtmöglichen Zahl.

> **Bedrohlich für die Herrschenden waren vor allem die Denker; die Maler und Komponisten konnten sie eher zu ihrer Huldigung einbinden und kaufen.**

Europa war im 17. Jahrhundert politisch weitgehend durch den Absolutismus, der uneingeschränkten Herrschaft eines Königs oder Fürsten, geprägt. Der absolute Staat stand über einer Gesellschaft, in der jeder in einen bestimmten Stand hineingeboren wurde, den er nicht verlassen konnte. Der Bauer blieb Bauer, der Handwerker blieb Handwerker und der Adel genoss, an der Spitze dieser Ständegesellschaft, alle Bevorzugungen, vor allem Steuerfreiheit und Grundherrschaft.

Das Bürgertum war einerseits Träger und Nutznießer der staatlich gelenkten Wirtschaft (Merkantilismus), hatte aber keinen politischen Einfluss – und, im Gegensatz zum Adel, keine Vorrechte. Die größte Last mussten die Bauern tragen: Steuern für den Staat, Abgaben für den Grundherrn und Frondienste auf dessen Ländereien. Man betrachtete diese Ordnung als unabänderlich von Gott gegeben. Gegen sie zu rebellieren wäre gleichsam Auflehnung gegen Gott und gegen die von ihm eingesetzte Obrigkeit, die „Könige von Gottes Gnaden", den Adel und den Klerus, gewesen.

> **Nicht Geburt und Besitz sollten jetzt über die Stellung des Menschen in der Gesellschaft entscheiden, sondern seine Verdienste und Fähigkeiten.**

Für den, der die Verhältnisse mit seiner Vernunft betrachtete, stellten sich viele Fragen. Er musste die politische, soziale, rechtliche und materielle Ungleichheit als äußerst ungerecht empfinden. Warum sollte den oberen Schichten mehr erlaubt sein als den unteren? Warum sollten adlige Müßiggänger in Sausundbraus leben und schwer arbeitende Bauern in bitterer Armut? Man forderte Freiheit statt Absolutismus, Gleichheit statt Ständeordnung, wissenschaftliche Erkenntnis, die auf Erfahrung aufbaute, statt Vorurteil und Aberglauben, Toleranz statt Dogmatismus. Die Wissenschaft sollte helfen, das Erkennbare vom Unerkennbaren, die Glaubenssätze von den Wahrheiten zu scheiden. Wissen sollte vor Hilflosigkeit bewahren und abergläubische Ängste abbauen. Man wollte sich nicht mehr an heiligen Texten ausrichten, sondern an erfahrbaren Erkenntnissen, die überall durch die Wissenschaft nachprüfbar waren. „Heilige Texte" wurden sehr unterschiedlich ausgelegt und widersprechen sich, trotz Anrufung des „Heiligen Geistes" in den verschiedenen Religionen. Aus dem gleichen Text schlossen z.B. die Katholiken, dass es einen Papst geben müsse und die Evangelischen, dass es keinen geben dürfe. Die einen hatten sieben Sakramente die anderen nur zwei.
Statt auf ein Jenseits zu hoffen, sollten die Menschen voller Optimismus ihren Lebenssinn im Diesseits suchen. Sie sollten Gutes tun, ihre Tugenden und Fähigkeiten entfalten, aus Einsicht in deren Richtigkeit und Nützlichkeit, nicht aus Furcht vor späteren Strafen (Fegefeuer, Hölle), wie es die Kirchen predigten. Der Weise braucht nicht die Bedrohung durch den Teufel, um gut zu handeln. Er weiß, dass nur der Gute wirklich glücklich sein kann.
Die Erziehung des Einzelnen galt als erster Schritt zu einer Veränderung der Gesellschaft. Die Aufklärer traten für die breite Bildung der Bevölkerung ein, damit der Einzelne in seiner Unwissenheit und Unmündigkeit nicht länger Spielball undurchsichtiger Mächte bliebe.

„Der Mensch ist abergläubisch, weil er Furcht hat, und er hat Furcht, weil er unwissend ist." **D'Holbach 1723-1789**

Bildung befähigt zu richtigen Entscheidungen in einer demokratischen Gesellschaft und Wissen bedeutet Freiheit von unbegründeten Ängsten, Ängsten, die vor allem durch die Höllen- und Teufelsdrohungen der Kirche geschürt wurden.

Die aufgeklärten Menschen würden schließlich eine aufgeklärte und gerechte Welt schaffen, in der es keine absolut herrschenden Könige, keinen Geburtsadel und keine Sklaverei mehr gäbe, sondern Regierungen, die dem Wohl des Volkes dienten und die sich an Recht und Gesetz halten sollten. Die Mächtigen sollten ihre Herrschaft nicht mehr auf Gottes Gnaden und auf undurchschaubare, mystische Weihen gründen, sondern auf das Vertrauen der Regierten.

Ziel der Aufklärung war es auch, das Leiden auf der Welt zu vermindern. Zumindest alles von Menschen verursachte Leid kann auch von mündigen Menschen verhindert oder gemildert werden, indem man fragt: Was ist eine rechtmäßige Regierung? Welche Rechte hat ein Mensch? Wie sieht eine gerechte Gesellschaft aus? Auf welchen Werten baut sie auf? Dazu haben die Aufklärer gute Antworten gegeben. Sie wollten eine gerechtere Gesellschaft, die auf Wahrheit, Vernunft und Recht gründet. Sie haben meist die Demokratie, die Gleichheit aller vor dem Gesetz und die Menschenrechte als Voraussetzung für eine gerechte Gesellschaft bestimmt. Sie traten für die Gewaltenteilung und Rechtstaatlichkeit ein, um den Machtmissbrauch zu verhindern und die Willkürherrschaft zu beseitigen. Alle Staatsgewalt sollte vom Volke ausgehen. Manche misstrauten auch den ungebildeten Massen und setzten auf den „weisen Herrscher."

> **Ungerechte Herrscher müssen abgesetzt werden, weil sie nicht von Gottes Gnaden, sondern im Auftrag des Volkes und zum Wohle des Volkes regieren sollen.**

Zu lange wurden, mit dem Hinweis auf die von Gott gegebene Ordnung, die ungleiche Verteilung des Wohlstandes und die Standesunterschiede gerechtfertigt. Zu lange wurde der Ungehorsam gegen die Obrigkeit als Ungehorsam gegen Gott angesehen. Die Aufklärer haben auch die soziale Gerechtigkeit auf ihre Fahnen geschrieben, damit nicht wenige alles besitzen und viele Hunger leiden.

Die Aufklärung hat die Emanzipation der Juden, der Sklaven, der Frauen und der Schwarzen vorbereitet. Sie hat sich gegen die Todesstrafe und gegen grausame Folter gewendet. Von der Kirche war diese Jahrhunderte lang praktiziert, von ihren geistigen Vätern, Paulus, Augustinus und Thomas von Aquin, war sie gut geheißen worden.

Alle Heiligung der Kirche ist Lüge, solange sie Verfolgung übt!
Achim von Arnim

> **Alte Zeiten waren auch Zeiten der Unwissenheit, der Dummheit, der sozialen und politischen Ungerechtigkeit, sowie der medizinischen und technischen Hilflosigkeit.**

Zur wichtigsten Errungenschaft der Aufklärung rechnet man die Verabschiedung der ersten demokratischen Verfassungen der Neuzeit, sowie die Niederschrift unveräußerlicher Menschenrechte. Hiermit wurde die geistige Aufklärung auf Staaten und Gesellschaften übertragen. Der König sollte nicht mehr Besitzer und Beherrscher des Volkes sein, sondern sein oberster Diener. Er sollte nicht für den Eigennutz seiner Familie, sondern zum Wohle des Volkes regieren. Die Erste dieser Verfassungen war die Unabhängigkeitserklärung der 13 Gründungskolonien der USA am 4. Juli 1776. Es folgten Frankreich und Polen im Jahr 1791.

Schon im Alten Griechenland gab es Versuche, den Machtmissbrauch durch Beschränkung der Macht zu verhindern. Platon -428 bis −348 und Aristoteles forderten, dass die „Besten" den Staat regieren sollten. Wie diese gefunden und ausgewählt werden sollten, haben sie nicht erklärt. Von der Demokratie, die ihren geschätzten Lehrer Sokrates wegen Gottlosigkeit und Verführung der Jugend (zu sophistischem Denken) zum Tode verurteilt hatte, waren sie zutiefst enttäuscht.

Der griechische Geschichtsschreiber **Polybios**, -200 bis -120, pries die römische Verfassung der Republik als eine gelungene Mischung zwischen den drei Möglichkeiten: Monarchie, Aristokratie und Demokratie, die alle entarten können, wenn sie außer Kontrolle geraten. Die Herrschaft eines Mannes kann zur Tyrannei werden, die Herrschaft des Adels kann zur Oligarchi werden, die Herrschaft des Volkes kann zur Herrschaft des Mobs werden. Der griechische Geschichtsschreiber **Herodot** ~-490 bis -430, ließ in derselben Diskussion noch das Königtum siegen. Spätere Generationen werden das kritischer beurteilen, weil es der Tyrannis am nächsten kommt.

-624 wurde im antiken Athen die willkürliche Rechtsprechung eingeschränkt. Seit dem 6. Jahrhundert wurde allen Bürgern politische Mitsprache ermöglicht, zunächst nach Besitz abgestuft. Die Frauen und Sklaven zählten allerdings noch nicht dazu. Auch im antiken Rom finden sich, basierend auf der Philosophie der Stoa (Seneca), erste Vorstellungen davon, dass allen Menschen gleiches Recht zusteht. Dabei darf nicht übersehen werden, dass die Militärmacht Rom von wenigen superreichen Familien geführt wurde, die die Staatsämter, zwar zeitlich begrenzt, besetzten. Ihr Reichtum basierte auf der rücksichtslosen Ausbeutung der unterworfenen Völker und auf der Arbeitskraft der Sklaven. In diesem Umfeld fiel das Christentum, das auch oder gerade den Armen, den Schwachen und Kranken Hoffnung machte, auf fruchtbaren Boden.
Die Idee der Menschenrechte und deren staatliche Umsetzung wurde besonders von den Philosophen **Thomas Hobbes, John Locke, Thomas Paine, Jean-Jacques Rousseau** und **Immanuel Kant** geprägt.
Nach Hobbes strebt der Mensch vor allem nach Macht. Deshalb muss er durch einen Gesellschaftsvertrag eingedämmt werden.

Nach Locke und Kant hat der Staat die Aufgabe, die Naturrechte = angeborene Rechte = Grundrechte des Menschen zu sichern und eine Willkürherrschaft zu verhindern.

Meiner Ansicht nach sind gleiche Rechte nicht in der Natur verankert, sondern sie sind eine „gute" Idee der Aufklärung, denn in der Natur gelten eben nicht gleiche Rechte, sondern in der Natur gilt das Recht des Stärkeren. In der menschlichen Gesellschaft muss der Staat den Schwachen schützen. Falls er dem nicht nachkommt, verliert er seine Legitimation (seine Daseinsberechtigung). Locke gibt dem Staat nicht uneingeschränkte Macht, sondern fordert die Gewaltenteilung in Legislative (gesetzgebende Gewalt) und Exekutive (ausführende Gewalt), später wurde noch die Judikative (die Rechtsprechung) durch Charles de Montesquieu, 1689-1755, hinzugefügt. Außerdem sollte die Regierung zeitlich begrenzt werden.

> **Der Staat ist dazu da, das friedliche Zusammenleben seiner Bürger zu garantieren. Gesetze müssen für alle gleichermaßen Gültigkeit haben und dürfen nicht die bevorzugen, die sie machen.**

Diese Aufgabe kann am besten ein freiheitlich-demokratischer Rechtsstaat erfüllen. In einer Monarchie, die als konstitutionelle Monarchie auch viele Befürworter fand, z.B. Voltaire, stünde nicht das Interesse der Bürger, sondern das Interesse des Königs an oberster Stelle. Er könnte willkürlich, wie das die Geschichte immer wieder bestätigt, Begünstigungen vergeben und zu seinen Gunsten in die Gesetzgebung eingreifen.

Die Ideen von **John Locke** hatten maßgeblichen Einfluss auf die von **Thomas Jefferson** formulierte amerikanische Unabhängigkeitserklärung, in der 1776 unveräußerliche Rechte, wie die auf *„Leben, Freiheit, und das Streben nach Glück"*, für jedermann gefordert wurden. Sie galten allerdings nicht für die indianischen Ureinwohner und für die Sklaven. Von Jefferson stammt auch der Satz: *„Wir sind verpflichtet diese (Indianer)-Stämme mit den Bestien des Waldes in die Berge zu vertreiben".*
Quelle: Arte
Zum Glück der weißen Siedler gehörte auch das Recht auf Besitz, vor allem auf den Besitz des Landes, das sie den Ureinwohnern abgeknöpft hatten und das sie mit Hilfe afrikanischer Sklaven bewirtschafteten. Jefferson selbst hatte von seinem Schwiegervater eine Plantage mit 150 Sklaven geerbt, was ihn manchmal zum Grübeln gebracht haben soll. Befreit hat er sie nicht. Sein Vater besaß schon riesige Ländereien.
Freiheit bedeutete für die meisten Amerikaner, Herr auf dem eigenen Land zu sein. Sie wollten keine Fürstenherrschaft, wie im alten Europa üblich, erdulden müssen. Man wollte nationale Freiheit, das ist die Freiheit von fremder (englischer) Kontrolle; politische Freiheit, das bedeutete z.B. die Freiheit, die Politiker zu wählen, die die Gesetze machten und persönliche Freiheit, das war Glaubensfreiheit und die Freiheit so zu leben, wie man wollte, solange man niemandem schadete.

Für **Rousseau** ist die Freiheit Grundlage des Menschseins. Da von Natur aus alle Menschen frei und gleich sind - wie er glaubt - sollen sie dies auch im Staat bleiben. Wirklich frei sei einer erst, wenn er sich als sittliches Wesen frei dazu entscheidet, sich an Gesetze zu halten. Der aufgeklärte Mensch erkennt, dass es Gesetze geben muss und dass man sich selbst auch daran halten sollte, im Interesse des allgemeinen friedlichen Zusammenlebens.

*„Wenn ich sage, dass der Gegenstand der Gesetze immer allgemein ist, so meine ich damit, dass das Gesetz die Untertanen insgesamt und die Handlungen an sich ins Auge faßt, dagegen nie einen Menschen als einzelnen und ebensowenig eine besondere Handlung." **Rousseau***

Wichtig ist, dass diese Gesetze nicht durch die Willkür eines Herrschers, sondern durch ein frei gewähltes Parlament, in einem allgemein anerkannten Verfahren, beschlossen wurden und für alle gleichermaßen gelten. Dasselbe meint Kant mit dem kategorischen Imperativ: *„Handle so, dass die Maxime deines Willens jederzeit zugleich als Prinzip einer allgemeinen Gesetzgebung gelten könnte."*
Immanuel Kant lieferte kurz vor dem Ende der Aufklärungsepoche die bekannteste Definition für die Aufklärung in seiner Schrift *„Beantwortung der Frage: ‚Was ist Aufklärung?'"* *„Aufklärung ist der Ausgang (die Befreiung) des Menschen aus der selbstverschuldeten Unmündigkeit. Unmündigkeit ist das Unvermögen, sich seines Verstandes ohne Hilfe eines anderen zu bedienen".* Dort findet sich auch der Leitspruch der Aufklärung: *„Habe Mut, dich deines eigenen Verstandes zu bedienen!"*
Selbstverschuldet war diese Unmündigkeit allerdings nicht, sondern sie war bewusst gewollt und herbeigeführt, von denen, die an der Unmündigkeit der Menschen interessiert waren, von denen, die die Menschen beherrschen wollten, nämlich Adel und Geistlichkeit.
Kritisches Fragen, Denken und Zweifeln gegenüber der Religion und dem Absolutismus wurden in der Zeit der Aufklärung zur Tugend: *„Zweifle an allem wenigstens einmal, und wäre es auch der Satz zwei mal zwei ist vier"* **Lichtenberg**
Schuldhaft war bisher derjenige, der selbstherrlich handelte, ohne sich von seinen geistlichen und weltlichen Herren leiten zu lassen. Jetzt wurde der schuldig, der unmündig blieb.

Von den biblischen Berichten wollte man nur das gelten lassen, was man als *„vernünftig"* ansah, alles andere sei Unsinn. Die Wunder Christi etwa wurden geleugnet und als fromme Erfindungen abgetan. **John Toland** veröffentlichte 1696 ein Buch, in dem er behauptete die Kirche habe ein Interesse daran, Menschen zu täuschen. **Jean Meslier,** 1664 – 1729, ein Priester, der die Zustände seiner Zeit scharf kritisierte, ging in seinen Beobachtungen und Forderungen noch wesentlich über Toland hinaus.

„Die Religion unterstützt die politische Macht, wie schlecht sie auch sein mag, und die Regierung wiederum schützt die Religion, wie nichtig und falsch diese auch immer ist."

„Steht auf, vereint Euch gegen Eure Feinde, gegen die, die Euch mit Elend und Ignoranz bedrücken. Verwerft alle die nichtigen und abergläubischen Praktiken der Religionen. Schenkt den falschen Mysterien keinerlei Glauben", ...
Er empfiehlt den Völkern...*„dass sie, um gute Gesetze aufzustellen, nur den Regeln der menschlichen Klugheit und Weisheit folgen dürfen, das heißt den Regeln der Rechtschaffenheit, Gerechtigkeit und natürlichen Gleichheit".* Der Fanatismus für die Religion, erkennt Meslier, *mache abergläubisch, böse und dumm.*

Pierre Bayle attackierte die Verfolgungen der christlichen Kirchen: *„Ohne Toleranz wird die Welt zur Mördergrube, sobald jeder vorgibt, er allein besäße die Wahrheit."*

Der Holländer **Balthasar Bekker** nimmt die Hexenprozesse aufs Korn. Sein Landsmann **Gerhard Noodt** sprach sich als Rektor der Leidener Universität in einer Rektoratsrede 1699 dafür aus, dass dem Fürsten die Macht vom Volk genommen werden könne. In einer weiteren Rede 1706 befürwortete er die absolute Freiheit der Untertanen in Religionsfragen gegenüber dem Fürsten. Seit dem Augsburger Religionsfrieden 1555 wurde dem Fürsten das Recht zugebilligt, über die Religion der Untertanen entscheiden zu können. *„Cuius regio, eius religio".*

Die Menschen der Aufklärung beflügelte der Glaube, Vernunft und Freiheit würden die Menschheit in absehbarer Zeit von Unterdrückung und Armut erlösen. Auch vertraute man auf den Slogan *„Wissen ist Macht"* von **Francis Bacon**. In Frankreich entstand so die berühmte Encyclopédie. Herausgegeben wurde sie von **Denis Diderot** und **Jean d'Alembert**. Andere Aufklärer wie **Baron d'Holbach, Voltaire, Montesquieu** und **Rousseau** schrieben Artikel für dieses Hauptwerk der Aufklärung.

Schon durch die Gegenwart der Juden und der Muslime wurde die Alleingültigkeit des katholischen Glaubens in Europa immer in Frage gestellt. Deswegen waren diese Andersgläubigen der allmächtigen Kirche auch immer ein Dorn im Auge. Durch die Zersplitterung der Glaubensbekenntnisse während der Reformation ergab sich eine Vielfalt christlicher, religiöser Denkweisen, die gegenseitige Toleranz erforderlich machten. Während der Zeit der Aufklärung lernten die europäischen Christen auch andere Weltreligionen kennen. Sie erfuhren, wie viel Nächstenliebe und Fürsorge es in diesen, nichtchristlichen Religionen, gab. Das Wissen über das Vorhandensein anderer Hochkulturen und Religionen führte zu der Forderung nach Toleranz und zum Verständnis für diese Religionen.

> **So wie man die eigene Sprache nicht deswegen als die einzig wahre Sprache bezeichnen kann, weil es die eigene ist, kann man auch eine Religion nicht als einzig wahre bezeichnen, nur weil es diejenige ist, mit der man aufgewachsen ist.**

John Stuart Mill meinte: Was niemandem Schaden zufügt, muss erlaubt sein. Auch falsche Meinungen dürfen nicht unterdrückt werden. Man sollte sich mit ihnen auseinandersetzen. Die Wahrheit muss stets in einem freien Austausch der Ideen gesucht werden. *„Meinungsfreiheit ist Freiheit für die Meinungen, die wir hassen."*

> **Eine Gesellschaft muss so tolerant sein, dass sie ihren Mitgliedern auch erlaubt, dummes Zeug zu reden, ohne sie gleich strafrechtlich zu verfolgen. Toleranz gegen eine Religion, die drohen und herrschen will, ist allerdings nicht angebracht. Gegenüber einer Weltanschauung, die in ihren Zielen erkennen lässt, dass sie die Freiheit abschaffen wird, sobald sie die Macht dazu hat, darf man nicht tolerant sein.**

Geht man davon aus, dass Unmündigkeit noch weit verbreitet ist und sogar wieder zunimmt, weil die heutigen Medien, Fernsehen und das Internet, nicht nur Wissen vermitteln, sondern auch die Möglichkeit haben, die Menschen irrezuführen, zu beeinflussen und zu brandmarken, kann man nicht von einem Ende der Aufklärung sprechen; sie ist andauerndes Programm von Intellektuellen und Freidenkern.

Rückfall in die Tyrannei

Wie konnte es nach den hoffnungsvollen Fortschritten der Aufklärung einen Rückfall in die Tyrannei geben?

> **Weil die Aufklärer sich getäuscht hatten über die Natur des Menschen, über die Natur der „Starken", die stets nach unbeschränkter Macht streben, die sich nur durch ein mündiges Volk und eine intakte Verfassung bändigen lassen und über das verborgen schlummernde Bedürfnis der Massen, sich einem Führer anzuvertrauen, an ihn zu glauben, ihn zu verehren und ihm blind zu vertrauen.**

Die demokratischen Einrichtungen waren zu schwach, um einen Diktator zu verhindern und das Volk war geistig, von seiner Erziehung her, nicht gegen die Machtansprüche eines Napoleons gewappnet. Im Chaos der Revolution sehnte es sich nach Ordnung und Stabilität. Die Revolutionsregierung hatte in dieser Hinsicht versagt. Das Volk schrie nach dem *„Starken Mann"* - und der war schon da. Allerdings verursachte er, wie zu erwarten war, größeres Chaos und Unheil als je zuvor.

> **Es ist ein ewiger Menschheitstraum, dass ein junger Herrscher das Heil bringen wird. Dieser Traum beruht auf der Unwissenheit, dass junge Männer niemals große Männer sein können und dass sie deswegen auch niemals die Freiheit, sondern immer die Tyrannei bringen werden, - wenn sie unbeschränkt und unkontrolliert herrschen können.**

Die Französische Revolution

Die **Erklärung der Menschen- und Bürgerrechte** ist einer der Grundtexte, mit dem am 26. August 1789 Demokratie und Freiheit in Frankreich begründet wurden. *„Die Vertreter des französischen Volkes, als Nationalversammlung konstituiert, haben unter der Berücksichtigung, dass die Unkenntnis, die Achtlosigkeit oder die Verachtung der Menschenrechte die einzigen Ursachen der öffentlichen Missstände und der Verderbtheit der Regierungen sind, beschlossen, die natürlichen, unveräußerlichen und heiligen Rechte der Menschen in einer feierlichen Erklärung darzulegen, damit diese Erklärung allen Mitgliedern der Gesellschaft beständig vor Augen ist und sie unablässig an ihre Rechte und Pflichten erinnert; damit die Handlungen von der Legislative und die der Exekutive in jedem Augenblick mit dem Ziel jeder politischen Einrichtung verglichen werden können und dadurch mehr respektiert werden; damit die Ansprüche der Bürger, fortan auf einfache und unbestreitbare Grundsätze begründet, sich immer auf die Erhaltung der Verfassung und das Allgemeinwohl richten mögen."*

> **Die Herrschenden verzichten nicht freiwillig auf ihre Privilegien, sondern nur unter Druck. Sie trachten immer danach, sich neue Vorteile zu holen.**

Nach hoffnungsvollen Anfängen, in denen die Gedanken der Aufklärung *„Freiheit, Gleichheit, Brüderlichkeit"* in staatliche Wirklichkeit umgesetzt werden sollten, endete die Französische Revolution im Terror ihrer Anführer. Freigeister, die die Revolution zunächst begrüßt hatten, wie Friedrich Schiller - 1792 wurde er französischer Ehrenbürger - Hegel, Fichte, Herder... wendeten sich, angeekelt von dem Blutrausch, ab..

Am 26. August 1789 wurden von der französischen Nationalversammlung die Menschen- und Bürgerrechte verkündet. Sie beseitigte im kommenden Jahr die adeligen Standesrechte und andere Vorrechte. Sie hob den geistlichen Zehnt auf, säkularisierte die Kirchengüter und wandelte sie in Nationalgüter um. Sie schaffte den Erbadel ab und schuf eine Zivilverfassung für den Klerus.
Die Verfassung, die am 3. September 1791 verkündet wurde, sah noch eine konstitutionelle Monarchie vor. Durch die Flucht des Königs und durch ein Blutbad auf dem Marsfeld, mit dem eine antimonarchische Kundgebung gesprengt werden sollte, mehrten sich die Stimmen für die Schaffung einer Republik. Federführend waren vor allem die radikalen politischen Clubs der Jakobiner.

Georges Danton war einer der bestimmenden und bekanntesten Köpfe der Französischen Revolution. 1790 gründete er zusammen mit **Jean Paul Marat** und anderen den radikalen Club der Cordeliers (Für Menschenrechte; gegen die Monarchie). Als Justizminister, ab 1792, und Mitglied des Wohlfahrtsausschusses, ab 1793, war Danton mitverantwortlich für den revolutionären Terror. Im Juni 1793 war er eine der treibenden

Kräfte hinter dem Sturz der Girondisten (Gemäßigte Republikaner). Als er sich nach der Beseitigung der Girondisten für ein Ende des Terrors aussprach, wurde er seinerseits auf Betreiben **Robespierres** verhaftet, vor ein Revolutionstribunal gestellt und am 5. April 1794 mit der Guillotine hingerichtet. Robespierre vertrat die Ansicht, *dass eine Zeit des Terrors notwendig sei, um der Tugend endgültig zum Sieg zu verhelfen. Man könne auch kein Omlett machen, ohne Eier zu zerschlagen.* Der „*Gemeinwille*" hat immer Recht; davon war er felsenfest überzeugt. Da er sich gewiss war, den „*Gemeinwillen*" zu vertreten, das ist nach Rousseau der Wille der Mehrheit, konnte er ohne Bedenken Terror gegen alle Andersdenkenden ausüben, die nicht auf Seiten der Tugend und der Wahrheit sein konnten. Wer sich gegen den „*Gemeinwillen*" stellt, stellt sich gegen die Republik und muss vernichtet werden. Ein verhängnisvoller Gedanke, weil nicht klar ist, was denn nun, bei widerstreitenden Ansichten der „*Gemeinwille*" sein soll.

Auch die Nationalsozialisten und die Kommunisten glaubten später den „*Gemeinwillen*" zu vertreten und nahmen sich damit das Recht, alle Andersdenkenden gnadenlos verfolgen zu dürfen. In allen Fällen gab es für die Andersdenkenden nur eine Rettung vor dem Staatsterror: die Flucht ins Ausland. Adlige und Geistliche flohen vor der Revolution vor allem nach Deutschland.

> **Die Politiker lassen sich von den Denkern lenken, deuten sie aber nach ihrem Gutdünken. Sie benutzen die Ideologien / Religionen als Steigbügel zur Macht.**

Am 21. Januar 1793 wurde König Ludwig XVI. von Frankreich hingerichtet, nachdem ihn der Nationalkonvent für abgesetzt erklärt und wegen Hochverrats zum Tod verurteilt hatte. Er wollte heimlich Richtung Deutschland fliehen. Das wurde, auch weil er es selbst in einem Brief angekündigt hatte, so ausgelegt, dass er mit Hilfe ausländischer Truppen die absolute Macht zurückholen wolle.

Die Guillotine, ein Fallbeil, das von einem Arzt erfunden wurde, sollte die Hinrichtung möglichst schnell, schmerzfrei und „*human*" ermöglichen.

Robespierre setzte mit Hilfe von Danton, Saint-Just und Carnot im Wohlfahrtsausschuss extreme Maßnahmen durch, um eine Gegenrevolution schon im Keim zu ersticken. Das erste prominente Opfer des Tribunals war die ehemalige Königin **Marie Antoinette**, die am 16. Oktober hingerichtet wurde; 14 Tage später folgten 31 hochrangige Girondisten. Insgesamt fanden in Paris über 2000 Personen den Tod durch die Guillotine, im Rest des Landes nochmals über 15000. Über 1600 wurden allein in Lyon auf Anordnung **Joseph Fouchés**, Napoleons späterer Polizeiminister, hingerichtet. Rechnet man die Todesfälle in den katastrophal überfüllten Gefängnissen und die Schnellverfahren auf dem Schlachtfeld hinzu, so belief sich die Zahl der Opfer der Schreckensherrschaft auf schätzungsweise 40000 Menschen.

Robespierre ergänzte diesen Schrecken um antireligiöse Vorschriften. Er errichtete den „Kult der Vernunft" und das „Fest des Höchsten Wesens". Er ersetzte den julianischen Kalender durch den republikanischen Revolutionskalender.

> **Es gibt nichts Grausameres und Dümmeres als ein entfesselter Volkshaufen. Massen und Mehrheiten können eine schreckliche Tyrannei gegen Minderheiten errichten, deswegen muss es einen Schutz für Minderheiten geben.**

Im Kampf um die Macht und die politische Vorherrschaft behielt Robespierre zunächst die Oberhand. Am 24. März 1794 wurden Hébert und seine wichtigsten Verbündeten hingerichtet; Danton und seine Anhänger am 5. April. Schließlich wendete sich der Terror gegen ihn selbst. Am 27. Juli 1794, dem 9. Thermidor II, nach dem Revolutionskalender, wurde Robespierre gestürzt, zusammen mit Saint-Just, Couthon und 98 weiteren Gefolgsleuten inhaftiert und am folgenden Tag hingerichtet.
Der 9. Thermidor markierte das Ende der jakobinischen Schreckensherrschaft und den Beginn der Herrschaft der Thermidoriens.
In der Folgezeit wurden in den Septembermorden zwischen dem 2. und dem 6. September über 1000 politische Gefangene, vor allem Geistliche, die den Eid auf die Zivilverfassung des Klerus verweigert hatten, und Royalisten, in Schnellverfahren zum Tode verurteilt und hingerichtet.

> **Die Französische Revolution ist ein klassisches Beispiel dafür, wie eine Unrechtsherrschaft in eine andere überging. Man forderte gleiche Rechte für alle, solange man sie nicht hatte, verweigerte diese aber den „Andersdenkenden", sobald es die eigene Macht erlaubte.**

„Alle Revolutionen haben bisher nur eines bewiesen, nämlich, dass sich vieles ändern lässt, bloß nicht die Menschen." **Karl Marx**

Napoleon I.

1769-1821, Kaiser der Franzosen 1804-1815.
Napoleon ist ein klassisches Beispiel für das, was ich mit diesem Buch sagen will:
> **Wenn es einer schafft, die absolute Macht zu bekommen, ohne dass er groß genug ist, führt das zu einer Tyrannei, die nur durch den Tod des Tyrannen, z.B. bei Hitler, durch seine Ermordung, bei Cäsar oder durch seine Verbannung, bei Napoleon, ihr Ende findet.**

Eine weitere, eher theoretische Möglichkeit, wäre, dass er so groß wird, dass man **zu ihm kommen** kann, - dann will man ihn nämlich und dann kann er auch etwas Gutes machen, weil er nicht mehr bedrückend, sondern befreiend wirkt. Das konnte Napoleon aber bei seiner extrovertierten Lebensweise nicht schaffen. Das scheint mir bei einer normalen Lebensweise unmöglich. Er war bei seinem Tod, mit 51 Jahren, immer noch weit entfernt von diesem Ziel. Trotzdem hat er als Neunundzwanzigjähriger bekommen, was er wollte, nicht weil er groß war, sondern weil er sich an die Macht geputscht hat und weil seine Umwelt nicht aufgeklärt war. Wie so oft setzte das Volk auf einen jungen Helden, der es von den chaotischen Verhältnissen der Revolution erlösen sollte. Die Katastrophe war damit vorprogrammiert.

Nach einem Staatsstreich 1799 kontrollierte Napoleon die Regierung Frankreichs, das Vermögen des Landes, die Religion, indem er die Bischöfe einsetzte, und die Armee. Er war absoluter Diktator in einer scheinbaren Republik.

Das hat schon Kaiser Augustus geschafft.

In Napoleon zeigt sich der klassische Wille zur Macht, der ganz nach außen gerichtet auf die Beherrschung seiner Umwelt abzielt. Weil er wenig Zeit und Energie auf seine eigene Entwicklung verwendet hat, musste er seine Umwelt niedermachen, um sie beherrschen zu können. Er war nicht groß genug, sie für sich zu gewinnen, obwohl er anfangs zweifellos sehr beliebt war. Aus seiner Herrschaft wurde eine üble Tyrannei. Vor allem freiheitsliebende Geister lassen sich die Diktatur nicht gefallen. Intellektuelle, wie die Schriftstellerin Madame de Stael, die ihn zunächst unterstützt hatten, distanzierten sich von seinem herrischen Regierungsstil. Sie bekämpfte ihn nach ihrer Flucht ins Ausland (Schweiz). Die Untertanen litten unter Zwangsmaßnahmen, Rekrutierungen, Kriegen, erhöhten Steuern, Beschränkung der Freiheit, Bespitzelung, ungerechten Urteilen... usw. Berühmt berüchtigt wurde sein Polizeiminister **Fouché**, der eine Geheimpolizei aufbaute, um die Gegner des Regimes zu überwachen und zu verfolgen. Für vierzehn Jahre war die Geschichte Bonapartes die Geschichte Europas.

Napoleon wurde 1769 in Ajaccio auf Korsika als Sohn eines Landadligen geboren, kurz nachdem die Insel von Italien an Frankreich gekommen war.

> **Ein Korse führte Frankreich (Napoleon), ein Österreicher verführte Deutschland (Hitler) und ein Georgier tyrannisierte Russland (Stalin). Sie wollten einer Nation, der sie auf Grund ihrer Geburt nicht so recht angehörten, beweisen, wie national sie waren.**

Von 1779 bis 1785 besuchte er Militärschulen in Brienne und Paris. Wegen seines militärischen Geschicks war er im Alter von 24 Jahren schon Brigadegeneral. Das war der Auftakt zu einer beispiellosen militärischen Laufbahn.

Nach dem Sturz Robespierres wurde Napoleon, der zu seinen Anhängern gehörte, im Juli 1794 für zwei Wochen inhaftiert und im September 1795 aus der Armee entlassen. Wie sich später zeigte, war er ziemlich anpassungsfähig in seinen Ansichten. Es ging ihm weniger darum, die Partei zu finden, die seine „Ideale" vertrat, als sich auf die zu stützen, die ihn an die Macht brachte.

Bereits im Oktober wurde er wieder zurückberufen, um den Aufstand der Pariser Königstreuen gegen das Direktorium niederzuschlagen. Am 5. Oktober 1795 ließ er die Aufständischen mit konzentriertem Geschützfeuer zusammenschießen. Dieser „Sieg" brachte ihm die Beförderung zum Befehlshaber der „Armee des Innern". 1796 vermählte er sich mit der Witwe Joséphine de Beauharnais. Die Heirat mit einer Adeligen eröffnete ihm den Zugang zur herrschenden Gesellschaftsschicht, der er natürlich gerne angehören wollte. Für seinen gesellschaftlichen Aufstieg tat er alles. 1796 wurde Napoleon zum Oberbefehlshaber der französischen Armee in Italien ernannt. Es gelang ihm rasch mit verschiedenen Ansprachen, die Begeisterung der Soldaten zu wecken. „Ich will Euch in die fruchtbarsten Ebenen der Welt führen. Reiche Provinzen, große Städte werden in Eure Hände fallen; dort werdet Ihr Ehre, Ruhm und Reichtümer finden."

> **Es galt jahrtausendelang als eine rühmliche Tat, andere Völker zu überfallen und auszuplündern.**

Nach vier siegreichen Schlachten gegen Österreich und seine Verbündeten schloss er eigenmächtig Frieden mit Österreich. Frankreich erhielt den Großteil des eroberten Territoriums in Oberitalien. Diese militärischen und politischen Erfolge, nicht zuletzt auch die Kriegsbeute in Höhe von mehreren Millionen Francs, begünstigten Napoleons späteren Aufstieg zur Macht. Die Revolutionsarmeen siegten, weil sie für ihre Freiheit und nicht für die Interessen eines Monarchen kämpften, wie die Söldnerarmeen des 18. Jahrhunderts, - bis sie merkten, dass sie selbst Opfer eines Tyrannen geworden waren.

> **Junge Männer lassen sich gerne für einen heldenhaften Kampf mit edlen Zielen begeistern. Man muss ihnen nur einreden, dass sie wichtig sind im Kampf um die gute Sache gegen einen bösen Angreifer.**

Im Dezember 1797 beauftragte ihn das Direktorium mit dem Oberbefehl über die französische Armee, die gegen England eingesetzt werden sollte, entsandte ihn jedoch wenig später mit einem Expeditionskorps gegen Ägypten. Man traute ihm wohl damals schon den Staatsstreich zu und wollte ihn lieber fern als nahe haben.

> **Wer die militärische Macht hat, kann in chaotischer Lage auch die politische an sich reißen.**

Das Ägypten - Abenteuer scheiterte. Nach anfänglichen Erfolgen wurde die französische Flotte am 1. August 1798 von der englischen unter Admiral Horatio Nelson bei Abukir vernichtend geschlagen.
Nach seiner Rückkehr gelang Napoleon, nicht zuletzt dank seiner Popularität, mit dem Staatsstreich vom 9./10. November 1799 der Sturz des Direktoriums. Das Volk sah in

ihm einen Retter aus dem Chaos und hoffte, dass der siegreiche General für Stabilität sorgen könne. Es wusste nichts über die Natur starker Männer, die stets zu Machtmissbrauch neigt. Napoleon setzte eine vorübergehende Regierung ein, in der er selbst das Amt des Ersten Konsuls übernahm. Zunächst für zehn Jahre.

> **Man kann ein Volk, das gerade seinen König hingerichtet hat, nicht gleich damit schocken, dass man Kaiser werden will. Da braucht man noch etwas Zeit und Überzeugungsarbeit.**

Die auf Napoleon ausgerichtete Konsulatsverfassung bedeutete praktisch die Rückkehr zu einer monarchischen Regierungsform. Sie verlieh Napoleon nahezu diktatorische Gewalt. 1802 ließ er sich durch Volksabstimmung zum Ersten Konsul auf Lebenszeit ernennen. Drei Millionen abstimmende Franzosen entschieden sich für ein *„Ja"*, 1600 für ein *„Nein"*. Das sind 0,05 % Gegenstimmen... besser als die Ergebnisse der Wahlen in der DDR. Falls also wirklich jemand dagegen gestimmt hat und seine Familie und seine Freunde und seine Nachbarn, dann wissen sie: Sie gehören einer verschwindend kleinen Minderheit an. Moderne Diktatoren haben eine besondere Fähigkeit, Volksabstimmungen zu gewinnen.

1804 krönte er sich, auf Wunsch des Volkes - was tut ein verantwortungsbewusster Mann nicht alles für sein Volk - selbst in der Kathedrale Notre-Dame in Paris zum erblichen Kaiser der Franzosen. Anschließend ließ er sich von Papst Pius VII. weihen. Im Mai 1805 krönte er sich in Mailand auch noch zum König von Italien. Er konnte nicht genug Kronen und Titel haben. Er erschien dadurch größer, wurde es aber nicht, weil zwischen groß tun und groß sein ein großer Unterschied besteht. Die Bestimmung, seinen Nachfolger selbst auswählen zu können, war wie die Einführung einer regelrechten Hofhaltung in den Tuilerien, ein Schritt auf dem Weg zur Monarchie.

> **Weil er nicht groß war, musste er seine Herrschaft mit Gewalt sichern. Damit schaffte er sich viele Gegner. Mit dem Staats- und Terrorapparat, der ihm nun zur Verfügung stand, konnte er diese verfolgen und unterdrücken.**

Trotz der Einführung des neuen bürgerlichen Gesetzbuches, des Code Civil, der das Rechtswesen vereinheitlichte, der die Gleichheit vor dem Gesetz und die Religionsfreiheit festschrieb, blieben diese Grundrechte in der Praxis erheblich eingeschränkt. Obrigkeitliche Willkür und strikte Zensur waren an der Tagesordnung. Toleranz gab es nur, solange seine Herrschaft nicht angetastet wurde. Gleiche Rechte gab es weder für Frauen noch Sklaven. In Übersee löste die Wiedereinführung der Sklaverei 1802 auf Haiti einen Aufstand aus und führte schließlich zur Unabhängigkeit der Insel. Die Juden wurden gleichberechtigt und aus den Ghettos entlassen. Als Bonaparte nach einer aufgedeckten Verschwörung im August 1803 den Herzog von Enghien, einen Angehörigen des ehemaligen Königshauses, in Deutschland entführen, verurteilen und erschießen ließ, löste er, insbesondere im Ausland, heftige Proteste aus.

Mit der Ehrenlegion begründete er, 1802, eine neue Kaste des Adels, die sich schnell mit dem alten Erbadel zu mischen begann. Im Jahr 1808 wurde per Gesetz ein neuer Adel geschaffen. Daneben spielten am Hofe immer mehr alte Aristokraten des Ancien Regime eine Rolle. In weiten Teilen der Bevölkerung, die noch immer vom Gleichheitsideal der Revolution geprägt war, wurde diese Entwicklung kritisch gesehen. Die Klassengesellschaft und der Nepotismus erblühten wie eh und je. Sein Regierungssystem war eine auf Begünstigte und auf die eigene Familie bauende Militärdiktatur. Seine Familienpolitik war entlarvend: 1806 eroberte er das Königreich Neapel. Dort setzte er seinen älteren Bruder Joseph Bonaparte als König ein. Die Batavische Republik wandelte er in ein Königreich um, das sein Bruder Louis Bonaparte erhielt. In Westfalen setzte Napoleon seinen Bruder Jérôme als König ein. 1807 geriet Portugal und 1808 Spanien unter französische Herrschaft. Joseph Bonaparte erhielt nun den spanischen Königsthron, Neapel wurde Napoleons Schwager Joachim Murat zugesprochen.

Durch den Sieg von Marengo über die Österreicher 1800 rückte die Grenze Frankreichs an den Rhein vor. 1803 wurde Deutschland mit dem Reichsdeputationshauptschluss neu gegliedert. 1806 erfolgte die Auflösung des Heiligen Römischen Reiches, nach fast tausendjährigem Bestehen. Mit seinem Sieg über die vereinten Preußen und Russen in der Doppelschlacht von Jena und Auerstedt im Oktober 1806 hatte Napoleon endgültig die uneingeschränkte Vorherrschaft in Mitteleuropa gewonnen. Aber sein drückendes Regiment war bei der Bevölkerung nicht willkommen. Seine Kontinentalsperre gegen England zeigte sich als unwirksam.

Der Krieg in Spanien kostete Frankreich 300000 Menschenleben, die dem Kaiser allerdings wenig Kummer bereiteten. Er glaubte, dass alle Leiden seiner Soldaten gerechtfertigt seien, wenn sie nur seinen Interessen dienten. Er hielt sich für ein Schicksal und Hegel nannte ihn den „Weltgeist zu Pferde."

Die Zwangsrekrutierungen erzeugten in Frankreich und bei den Verbündeten Unmut. Dies und die gewaltigen Kosten trugen letztlich zur Schwächung seiner Macht bei. Napoleon konnte in Spanien die französische Oberherrschaft nie ganz durchsetzen. 1813 wurden die französischen Truppen durch einen Guerillakrieg endgültig aus Spanien verdrängt. Der spanische Maler Franzesko de Goya hat sich in vielen Zeichnungen ausführlich den Gräueltaten dieses Krieges gewidmet.

In den Jahren nach dem Frieden von Tilsit befand sich Napoleon auf dem Höhepunkt seiner Macht. Im Inneren seines Herrschaftsbereiches verstärkten sich in dieser Zeit die despotischen Tendenzen. Kritik an seiner Amtsführung duldete er immer weniger. Widersacher landeten in Nervenheilanstalten. Weil Außenminister Talleyrand Widerspruch gegen die Expansionspolitik anmeldete, wurde er 1807 entlassen. Die Zensur und die Gängelung der Presse wurden verschärft. Das Theaterdekret von 1807 schränkte den Spielraum der Pariser Bühnen ein. Auf der anderen Seite stand ein wachsender

Personenkult um den Kaiser, der in zahllosen Gemälden, vor allem von Jacques-Louis David, verherrlicht wurde.

> **Das Volk will einen Führer. Es verzeiht ihm gerne seine Strenge, solange er siegreich ist. Es ist sogar allzeit bereit, für ihn zu sterben; aber wehe er verliert!**

1809 schlug Napoleon die Österreicher erneut bei Wagram und zwang sie zum Frieden von Schönbrunn, in dem Österreich weitere Gebiete an Frankreich abgeben musste. Napoleon ließ sich von Joséphine scheiden und vermählte sich 1810 mit der Habsburgerin Marie Louise, der Tochter des österreichischen Kaisers Franz I. Für seine Macht tat er alles.

1810 annektierte Napoleon Bremen, Lübeck und weitere Teile Norddeutschlands, sowie - nach der erzwungenen Abdankung Louis Bonapartes - das gesamte Königreich Holland, womit sein Reich die größte Ausdehnung erreichte.

In fast allen Gebieten, die unter napoleonischer Herrschaft standen, wurde die Staatsverfassung geändert und der Code Civil = Code Napoleon als Zivilrecht eingeführt. Das bedeutete für große Teile der betroffenen Bevölkerung erstmals eine Garantie bürgerlicher Rechte. Auch in Deutschland wurden diese Reformen von demokratisch und fortschrittlich gesinnten Kräften begrüßt, andererseits befürworteten gerade diese Kreise einen deutschen Nationalstaat, was sie wiederum in Gegensatz zu Napoleon brachte. Im Rahmen eines romantisierten Nationalbewusstseins sollten sie eine wichtige Rolle in den Befreiungskriegen spielen. Insgesamt wuchs der Widerstand gegen die französische Fremdherrschaft in ganz Europa. Von Spanien bis Tirol (**Andreas Hofer**) kam es zu Aufständen der Unterdrückten.

1812 war das Jahr der Wende in Napoleons politischem und militärischem Schicksal. Entscheidend war sein Feldzug gegen Russland. Nachdem es u. a. über die Kontinentalsperre mit Zar Alexander I. zum Bruch gekommen war, marschierte Napoleon mit seiner Grande Armée in Russland ein und führte sie bis vor die Tore Moskaus. Der Brand der Stadt, von den Einwohnern selbst gelegt? nahm den Eindringlingen die notwendigen Vorräte und führte zum Untergang der großen Armee und zum Rückzug ihres Feldherrn. Von 600000 Soldaten kehrten nur etwa 30000 zurück.

Die völlige Erschöpfung der Ressourcen durch die häufigen Kriege, eiserne Steuerpolitik und Polizeiherrschaft hatten Napoleon längst bei der französischen Bevölkerung in Misskredit gebracht. Der sieglose und verlustreiche Rückzug seiner Truppen im russischen Winter schürte weiteres Unbehagen gegen ihren erfolglosen Kaiser und vereinigte die europäischen Herrscher gegen ihn. Zuerst verbündeten sich Preußen und Russland, Österreich, England, Schweden und Bayern schlossen sich an. Dieser Übermacht erlag das napoleonische Heer schließlich, trotz heftiger Gegenwehr, in der Völkerschlacht bei Leipzig im Oktober 1813.

Anfang 1814 zogen die Verbündeten unter der Führung des preußischen Generals Blücher in Paris ein. Napoleons Offiziere verweigerten die weitere Gefolgschaft. Am 2.

April 1814 beendete der Senat das Regiment des französischen Eroberers. Nachdem die Verbündeten auch einen Rücktritt zugunsten seines Sohnes abgelehnt hatten, dankte er am 6. April 1814 ab. Er erhielt die Mittelmeerinsel Elba als eigenständigen Besitz und durfte seinen Kaisertitel behalten. Seine Gemahlin Marie Louise und ihr gemeinsamer Sohn wurden von seinem Schwiegervater, Kaiser Franz I. von Österreich, in Gewahrsam genommen. Napoleon sah die beiden nie wieder. Es schmerzte ihn sehr, dass ihn seine Frau nie besuchte.

Napoleon selbst kehrte im März 1815 nach dramatischer Flucht noch einmal nach Paris zurück, für die *„Herrschaft der Hundert Tage"*. Es gelang ihm zwar durch das Versprechen einer demokratischeren Verfassung erneut, die Veteranen der alten Feldzüge um sich zu sammeln, seine Friedensinitiative bei den Verbündeten schlug hingegen fehl.

Wie könnte man auch einem Diktator glauben, wenn er demokratische Versprechungen macht? Er hat oft genug gezeigt, dass es ihm letztlich nicht um Demokratie, sondern um die Alleinherrschaft ging. Ein Diktator, der es nicht schafft, die unterdrückten Massen zum Jubeln zu bringen, ist schließlich ein Versager.

> **Erzwungener Jubel verschleiert den wahren Stellenwert, den man in den Herzen der Menschen hat.**

Die vereinten preußischen und englischen Streitkräfte unter Führung von **Wellington** und **Blücher** bereiteten den napoleonischen Truppen schließlich in der Schlacht von Waterloo am 18. Juni 1815 eine vernichtende Niederlage. Napoleon wurde auf die winzige englische Insel Sankt Helena im Südatlantik verbannt. Dort starb er am 5. Mai 1821 an Magenkrebs. Seine Gebeine überführte man 1840 in den Pariser Invalidendom, wo sie ihre letzte Ruhe gefunden haben.

Die Erfolge als Feldherr und der Pomp, mit dem Napoleon seine Herrschaft zur Schau stellte und sich selbst zum Begründer einer Blütezeit Frankreichs stilisierte, begünstigten das Entstehen einer Legende, die bis heute anhält. Durch Napoleons Eroberungszüge war das Ideengut der Revolution weit verbreitet worden. So gehen die Julirevolution in Frankreich 1830, die Märzrevolution in Deutschland 1848 und andere Erhebungen indirekt auf sein Wirken zurück.

Unter deutschen Dichtern, wie Goethe und Hölderlin, fand er Bewunderer. Beethoven, Schiller, Fichte und Kleist bezeichneten ihn als einen Tyrannen. Nachdem Beethoven 1804 von der Kaiserkrönung Napoleons erfahren hatte, war er zutiefst enttäuscht und entsetzt. Zornig radierte er den Namen des Verhassten aus der Widmung einer Sinfonie und ärgerte sich: *„Nun wird auch er alle Menschenrechte mit Füßen treten, nur seinem Ehrgeiz frönen; er wird sich nun höher als alle anderen stellen, ein Tyrann werden!"* **1803: *http://www.beethoven.li/zitate/***

Während der Mythos als Nationalheld der Franzosen weiter fortwirkte (Victor Hugo, Alexandre Dumas Père), bezog die Nachwelt im Ausland vermehrt kritische Haltungen: *George B. Shaw: The man of destiny*, 1897; *Arnold Zweig: Bonaparte in Jaffa*, 1939.

„Napoleon war ein Naturereignis. Ihn einen großen Schlächter schmähen heißt nichts anderes, als ein Erdbeben groben Unfug schelten oder ein Gewitter öffentliche Ruhestörung." **Christian Morgenstern, 1871-1914**
In einer solchen Beurteilung sehe ich das größte Problem, Tyrannen zu verhindern.

> **Napoleon war kein Naturereignis, sondern ein Mensch, dessen Willkürherrschaft durch aufgeklärte Staatsbürger und einen Verfassungsstaat hätte eingedämmt oder verhindert werden können.**

Seine Herrschaft hat Millionen Tote und unzählige Verwundete gefordert. Sie hat zig Millionen Menschen durch den Verlust ihrer Väter, Männer, Söhne in tiefe Trauer gestürzt und ihr Leben zerstört. Damit ein Mann seinem Machtwillen nachjagen konnte, mussten Millionen andere leiden. Trotz seiner tyrannischen Herrschaft, die der demokratischen Zielsetzung der Revolution zuwiderlief, hat er einige Errungenschaften der Französischen Revolution bewahrt. Er hat etwas zur Verbreitung der bürgerlichen Rechte in Europa beigetragen und hat letztlich unfreiwillig die Deutschen geeint, indem er aus 300 selbständigen Herrschaftsgebieten 19 Staaten gemacht und diese gemeinsam gegen seine Tyrannei aufgebracht hat. Er hat ganz Europa in Brand gesetzt und hat nicht gemerkt, dass er das eigentliche Problem war.

> **Diktatoren bedauern nicht das Leid, das vor allem durch sie in die Welt gekommen ist, sondern sie bemitleiden sich selbst.**

Am 6. Oktober 1808 raunte Napoleon dem alten Wieland ins Ohr, *„es sei noch die Frage, ob Christus überhaupt gelebt habe".* **Historiker Constantin Francois Volney**
Auf St. Helena schlägt der besiegte Feldherr ganz andere Töne an. Jetzt ist er nicht mehr Gott, jetzt will er doch noch in den Himmel kommen! Da hat er natürlich einiges gut zu machen.
„Ich kenne die Menschen, und ich sage Ihnen, dass Jesus kein Mensch ist. Seine Lehre ist ein Geheimnis, das für sich allein steht und von einer Einsicht herrührt, die keine menschliche Einsicht ist. Alexander der Große, Cäsar, Karl der Große und ich haben große Reiche gegründet. Doch auf was haben wir unsere genialen Taten gestützt? Auf Gewalt! Jesus allein hat sein Reich auf die Liebe gegründet. Heute noch würden Millionen Menschen für ihn sterben. Ich selbst aber sterbe vor der Zeit, und mein Leib wird der Erde wiedergegeben, damit ihn die Würmer fressen. Das ist das Ende des großen

Napoleons. Welch ein mächtiger Abstand zwischen meinem tiefen Elend und dem ewigen Reich Christi, welches gepredigt, geliebt, gepriesen und über die ganze Erde ausgebreitet wird...".
Späte Einsicht eines Diktators!

Europa atmete auf, als Napoleon abgedankt hatte, aber an seiner Stelle kam der nächste Unterdrücker und Verfolger: **Fürst Metternich**, der das Rad der Geschichte zurückdrehen, die alte Fürstenherrschaft wieder herstellen und alle liberalen Strömungen mit drakonischen Gesetzen (Karlsbader Beschlüsse 1819) unterdrücken wollte. Das gelang ihm zumindest bis 1848.

„...Die Völker Europas haben ihn vertrieben. Ihre eigenen Fürsten sind ihnen geblieben. Die haben den ganzen Gewinn gekriegt: Die Schlechteren haben den Schlechten besiegt." **Bertolt Brecht, 1898-1956**

Restauration und Revolution

Weder die Französische Revolution, noch Napoleon brachten den Völkern den Frieden, im Gegenteil: Es waren Zeiten voller Unruhe und Krieg. Kein Wunder also, dass man sich nach der *„Alten Ordnung"* zurücksehnte. Dabei wurden auch die jungen Verfassungen, die in Deutschland mehr oder weniger freiwillig im Zuge der napoleonischen Reformen gewährt wurden, wieder abgeschafft oder eingeschränkt. Die Heilige Allianz, ein Bündnis das 1815 zwischen den herrschenden christlichen Fürsten Europas (Russland – Österreich – Frankreich – Preußen) geschmiedet wurde, war entschlossen, die alte Herrschaft von König, Adel und Kirche wiederherzustellen, so wie sie vor der Französischen Revolution bestanden hatte. Sie drehte das Rad der Geschichte zurück, verhinderte demokratische Verfassungen und knebelte mit einer strengen Zensur die Meinungsfreiheit. Professoren, die freiheitliche Lehren vertraten, wurden vom Dienst entlassen. Oberzensor und Anschwärzer war **Fürst Metternich**, der Schmied der heiligen Allianz.

1822 erließ **Ludwig XVIII.** von Frankreich ein Dekret, das Zweifel am Gottesgnadentum des Königs unter Todesstrafe stellte.

Überall im Herrschaftsgebiet der Heiligen Allianz wurden liberale Geister verfolgt (**Gustav Struve**), verhaftet oder erschossen (**Robert Blum**). Viele verließen schließlich, enttäuscht von den drückenden Verhältnissen und der misslungenen Revolution, zwischen 1815 und 1848 das Land in Richtung Schweiz oder Amerika (**Friedrich Hecker**). **Carl Schurz** wurde 1877 Innenminister der USA.

Nietzsche

Friedrich Wilhelm, 1844-1900, Philosoph und klassischer Philologe.
Nietzsche hat mich seit früher Jugend in den Bann gezogen, weil Leben und Werk eine
Einheit waren. Er schrieb nicht nur wie ein Philosoph, sondern lebte wie ein Philosoph.
Das überzeugte mich. Ich witterte eine Verwandtschaft. Ich ahnte ein ähnliches Schick-
sal. Er gab mir wichtige *„Fingerzeige"* für meinen Weg, den Weg in die Einsamkeit.
Im Unterschied zu ihm war ich stark und gesund genug, diesen Weg zu gehen. Seine
Probleme waren meine Probleme - Kopfschmerzen; Einsamkeit; Probleme mit Geld
und Frauen. Seine Fragen waren meine Fragen: Soll man die Wahrheit wagen oder sich
von der Religion trösten lassen? Für einen wachen Geist ist das natürlich keine echte
Frage. Ich will nicht glauben, sondern wissen! Das Ringen um die richtige Weltanschauung und die Suche nach Wahrheit beschäftigte uns beide; der Kampf zwischen
der inneren Stärke, dem Willen und der sie beherrschenden Macht, der Vernunft. Er
nennt das dionysisch und apollinisch. Gut, dass er darüber geschrieben hat, sonst hätte
ich nie etwas davon erfahren. Seine Interessen waren meine Interessen: Religion,
Kunst, Geschichte, Musik, Philosophie. Es war eine Seelenverwandtschaft über ein
Jahrhundert. Selbst die Tatsache, dass wir beide einmal ziemlichen Blödsinn geschrieben haben, ist uns gemeinsam, mit dem Unterschied, dass ich den Blödsinn in meiner
Jugend und er ihn im reifen Alter geschrieben hat, wodurch sein Blödsinn wesentlich
gefährlicher wurde als meiner.

Einsamkeit

*„Von Kindheit an suchte ich die Einsamkeit und befand mich da am wohlsten, wo ich
mich ungestört mir selbst überlassen konnte."* **Nietzsche**
So hätte ich das auch sagen können. Man braucht Einsamkeit, um sich zu finden, um
ein geistiges Leben zu führen und um sich zu einer Persönlichkeit zu entwickeln. *„Wo
die Einsamkeit aufhört, da beginnt der Markt; und wo der Markt beginnt, da beginnt
auch der Lärm der großen Schauspieler und das Geschwirr der giftigen Fliegen."*
Nietzsche / Zarathustra

Kopfschmerz

Nietzsche war schon als Schüler oft krank. Dabei beklagt er sich am häufigsten über
ständig wiederkehrende, unerträgliche Kopfschmerzen. Sie werden ihn sein Leben lang
begleiten. Als Therapie nennt er Einsamkeit und Spazierengehen. Das kommt mir bekannt vor. Nun weiß man nicht genau, welche Ursachen seine Kopfschmerzen gehabt
haben, jedenfalls müssen sie, weil sie schon in seiner Jugend auftraten, unabhängig von
seiner späteren Erkrankung betrachtet werden. Bei mir waren das ganz klar Energie-
kopfschmerzen, die ich am besten mit Energieverbrauch, z.B. mit Malen loswerden
konnte: Wie wenn man aus einem Luftballon die Luft heraus lässt. Auch Einsamkeit
und Sport linderten meinen Schmerz.

Depressionen

Später quälten ihn auch Depressionen. Die findet man sehr häufig bei *„starken Männern."* Sie müssen durch eine verrückte Welt hindurch gehen, bis die Persönlichkeit gefestigt ist. Bei mir waren das eher Verfinsterungen des Gehirns und Albträume, die mich quälten und beängstigten, bis ich in mir zur Ruhe gekommen war; das ging vielleicht bis zu meinem 45. Lebensjahr.

Man neigt dazu, vor diesen *„Gespenstern"* davonzulaufen, indem man vor sich selbst davonläuft und auf Reisen geht. Das ist aber der falsche Weg. Man muss ihnen ganz hartnäckig entgegen treten und ganz eisern bei sich bleiben. Nur so ändert man sein Gehirn. Die Depressionen werden einen begleiten, solange man nicht in die höheren Regionen des Gehirns vorgedrungen ist, solange die Persönlichkeit sich nicht gefestigt hat. Wer durch diese Finsternis nicht hindurch gegangen ist, wird nachher auch nie in sich ruhen und nicht in lichtere Welten vordringen. Er kann nicht *„groß"* sein, höchstens groß scheinen. Das sage ich aus meiner Erfahrung mit mir selbst und aus meinem Wissen über das, was andere darüber berichtet haben. Aber wer schafft das? Wer hält das aus, ohne verrückt zu werden? Man braucht dazu einfach eine starke und gesunde Veranlagung, sonst wird man verrückt, - Beispiele dafür gibt es genug. Siehe das Kapitel: Von Künstlern und ihren Problemen.

Anstoß erregen

Nietzsche machte sich selbst gerne Feinde. Er neigte dazu, gegen alles zu sein. Gegen das Christentum, seine Moral und seine Vertreter entwickelte er einen unglaublichen Hass. Vermutlich weil er in einem bigotten Haushalt aufgewachsen, zu sehr damit drangsaliert worden war. Die Deutschtümelei verspottete er, dabei hat er die deutsche Sprache zu neuen Höhen geführt. Er griff Sokrates und Wagner an, den er einst bewundert hat und schließlich wandte er sich gegen seinen geschätzten Lehrer Schopenhauer. *„Viel Feind, viel Ehr":* Das ist sehr typisch für einen jungen, kraftstrotzenden Mann. Er will sich irgendwo reiben, um seine Stärke zu spüren. Er wird Anstoß erregen, weil seine Kraft nach außen orientiert ist. Er kann die Menschen noch nicht für sich gewinnen, dazu müsste er größer sein, tiefer in sich ruhen... und die Menschen reagierten entsprechend mit Ablehnung.

Sexualität

Schon mit 21 oder 22 Jahren hatte Nietzsche sich vermutlich mit einer Geschlechtskrankheit angesteckt. Ein zentrales Problem eines jungen Künstlers ist eben der Druck der Sexualität, die Neugierde, die Abenteuerlust auf der einen und die notwendige Einsamkeit und Freiheit auf der anderen Seite. Das ist vielen zum Verhängnis geworden: Der Komponist Franz Schubert 1797-1828, die Schriftsteller Heinrich Heine 1797-1856, E.T.A. Hoffmann 1776-1822 und Guy de Maupassant 1850-1893, der Maler Paul Gaugin 1848-1903 und viele andere hatten sich irgendwo mit der Syphilis angesteckt.

Wer hier früh gelernt hat, sich selbst zu helfen, dem bleiben viele Dummheiten, - mag sein auch manche Erfahrungen, - erspart.

Freiheit

Ein Tübinger Professor warf 1974 in einem Fernsehvortrag Nietzsche vor, dass er sicher gerne in Basel Professor geblieben wäre, wenn er sich nicht in einem Bordell mit der Syphilis angesteckt hätte. Nietzsche war wegen seiner Krankheiten nicht mehr fähig, seine Professur auszuüben. Sein Ziel war es aber nie, Professor in Basel zu werden. Diese Stelle hat er durch die, zwar gut gemeinte, aber falsche Einschätzung seines Lehrers Ritschl bekommen.

> **Ein Genie darf niemals andere über seinen Lebensweg entscheiden lassen. Ihr Glück ist bürgerlich und sieht ganz anders aus.**

Seine Vorbilder waren Schopenhauer und Wagner. Er hat von einem unabhängigen Leben als freischaffender Literat geträumt. Er wollte ein Philosoph sein, der nicht nur redet wie ein Philosoph, sondern auch so lebt. Er wollte sich selber finden, - in der Einsamkeit. Er hat erkannt: Nur in der Einsamkeit hat man die volle Kraft für sein Werk und kann der werden, der man ist. Leben und Werk waren für ihn untrennbar.

> **Überzeugend wirkt man nicht durch das Geschwätz, das man von sich gibt, sondern durch das Leben, das man führt.**

Sein Werk war letztlich sein Lebenssinn und sicher auch ein Ausgleich für ein eher schweres und eingeschränktes Leben.
„Wer von seinem Tag nicht zwei Drittel für sich hat, ist ein Sklave." **Nietzsche**
Nietzsche bedauerte, dass er seine Kraft zu spät erkannt hat. Genau das hat mir geholfen, meine Kraft sehr früh zu erkennen und meinen Weg sehr früh zu finden.

Geld

Im Alter von 35 Jahren entließ ihn die Universität Basel, wegen Krankheit, mit einer Jahrespension von 3000 Franken. Das wichtigste Problem eines schöpferischen Geistes war damit gelöst. Jetzt konnte er frei leben, lernen, philosophieren, arbeiten, wenn auch auf bescheidenem finanziellem Niveau. Für eine Familie hätte es nicht gereicht. Das hat er auch nie angestrebt. Gedacht hat er aber sicher an die Verheiratung mit einer vermögenden Frau.

Frauen - Heirat

1877 schreibt er: *„Die Verheiratung, sehr wünschenswert zwar, - ist doch die unwahrscheinlichste Sache, das weiß ich sehr deutlich!"* **Nietzsche**

Freunde, vor allem Richard Wagner, empfahlen Nietzsche zu heiraten. Er hat das aber nie ernsthaft in Angriff genommen. Nur eine Ehe auf Zeit mit der Schriftstellerin Lou Salome, 1861-1937, konnte er sich vorstellen. Er war in sie verliebt. Wenn man verliebt ist, tut man vieles, was man sich sonst nicht vorstellen kann.
Warum konnte er keiner Frau sagen: *„Ich liebe dich und will dich heiraten!"* Weil er, wie seine Vorbilder Giordano Bruno, Arthur Schopenhauer und Friedrich Hölderlin für die Ehe ungeeignet war. **Man konnte nicht zu ihm kommen,** und er hätte nicht mehr seinen Gedanken nachhängen können. Er hätte ein ganz anderes Leben führen müssen.
1882 schreibt er: *„Ein ganz anderes Capitel ist die Ehe - ich könnte mich höchstens zu einer zweijährigen Ehe verstehen, und auch dies nur in Anbetracht dessen was ich in den nächsten 10 Jahren zu thun habe."*
Sein Werk war ihm wichtiger. Er hat geahnt, dass eine Frau ihn eher stören würde. Zumindest sollte es eine Frau sein, die ihn geistig bereichert. Die Freundschaft mit Lou endete in einer Enttäuschung. 1887 heiratete sie den Orientalisten Friedrich Carl Andreas. Sie liebte Nietzsche nicht; zumindest sah sie in ihm keinen geeigneten Ehepartner, eher einen Partner, von dem man lernen, mit dem man sich geistig austauschen konnte, - und er war ja wohl auch nicht für das Leben in einer Paarbeziehung geeignet. In einem nie abgeschickten Brief schrieb Nietzsche über sie: *„Dieses dürre schmutzige übelriechende Äffchen, mit ihren falschen Brüsten - Ein Verhängnis! Pardon!"* Und noch ein Satz von Nietzsche: *„Durch Frauen werden die Höhepunkte des Lebens bereichert und die Tiefpunkte vermehrt."* Er hatte keine hohe Meinung von den Frauen, das lag wohl an seiner Erziehung durch Mutter, Tanten und Schwester, in einem rein weiblichen Haushalt und am heldenhaften, militärischen, männlichen Geist der Zeit. Sein Vater starb schon als er vier Jahre alt war.

Größenwahn
Den Größenwahn findet man in der Lebensgeschichte Nietzsches vom Anfang bis zum Ende. Aber was heißt schon *„Größenwahn"*. Schließlich hatte er allen Grund, auf seine Leistungen stolz zu sein. Er war ein sehr guter Schüler; er war in Basel der jüngste Professor; er konnte aus seiner literarischen Produktion Selbstbewusstsein schöpfen. Letztlich ist es wohl die Stärke, die ein erhöhtes Selbstwertgefühl erzeugt. Es ist ja etwas Positives, wenn einer gut von sich denken kann, solange er damit nicht andere abwertet. Dieses Gefühl wünscht sich doch jeder. Viele erreichen es, indem sie die Wirklichkeit ausblenden oder beschönigen oder verbiegen oder, wenn sie die Macht dazu haben, indem sie jede Kritik verbieten und andere unterdrücken. Auch der einsame, der nur Selbstgespräche führt, wird viel Lob und wenig Kritik hören. Es ist wohl sein seltsamer Humor, mit dem er die Aufmerksamkeit erzielen möchte, wenn er schreibt: *„Warum ich so weise bin".* Verrückt ist das sicher nicht. *„Ich bin kein Mensch, ich bin Dynamit",* stellt er in *Ecce Homo* fest. An seinen Freund Erwin Rohde schreibt er in einem Brief im Februar 1884 von seinem Werk voll überzeugt: *„(...) - ich bilde mir ein, mit diesem Z.* (Zarathustra*) die deutsche Sprache zu ihrer Vollendung gebracht zu haben. Es war,*

nach Luther und Goethe noch ein dritter Schritt zu tun -; sieh zu, alter Herzens-Kamerad, ob Kraft, Geschmeidigkeit und Wohllaut je schon in unserer Sprache so beieinander gewesen sind. " Ein finanzieller Erfolg war das Werk nicht.

Auserwählt sein

Nietzsche war mehr und mehr davon überzeugt, dass gerade er für die Menschheit eine wichtige Rolle zu spielen habe. Er fühlte sich berufen, eine große Aufgabe erfüllen zu müssen. Im letzten Jahr seines bewussten Lebens bezeichnet er sich als *„ Welterlöser"*. Er steigert sich in eine Rolle von welthistorischer Bedeutung hinein. Sein Geschichtsverständnis lief darauf hinaus, dass die Geschichte kein höheres Ziel hat als große Individuen hervor zu bringen... und er war eines davon und nicht das unbedeutendste. *„Nein, das Ziel der Menschheit kann nicht am Ende liegen, sondern nur in ihren höchsten Exemplaren."*
1873, da war Nietzsche 29 Jahre alt, schreibt sein Lehrer Ritschl kurz nach Erhalt des Freiexemplars von Nietzsches erstem Werk: *„Die Geburt der Tragödie"* in sein Tagebuch: *„Fabelhafter Brief von Nietzsche (= Größenwahnsinn)"*. Auch in seiner Lebensgeschichte gibt es diese ungeheure Kluft zwischen der Bedeutung, die er sich selber zugesprochen hat und der Anerkennung, die ihm andere (nicht) gewährten. Zumindest gilt das für seine Lebzeiten. 1889, nach seinem geistigen Zusammenbruch in Turin, unterschreibt Nietzsche seine Briefe mit: *„Cäsar"*, *„Dionysos"* und *„Der Gekreuzigte"*. Ein Brief an Professor Burckhardt in Basel beginnt mit den Worten: *„Lieber Herr Professor, zuletzt wäre ich sehr viel lieber Basler Professor als Gott, aber ich habe es nicht gewagt, meinen Privat-Egoismus so weit zu treiben, um seinetwillen die Schaffung der Welt zu unterlassen. Sie sehen, man muss Opfer bringen, wie und wo man lebt (...)."*
Das war kurz nach seinem geistigen Zusammenbruch. Er wollte damit wohl sagen, dass ihm eine bürgerliche Laufbahn leichter gefallen wäre, als sich in der Einsamkeit für sein Werk zu quälen. In Wirklichkeit hatte er ein Schicksal, er musste diesen Weg in die Einsamkeit gehen. Nur Basler Professor zu sein, hätte ihm nie gereicht. In der Professur sah er ein lästiges Übel zum Gelderwerb. Auch die Tatsache, dass er damals seine Briefe mit *„Dionysos"* und *„Der Gekreuzigte"* unterschrieben hat, passt zu seiner symbolischen, bildhaften Sprache, die mir eher hellsichtig als verrückt erscheint. Er musste einen hohen Preis bezahlen, um die Welt mit seinem Werk zu beschenken, - wie Dionysos, der mit Wahnsinn geschlagen wurde, der gekreuzigt wurde, der nach drei Tagen wieder auferstanden sein soll und die Welt erlöst haben soll. Helden und Erlöser müssen leiden, um ihr Werk zu vollbringen.
Er hätte die finanzielle Sicherheit eines Basler Professors haben können, aber sein Werk war ihm wichtiger. Dafür ging er in die Einsamkeit, lebte dort von einer spärlichen Rente und verzichtete auf Ehe und Familie: Das war der Preis für seine Unsterblichkeit.

In den letzten Jahren seines Lebens war er fast blind und wünschte sich einen Vorleser oder eine Vorlesemaschine. Wie gut, dass es heute Computer, MP3-Player und Audiobücher gibt, die diese Aufgabe übernehmen können.

Tauziehen - tragisches Ende

Nachdem Nietzsche 1889 in geistige Umnachtung gefallen war, fanden seine Werke plötzlich Leser. Vorher lagen die Bücher in den Regalen wie Blei. *„Jenseits von Gut und Böse"* verkaufte sich zu seinen Lebzeiten nur 114-mal. Das Tauziehen war zu Ende, weil das Tau auf einer Seite losgelassen wurde, nicht weil er die Menschen für sich gewinnen konnte, denn natürlich war Nietzsche am Ende auch nicht so groß, **dass man hätte zu ihm kommen können.** Manche glauben, dass er ein langweiliges Leben gehabt hat, ich glaube, dass er ein sehr reiches, geistiges Leben geführt hat, wie er es selbst auch wollte. Für Leute mit leeren Köpfen sieht es natürlich langweilig aus, wenn einer denkt.

Wirkung

Der Name Nietzsche war in Deutschland um 1900 so gut wie unbekannt. Er wurde vielfach missverstanden. Seine Bildersprache und seine Kraftausdrücke, *„Krieg"*, *„Wille zur Macht"*, *„Kampf"*, *„Übermensch"*, *„Herrenmoral"*, *„blonde Bestie"* müssen meiner Ansicht nach einfach geistiger verstanden werden. Er war ja ein sehr anständiger, höflicher, geistiger Mensch und kein brutaler Typ. Schließlich musste ich auch eine lange Phase voller Kampf- und Gewaltszenen hinter mich bringen. Der Starke muss da hindurch. Das geht nicht ohne Reibung, Kampf, Streit, Kraftausdrücke: *„Gelobt sei, was hart macht!"*

Man sollte niemanden für unfehlbar halten, schon gar nicht einen jungen Mann in seiner Kampf-Krieg-Tod-Phase. Vielleicht hat er auch einfach mal Blödsinn geschrieben in seiner Einsamkeit, in der ihn niemand mehr erreichte, korrigierte und kritisierte, deswegen gehört er trotzdem zu den bedeutendsten Denkern der Welt. Die Idee vom *„Willen zur Macht"* als Grundprinzip des Lebens und als treibende Kraft der Geschichte, finde ich genial: Ich versuche das auch in diesem Buch zu erhärten. Auch Jesus wollte Macht, zugegeben in einem anderen, höheren Sinn als Napoleon; und er hat sie bekommen, mehr als Napoleon. Allerdings hat sich seine Botschaft in stark veränderter paulinischer Form verbreitet. Im heutigen Christentum triumphieren vor allem Paulus und sein *„Wille zur Macht"*.

> **Es gibt sehr kultivierte Formen des Willens zur Macht, des Willens, sich aufzuwerten. Selbst wer gibt und hilft wertet sich auf und wird sich seiner Wichtigkeit bewusst. Macht zu haben bedeutet nicht unbedingt der Herr im Staat zu sein, herrschen tun auch die Päpste und die Religionsführer, die Künstler, die Politiker, die geistigen Führer. Herrschaft muss auch nicht unbedingt etwas Negatives sein. Es scheint uns nur oft so, weil wir darunter trauriger Weise ein bedrückendes Regiment verstehen und das kommt daher, weil die Herrschenden nicht groß genug waren.**

Bismarck

Otto Eduard Leopold von Bismarck-Schönhausen wurde 1815 in Schönhausen geboren und starb 1898 in Friedrichsruh bei Hamburg.

Er konnte sich mit vielen Titeln schmücken und tat dies gern. Seit 1865 war er Graf, seit 1871 Fürst von Bismarck-Schönhausen, seit 1890 Herzog zu Lauenburg. Er war langjähriger Ministerpräsident von Preußen, Kanzler des Norddeutschen Bundes, 1867-1871, und der erste Reichskanzler des deutschen Kaiserreichs, 1871-1890, des „Zweiten Reiches", nach dem „Heiligen Römischen Reich Deutscher Nation". Es dauerte bis 1918. Mit drei Einigungskriegen: Deutsch-Dänischer Krieg, Deutscher Krieg: gegen Österreich, 1866, und dem Deutsch-Französischen Krieg, führte er 1871 die Gründung des Deutschen Reiches herbei.

Die Familie des Vaters ging auf ein Junkergeschlecht zurück, seine Mutter war bürgerlicher Herkunft. Als Kind seiner Zeit und seiner Abstammung machte sich Bismarck für die Interessen der Junker - der ostelbischen Großgrundbesitzer - stark. Als erzkonservativer Monarchist sah er seine Gegner bei den Liberalen. Er machte kein Hehl aus seiner Abneigung gegen die parlamentarische Demokratie. Richtig regieren, davon war er überzeugt, konnte ohnehin nur er:

„Die Politik ist keine Wissenschaft, wie viele der Herren Professoren sich einbilden, sondern eine Kunst." **Bismarck** *Und wenn er nicht die erste Geige spiele, dann mache er lieber keine Musik.*

Er legte sich als Protestant in einem überwiegend protestantischen Land gern mit der katholischen Kirche, insbesondere mit den Jesuiten, an und war sich des Beifalls der

Mehrheit gewiss. Überhaupt sah er seine innenpolitischen Feinde in allen, die ihm bei seinem eigenwilligen Schalten und Walten Zügel anlegen wollten. Äußere Feinde waren diejenigen, die der Größe Preußens entgegenstanden. Im Gegensatz zu Wilhelm II. und Hitler wusste er allerdings sehr genau, wann er einen Krieg führen und gewinnen konnte. Er war auch klug genug, einen besiegten Feind nicht zu demütigen, wenn er ihn weiter als Nachbarn haben musste (Österreich; Frankreich). Er wollte 1866 keine Siegesparade in Wien und hätte auch - im Gegensatz zu seinen Militärs - 1871 auf die Annexion von Elsass-Lothringen verzichtet. Er kannte seine Grenzen und vermied auf diese Weise große Spannungen mit anderen Mächten, wie sie Wilhelm II. nach ihm von Europa bis China durch seine unüberlegte, überhebliche Machtpolitik auslöste.

> **Natürlich möchten „Starke Männer" möglichst ungehemmt und unkontrolliert allein regieren, im Interesse der Freiheit und der Bürgerrechte liegt es aber, der Willkürherrschaft eines Mannes Zügel anzulegen.**

Bismarck, der nie an die Demokratie geglaubt hat, hat als Kanzler mit diktatorischen Vollmachten das Volk nie zur Demokratie hingeführt, sondern ihm das obrigkeitsstaatliche Kaiserreich verordnet.

> **Ein Diktator braucht kein mündiges Volk, sondern eine willige und ungebildete Masse.**

Vom Volk wollte er nicht abhängig sein. Wenn er schon abhängig sein sollte, dann von seinem Kaiser und der soll einmal gewitzelt haben: *„Es ist nicht leicht unter einem solchen Kanzler Kaiser zu sein"*. König Friedrich Wilhelm IV. von Preußen wurde 1871 Kaiser Wilhelm I., erster Kaiser des Deutschen Kaiserreiches, des *„Zweiten Reiches"* nach dem *„Heiligen Römischen Reich Deutscher Nation"*.

1862 gewann Bismarck den noch zögernden König, indem er sich als sein unbedingter Gefolgsmann bezeugte. Er versprach die Durchsetzung der Heeresreform. Es gelte zu kämpfen, um die Entscheidung zwischen: *„Königlichem Regiment oder Parlamentsherrschaft"*. Um die letztere abzuwenden, befürworte er auch *„eine Periode der Diktatur"*. Er verachtete das Parlament und wäre sicher gerne Diktator auf Lebenszeit gewesen.

> **Nach Paulus, Augustinus und Luther hat Bismarck die Erziehung der Deutschen zu unmündigen Untertanen geradlinig fortgesetzt.**

Das hat mit seiner eigenen Erziehung zu tun. Sie war geprägt von Drill und Deutschtümelei, die er bereits im Alter von sechs Jahren in einem Berliner Internat über sich ergehen lassen musste.

Seine Umgebung hielt ihn zwar für einen gottlosen Spötter, ein Atheist sei er allerdings nie gewesen. Das hätte er wohl auch nie zugegeben, schließlich war sein Brotgeber, Kaiser Wilhelm I., Oberhaupt der protestantischen Kirche und Bismarck war ein schlauer Politiker. Er hatte einen ausgesprochen nüchternen und praktischen Verstand, der ihn sehr flexibel das Richtige zur Mehrung seiner Macht, seines Einflusses und seines Reichtums tun, sagen und später in seinen Memoiren, schreiben ließ. Religion oder Weltanschauung waren da höchstens Mittel zum Zweck. Er beschäftigte sich zwar angespannt, wenn auch unsystematisch, mit Philosophie, Kunst, Religion und Literatur. Geprägt hat ihn das aber kaum. Seine Religion war die Beweihräucherung seiner Person und das Streben nach irdischer Macht.

Über seinen pietistischen Freundeskreis kam Bismarck um 1843 in Kontakt zu führenden konservativen Politikern und wurde ein Erzkonservativer. Damit konnte er seinen Güterstand am besten erhalten. Liberalismus und Sozialismus hätten seine Macht und sein Vermögen nur beschädigen können. Die Revolution von 1848 lehnte er entschieden ab. Als ihn die Nachricht vom Erfolg der revolutionären Bewegung erreichte, bewaffnete er in Schönhausen die Bauern und schlug vor, mit diesen nach Berlin zu ziehen, was ihm allerdings vom König versagt wurde. Nach der Anerkennung der Revolution durch König Friedrich Wilhelm IV. waren Bismarcks gegenrevolutionäre Pläne vorerst gescheitert. Als Randbemerkung auf einer Vorschlagsliste zu einem Ministeramt schrieb der König über Bismarck:

„Nur zu gebrauchen, wo das Bajonett schrankenlos waltet".

Hatte Napoleon nicht Erfolg gehabt mit der gewaltsamen Niederschlagung der Pariser Royalisten? Solche Vorbilder machen Schule.

Er bestritt, dass es bei den Befreiungskriegen gegen Napoleon um die Durchsetzung freisinniger Reformen gegangen sei. Er wollte die Monarchie und den Obrigkeitsstaat ebenso erhalten wie die besondere Stellung von Militär und Adel. In der *„Judenfrage"* sprach er sich klar gegen die politische Gleichstellung der jüdischen Bevölkerung aus. Die Gegenpartei versuchte er anfangs nicht nur mit Drohungen, sondern auch mit Ausgleichsbemühungen zu neutralisieren: *„Nicht durch Reden und Majoritätsbeschlüsse werden die großen Fragen der Zeit entschieden - sondern durch Eisen und Blut".* Macht ging bei ihm vor Recht.

Dabei hat er durchaus weise Sätze von sich gegeben: *„Verfallen wir nicht in den Fehler, bei jedem Andersmeinenden entweder an seinem Verstand oder an seinem guten Willen zu zweifeln".* Er wusste sehr wohl, was anständig wäre, aber das blieb Theorie.

Gegen hohe liberale Beamte und Abgeordnete ging er mit repressiven Mitteln bis hin zu Entlassungen vor. Gleichzeitig wurde die Pressefreiheit in Missachtung der Verfassung praktisch abgeschafft. Bismarck versuchte, die Opposition zu zermürben. Anfangs spielte er zwar selbst mit dem Gedanken eines Staatsstreiches durch Abschaffung von Wahlrecht und Verfassung, aber auf Dauer lehnte er solche, von konservativer Seite erhobenen, Forderungen ab, da sich daraus keine langfristig stabile politische Ordnung zu ergeben versprach.

> **Alles, was mit Gewalt geschaffen wird, kann keine Dauer haben.**
Das hat der Gewaltpolitiker mit dem praktischen Verstand erkannt.

Um den Konflikt mit den Liberalen endlich beizulegen, ließ Bismarck ankündigen, er wolle den Landtag um *„Indemnität"* bitten, also um die nachträgliche Genehmigung der Ausgaben. Dies bedeutete das Eingeständnis, dass er in den Jahren seit 1862 tatsächlich ohne rechtmäßigen Haushalt regiert hatte. Einerseits wurden von Bismarck Fortschritte in der nationalen Frage erwartet, andererseits fürchtete man von ihm, wohl mit Recht, die Einschränkung liberaler Freiheitsrechte. Bismarck wollte keine Revolution von unten. Sie hätte ihm leicht aus den Händen gleiten können: *„Soll Revolution sein, so wollen wir sie lieber machen als erleiden."*

Mit den österreichischen Gesandten im Deutschen Bundestag suchte er die ständige Auseinandersetzung, um die Bedeutung Preußens zu demonstrieren. Sein Ziel war es, den deutschen Nationalismus zur Stärkung der preußischen und der eigenen Macht dienstbar zu machen.

Nach einem längeren Lernprozess erkannte Bismarck, dass das allgemeine Misstrauen der übrigen Staaten gegenüber Deutschland nur durch Selbstbeschränkung und den Verzicht auf weitere Landgewinne abgebaut werden konnte. Er versicherte daher, dass das Reich saturiert sei. *„Wir verfolgen keine Macht-, sondern eine Sicherheitspolitik"*, bekräftigte er 1874 nach dem Sieg über Frankreich und der Einigung des Deutschen Reiches.

Die von Rom gesteuerten Katholiken stilisierte Bismarck zu Reichsfeinden. Ab 1872 wurden im Rahmen des sogenannten Kulturkampfes verschiedene Sondergesetze gegen sie beschlossen, die wiederholt verschärft wurden. Im Zuge dieser Auseinandersetzung wurden Rechte und Machtstellung der Kirche durch Reichs- und preußische Landesgesetze beschnitten; Geistliche durften sich nicht in staatliche Angelegenheiten einmischen (Kanzelparagraph, Brotkorbgesetz). In Preußen wurde die Zivilehe eingeführt.

In den Sozialdemokraten sah Bismarck eine revolutionäre Bedrohung. Er skizzierte seine zukünftige Politik so: *„1. Entgegenkommen gegen die Wünsche der arbeitenden Klassen, 2. Hemmung der staatsgefährlichen Agitation durch Verbots- und Strafgesetze."* Daraus entstand das „Gesetz gegen die gemeingefährlichen Bestrebungen der Sozialdemokratie".

Zwei Attentate auf Kaiser Wilhelm I. im Jahr 1878 dienten Bismarck als willkommener Anlass, mit diesem *„Sozialistengesetz"* gegen die Sozialistische Arbeiterpartei vorzugehen. Er wollte einen *„Vernichtungskrieg führen durch Gesetzesvorlagen, welche die sozialdemokratischen Vereine, Versammlungen, die Presse, die Freizügigkeit (durch die Möglichkeit der Ausweisung und Internierung) ... träfen."* **Wikipedia** Führende Sozialdemokraten, wie **Klara Zetkin** flohen ins Ausland.

Was er von Gesetzen denkt, die er verabschiedet hat, verrät er selbst:
„Je weniger die Leute davon wissen, wie Würste und Gesetze gemacht werden, desto besser schlafen sie."

Nach dem zweiten Attentat auf den Kaiser ließ Bismarck das Parlament auflösen. Im neuen Reichstag stimmten schließlich auch die Nationalliberalen, nach einigen Zugeständnissen, dem Sozialistengesetz zu. Es blieb, mehrfach vom Parlament verlängert, bis 1890 in Kraft. Dieses Ausnahmegesetz verbot die sozialistische Werbung, während die politische Arbeit der sozialdemokratischen Parlamentarier davon unberührt blieb.

Mit der Ausweisung von nicht-preußischen Polen, ab 1885, und dem Ansiedlungsgesetz von 1886 setzte eine nachdrückliche Germanisierung Preußens ein.

Die Politik ging nicht spurlos an ihm vorbei. Er wurde immer dicker und wog 1879 247 Pfund. Dabei litt er unter zahlreichen, teils chronischen Krankheiten wie Rheuma, Venenentzündungen, Verdauungsstörungen, Hämorrhoiden und vor allem unter Schlaflosigkeit, hervorgerufen durch Völlerei.

> **Die unangenehmsten Menschen sind die, die ständig ihre Mitmenschen beherrschen wollen, sich selber aber nicht zügeln können.**

Nach dem Tod Wilhelm I. kam es zwischen dem jungen Wilhelm II. und Bismarck zum Konflikt. Bismarck hielt Wilhelm für unreif und wenig vorbereitet für die Übernahme der Verantwortung. Er sei ein *„Brausekopf, könne nicht schweigen, sei Schmeichlern zugänglich und könne Deutschland in einen Krieg stürzen, ohne es zu ahnen und zu wollen."* Weise Voraussicht eines erfahrenen Staatsmannes.
Für Wilhelm dagegen war Bismarck eine *„nicht mehr zeitgemäße Person"*. Er wollte selber regieren.
Als Bismarck 1890 zurücktrat, reagierte die Öffentlichkeit mehrheitlich erleichtert. *Theodor Fontane* schrieb: *„Es ist ein Glück, dass wir ihn los sind. Er war eigentlich nur noch Gewohnheitsregente, tat was er wollte, und forderte immer mehr Devotion. Seine Größe lag hinter ihm."*

In seinen Memoiren will Bismarck bei nichts, was misslungen ist, beteiligt gewesen sein, und niemand lässt er neben sich gelten. Alle Tatsachen verdreht er, wie es ihm passt. Er blieb sich treu bis zum Schluss.

Wie gering Bismarcks Ansehen im Reichstag war, zeigte die gescheiterte Kampfabstimmung um ein Glückwunschtelegramm anlässlich seines achtzigsten Geburtstags.

*Fontane*s *Urteil über Bismarck: „Er ist die denkbar interessanteste Figur, ich kenne keine interessantere, aber dieser beständige Hang, die Menschen zu betrügen, dies vollendete Schlaubergertum ist mir eigentlich widerwärtig, und wenn ich aufrichten, erheben will, so muss ich doch auf andere Helden blicken".*
Eine wichtige, kritische Stimme erhob der Jurist **Erich Eyck** mit seiner dreibändigen Bismarckbiografie. Er warf Bismarck machiavellistische Methoden und mangelnden Respekt vor dem Recht vor, verurteilte seinen Spott gegenüber demokratischen, liberalen und humanitären Werten und machte ihn für das Scheitern der Demokratie in Deutschland verantwortlich.

Seine Kampangen gegen Sozialdemokraten und Jesuiten erzeugten ein Feindbild, mit dem er die Masse des Volkes an den Staat binden wollte. In Wirklichkeit nützte seine Politik vor allem den Junkern und Großindustriellen. Sie verhinderte den liberalen Fortschritt und die Emanzipation des Volkes. Seine Herrschaft unterschied sich nicht groß von der Diktatur Napoleons.

Das schrecklichste aller Jahrhunderte

Wie in diesem Buch beschrieben, zieht sich das Problem der Verfolgung durch die ganze Weltgeschichte hindurch, aber man muss einräumen, dass wohl nie in der Vergangenheit weltweit so viele Menschen verfolgt und durch Verfolgung zu Tode gekommen sind wie im 20. Jahrhundert. Ein amerikanischer Forscher hat ausgerechnet, dass durch Kriege und Bürgerkriege weltweit 38 Millionen Menschen starben, durch Verfolgung, Massaker, Völkermord, Säuberungen, Rassenwahn 108 Millionen Menschen. Egal, ob die Zahlen annähernd stimmen oder ob sie nur andeuten, was geschehen ist, wir müssen uns fragen: Wo liegen die Gründe für diesen Rückschritt hinter die Ideale der Aufklärung?
Schon am Anfang des Jahrhunderts, 1915 -1917, wurden im Osmanischen Reich 1,5 Millionen christliche Armenier im Schatten des Ersten Weltkrieges ermordet. Nicht für das, was sie getan hatten, sondern für das, was sie waren, Christen in einem islamischen Staat. Der Versuch, aus dem zusammenbrechenden Osmanischen Reich, einen neuen Staat islamischen Glaubens zu schaffen, Nationalismus, Habgier und religiöser Wahn spielten zusammen bei diesem ersten Völkermord des Jahrhunderts. Man warf den Armeniern Verschwörung mit dem russischen Feind gegen die Türkei vor.

Ein Triumvirat „*starker*" Männer: **Enver Pasa**, **Kemal Pasa** und **Talad Pasa**, hatte diesen Völkermord angeleitet. Noch immer werden nach den Mördern Straßen und Plätze in der Türkei benannt. Noch immer ist dieser Völkermord in der Türkei ein Tabu.

„*Wer redet heute noch von der Vernichtung der Armenier...*" **Hitler 1939**
Er plante damals seinen Völkermord an den Juden und die Versklavung der Slawen. Das Schicksal der Armenier und der Opfer Stalins überzeugten ihn offensichtlich, dass darüber bald Gras wachsen würde.

1995 wurden in Srebrenica etwa 8000 muslimische Bosinier von serbisch-orthodoxen Milizen unter **Mladic**, **Karadzic** und **Milosevic** ermordet, weil sie Muslime und damit angeblich „*Fremdkörper*" in einem christlichen Staat waren. Dazwischen liegen die Massaker des Ersten und des Zweiten Weltkrieges, der Holocaust, dem etwa 6 Millionen Juden zum Opfer gefallen sein sollen, die Vertreibung von 16 Millionen Deutschen aus den Ostgebieten, die Säuberungen Stalins in der Sowjetunion, Maos in China, Pol Pots in Kambodscha 1975, die Verrücktheiten Idi Amins in Uganda, der Massenmord in Ruanda, 1994, die Giftgasangriffe Saddam Husseins gegen die Kurden, 2004 ethnische Säuberungen im Sudan, 2014 die Gräueltaten des IS....Es scheint kein Ende zu nehmen.
Der demokratische Aufbruch in Afrika machte Hoffnung, dass sich dort die Dinge bald ändern könnten, aber es regieren heute mindestens noch ein Dutzend Präsidenten in Afrika und anderswo, die auf mehr oder weniger anrüchige Weise in ihr Amt gekommen sind und nicht mehr gehen wollen, weil sie ihre Staaten als Selbstbedienungsläden für ihren Clan auf Lebenszeit betrachten. Wahrscheinlich fürchten sie auch, wie alle Diktatoren, Racheakte der Verfolgten, wenn sie nicht mehr an der Macht sind.

Aus diesen Beispielen wird klar, dass es meist „*(halb)- Starke*" Männer sind, die Diktaturen errichten, Kriege anzetteln und im Schatten dieser Kriege ungehemmt morden. Fast immer steckt hinter den Massakern ein sogenannter „*Starker Mann*" mit einer totalitären Ideologie. Das Problem steckt tief in seinem Gehirn, in der Unvollkommenheit des menschlichen Gehirns überhaupt.

Der technische Fortschritt, Presse und Rundfunk, boten ganz neue Möglichkeiten, die Massen zu beeinflussen und in eine bestimmte Richtung zu lenken. Ideologien, wie Nationalismus, Imperialismus, Rassismus, Kommunismus, Faschismus, traten an die Stelle der Religionen. Es waren gleichsam politische Religionen, die mit den abrahamitischen Religionen vor allem zwei Dinge gemein hatten: den Fanatismus und die Intoleranz. Sie sprachen, wie diese, nicht den Verstand, sondern gefühlsbetontere Regionen des Gemüts an. Sie rissen die Menschen mit, versetzten sie in Kampfstimmung, in einen Siegestaumel und einen Blutrausch, der nur mit der völligen Missachtung anderer

Denk- und Lebensweisen, mit einem totalen Von-sich-überzeugt-sein annähernd erklärt werden kann. Diese Ideologien gaben den Entwurzelten Heimat in der Gemeinschaft der Rechtgläubigen, der Auserwählten, der Überlegenen, der Sieger der Geschichte. Die „Berufenen" konnten so aus ihrer Isolation ausbrechen, sich Sinn, Selbstbewusstsein, Unsterblichkeit sichern. Wer dabei sein wollte, musste auch etwas zum Sieg der Bewegung beitragen. Deswegen waren sie bereit, für ihre Heilslehren und für ihre verehrten Führer jedes Verbrechen zu begehen. Nachdem die Andersdenkenden durch Propaganda entmenschlicht waren, konnten sie mit gutem Gewissen verfolgt und schließlich vernichtet werden. Das Ziel rechtfertigte die Mittel.

Wie immer waren es die Denker, die den weltanschaulichen Unterbau für die Katastrophe schufen oder sie abwickelten, verharmlosten, als geschichtliche Notwendigkeit begriffen.

> **Eine geschichtliche Persönlichkeit ist immer auch ein Kind seiner Zeit. Sie saugt die geistigen Strömungen in sich auf, von der die Zeit schwanger ist und trägt sie aus.**

Hegel

Georg Wilhelm Friedrich *1770 Stuttgart - †1831 Berlin, war ein deutscher Philosoph, der als wichtiger Vertreter des deutschen Idealismus aber auch des Nationalismus gilt.
In seiner Vorlesung über die **Philosophie der Geschichte** äußert Hegel als preußischer Staatsphilosoph etwa folgende Gedanken: Die Weltgeschichte läuft nach dem stets vernünftigen Plan Gottes ab und zwar in Richtung wachsender Freiheit. Zumindest glaubt er das aus der Entwicklung von den frühen despotischen Hochkulturen in Ägypten, Sumer, Babylon, China, in denen nur der Herrscher frei war, über die freieren Gemeinwesen im antiken Griechenland und Rom, in denen einige frei waren, bis zu den modernen Staaten seiner Zeit, um 1830, ablesen zu können, in denen alle frei sein sollten. Die Heroen der Weltgeschichte sind von Gott dazu erwählt, die Geschichte zu machen, die anderen sind dazu bestimmt, sie zu erleiden. Vor allem militärische Führer wie Cäsar, Alexander und Napoleon... seien solche auserwählten Werkzeuge Gottes.
Natürlich gilt das dann auch für Stalin, Hitler und Mao, die er leider nicht gekannt hat. Vielleicht hätte ihn das nachdenklich gestimmt.
Gott wählt die Führer, die seinen Willen ausführen. Diese stehen außerhalb der bürgerlichen Moral. Da standen sie in der Tat. Kritik ist nicht angebracht. Welcher Sterbliche wollte es wagen den „Geist Gottes" zu kritisieren, der in den Heroen der Geschichte verkörpert ist? Sie sind Schicksale, jenseits von gut und böse, so wie Stürme und Naturgewalten. Sie dürfen, nach Hegel, nicht moralisch gewertet werden.

Auch einige Völker seien auserwählt, den Plan Gottes zu erfüllen. Das zeige sich daran, dass sie siegten und mächtig waren: Ägypten, Indien, China, Griechenland, Rom und jetzt, gerade jetzt, wo er Staatsphilosoph in Berlin ist, sind es die germanischen Völker, insbesondere Deutschland, die den Lauf der Geschichte bestimmen sollen. Die kriegerische Auseinandersetzung der Staaten ist wichtig und notwendig, um den Willen Gottes zu erkennen und die Geschichte vorwärts zu bringen, denn Gott steht immer auf Seiten der Sieger. Jeder Krieg endet praktisch mit einem Gottesurteil. Perioden der Harmonie und des Friedens sind leere Seiten in der Weltgeschichte und eigentlich nicht wünschenswert. Ein Ende der Gewalt ist erst erreicht, wenn die Geschichte ihr Ziel erreicht hat.

„Der Krieg ist der Vater aller Dinge!" meint schon **Heraklit von Ephesus**, **-550 bis -480, griech. Philosoph.* Denker holen ihre Gedanken manchmal weit her und können sich nicht vorstellen, was andere damit anrichten. Heraklit dachte sicher nicht an den Krieg mit Giftgas und Granaten, sondern wohl eher an ein Ringen der Naturkräfte.

Nach Hegel ist der Staat alles. Er ist unantastbar, er ist das Ziel, verkörpert die höchste Moral. Er ist eine göttliche Idee, kann also nicht verbrecherisch sein; (so wenig wie die Kirche dies in den Augen der Päpste sein könnte.) Gemäß der idealistischen Theorie von Platon und Aristoteles sollten der Staat und seine Führer die Tugend und das Gute verkörpern. Der einzelne Mensch ist nur Teil dieses Organismus. Er hat sich ihm einzugliedern und die Geschichte, die die Heroen machen, mitzutragen bzw. zu erdulden.

Heißt das: Hitler und der Holocaust waren von Gott gewollt und hätten nicht verhindert werden können? Sollen wir die Geschichte laufen lassen wie sie läuft? Sie ist ja gottgewollt, mit all ihrem Schrecken? „Gott" wird hier zum Verhängnis, zur Denksperre. Das sind Gedanken eines Berliner Staatsphilosophen, der sich die Schrecken des 20. Jahrhunderts nicht vorstellen konnte. Hat man von ihm etwas anderes erwartet? Er wurde dazu angestellt, aufmüpfigen Studenten den revolutionären Geist auszutreiben. Der ganze Hof kam zu seinen Vorlesungen, fühlte sich von ihm bestätigt und bezahlte ihn gut für seine rückschrittlichen *„ Weisheiten "*.
Rassenwahn, Nationalismus, Kolonialismus und Krieg wurden damit vorbereitet und weltanschaulich untermauert. Dem Mächtigen wurden alle Fesseln genommen; all seine Verbrechen wurden im Sinne der Vorsehung gerechtfertigt. Sie waren ja nur Werkzeuge des göttlichen, vernünftigen Weltgeistes und was Gott will, ist wohlgetan.
Angesichts der grauenhaften Geschichte kann man sich da nur die Augen reiben. Es war ihm nicht klar, dass in der Weltgeschichte nicht das Gute und Vernünftige siegt, sondern immer der Brutalste, wenn er die Macht hat. Unterstützt wurde dieses Denken von einer weiteren Idee des 19. Jahrhunderts, dem Sozialdarwinismus, einem missverstandenen Darwinismus: Das stärkere Volk siegt „wohlverdient", wie in der Natur, über das schwächere.

Auch Nietzsche hat mit seinem *„Übermenschen"*, der jenseits von Gut und Böse steht, gefährliche Vorarbeit für die Katastrophe des 20. Jahrhunderts geleistet. Hitler und Mussolini beriefen sich auf ihn, ebenso wie auf Machiavelli.

Während die *„Könige von Gottes Gnaden"* immerhin noch ihrem Gott Verantwortung schuldeten und sich wenigstens theoretisch an die christliche Moral gebunden fühlten, obwohl sie diese nie sonderlich ernst nahmen, ging es den Diktatoren des 20. Jahrhunderts nur noch um ihre Macht.

> **Wie schon zu Zeiten der autoritären und absoluten Herrschaft der gekrönten Häupter, gab es im totalitären Staat keine Nische der Freiheit. Er erfasste alle Bereiche des Lebens und Denkens.**

Die Diktatoren anerkannten keine Spielregeln und keine Grundsätze der menschlichen Gesellschaft. Der *„Wille zur Macht"* war ihr oberstes Prinzip und das Volk erhoffte sich das *„Heil"* von *„Erlösern"*. Es ahnte nichts von dem Unheil, das sie bringen würden. Vor allem die Deutschen waren nicht darauf vorbereitet, einer ungerechten Herrschaft Widerstand zu leisten. Sie waren dazu erzogen worden, jeder Autorität blind zu gehorchen.

Ähnliche Ansichten wie Hegel vertrat der Brite Thomas **Carlyle**, 1795-1881, in seinem Buch **„Über Helden"** mit dem Unterschied, dass er nicht das deutsche Volk, sondern die Briten für das von Gott erwählte Helden- und Gottesvolk hielt. Verständlich, er war ja schließlich Brite.

Wilhelm II.

Lebenszeit 1859 - 1941, Deutscher Kaiser und König von Preußen 1888-1918.

Für Kanzler Bismarck wäre das Deutsche Reich 1871, nach dem Sieg über Frankreich und der Reichsgründung, zufriedengestellt gewesen, aber der junge Wilhelm II. wollte noch größer, noch mächtiger, noch einflussreicher sein. Gemäß der Lehre Hegels war er davon überzeugt, dass Gott auf Seiten des wirtschaftlich erfolgreichen und 1870 militärisch siegreichen Deutschen Volkes stand und weiterhin stehen wird. Er wagte, auf Gott vertrauend und von schlechten Beratern gedrängt, das Spiel mit dem Krieg und steuerte ihm *„mit Volldampf voraus"* entgegen.

*

> **Wie konnte man einem jungen Heißsporn fast unbeschränkte und unkontrollierte Macht überlassen. Haben die Alten nicht gewusst, dass ein junger Mann durch eine Kampf-Krieg-Todphase hindurch muss?**

Sie wollten selber glauben, was der Kaiser ihnen von *„herrlichen Zeiten"* erzählte, denen er sie entgegenführen würde. Das Ergebnis war, wie zu erwarten. Der Größenwahn und das grenzenlose Gottvertrauen führten in den Krieg und in den Untergang. Dabei war es natürlich nicht Wilhelm allein, der in den Untergang steuerte. Er war selbst nur ein Kind seiner Zeit und die war geprägt von: Militarismus; Nationalismus; Imperialismus; Rassismus, von Männlichkeitswahn und Heldentum, das, so glaubten damals viele, nur in einem Krieg ausgelebt werden könne. Alle hofften auf das reinigende Gewitter, den großen Krieg, den *„Showdown der Nationen"*…und alle hofften daraus als Sieger der Weltgeschichte hervor zu gehen. Der Kampf ist notwendig, so lehrte der Sozialdarwinismus die *„Helden"*, damit das Starke vom Schwachen, das Kranke vom Gesunden geschieden und die Evolution vorangetrieben wird. Nur der Starke, Gesunde und Nützliche hat ein Recht auf Leben. Der Krieg wird die Spreu vom Weizen trennen.

Sie ahnten nicht, dass der allseits herbeigewünschte Krieg mit keinem Krieg der bisherigen Weltgeschichte verglichen werden konnte. Die fortgeschrittene Industrialisierung machte aus ihm ein Blutbad mit dem die Unbarmherzigsten, die Einfältigsten und die Brutalsten über die siegten, die sich um den Frieden und um das Wohl der Menschheit sorgten.

> **Dass im Krieg die Besten überleben, ist eine unsinnige Annahme, vor allem wenn man die Waffentechnik moderner Kriege bedenkt.**

Im **Sozialdarwinismus** wurden die Lehren Darwins, vom Überleben der Stärkeren, auf die menschliche Gesellschaft übertragen. Eigentlich meinte Darwin aber, dass diejenigen am ehesten überleben, die am besten an ihre Umwelt angepasst sind. Mit diesem missverstandenen Darwinismus, demgemäß es minderwertigere und höherwertigere Menschen und „Rassen" gebe, wurden Sexismus, Imperialismus und Rassismus wissenschaftlich gerechtfertigt. Dies waren die geistigen Grundlagen für die Kolonialisierung und Ausbeutung eines großen Teiles der Welt. Natürlich konnten Geister, die solche Theorien entwickelten, nur den vermeintlich höheren „Rassen", den weißen Europäern, angehören.

Wilhelm II., der älteste, streng erzogene Sohn Friedrichs III. stand früh in Auflehnung zum Kanzler Bismarck und zur liberalen Aufgeschlossenheit seiner Eltern. Stattdessen liebte er Uniformen, Militär, forsches Getue, theatralische Auftritte. Eine Behinderung des linken Armes seit seiner Geburt, verwehrte ihm die Zuneigung seiner Mutter, die darin eigenes Unvermögen sah. Umso männlicher glaubte Wilhelm sich nach der Thronbesteigung gebärden zu müssen. Er, der König von Gottes Gnaden, wollte unabhängig vom Kanzler, ein persönliches Regiment führen und steuerte das Staatsschiff mit der Aufrüstung seiner Kriegsflotte und seinem *„Säbelrasseln"* volle Kraft voraus in den Ersten Weltkrieg, - auch wenn er das nicht von vornherein so geplant hatte. Wie viele junge Männer erregte er durch sein kriegerisches Gehabe Anstoß. Seine Situation war tragisch, weil es niemand wagte, ihn zu kritisieren.

> **Ein Mensch, vor allem in führender Stellung, ist auf die Navigationshilfe der anderen angewiesen. Deswegen ist Kritik sehr wichtig, um den richtigen Weg zu finden.**

In der Sozial- und Außenpolitik kam es nach seiner Thronbesteigung rasch zum Konflikt mit Bismarck, der 1890 entlassen wurde. In seiner vorschnellen Unbedachtheit und seiner inneren Unausgeglichenheit, die durch forsches Auftreten und äußeren Pomp überspielt wurde, spiegelte Wilhelm Grundzüge seines Zeitalters. Er wollte herrschen, ohne sich selbst beherrschen zu können. Er war eine extrovertierte, theatralische Figur, ohne inneren Halt. Mehrmals erregte er mit seinen unbedachten kriegerischen Äußerungen das Misstrauen der europäischen Mächte, z.B. bei der Verabschiedung deutscher Soldaten nach China, in der *„Hunnenrede"* 1900: *„Pardon wird nicht gegeben, Gefangene werden nicht gemacht!"*

Während des Krieges musste er die militärische und politische Führung an seine Generäle Hindenburg und Ludendorf übertragen und am Kriegsende wurde er vom Volk zur Abdankung gezwungen.

Der Historiker *John Röhl*, der ein sehr finsteres Bild des Kaisers entwarf, bezeichnet Wilhelm II. als einen Psychopathen. Das ist genau der Punkt, um den es mir in diesem Buch geht:

> **Ich behaupte, dass jeder Starke, zumindest am Anfang seiner Entwicklung durch eine ganz verrückte und finstere Welt hindurchgehen muss.**

Das hat etwas mit der Beschaffenheit des menschlichen Gehirns an sich zu tun. Maler werden in dieser Phase Schreckensbilder malen (Beckmann; Munch), Dramatiker werden blutrünstige Gewaltspektakel inszenieren (*Shakespeare; Kleist) und Politiker, die die tatsächliche Macht dazu haben, werden Kriege anzetteln. In dieser Welt spielen Kampf, Tod, Gewalt und Größenwahn eine zentrale Rolle. Nur wenige hatten die Möglichkeit, diesen Wahn in der Wirklichkeit auszuleben. Die meisten hatten weder die Macht, noch die Mittel, die Wilhelm ohne Kampf, ohne Bewährung und ohne Zustimmung des Volkes geerbt hatte. Er war an der Macht, aber er war nicht groß und er hatte bei seiner Lebensweise gar keine Aussicht größer zu werden. Er führte ein sehr extrovertiertes Leben und konnte alle seine Dummheiten ausleben, ohne auf Kritik oder an finanzielle Grenzen zu stoßen. Wer sich ihm widersetzte, war im Unrecht. Damit war die Katastrophe vorprogrammiert.
* Ich habe ernsthafte Zweifel, dass dieser Geschäftsmann von Stratfort on Avon wirklich der Schöpfer der Shakespeare- Dramen ist.

> **Wer glaubt, König von Gottes Gnaden zu sein und stets Gott auf seiner Seite weiß, hat es nicht nötig, dem Volk oder der Geschichte Rechenschaft abzulegen.**
„Vorwärts mit Gott, der mit uns sein wird, wie er mit den Vätern war."
Wilhelm II am 6.8.1914

Dabei gab es längst Aufklärer, vor allem in England (Locke, Hume) und Frankreich (Montesqieu), aber auch in Deutschland (Kant), die die Macht des Königs zum Wohl des ganzen Volkes beschränkt wissen wollten.
Es stellt sich doch die Frage, warum gerade eine Familie das Recht haben sollte, den König oder den Kaiser zu stellen und andere nicht. Das Parlament hat sich offensichtlich selber nicht ernst genommen. Ihm fehlte das demokratische Bewusstsein in einer monarchischen Zeit.
Die Schwäche des erblichen Königtums zeigt sich vor allem darin, dass es auch Nieten von Gottes Gnaden geben kann und unzählige Male gegeben hat. Das Volk wollte nicht an seinem Kaiser rütteln, weil es dazu erzogen wurde, an die unfehlbare Obrigkeit zu

glauben und ihr zu gehorchen. Der Kaiser war aber ein Mensch mit vielen Fehlern. Das Volk hatte im wahrsten Sinne des Wortes auch keine Wahl - bis es durch eine Katastrophe ernüchtert wurde.

Es ergaben sich von selbst einige Fragen: Woher kommt die rechtmäßige Regierung? Wer darf führen und regieren? Welchen Gesetzen und welcher Kontrolle muss sich eine Regierung unterwerfen?

Lassen wir den Historiker **John Röhl** zu Wort kommen, der viele Jahre seines Lebens der Kaiserbiografie gewidmet hat: *„Mit seiner Geringschätzung alles Zivilen, seiner Verachtung der Slawen, seinem Hass auf die Juden, seinen ausufernden Weltmachtfantasien vertrat er* (Wilhelm) *Haltungen und Ideen, die von den Nationalsozialisten aufgegriffen, radikalisiert und in die Tat umgesetzt wurden. Insofern ist es durchaus berechtigt, ihn als einen Vorboten Hitlers zu bezeichnen."*

Wilhelm glaubte, dass die Juden ein Ärgernis für die Menschheit seien und dass man sich ihrer auf die eine oder andere Weise entledigen müsse. *„Ich glaube das Beste wäre Gas".* **Quelle: John Röhl**

Gemäß den Vorstellungen des amerikanischen Präsidenten Wilson sollte der Erste Weltkrieg, der Krieg sein, der alle Kriege beenden und endgültig eine demokratische Weltordnung schaffen sollte.

Die Voraussetzungen waren denkbar schlecht. Das Selbstbestimmungsrecht der Völker führte dazu, dass „ethnisch reine Staaten" geschaffen wurden, aus denen nun die Minderheiten flohen, die sich dort nicht mehr wohl fühlten, weil sie minderes Recht oder gar kein Recht mehr hatten. Grenzen wurden willkürlich gezogen. 20 Millionen Menschen waren auf der Flucht; sie flohen vor den russischen Revolutionären nach Westen. Die Armenier flohen vor den Türken nach Osten; die Griechen und Türken flohen aus den Ländern, in denen sie Minderheit waren. Die Deutschen flohen aus einem Siedlungsraum, den sie jahrhundertelang maßgeblich mitgestaltet hatten, nach Westen.

Faschismus

Faschismus ist die Bezeichnung für extrem nationalistische, nach dem Führerprinzip organisierte Bewegungen und Herrschaftssysteme, die in verschiedenen Ländern Europas nach dem 1. Weltkrieg auftauchten. Wenn sie einmal an der Macht waren, gaben die Faschisten diese nie mehr her. Andersdenkende wurden gnadenlos verfolgt. Argumentative Auseinandersetzungen waren im Faschismus, wie in jedem totalitären System, nicht vorgesehen.

> **Totalitäre Systeme wollen alle Bereiche des Lebens regulieren, um die Menschen vollständig beherrschen zu können. Der Staat schafft es, mit Hilfe der Propaganda, die Mehrheit des Staatsvolkes auf seine Seite zu bringen und sucht sich Minderheiten, die er verfolgen, ausgrenzen und tyrannisieren kann.**

„Alles innerhalb des Staates, keiner außerhalb des Staates, keiner gegen den Staat."
Mussolini

Der Faschismus richtete sich gegen Demokratie, gegen Kommunismus, gegen Pazifismus, gegen Individualismus, gegen Kapitalismus und gegen Intellektuelle. Schon an dieser Begriffsbestimmung zeigt sich der Charakter des Faschismus sehr deutlich: Er war vor allem eine Anti-Bewegung.

> Das ist typisch für das Gehirn eines „Starken", das ganz nach außen orientiert ist und die Auseinandersetzung sucht.

Ein junger, *„starker"* Mann ist *„dagegen"*, egal gegen was. Mit dieser Anti-Haltung fühlt er sich stark. Er erregt Anstoß und bekommt Aufmerksamkeit. Jetzt müsste er sich weiterentwickeln und größer werden, um schließlich einnehmend zu wirken. Dazu fehlen meist die Kraft, die Einsicht, die Ausdauer und die finanziellen Möglichkeiten

Der Faschismus zog seine Begeisterung aus glänzend aufgeführten Massenschauspielen und Versammlungen mit Hymnen, Fackeln, Fahnen, Aufmärschen in denen der Führer gleichsam als Priester und Gott auftrat.
Benötigt wurde nur noch das Stammhirn zum Schreien, Marschieren und Kämpfen. Es war eine zutiefst irrationale Bewegung; vernünftige Leute wirkten da störend.

Die erste Bewegung entstand 1919 unter Führung Benito Mussolinis in Italien. Er hielt sich für eine der Größen, in denen, nach Nietzsche, die Weltgeschichte gipfelt. Kampf und Gewalt bringen die Geschichte vorwärts (Hegel), glaubt auch Mussolini. Der Kampf und der Krieg sind die Normalität des Lebens, Frieden ist die Ausnahme. Deswegen führt der Faschismus fast notwendigerweise zum Krieg.

In nahezu allen Staaten Europas und in Japan gab es in den 1920er- und 1930er-Jahren faschistische Bewegungen von Mussolini (Italien) über Hitler (Deutschland) bis Franko (Spanien). Sogar in den USA, Großbritannien (Oswald Mosley), den Niederlanden, Norwegen, Kroatien (Ustascha-Regime), Griechenland, Bulgarien, Rumänien, Ungarn, der Slowakei (Tiso)…dreifünftel der europäischen Staaten wurden von einem Diktator regiert. *Glauben, gehorchen, kämpfen* waren die Schlagworte der italienischen Faschisten, *ein Reich, ein Volk, ein Führer* war der Slogen der Deutschen Faschisten bzw. Nationalsozialisten. Die einen hatten schwarze, die anderen braune Hemden, beide Bewegungen grüßten, wie im antiken Rom, mit ausgestrecktem Arm. Beide versprachen die Demokratie abzuschaffen und bekamen dafür genügend Stimmen. Die deutschen Faschisten unterschieden sich von ihren italienischen Gesinnungsgenossen vor allem durch ihren ausgeprägten Rassenwahn und Judenhass.

Zwischen die Fronten von Faschismus und Kommunismus gerieten die Sozialdemokraten und radikal Linken, die fliehen oder untertauchen mussten, wenn sie nicht verhaftet oder wie **Rosa Luxemburg** und **Karl Liebknecht** 1919 ermordet werden wollten.

Kolonialreiche

Es wird zivilisierten Gutmenschen heute seltsam und unanständig erscheinen, wenn sich eine Nation das Recht herausnimmt, andere Völker zu überfallen und auszuplündern. Genau das war aber die Politik, mit der alle Imperien der Weltgeschichte entstanden.

Seit der Frühgeschichte der Menschheit war es üblich, sich andere Völker nutzbar zu machen. So lebten die Juden schon tausend bzw. fünfhundert Jahre vor unserer Zeitrechnung in **Ägypten** und **Babylon** in Knechtschaft. Die Hethiter, die Griechen und vor allem die Römer unterwarfen sich Kolonialgebiete, versklavten die Bevölkerung und bildeten sich ein, alle Völker mit ihrer Kultur beglücken zu müssen.

Die **Spartaner** hielten sich die unterworfene Urbevölkerung als Staatssklaven. Diese „Heloten" mussten die herrschende Kriegerkaste der Spartiaten ernähren. Die Heloten waren rechtlos. Die Stärksten und Gefährlichsten wurden von Zeit zu Zeit von jungen Spartanern ermordet. *Die Spartaner glaubten, dass alles Land ihnen gehöre, das sie mit ihren Lanzen erreichen können und die* Athener *schworen, dass alles Land ihnen gehöre, das Olivenöl hervorbringe.* **Quelle: Cicero: Über den Staat.**

Die **Griechen** und **Makedonen** entwickelten in den von Alexander eroberten Gebieten, in Ägypten und Kleinasien, Herrschaftsweisen effektiver Ausbeutung im Interesse der griechischen Oberschicht.

Die **römische** Wirtschaft beruhte auf Sklaverei und der Ausbeutung der Provinzen.

Vom 7. Jh. an beherrschten die muslimischen **Araber** den Norden Afrikas, den Vorderen Orient, Südspanien bis Indien. In regelrechten Raubzügen und Massakern holten sie sich Sklaven aus diesen Gebieten, vor allem aber aus Afrika und Indien. Sie duldeten zwar die ungläubigen Buchbesitzer: Juden, Christen und Zoroastrier, ließen sich diese Duldsamkeit aber mit erheblichen Steuern vergüten. Polytheisten, Atheisten und Humanisten hielten sie für Menschen dritter Klasse, die man nicht nur bekämpfen, sondern am besten vernichten musste.

Seit dem 15. Jahrhundert entdeckten und plünderten die **Portugiesen** den afrikanischen Kontinent. Sie brachten Sklaven, Gold, Gewürze und exotische Tiere nach Europa und

Amerika. Sklavenhandel gab es davor schon unter den innerafrikanischen Völkern. Jetzt besorgten die Schwarzen den Europäern die Sklaven und erhielten dafür „Luxuswaren": Textile, Feuerwaffen, Alkohol und Nahrungsmittel.

Die kleine **Niederlande** baute sich seit dem 17. Jahrhundert ein Kolonialreich in Ostindien und beherrschte dort den einträglichen Gewürzhandel.

Die **Inkas** und **Azteken** unterwarfen sich Völker, um sie wirtschaftlich auszubluten, bevor sie selbst von den Europäern ins Joch der Sklaverei gezwungen wurden. Ihre blutrünstigen Menschenopfer waren für die christlichen Spanier willkommener Anlass, sie als Unmenschen darzustellen. So konnten sie umso gewissenloser verfolgt und vernichtet werden.

Seit der Entdeckung Amerikas durch Kolumbus wurde dieser Erdteil systematisch von **Spaniern** und **Portugiesen** im Süden und von den **Franzosen, Engländern** und **Niederländern** im Norden ausgeraubt und kolonisiert. 85 Prozent der indianischen Bevölkerung wurde in den ersten 50 Jahren nach der Entdeckung ausgelöscht. Sie erlagen entweder den Krankheiten oder den Grausamkeiten der Europäer. Man schätzt die Zahl der Bevölkerung vor Kolumbus auf dem amerikanischen Kontinent zwischen 25 und 90 Millionen.

1521 beendete der Eroberer **Hernán Cortés** mit 500 Spaniern und einem verbündeten Indianerstamm die Herrschaft des Aztekenhäuptlings **Montezuma**. Nachdem man vorher eine riesige Lösegeldsumme gefordert und erhalten hatte, wurde Montezuma von den Spaniern erdrosselt. 1532 zerstörte **Francisco Pizarro** mit 150 Spaniern und Verbündeten das Inkareich, nachdem sie auch dort den Häuptling **Atahualpa** getötet und ein Massaker unter den Indios angerichtet hatten. Es ging um: Gott, Gold und Ruhm.

> **Die Stärke dieser Abenteurer war ganz nach außen, d.h. auf Eroberung, Unterwerfung und Zerstörung ausgerichtet. Sie waren stolz, selbstsüchtig, habgierig, rachsüchtig, rücksichtslos und gläubig. Mit dem ideologischen Mäntelchen, das Evangelium verbreiten zu wollen, verdeckten sie ihre grenzenlose Hab- und Machtgier. Die Überzeugung, den einzig wahren Glauben zu haben, erlaubte es ihnen, andere Kulturen rücksichtslos zu zerstören.**

Psalm 37:34 Harre auf den Herrn und halte seinen Weg, so wird er dich erhöhen, dass du das Land erbest; du wirst es sehen, dass die Gottlosen ausgerottet werden.

Das **belgische Königshaus** füllte ab 1885 seine Kassen mit ungeheuren Gewinnen aus dem Kautschukanbau im Kongo. Die belgische Kolonialherrschaft soll im Kongo 10 Millionen Tote verursacht haben. Wer von den Ureinwohnern nicht die geforderte Menge Kautschuk brachte, dem wurde die Hand abgeschlagen.

Im 18. Jahrhundert übernahmen die **Engländer** den lukrativen Handel mit schwarzen Sklaven aus Afrika von den Portugiesen, den Spaniern und den Niederländern.

In den 400 Jahren zwischen 1450 – 1850 sollen etwa 15 Millionen Sklaven aus Afrika zuerst nach Portugal und dann, nach der Entdeckung Amerikas, auf den neuen Kontinent verschleppt worden sein. Ebenso viele kamen dabei ums Leben. Beteiligt waren alle europäischen Kolonialländer: Besonders Spanien, Portugal, England, Frankreich, die Niederlande und Belgien, selbst Brandenburg war kurzfristig am Sklavenhandel beteiligt. Erst 1888 wurde die Sklaverei in Brasilien abgeschafft. Der Aufklärer **Thomas Paine** hat 1775 gegen die Sklaverei geschrieben: „African slavery in America".

Die **Engländer** wollten ihre Kolonien, die unter Queen Victoria mehr als ein Fünftel der Erde und ein Drittel der Weltbevölkerung einschlossen, durch das Christentum und den britischen *„way of life"* verbinden. Von Indien bis Südafrika übten sie eine Herrschaft mit zahlreichen rassistisch begründeten Massakern aus. (Amritsarmassaker 1919, 379 Tote, 1500 Verletzte). Sie errichteten in Südafrika Konzentrationslager, eine Erfindung, die erstmals 1896 von Kubanern gegen die spanische Kolonialmacht eingesetzt wurde. 1906 wurden in Südafrika 3000 Zulus von den Briten niedergemetzelt. Für Mahatma Ghandi, der damals auf Seiten der Unterdrücker stand, war dies ein Schlüsselerlebnis, um gegen die Kolonialherrschaft der Briten im eigenen Land aufzustehen.

„Als die ersten Missionare nach Afrika kamen, besaßen sie die Bibel und wir das Land. Sie forderten uns auf zu beten. Und wir schlossen die Augen. Als wir sie wieder öffneten, war die Lage genau umgekehrt: Wir hatten die Bibel und sie das Land." **Desmond Tutu, Bischof in Südafrika – Wird den Indianern Amerikas zugeschrieben.**

Die **Vereinigten Staaten von Amerika** eroberten in ihrem Drang nach Westen das Land bis zum Atlantik, vernichteten die Bisonherden, entrechteten und dezimierten die Indianer und verdrängten sie in Reservate. Die Ureinwohner konnten nur noch dadurch überleben, dass sie die Ordnung der Weißen anerkannten, ihre Lebensgewohnheiten übernahmen und ihre eigene Kultur aufgaben. Immerhin gestand man ihnen eine Seele zu, was lange Zeit umstritten war. Damit ergab sich die Aufgabe, sie zu bekehren, anstatt sie zu vernichten. Ganz Südamerika wurde zum wirtschaftlich abhängigen Einflussgebiet der USA, wo sie die *„Bananenrepubliken"* mit ihrem *„Dollarimperialismus"* beherrschten.

Russland holte sich vom 15. bis 20. Jahrhundert neue Gebiete an allen Grenzen seines Reiches und wurde zum größten Staat der Erde. Schon im 16. Jh. verlangte die orthodoxe Kirche von Iwan IV., dem Schrecklichen, die Vertreibung der muslimischen Tataren von der Krim. Zarin Elisabeth ~1750 duldete weder Muslime noch Juden in ihrem Reich. Peter d. Gr. und Katharina d. Gr. führten die Expansionspolitik nach Norden und nach Süden fort. Unter Katharina II. wurde das Krimkhanat („Neurussland") erobert.

Die **Japaner** bedienten sich in Korea und China.

China selbst eroberte 1956 Tibet und beendete dort eine seit dem 17. Jh. herrschende Diktatur tibetischer Mönche, der Goldmützen. Diese hatten das Volk jahrhundertelang in Armut und Unmündigkeit gehalten.

Deutschland und **Italien** konnten sich erst Ende bzw. Mitte des 19. Jahrhunderts zu einer Kolonialpolitik entschließen. Sie mussten sich mit Resten in Afrika, in der Südsee und mit Stützpunkten in China begnügen. Hier muss die unrühmliche Vernichtung des Herero Volkes durch deutsche Truppen in Südwestafrika 1904 erwähnt werden. (~ 80000 Tote). Nach dem ersten Weltkrieg verlor Deutschland seine Kolonien wieder.

Der Kolonialismus des 19. Jahrhunderts wurde mit der rassischen Überlegenheit der Weißen oder mit einem göttlichen Sendungs-, und Lehrauftrag begründet. Außerdem suchten die aufstrebenden Industrienationen damals nach Rohstoffen und Absatzmärkten für ihre Produkte.

Ohne Beispiel in der Weltgeschichte und ungeheuerlich war am **nationalsozialistischen** System die fabrikmäßige Vernichtung sogenannter *„rassisch minderwertiger und lebensunwerter"* Bevölkerungsgruppen. Dabei war eine Zeit lang, nach dem Sieg über Frankreich, auch die Abschiebung der Juden in Reservate auf Madagaskar oder hinter den Ural geplant.

In Sibirien hatte Russland schon in den 1930er Jahren ein jüdisches Siedlungsgebiet eingerichtet, um den Juden eine Heimstatt zu geben.

Während des Krieges muss die Endlösung durch physische Vernichtung beschlossen worden sein. Auf der Wannseekonferenz 1942 wurde, im Schatten des Krieges, über den organisatorischen Ablauf beraten.

Hitler

Adolf, 1889-1945, deutscher Reichskanzler 1933-1945,
und Führer des Nationalsozialismus.

1925 schreibt er in der Festungshaft seine Programmschrift: *„Mein Kampf"*. Wer sie gelesen hat, hätte wissen können: Das ist das Programm für Krieg, Terror und Ausrottung im Namen der germanischen „Rasse". Dieser Mann kennt nur eine Methode, Probleme zu lösen: rücksichtslose Gewalt. Man hat ihn nicht ernst genommen.

Mit einem Appell an das Ehrgefühl, das den *„Schandvertrag von Versailles"*, als eine Kriegserklärung an das deutsche Volk betrachtet, mit den Ängsten vor dem Judentum und dem Bolschewismus, mit einem Aufruf zu Ruhm und Heldentum, mit Verlockungen von Volksgemeinschaft, Größe und Weltgeltung, konnte Hitler die deutschen Massen zu einem gigantischen Verbrechen verführen: Angeblich zum Wohl von Volk und Vaterland, tatsächlich zu deren schändlichster Niederlage.

> **Die Demütigung des Feindes führt nicht zum Frieden, sondern sie ist der beste Nährboden für den nächsten Krieg. (Versailler Vertrag)**

Scheinbar selbstlos, so stellt er sich dar, steht er im Dienst für sein Volk. Er gibt den Arbeitslosen, Entwurzelten, Gedemütigten und Orientierungslosen eine Richtung und einen Sinn... und führt sie dabei ins Verderben. Er verspricht Volksgemeinschaft und schließt unzählige *„rassisch minderwertige Elemente"* aus, die einfach deswegen keine *„Volksgenossen"* sein können, weil sie aufgrund ihrer Geburt die notwendigen Anforderungen nicht erfüllen. Er hält sich von der Vorsehung berufen; er hat eine weltgeschichtliche Mission: Die Vernichtung des Judentums, die Weltherrschaft der „germanischen Rasse" und die Ausweitung ihres Lebensraums nach Osten. Dafür sind ihm alle Mittel recht, dafür nimmt er alle Opfer in Kauf oder besser: Dafür lädt er „seinem" Volk, für das ihm jede Liebe fehlt, alle Opfer auf, denn ihm selbst fehlt es an nichts. Tatsächlich befriedigte er vor allem seinen Willen zur Macht?

„Ein Staat, der im Zeitalter der Rassenvergiftung sich der Pflege seiner besten rassischen Elemente widmet, muss eines Tages zum Herrn der Erde werden. Das mögen die Anhänger unserer Bewegung vergessen, wenn je die Größe der Opfer zum bangen Vergleich mit dem möglichen Erfolg verleiten sollte". **Mein Kampf**

Mein Kampf

Nachdem ich ein paar Seiten aus *„Mein Kampf"* gelesen hatte, wurde mir klar, dass dieses Buch nicht allein der Schreihals Hitler geschrieben haben konnte. Während der zweite Teil mit seinen Wortungetümen: z.B. *„Freiheitserkämpfung"*, durchaus zu Hitler passt, musste zumindest der erste Teil, von einem Literaten weitgehend überarbeitet worden sein. Hitler, der seine Reden, vor allem in der Anfangszeit, meist wild gestikulierend und schreiend vortrug, versucht in *„Mein Kampf"* zu überzeugen, wenn auch in einem unmöglichen deutsch.

Tatsächlich soll ein **Pater Bernhard Rudolf Stempfle** monatelang die wirren Gedanken des angeblichen Autors geordnet und zu Papier gebracht haben. Das erklärt auch, dass der Herrgott, die Rechtfertigung der Kirche, der Judenhass und die Ablehnung von Demokratie und Parlamentarismus in diesem Buch so eine herausragende Rolle spielen.

Stempfle wurde 1934 im Zusammenhang mit dem Röhmputsch von Unbekannten ermordet. Dieser Mord wiederum zeigt deutlich Hitlers Handschrift. Stempfle wusste zu viel über ihn. Hitler hat sich immer geweigert, etwas zu Papier zu bringen. Es gibt keine schriftlichen Befehle von ihm. Wie hätte er dieses Buch schreiben sollen?

In dem Buch wird klar: Sein Ziel war von Anfang an ein Führerstaat, die Eroberung neuen Lebensraumes im Osten für die „arisch-germanische Rasse", die allen andern „Rassen" überlegen sei, und die Vernichtung, bzw. Versklavung minderwertiger „Rassen", zu denen er vor allem die Juden, die Slawen und die *„Neger"* zählte. Diese seien unfähig höhere Kultur zu schaffen. Ihr Lebenssinn bestehe allein darin, der höheren „Rasse" zu dienen. Die moralische Richtlinie für die Behandlung dieser Menschen formuliert er folgendermaßen. Dem Brutalsten wird die Welt gehören: *„Am Ende siegt ewig nur die Sucht der Selbsterhaltung. Unter ihr schmilzt die sogenannte Humanität als Ausdruck einer Mischung von Dummheit, Feigheit und eingebildetem Besserwissen wie Schnee in der Märzensonne."* **Aus Mein Kampf**

„Die Größe jeder gewaltigen Organisation als Verkörperung einer Idee auf dieser Welt liegt im religiösen Fanatismus, indem sie sich unduldsam gegen alles andere, fanatisch überzeugt vom eigenen Recht, durchsetzt." **Mein Kampf**

Damit wird die Menschheit in die Zeit der Kreuzzüge oder in die Denkweise zurück katapultiert, die den Dreißigjährigen Krieg ausgelöst hat, denn in einem Punkt hat er recht: Nationalsozialismus und Kommunismus haben mit den drei abrahamitischen Religionen gemeinsam, dass sie intolerante, religiöse Bewegungen waren, die auf dem Glauben gründeten, sie seien die einzig *„wahren"* Weltanschauungen und hätten das Recht, alle Andersdenkenden verfolgen und vernichten zu dürfen. In dieser Gewissheit lag die Ursache für das Unheil, das diese Weltanschauungen verursacht haben und weiter verursachen.

> **Absolute „Gewissheit", die es nur in „Glaubensfragen" und nur für Gläubige geben kann, führt fast immer zu borniertrer Intoleranz.**

Es kam, wie es kommen musste, wenn einer so denkt. 1939 entfachte er den Zweiten Weltkrieg zur Eroberung germanischen Lebensraums. Weltweit fielen diesem Krieg 50 Millionen Menschen zum Opfer; dabei hat er ständig vom *„Herrgott"* und vom *„Frieden"* geredet.

Die Welt ließ sich lange täuschen. Noch vor der letzten Wahl mahnte er die Völker zu Frieden und Abrüstung, versprach den Bauern und Arbeitern im Februar 1933 ihr Los zu verbessern, bezeichnete das Christentum als Grundlage der Moral im nationalsozialistischen Staat und rief den Segen Gottes herab. Die Kirchen und das Kirchenvolk ließen sich täuschen und folgten dem Rattenfänger mit Begeisterung ins Verderben.

Er hatte viel Glück und seine Erfolge konnten sich sehen lassen. Wenn er 1938 gestorben wäre, dann würde man ihn wahrscheinlich, wie Bismarck, zu den größten deutschen Staatsmännern zählen, - obwohl ihm bis dahin auch schon einige Verbrechen und Morde (Röhmputsch) angelastet werden konnten, aber da wird man bei jedem *„Großen"* etwas finden.

Hitler hat sich damals für den kaltblütigen Mord an über 77 Männern damit gerechtfertigt, dass Karl der Große einst tausende von Sachsen ermorden ließ und heiliggesprochen wurde. *Quelle: Spiegel TV*

Am 30. April 1945 nahm sich Hitler zusammen mit seiner Frau Eva Braun im Führerbunker der Reichskanzlei in Berlin das Leben und entzog sich der Verantwortung für die schlimmsten Verbrechen der Weltgeschichte.

Bei meinem Abitur bekam ich den Scheffelpreis - das muss hier mal erwähnt werden - und durfte mir ein Buchgeschenk wünschen. Zum Entsetzten meiner Klassenlehrerin wählte ich eine Lebensgeschichte über Hitler (von Allan Bullock) und blieb auch dann noch bei meinem Wunsch, als sie mir dringend davon abriet, schließlich sollte das Buch am Abschlussabend feierlich ohne Verpackung überreicht werden.
Warum diese Angst vor Hitler? Ich wollte einfach wissen, warum dieser Mann einerseits eine solche Begeisterung auf unser Volk ausgeübt hat und warum er andererseits so viel Unheil angerichtet hat. Diese Fragen werden nicht beantwortet, indem man ihn einfach als Unmenschen von sich wegschiebt, sondern indem man sich mit ihm auseinandersetzt. Das will ich hier tun.

Lebenslauf

1905 verließ Adolf Hitler die Realschule ohne Abschlussexamen. Zunächst nicht zu einer Erwerbsarbeit gezwungen, widmete er sich der Lektüre völkischer Schriften. Besonders stark beeinflusste ihn zu jener Zeit der Pangermanismus des Österreichers **Georg von Schönerer**, 1842-1921. Bewundert hat er auch den Bürgermeister von Wien, **Karl Lueger**, 1844-1910, *„den gewaltigsten deutschen Bürgermeister aller Zeiten"*. Der glaubte die soziale Frage durch eine Lösung der Judenfrage bereinigen zu können. Von ihm soll der Satz stammen: *„Wer ein Jude ist, bestimme ich!"* Hitler wurde in seiner Rassenideologie stark von **Arthur de Gobineau**, 1816-1882, französischer Diplomat und Schriftsteller, beeinflusst, der in seinem Werk: *„Versuch über die Ungleichheit der Menschenrassen"*, behauptete, dass die *„arische* Rasse", für die er fälschlicherweise die *„Nordische Rasse"* hielt, allen anderen „Rassen" körperlich und geistig überlegen sei. Die echten *„Arier"* stammten allerdings aus dem Iran.

Nachdem Hitler eine Zeit lang von seinem Erbteil leben konnte, schlug er sich fortan ohne festen Wohnsitz, im Obdachlosenasyl hausend, mit Gelegenheitsarbeiten durch. 1907, nach dem Tod der Mutter, die er abgöttisch geliebt hat, zog er nach Wien, wo er sich zweimal vergeblich an der Kunstakademie bewarb. Die Erlebnisse in der Hauptstadt des Vielvölkerstaates und die Lektüre antisemitischer Zeitungen und Bücher prägten seine *„Weltanschauung"*. Sie formten seinen rassistisch begründeten Judenhass und seine radikale Feindschaft gegen Marxismus, Liberalismus und Parlamentarismus. Er glaubte, dass Marxismus, Bolschewismus, Liberalismus, Demokratie und Weltbürgertum Erfindungen der Juden seien, die damit die Welt beherrschen wollten. Tatsächlich waren Marx und Trotzki Juden, auch Lenin hatte jüdische Vorfahren. Menschen jüdischer Abstammung, die aber meist ihr Judentum abgelegt hatten, haben zweifellos einen herausragenden Beitrag zur europäischen und deutschen Geistesgeschichte geleistet.

Heine, Freud, Fromm, Einstein, Marx… waren jüdische Weltbürger, aber auch Goethe und Schiller, Mozart und Beethoven waren Weltbürger.

Hitler und Goebbels hatten zunächst künstlerische Ambitionen, der eine wollte Maler und Baumeister werden, der andere Schriftsteller. Erst als ihre Künstlerkarrieren gescheitert waren, wurden sie zu Diktatoren. Hätte man es ihnen bloß ermöglicht, zu malen bzw. zu schreiben und hätte man sie von der Politik oder zumindest von der Macht fern gehalten, hätte man ihre Macht begrenzt und kontrolliert, dann wäre der Welt einiges erspart geblieben.

> **Man hätte dieser zügellosen Kraft nie die Alleinherrschaft ermöglichen dürfen. Das musste unweigerlich in einem Verhängnis enden. Er war eine gewaltige, leider auch eine gewalttätige, eher zerstörerische als schöpferische Kraft, ohne Maß und Form. Er war nicht groß genug, um etwas Gutes machen zu können, weil er nie an sich selbst gearbeitet hat.**

Wie alle „Großen" war er maßlos von sich überzeugt. Aus einem Sendungsbewusstsein zog er ein übersteigertes Selbstbewusstsein. Sein Ziel erschien ihm so wichtig, dass er alle moralischen Zweifel bei der Durchsetzung wegwischen konnte. *„Die Vorsehung hat mich zu dem größten Befreier der Menschheit vorbestimmt."*
Hitler in „Mein Kampf"
Heute wissen wir, dass er der schlimmste aller Unterdrücker war, denn:
> **Befreiend wirkt einer erst, wenn er groß genug ist.**

Tiefenpsychologische Erkenntnisse von der Volksseele kann man ihm nicht absprechen; vermutlich hatte er dazu **Gustave le Bon** gelesen. Er kannte die Masse und wusste, was sie hören wollte. *„Jede Propaganda hat volkstümlich zu sein und ihr geistiges Niveau einzustellen auf die Aufnahmefähigkeit des Beschränktesten unter denen, an die sie sich zu richten gedenkt"… Adolf Hitler in „Mein Kampf"*

„Es gehört zur Genialität eines großen Führers, selbst auseinanderliegende Gegner immer als nur zu einer Kategorie gehörend erscheinen zu lassen, weil die Erkenntnis verschiedener Feinde bei schwächlichen und unsicheren Charakteren nur zu leicht zum Anfang des Zweifels am eigenen Rechte führt. Sowie die schwankende Masse sich im Kampfe gegen zu viele Feinde sieht, wird sich sofort die Objektivität einstellen und die

Frage aufwerfen, ob wirklich alle anderen unrecht haben und nur das eigene Volk oder die eigene Bewegung allein sich im Rechte befinde. " **Mein Kampf**

Propaganda ist für das ungebildete Volk. Sie erreicht nicht die Herzen und vor allem nicht die Köpfe redlicher Geister. Im Gegenteil: Dort erzeugt sie tiefes Misstrauen, wie das Flugblatt der **Weißen Rose** beweist. *„Freiheit und Ehre! Zehn lange Jahre haben Hitler und seine Genossen die beiden herrlichen deutschen Worte bis zum Ekel ausgequetscht, abgedroschen, verdreht, wie es nur Dilettanten vermögen, die die höchsten Werte einer Nation vor die Säue werfen.*" Aus dem **Flugblatt der „Weißen Rose"** 1943

> **Die Masse hört nicht auf den, der vernünftig argumentiert, sondern auf den, der am lautesten schreit und Emotionen weckt.**

Er war von Anfang bis Ende von Gewalt besessen, die er gegen sein Volk und gegen die Welt gewendet hat. *„Die Masse ist ein Weib und will vergewaltigt werden;"* und *„Terror bricht man nicht durch Geist, sondern durch Terror"; „...was der Güte verweigert wird, hat die Faust sich zu nehmen.*" **Mein Kampf**

Er hat es nie für nötig gehalten, sich selbst zu beherrschen oder an sich zu arbeiten, seine Stärke in eine Form zu bringen, sie in Persönlichkeit umzusetzen. Dafür gibt es keine Entschuldigung, aber vielleicht eine Erklärung: Er hat mit Gewalt Erfolg gehabt und er hat selbst sehr viel Gewalt erlebt, von seinem tyrannischen Vater und in den Schrecknissen des Ersten Weltkrieges, in dem Menschenleben nicht viel zählten. Krieg erzieht zur Gewalt. Er hat ihn maßgeblich geprägt. Im Krieg und in der entbehrungsreichen Zeit danach entwickelte er die Moral des Dschungels: Der Brutalste setzt sich durch und schafft sich das größte Revier, der Schwache und Kranke verdient es unterzugehen. Er ist es nicht wert zu leben. Er glaubt: Gewalt ist Ausdruck der Stärke - Moral ist ein Zeichen der Schwäche. Er möchte das Gesetz der Wildnis auf die menschliche Gesellschaft übertragen wissen: zur Gesunderhaltung der „Rasse". So wird das Schwache und Kranke untergehen und das Starke und Gesunde wird überleben.
Diese Denkweise musste zwangsläufig zum Krieg, zur Entrechtung, zur Verfolgung und Vernichtung ganzer Bevölkerungsteile führen, sobald er die Möglichkeit hatte, seine Denkweise in die Wirklichkeit umzusetzen.
Warum hat sich die Mehrheit die Gewalt, die von diesem Mann ausging, gefallen lassen? Oder warum war der Widerstand so lange erfolglos?

> **Gewalt und Intoleranz dürfen keinen Erfolg haben. Man darf sie nicht dulden. Aber sie kommen nicht von einem Tag auf den anderen, sondern allmählich immer stärker, - bis es zu spät ist zum Widerstand. Der kostet dann sehr viel Blut.**

Mit dem Ermächtigungsgesetz, dem 1933 das Parlament mehrheitlich zugestimmt hatte, nur die SPD verweigerte sich, wurden die wichtigsten Menschenrechte abgeschafft: die Meinungsfreiheit, die Pressefreiheit, die Versammlungsfreiheit, das Post- und Fernmeldegeheimnis, der Schutz vor willkürlicher Verhaftung, das Recht auf persönlichen Besitz. Die Kirche wollte einen klerikalen Obrigkeitsstaat, deswegen hat auch die katholische Zentrumspartei mit ihrem Vorsitzenden Prälat Ludwig Kaas zugestimmt.

> **Mit dem Ermächtigungsgesetz, das ihn von der Kontrolle des Parlamentes befreite, begann die Diktatur; die Diktatur ermöglichte den Unrechtsstaat und die willkürlichen Verfolgungen.**

Ohne Diktatur und ohne Krieg hätte es auch keinen Holocaust gegeben. Obwohl weite Teile der Bevölkerung antisemitisch eingestellt waren, hätte sich eine Demokratie im Licht der Weltgemeinschaft die Vernichtung der Juden nicht erlauben können. Sie wären im schlimmsten Fall vertrieben, bzw. umgesiedelt worden.

Im Folgenden möchte ich zu einigen Ansichten Hitlers Stellung nehmen und versuchen, sie mit Vernunft zu widerlegen. Der klägliche Untergang seines Reiches war ja nur die Folge seiner Denkweise. Eine Welt, die auf diesen Grundsätzen aufbaut, darf keinen Bestand haben. Es wäre das Ende jeder menschlichen Zivilisation gewesen.

Hitler: zu Befehl und Gehorsam: „Es kann nur einer befehlen. Einer befiehlt", ... Damit meint er natürlich, dass er befiehlt. Aber woher nimmt gerade er das Recht, allen anderen befehlen zu dürfen? Und was ist, wenn er mal einen Fehler macht? Oder ist er unfehlbar? Genügt es zu befehlen oder sollte ein Befehl nicht auch noch überzeugend sein, für die, die ihn ausführen sollen? ...*„und die anderen müssen gehorchen".* Die anderen, damit meint er den Rest der Welt. Wir wissen inzwischen, was dabei herausgekommen ist, wenn ein verantwortungsloser Spieler befiehlt und die anderen blinden Gehorsam leisten, - eine Tragödie ungeheuren Ausmaßes. Fehler werden nicht mehr erkannt und nicht mehr korrigiert. - *„ 'Wieso, wieso muss ich gehorchen?' - WIESO?!? Weil nur auf dem Weg etwas zu erreichen ist".* Was zu erreichen ist? Krieg, Vernichtung; Sauerei. Wer entscheidet, was erreicht werden soll? Nur Herr Hitler? Wieso gerade er, weil der so klug, so weise, so unfehlbar ist? *„...und weil wir Männer genug sind einzusehen, dass das, was notwendig ist, auch zu geschehen hat".* Das hört sich an, als ob alle genau wüssten was notwendig ist, als ob sich alle darüber einig wären, dass es Krieg geben muss, dass aufgerüstet werden muss, *„Flugzeugbau bis der Himmel schwarz ist",* dass die Juden vernichtet werden müssen, dass nutzlose Wahnsinnsbauten das ganze Volksvermögen verschlingen usw. *„Und weil darum nicht mit dem Einzelnen diskutiert wird".* Dabei käme vielleicht heraus, dass einer Hemmungen hat, vor einem Massenmord. Oder dass er die Kriegstaktik des Führers für Selbstmord hält. *„Es ist ganz zwecklos, jedem Einzelnen dann zu sagen: 'Ja, wenn er natürlich nicht will,* *dann braucht er natürlich nicht nachfolgen. Nein, so geht das nun einfach nicht! Die Vernunft hat auch ein Recht und damit eine Pflicht, sie hat das Recht, sich zur diktatorischen Gewalt zu erheben, und die Pflicht, die anderen zu zwingen, dem zu gehorchen".* Damit will er sagen, dass alles, was er will, vernünftig ist und wer nicht tut was Herr Hitler will, ist dumm, zumindest unvernünftig. Er darf also Gewalt ausüben, um seine vernünftigen Ziele gegen die Dummen durchzusetzen.

In *„Mein Kampf"* kritisiert Hitler, dass sich in einer Demokratie niemand für irgendetwas verantwortlich fühlen muss, weil sich jeder Politiker hinter dem Beschluss der Mehrheit verstecken kann. Er glaubt mit dem Führerprinzip sei alles besser. Aber wie war es wirklich? Bei den Nürnberger Prozessen stellte sich heraus, dass sich selbst höchste Führer als reine Befehlsempfänger für ihre Verbrechen rechtfertigten. Und Hitler? Hat er die Verantwortung für die 50 Millionen Toten und das ganze Chaos übernommen, das er nach dem Führerprinzip zu verantworten hätte. Er stahl sich durch Selbstmord aus dieser Verantwortung. Das Führerprinzip taugte nichts, weil die Führer nichts taugten und die Führer taugten nichts, weil es ihnen an menschlicher Qualität mangelte, **weil sie nicht groß genug waren**, um gute und gerechte Führer zu sein. Ihre Führerschaft beruhte großenteils auf Hochmut und auf blindem Gehorsam gegenüber dem, der sie einsetzte. Selbstdenkende Persönlichkeiten waren unerwünscht.

> **Es gibt nichts Gefährlicheres, als blinden Gehorsam zu leisten. Niemand ist unfehlbar!**

Hitler: Aus einer Rede vor 120000 Zuhörern auf der Motorradrennbahn von Lokstedt bei Hamburg am 23. April 1932 „Die Gegner werfen uns Nationalsozialisten vor, und mir insbesonders, dass wir intolerante, unverträgliche Menschen seien. Wir wollten, sagen sie, mit anderen Parteien nicht arbeiten. Ich habe hier eines zu erklären: Die Herren haben ganz recht, wir sind intolerant. Ich habe mir ein Ziel gestellt: nämlich die 30 Parteien aus Deutschland hinaus zu fegen."
Da hätten eigentlich alle Alarmglocken Sturm läuten müssen. Wie kommt einer zu der Anmaßung, die einzig richtige Partei zu vertreten? Das ist eine Kriegserklärung an alle Andersdenkenden. Sein Ziel stand fest: eine intolerante Diktatur. Das geht nicht ohne Verfolgung. Tatsächlich muss man sich fragen, wie einer, der nie die Hälfte der Wählerstimmen erhalten hat, den ganzen Staat tyrannisieren konnte.

> **Ein Staat gehört nicht einer Partei, sondern allen Staatsbürgern, selbst dann noch, wenn eine Partei eine überwältigende Mehrheit hat. Zur Vielfalt des Lebens gehört die Vielfalt der Menschen und der Meinungen, die ein Staatswesen tolerieren muss.**

Hitler: Zur Erziehung der Jugend „*Dann kommt eine neue deutsche Jugend, und die dressieren wir schon von ganz kleinem an für diesen neuen Staat. Diese Jugend, die lernt ja nichts anderes als deutsch denken, deutsch handeln. Und wenn diese Knaben und Mädchen mit ihren zehn Jahren in unsere Organisationen hineinkommen und dort nun wie so oft zum ersten Mal überhaupt eine frische Luft bekommen und fühlen, dann kommen sie vier Jahre später vom Jungvolk in die Hitlerjugend, und dort behalten wir sie wieder vier Jahre, und dann geben wir sie erst recht nicht zurück in die Hände unserer alten Klassen- und Standes-Erzeuger, sondern dann nehmen wir sie wieder fort in die Partei und die Arbeitsfront, in die SA oder in die SS, in das NSKK usw. Und wenn sie da drei Jahre oder anderthalb Jahre sind und noch nicht ganze Nationalsozialisten geworden sein sollten, dann kommen sie in den Arbeitsdienst und werden dort wieder sechs und sieben Monate geschliffen, alles mit einem Symbol, dem deutschen Spaten. Und was dann nach sechs oder sieben Monaten noch an Klassenbewusstsein oder Standesdünkel da oder da noch vorhanden sein sollte, das übernimmt dann die Wehrmacht zur weiteren Behandlung auf zwei Jahre. Und wenn sie dann nach zwei oder drei oder vier Jahren zurückkehren, dann nehmen wir sie, damit sie auf keinen Fall rückfällig werden, sofort wieder in SA, SS usw., und sie werden nicht mehr frei ihr ganzes Leben.*"

> Der Mensch soll nicht mehr zum Denken kommen, das ist die wichtigste Voraussetzung, um ihn gebrauchen und missbrauchen zu können.

Vor allem seine SS-Schutz Staffel sollte sich als auserwählte Elite fühlen und dafür blind gehorchend, zu allem bereit sein.
Ich überlasse die Antwort hier **Kurt Huber** von der Widerstandsgruppe der „Weißen Rose": *Aus dem Flugblatt der „Weißen Rose" 1943* „*In einem Staat rücksichtsloser Knebelung jeder freien Meinungsäußerung sind wir aufgewachsen. HJ, SA und SS haben uns in den fruchtbarsten Bildungsjahren unseres Lebens zu uniformieren, zu revolutionieren, zu narkotisieren versucht. ‚Weltanschauliche Schulung' hieß die verächtliche Methode, das aufkeimende Selbstdenken und Selbstwerten in einem Nebel leerer Phrasen zu ersticken. Eine Führerauslese, wie sie teuflischer und zugleich bornierter nicht gedacht werden kann, zieht ihre künftigen Parteibonzen auf Ordensburgen zu gottlosen, schamlosen und gewissenlosen Ausbeutern und Mordbuben heran, zur blinden, stupiden Führergefolgschaft*"...

Hitler: Eine herrische und unerschrockene Jugend will ich. „*Meine Pädagogik ist hart. Das Schwache muss weggehämmert werden. In meinen Ordensburgen wird eine Jugend heranwachsen, vor der sich die Welt erschrecken wird. Eine gewalttätige, herrische, unerschrockene, grausame Jugend will ich. Jugend muss das alles sein. Schmerzen muss sie ertragen. Es darf nichts Schwaches und Zärtliches an ihr sein. Das freie, herrliche Raubtier muss erst wieder aus ihren Augen blitzen.*"

Das sind die richtigen Leute, die man in einen Eroberungskrieg schicken kann. **Nietzsche** lässt grüßen. Ich zitiere aus seinem Werk: *Zur Genealogie der Moral „Ich gebrauchte das Wort ‚Staat‘: es versteht sich von selbst, wer damit gemeint ist - irgendein Rudel blonder Raubtiere, eine Eroberer- und Herren-Rasse, welche, kriegerisch organisiert und mit der Kraft, zu organisieren, unbedenklich ihre furchtbaren Tatzen auf eine der Zahl nach vielleicht ungeheuer überlegene, aber noch gestaltlose, noch schweifende Bevölkerung legt."* Das war natürlich bestes, geistiges Futter für den Wolf, der schon lange geplant hatte, im Osten eine Herde Schafe zu reißen.

*Nietzsche: **Zur Genealogie der Moral** „Die Krankhaften sind des Menschen große Gefahr: nicht die Bösen, nicht die ‚Raubtiere‘".* Ich möchte hinzufügen: Die Philosophen sind eine Gefahr, die so gefährlichen Unsinn schreiben.

Hitler weiter: „Stark und schön will ich meine Jugend. Ich werde sie in allen Leibesübungen ausbilden lassen. Ich will eine athletische Jugend. Das ist das Erste und Wichtigste. Ich will keine intellektuelle Erziehung. Mit Wissen verderbe ich mir meine Jugend."
> Jugendliche, die wissen und denken, sind für Diktatoren gefährlich. Sie stellen Fragen, Fragen nach der Rechtmäßigkeit und den Grenzen einer Herrschaft.

„Aber Beherrschung müssen sie lernen. Sie sollen mir in den schwierigsten Proben die Todesfurcht besiegen lernen." Er braucht Heizmaterial für seine Kriege, Draufgängertypen, die keine Fragen stellen und die vor allem seine Herrschaft nicht in Frage stellen. Er sucht Kanonenfutter der besten Sorte: stahlhart, herzlos und hirnlos.

Adolf Hitler in einer Silvesteransprache am 31. Dez. 1944 ...„Wem die Vorsehung so schwere Prüfungen auferlegt, den hat sie zu Höchstem berufen.... Ich kann diesen Appell nicht schließen, ohne dem Herrgott zu danken für die Hilfen, die er Führung und Volk hat immer wieder finden lassen, sowie für die Kraft, die er uns gegeben hat, stärker zu sein als die Not und Gefahr. Wenn ich ihm dabei auch danke für meine eigene Rettung, dann nur weil ich glücklich bin, mein Leben damit weiter in den Dienst meines Volkes stellen zu können. In dieser Stunde will ich daher als Sprecher Großdeutschlands gegenüber dem Allmächtigen das feierliche Gelöbnis ablegen, dass wir treu und unerschütterlich unsere Pflicht auch im neuen Jahr erfüllen werden, des felsenfesten Glaubens, dass die Stunde kommt, in der sich der Sieg endgültig dem zuneigen wird, der seiner am würdigsten ist, dem Großdeutschen Reiche."

Ein Massenmörder vertraut darauf, dass Gott ihm zum Sieg verhelfen wird. Auch Stalin fing im Krieg wieder an zu beten. Ein wahrhaft wundersamer Gott, der aus so vielen verschiedenen Köpfen so viele verschiedene Ansichten kund tut! Wie kommen (Un)-

menschen immer wieder dazu, Gott um Hilfe bei der Vernichtung anderer Menschen anzurufen? Schon 1924 beruft sich Hitler bei seinem Kampf gegen die Juden auf Gott, wenn er bekennt: *„So glaube ich heute im Sinne des allmächtigen Schöpfers zu handeln: Indem ich mich des Juden erwehre, kämpfe ich für das Werk des Herrn."* **Aus: Mein Kampf** Natürlich hatte er auch seine Vorkämpfer und Vorbilder. 1922 schrieb die Jesuitenzeitschrift *Civilta Cattolica*, die stets die Meinung des Papstes wiedergab, z.B. *„Die Welt ist krank [...] Überall werden Völker von unerklärlichen Krämpfen geschüttelt [...]." Wer ist daran schuld? „Die Synagoge."*

„Die Gesellschaft Jesu, bekannt als Jesuiten, stellte 1593 mit ihrem so genannten Dekret zur Reinheit des Blutes rassistische Kriterien für die Mitgliedschaft auf; alle Jesuiten, die jüdische Vorfahren hatten, wurden ausgestoßen, und allen Christen, die von jüdischem Blut in noch so geringer Menge verunreinigt waren, wurde die Aufnahme verwehrt." **D. Goldhagen**

Er rechtfertigte die Judenverfolgung auch damit, dass er gegen die Juden nichts anderes tue als das, was die Kirche in 1500 Jahren gegen sie getan habe. Eigentlich habe er nur Luthers Ratschläge befolgt. Siehe dort. S.140 Die seit der Emanzipation im 19. Jh. wirtschaftlich und intellektuell ungewöhnlich erfolgreichen Juden zogen damals den Neid ihrer *„arischen"* Mitbürger auf sich; - und das dürfte kein unerheblicher Grund für ihre Verfolgung gewesen sein.

Wilhelm II. hat Hitler nach seinem Sieg über Frankreich mit folgenden Worten gratuliert: *„Unter dem tiefergreifenden Eindruck der Waffenstreckung Frankreichs beglückwünsche ich Sie und die gesamte deutsche Wehrmacht zu dem von Gott geschenkten gewaltigen Sieg mit den Worten Kaiser Wilhelms des Großen vom Jahre 1870: ‚Welche Wendung durch Gottes Fügung'. In allen deutschen Herzen erklingt der Choral von Leuthen, den die Sieger von Leuthen, des Großen Königs Soldaten, anstimmten: ‚Nun danket alle Gott!'"* Mit dem *„Großen König"* meint er Friedrich II., der wie Adolf, aus reiner Machtgier mitten im Frieden, Schlesien überfallen hat und dafür allseits hochgelobt wurde.

Das Ergebnis beider Herrschaften war katastrophal. Nirgends wird so deutlich wie bei Hitler: Jeder *„(Halb)Starke"* ist letztlich ein großes Problem, wenn er es schafft, an die Macht zu kommen, ohne dass er groß genug ist und ohne Beschränkung seiner Macht. Er war ein Schicksal, dessen unheilvolle Wirkung hätte eingedämmt werden können, wenn ihm Grenzen gesetzt worden wären. Er war ein Spieler, der am Anfang zu schwache Gegenspieler hatte, der alles auf eine Karte gesetzt und schließlich verloren hat. Ein passendes Ende für einen Diktator, der einmal auf der Höhe seiner Macht feststellte, dass er alles seiner Brutalität zu verdanken hat, - man könnte hinzufügen: Auch seinen Untergang hat er seiner Brutalität zu verdanken. Er war bis zum Schluss eine ungebändigte, rohe, gewalttätige Kraft ohne Form; von engstirnigen Ideen fanatisiert und unbeherrscht. Mit dem Frieden konnte er nichts anfangen. *„Im ewigen Kampfe ist die Menschheit groß geworden im ewigen Frieden geht sie zugrunde."* **Mein Kampf**

> **Kampf wird und soll es immer geben; entscheidend ist aber wie gekämpft wird, ob mit Worten oder Gewehren. Das eine kann sehr anregend sein, das andere ist vernichtend.**

Er kannte nur Hass, Vernichtung und Krieg, ohne moralische Bedenken. *„Rücksichtslos"* ist sein Lieblingswort, das er immer wieder gebraucht, um seine Entschlossenheit zum Ausdruck zu bringen. Wenn er jemals über sich und seine (Un)Taten nachgedacht hat, hat das nur soweit geführt, dass er sich selbst bemitleiden konnte. Er hat es verstanden, die Revanchegefühle eines durch den Versailler Vertrag gedemütigten, von Arbeitslosigkeit geschüttelten und vom Bolschewismus geängstigten Volkes für seinen Aufstieg zu nutzen. Ein weiterer Faktor, der seinen Werdegang zum Diktator begünstigt hat, war die Unmündigkeit der Menschen, die schon von Kirche und Kaiser zu blindem Gehorsam gegenüber jeder Obrigkeit erzogen worden waren. Das Unbehagen das er heute auslöst, rührt vor allem daher, dass sich große Teile der Bevölkerung mit seinen Zielen, auch mit der Eroberung von Lebensraum und der Entrechtung der Juden, identifiziert hat. 44% der Wähler haben ihn 1933 freiwillig gewählt und haben ihn damit an die Macht gebracht. Das ist eigentlich nicht viel, wenn man bedenkt, dass damals gebildete Menschen im In- und Ausland, von Stauffenberg bis Chamberlin, vom deutschen Führer schwärmten. Auch beide Kirchen und große Teile der Bevölkerung haben Hitler bis zum Schluss unterstützt. Darin liegt ihr Versagen. Sie hassten Demokratie, Aufklärung, Judentum und Kommunismus und sahen in Hitler den Retter ihrer Macht.

„Es zeigte sich, dass die landläufige Vorstellung, das deutsche Volk insgesamt sei eingeschüchtert gewesen, ein Mythos ist und dass die Deutschen, von Ausnahmen abgesehen, im Wesentlichen mit der gewaltsamen, eliminatorischen Verfolgung der Juden einverstanden waren." **Daniel Goldhagen**

Hitler war keine in sich ruhende Persönlichkeit. Wenn er Wärme und Liebe zeigte, dann höchstens gegenüber seinem Schäferhund. Es ist einfach eine romantische Idee, dass ein Diktator alle Probleme lösen kann. Er wird vielleicht manche lösen, aber er wird viel mehr neue schaffen, allein durch den Terror, den er nötig hat, um sich an die Macht zu bringen und sich an der Macht zu halten. Wer die Alleinherrschaft erstrebt, kann nicht tolerant sein, weil Andersdenkende diese Alleinherrschaft immer in Frage

stellen werden, deswegen muss das Streben nach Alleinherrschaft an sich als äußerst gefährlich eingestuft werden. Es ist der Beginn jeder Tyrannei.
Hitler kannte keine gleichberechtigten Beziehungen. Er musste sich alle unterwerfen. Meine Erklärung dafür: Er war zwar stark, aber nicht so groß, **dass man zu ihm kommen konnte**.
Manche Philosophen (Adorno; Markuse; Heidegger…) fragten sich nach dem Untergang des Dritten Reiches, wie ein Rückfall in diese Barbarei möglich werden konnte. Sie glaubten, wie Schiller, an eine stetige Humanisierung der Welt. Zu dieser Frage möchte ich in diesem Buch eine Antwort geben:

> **Das Problem steckt ganz tief in der scheinbar ewigen Natur des Menschen. Der Starke muss durch eine finstere und verrückte Welt hindurchgehen. Wenn er es schafft, in dieser Phase unkontrollierte Macht zu bekommen, steht - auch in Zukunft - die nächste Katastrophe bevor.**

Im Übrigen kamen die größten Schlächter und einige kleinere noch nach Hitler: Stalin; Mao; Pol Pot; Milosevic; Saddam Hussein; Idi Amin;…und es geht „fröhlich" weiter!

> **Jede totalitäre Weltanschauung ist schlecht, weil sie der Vielfalt des Lebens nicht gerecht wird und zur Vergewaltigung aller Andersdenkenden führt.**

Der Kommunismus

Marx

Karl, 1818-1883, deutscher Philosoph und Nationalökonom.
Als linker Kritiker musste Karl Marx 1848 von Berlin nach Paris und von dort nach London fliehen, wo er zusammen mit seiner Familie unter ärmlichsten Verhältnissen hauste. Seine Kritik galt vor allem der ungleichen Verteilung des Kapitals und der Überbewertung materieller Güter. *„Die Philosophen haben die Welt nur verschieden interpretiert, es kommt aber darauf an, sie zu verändern."* **Karl Marx**

Einige Philosophen des 19. Jahrhunderts waren sich sicher, dass die Geschichte nach wissenschaftlich erkennbaren, ewig wiederkehrenden zyklischen Regeln abläuft. Damit bereiteten sie Karl Marx den Weg. Wir wissen inzwischen, dass Marx sich getäuscht hat. Der Gang der Weltgeschichte ist nicht vorhersehbar. Er wurde entscheidend vom Auftreten charismatischer Führer bestimmt. Deren Charakter und Fähigkeiten wiederum hängen stark von der Vererbung und von den Verhältnissen ab, in denen sie aufwuchsen und damit größtenteils vom Zufall. Andererseits wird niemand seine Zeit prägen können, der nicht verstanden hat, was die Zeit bewegt. Außerdem gilt: Unvorhersehbare Ereignisse können den Gang der Geschichte maßgeblich mitbestimmen.

Die Tyrannei wird von Menschen vorbereitet, die sich im Besitz unwiderlegbarer, um jeden Preis durchzusetzender Wahrheiten glauben. Für Karl Marx war der Kommunismus keine Illusion, sondern eine wissenschaftliche Erklärung der Weltgeschichte. Marx betonte das immer wieder und erregte damit den Anschein, als ob der Weg der Geschichte notwendigerweise so vorgezeichnet wäre, wie er es erkannt haben wollte. Nach Marx ist die Geschichte eine Geschichte der Klassenkämpfe. Nach der Abschaffung des Kapitalismus soll, über die Diktatur des Proletariats, am Ende der Geschichte die klassenlose Gesellschaft und damit das Ende aller Klassenkämpfe und das Ende des Staates erreicht werden.

Marx wollte alle Verhältnisse umwerfen, *„in denen der Mensch ein erniedrigtes, ein geknechtetes, ein verlassenes, ein verächtliches Wesen ist"*. Eigentlich ein erstrebenswertes Ziel, aber wie soll es erreicht werden?

Da während der Zeit der Diktatur des Proletariats immer die Gefahr besteht, dass die Entwicklung von Konterrevolutionären wieder umgekehrt wird, ist es wichtig diese auszuschalten. *„Unterliegen müssen jene Klassen und Rassen, die zu schwach sind, die neuen Lebensbedingungen zu meistern. Sie müssen in einem revolutionären Holocaust untergehen."* **Karl Marx**

Für Lenin, Stalin, Mao und vor allem für den Parteiideologen Trotzki hieß das: *Alle politischen Gegner sind Konterrevolutionäre. Sie müssen ausfindig gemacht, verfolgt und vernichtet werden.* Vor allem in dieser Denkweise liegt die Ursache für den Schrecken des Kommunismus.

Nach Karl Marx führt der Kapitalismus mit Sicherheit in die Krise. Immer mehr Kapital wird in immer weniger Händen *„akkumuliert"*. Das soll folgerichtig zu einem Aufstand der vielen Habenichtse gegen die wenigen Kapitalisten und schließlich zur Diktatur des Proletariats führen.

Auch in der klassenlosen Gesellschaft wird es natürlich noch besonders wichtige Individuen geben, z.B. Philosophen wie ihn.

Die Marxisten, Sozialisten und Kommunisten haben sich auserwählt gefühlt, die letzte Phase der Menschheitsgeschichte in ihrem Sinne zu gestalten. Sie hielten sich für die endgültigen *„Sieger der Geschichte"*. Dabei gibt es in der Weltgeschichte zahllose Faktoren, die nicht wissenschaftlich erforscht und vorhergesagt werden können.

Auch Atheisten wie Marx und Lenin hatten offenbar eine Sehnsucht nach letzten, ewig gültigen Normen im Fluss der Zeit. Wenn Gott und die heiligen Bücher keinen festen Boden mehr gewährleisteten, bemühte man die Wissenschaft. Der Marxismus war nichts weniger als ein neuer intoleranter Glaube. Er war eine neue Offenbarung, an der zu zweifeln ein Sakrileg war, genauso wie Zweifel an göttlichen Offenbarungen ein Sakrileg waren.

Wie sollte man sich die „*Diktatur des Proletariats*" in der Praxis vorstellen? Sollen die Ärmsten (im Geiste) diktieren? Vorausgesetzt, dass ein einheitlicher Wille zustande käme, wäre das sicher keine gute Idee. Letztlich verbirgt sich hinter dieser Formel die Diktatur einer Partei bzw. die Diktatur des Parteivorsitzenden. Warum sollte ein Staat nur für „*Arbeiter und Bauern*" da sein. Das ist doch auch wieder ungerecht. Das ist so ungerecht wie das mittelalterliche Abendland, in dem nur *Adel und Geistlichkeit* etwas zu sagen hatten. Im Dritten Reich wurden Soldaten, Boxer und rassisch einwandfreie Volksgenossen bevorzugt. Warum? Weil sie dem Führer gefielen!

> **Ein Staat muss der Vielfalt des Lebens gerecht werden und für einen angemessenen Ausgleich zwischen Arm und Reich sorgen. Er muss jedem die Möglichkeit bieten, sich seinen Fähigkeiten entsprechend zu entfalten. Er muss auch die Rechte von Minderheiten schützen.**

Der Zusammenbruch des Kommunismus beweist, dass er nicht wissenschaftlich und notwendig den Kapitalismus abgelöst hat, sondern dass er einfach utopisches Wunschdenken war. Das tief im Menschen verwurzelte Streben nach Haben und Sein und nach persönlicher Freiheit, wurde vom Kommunismus verkannt. Den Menschen geht es weniger um Klassenkampf, als um Lebensstandard und Geltungsbedürfnis. Dass es den Arbeitern und Bauern im kapitalistischen Lager wesentlich besser ging als im sozialistischen, hätte eigentlich bei den Kommunisten zum Umdenken anregen müssen, aber Dogmen lassen sich nicht so leicht kippen, weder katholische noch kommunistische. Durch kommunistische Erziehung sollte der Mensch seine Eigentümlichkeit verlieren und in der Gemeinschaft aufgehen. Freies, schöpferisches Denken, Unternehmergeist und Eigeninitiative, die Triebkräfte der kapitalistischen Wirtschaft, waren im Kommunismus nicht gefragt. Stattdessen verbrauchte der Staat seine ganze Energie damit, die offensichtlich unzuverlässigen Bürger zu überwachen, zu bevormunden und mit scheindemokratischen Spielchen zu verdummen. Die kommunistischen Führer dagegen konnten im Schutze dieser Utopie ihre wirkliche urmenschliche Gier nach Macht und Reichtum ausleben. Sie klammerten sich selbst dann noch an ihre Macht, als jedes Kind die Unsinnigkeit, die Verlogenheit des Systems, die Scheindemokratie und die Widersprüche erkennen konnte.

> **Auch der Kapitalismus mit seinen Auswüchsen, seiner ungerechten Güterverteilung von unten nach oben, der Anhäufung des Kapitals in wenigen Händen, kann nicht das letzte Wort der Geschichte sein.**

Lenin

Ein bedeutender Komplex der Verfolgung entstand mit der Machtergreifung der Bolschewisten während der russischen Oktoberrevolution 1917. 70 Jahre lang verfolgten sie alle Andersdenkenden in ihrem Machtbereich. Führender Kopf und Ideologe des Terrors war Wladimir Iljitsch Uljanow, genannt Lenin. Geboren wurde er 1870 in Simbirsk als Sohn eines angesehenen Schulaufsehers; gestorben ist er 1924 nach mehreren Schlaganfällen in Gorki bei Moskau. Zu seinen Vorfahren zählten Adlige und Leibeigene, Juden, Deutsche und Schweden. Er war Vollblutpolitiker, Begründer der ehemaligen Sowjetunion und auch ein bedeutender Schriftsteller. Er war sicher einer der hellsten Köpfe, die sich für die „Diktatur des Proletariats" einspannen ließen. Dabei hätte er gute Möglichkeiten gehabt, ein bürgerliches Leben im Wohlstand zu führen, aber er wollte sich nicht mit den herrschenden Verhältnissen zufrieden geben. Er spürte einen geschichtlichen Auftrag. Schon als Gymnasiast beschäftigte er sich mit sozialrevolutionären Theorien, vor allem mit Karl Marx.

Vom Verfolgten zum Verfolger

Wie er selbst bekannte, entschloss sich der 17-jährige Gymnasiast, mit besten schulischen Leistungen, 1887 endgültig zum revolutionären Kampf gegen das verhasste Zarenregime, als sein älterer Bruder Alexander wegen Beteiligung an der Vorbereitung eines Attentats auf Zar Alexander III. gehängt wurde. Dieses Ereignis muss ihn stark getroffen haben. Aus gut bestellten bürgerlichen Verhältnissen stammend, wurde er zu einem radikalen Gegner des selbstherrlichen Regimes und der orthodoxen Kirche, die dieses Regime bei all seinen Ungerechtigkeiten gegen das Volk unterstützte. In Russland herrschten der Zar, der auch Oberhaupt der Kirche war, die orthodoxe Kirche, die Großgrundbesitzer und die Polizei.

1905 wurden beim „Blutsonntag" von Sankt Petersburg etwa 200 friedlich demonstrierende Arbeiter und andere Zivilisten von Soldaten des Zaren niedergeschossen. Es gab etwa tausend Verletzte.

Lenin schloss sich der revolutionären Bewegung gegen das von Aufständen und Attentaten geschüttelte Regime an. Es war nicht schwierig im Zarenreich Missstände aller Art zu finden. Die Herrschenden prassten und die Masse des Volkes hungerte. Statt anarchischer Ideen verfolgte er jedoch marxistische. Der geistig sehr wache und hoch gebildete Lenin brauchte eine überzeugende Grundlage für sein revolutionäres Streben und fand sie im „wissenschaftlichen Sozialismus". Er hielt sich für „die dialektische Notwendigkeit" mit dem Auftrag, die Weltrevolution zu entfesseln, an deren Spitze er sich stellte. Damit wollte er sich seinen Platz in der Geschichte sichern.

> **Der „Große" erkennt seine Aufgabe in den Möglichkeiten seiner Zeit und gibt der Zeit damit einen entscheidenden Impuls. Er erscheint als der richtige Mann im richtigen Augenblick.**

Die Theorien von Marx waren eigentlich für fortgeschrittene industrialisierte, kapitalistische Staaten wie England und Deutschland gedacht. Obwohl das damals noch unterentwickelte Russland also für die Revolution ungeeignet schien, zimmerte Lenin sich alles so zu Recht, dass er felsenfest von seinen Ideen überzeugt war.

> Ein Merkmal eines Großen: keine Selbstzweifel; die Ideenwelt ist stärker als die Wirklichkeit. Siehe Paulus von Tarsus; Ignatius von Loyola; Calvin; Luther...

Kompromisslos und fanatisch hatte er trotz seiner Bildung keinerlei Hemmungen bei der Durchsetzung seiner Ziele. Das waren: der Sturz der Zarenherrschaft und die proletarische Weltrevolution. Diese Ziele rechtfertigten in seinen Augen alle Mittel. Ohne massive Gewalt glaubte er keine Chance gegen den übermächtigen Feind zu haben. *„Je größer die Zahl von Vertretern der reaktionären Bourgeoisie und Geistlichkeit ist, die es uns bei dieser Gelegenheit zu erschießen gelingt, desto besser. Gerade jetzt muss diesen Leuten eine solche Lektion erteilt werden, dass sie auf Jahrzehnte hinaus nicht wagen, an einen Widerstand auch nur zu denken".* **Lenin 1922** bei der Niederwerfung eines Aufstandes in der Stadt Schuja.

Lenin war von Natur aus aufmüpfig, radikal, unerbittlich, fanatisch und gewalttätig, wahrscheinlich, weil er in einem Klima von Unrecht und Gewalt aufgewachsen war und weil jugendliche, ungebändigte Stärke immer zur Gewalt neigt. Wegen seiner Angriffe auf das Zarenregime verbrachte er zwischen 1895-1900 zwei Jahre im Gefängnis und drei Jahre in sibirischer Verbannung. Als Autodidakt schaffte er es trotzdem zum Rechtsanwalt, war aber nicht im Denksystem der Herrschenden verhaftet. Er konnte selbständig und abweichend denken und er lernte, nicht was ein Lehrplan forderte, sondern was er für wichtig hielt. Seine geistige Freiheit wurde noch durch seine finanzielle Unabhängigkeit und seine bescheidene Lebensweise beflügelt. Er wollte keine Kariere im Staat und musste sich den Herrschenden nicht anbiedern. Er konnte vom Vermögen seiner Familie leben und er hatte es nicht nötig, für seinen Lebensunterhalt zu arbeiten. Das sind gute Voraussetzungen für eine revolutionäre Karriere.

Lenin hatte immer genug Geld. Während seiner Auslandsaufenthalte wurde er von Sozialdemokraten unterstützt, vermutlich auch von der Revolutionskasse, die Stalin mit seinen Banküberfällen aufstockte. 1917 schickte ihn die deutsche Reichsregierung in einem verplombten Eisenbahnwaggon und mit genügend Goldreserven nach Finnland, von wo er nach Russland weiterreiste, um die Revolution durchzuführen. *„Die Revolution sei von Berlin finanziert und gesteuert worden"*, wird man ihm später vorwerfen.

In der Verbannung hatte er seine spätere Frau und politische Weggefährtin Nadeschda Krupskaja kennengelernt. Es entwickelte sich offensichtlich eine praktische und harmonische Beziehung. Nadeschda stand bis zu seinem Lebensende an seiner Seite. Zwischen 1895 und 1917 war er ein paar Mal für einige Jahre im westeuropäischen Ausland, knüpfte Beziehungen und arbeitete an Zeitungen, die dann auf Zigarettenpapier nach Russland geschmuggelt wurden. Er war in London, in Paris, in Prag, in München, in Genf und in Finnland.

Sein Machtwille trickste auch die eigenen Genossen aus. 1903 spaltete sich die Sozial-demokratische Partei Russlands auf ihrem II. Parteitag in London zwischen Bolschewi-ki (entschlossene Mehrheitler, die keine Mehrheit hatten) und den Menschewiki (ge-mäßigte Minderheitler, die gar nicht in der Minderheit waren). Die Bolschewiki, unter Lenin, erstrebten die Macht mit Hilfe einer Elitepartei von Berufsrevolutionären, einer Kaderpartei, die zu allem entschlossen war. Die Menschewki waren gemäßigter und beabsichtigten eine Umgestaltung des Landes mit Reformen. Wie so oft in der Ge-schichte unterlagen die Gemäßigten, die eigentlich überzeugender und vernünftiger waren und die auch die Mehrheit des Volkes hinter sich hatten, den Brutalen, zu allem Entschlossenen, die sich 1917 bei der Oktoberrevolution an die Macht putschten und eine 70-jährige Diktatur errichteten. Etwa 1,5 Millionen Menschen flohen vor dem Ter-ror ins Ausland. Der Sieg währte zwar lange, war aber doch nicht von Dauer.

> **Die Erkenntnis, dass alles, was mit Gewalt geschaffen wird, letztlich keinen Bestand hat, ermutigt dazu, gewaltlose Lösungen anzustreben.**

Dabei kamen seine Aprilthesen beim Volk gut an: *„Frieden um jeden Preis!", „Alle Macht den Sowjets!"* und *„Alles Land den Bauern!"*, nur wusste das Volk nicht, dass dies gleichbedeutend war mit der Willkürherrschaft einer Partei und der Kollektivie-rung, d.h. Enteignung des Landes. Vier von hundert Bauern wollten freiwillig in die Kolchose, die anderen wollten dies nicht. Sie wurden dazu gezwungen.
Wenn Lenin mit anderen Mitteln nicht ans Ziel kam, gebrauchte er Gewalt. Diese Cha-raktereigenschaft übertrug er auf die Sowjetmacht, die er begründete. Sie war sein Kind und war ihm in dieser Beziehung wesensgleich. Er ebnete damit dem noch gewalttäti-geren und rücksichtsloseren Stalin den Weg. Vor Stalin hat schon Lenin das System der politischen Säuberungen und der Arbeitslager für Konterrevolutionäre eingeführt. Vor Stalin hat Lenin die massenhafte Vernichtung seiner Gegner betrieben. *„Massenerschießungen sind ein legitimes Mittel der Revolution". „Gemeinsames, ein-heitliches Ziel ist die Säuberung der russischen Erde von allem Ungeziefer."* –
Lenin 1918
Das wahre Gesicht Lenins und seiner Kaderpartei zeigte sich beim Aufstand der Kronstädter Matrosen 1921. Von der Willkürherrschaft der Bolschewisten enttäuscht, wagten 16000 Matrosen den Aufstand und wurden brutal niedergeschlagen.

Lenin träumte von einem übernationalen Klassenkampf zwischen Bourgousie und Ar-beiterklasse. Er war ganz bestürzt, als die deutschen Sozialdemokraten im Ersten Welt-krieg, 1914-1918, ihre Regierung und nicht den Klassenkampf der internationalen Ar-beiterbewegung unterstützten. Er selbst zeigte sich da weniger loyal. Er hasste das Za-renregime und hatte keine Probleme damit, sich 1905, als es sich im Krieg gegen Japan befand, zumindest geistig auf die Seite der Japaner zu stellen. Er verabscheute das Regime, das seinen Bruder auf dem Gewissen hatte, das ihm selbst das Studium versagt und ihn in die Verbannung geschickt hatte.

> **Demütigungen bleiben lange im Gedächtnis der Verfolgten bis der Tag der Rache kommt.**

Im Ersten Weltkrieg bekämpfte er, nach dem Sturz des Zarenregimes, die Übergangsregierung, die den Krieg gegen Deutschland fortsetzen wollte und schloss mit dem Deutschen Reich den Separatfrieden von Brest Litowsk, bei dem Russland große Gebiete im Westen verlor.
Bei der letzten freien Wahl zur Konstituierenden Versammlung im November 1917 erlitten die Bolschewiki eine schwere Niederlage. Als die gewählte Versammlung im Januar 1918 zusammenkam, ließ Lenin sie auflösen und zahlreiche Abgeordnete verhaften.

Endlose Monologe, Wortwolken, die alles in Nebel hüllten und gewalttätiges Handeln ersetzten überzeugende Politik. Die Partei setzte unter Lenins Vorsitz die bolschewistische Regierung ein. Im Februar 1918 entstand auf ihre Veranlassung hin die Rote Armee unter der Leitung von **Leo Trotzki** und die Geheimpolizei „Tscheka" unter **Felix Dserschinski**. Damit war die Diktatur in Russland, zumindest im Inneren, gefestigt.
Die Kommunisten konnten es sich vom Anfang bis zum Ende ihrer Herrschaft nie erlauben demokratische Wahlen zu veranstalten, weil die Mehrheit des Volkes diese Terrorherrschaft stets abgelehnt hat.
Es galt noch die äußeren Feinde zu bekämpfen. 1918-1920 kam es zum Bürgerkrieg der Weißen (Zarenanhänger, Gemäßigte, von Westeuropäern unterstützt), gegen die Roten (Bolschewisten). Lenin setzte in diesem Kampf die berüchtigte Geheimpolizei Tscheka auch gegen die Menschewiken und seine Gegner rücksichtslos ein. Es war ein verzweifelter und beinahe hoffnungsloser Kampf um Sieg oder Niederlage der Revolution gegen den Rest der Welt. Sechs Siebtel des Landes waren von den konterrevolutionären „*Weißen*" besetzt, als es gelang, das Blatt mit letzten Reserven zu wenden und die Revolution zum Sieg zu führen. Der Kampf wurde auf beiden Seiten mit unglaublicher Brutalität geführt.
Mit der Gründung der *"Kommunistischen Internationale"* 1919 (Komintern) wollte er die Verbreitung der Revolution in Westeuropa fördern. Er schaffte damit eine zentrale Leitung der kommunistischen Bewegungen. Leo Trotzki, der Parteiideologe und spätere Gegner Stalins, war der Ansicht, dass die Revolution immer gefährdet wäre, solange sie sich nur in einem Land festgesetzt hatte. Ein fataler Gedanke, der zahllose Kriege ausgelöst und Millionen Menschen das Leben gekostet hat.

> **Merkmal einer totalitären Weltanschauung ist, dass sie letztlich die ganze Welt in ihren Griff bekommen möchte.**

Die Politik des Kriegskommunismus verursachte in Russland große Hungersnot, die Millionen Todesopfer forderte. Lenin und seine Regierung sahen sich gezwungen 1921 eine Neue Ökonomische Politik NEP, d.h. eine Liberalisierung der Wirtschaft einzuleiten. Immerhin war er willig genug, sich Fehler einzugestehen und Korrekturen seines Denkens vorzunehmen. Offene Diskussionen allerdings, auch innerhalb der Partei, wurden verboten. Künstler, Schriftsteller, Kulturschaffende jeder Art wurden zensiert. *Recht ist, was der proletarischen Klasse nützt. Lenin* ...und was das ist, entscheidet die Partei oder besser der Parteivorsitzende. Damit war die Diktatur perfekt.

„Der Staat ist eine Maschine in den Händen der Herrschenden Klasse zur Unterdrückung des Widerstands ihrer Klassengegner. In dieser Hinsicht unterscheidet sich die Diktatur des Proletariats im Grunde genommen durch nichts von der Diktatur jeder anderen Klasse, denn der proletarische Staat ist eine Maschine zur Niederhaltung der Bourgeoisie." Lenin; Werke

> **Grundsätzlich lässt sich daraus lernen, dass jede Diktatur, jeder Totalitarismus schlecht ist, denn wer die Freiheit des Denkens beschränkt, verhindert damit auch einen Fortschritt des Denkens.**

In Diktaturen wird Kritik in der Regel verboten und durch wohlmeinende Propagandalügen übertüncht, so dass die Herrschenden letztlich selber nicht mehr wissen, wie es um die Stimmung in ihrem Land steht.
1922 wurde auf Lenins Initiative die UdSSR als föderatives Staatswesen gegründet. Die Alleinherrschaft der Kommunistischen Partei in Russland war gefestigt. Lenin starb kurz darauf nach einem Schlaganfall 1924. Schon 1918 war Lenin bei einem Attentat verwundet worden. 500 seiner Gegner, vor allem Menschewiken, wurden daraufhin getötet. Bis zu seinem Tod litt er an den Folgen dieses Anschlags.

Ergebnis: Mit Marx und Engels gehört Lenin zu den bedeutendsten Führern der kommunistischen Bewegung im 19. und 20. Jahrhundert. Er wurde nur 54 Jahre alt, hatte also nicht allzu viel Zeit für seine Persönlichkeitsentwicklung. Wie groß war Lenin? Ein Tauziehen mit seiner Umwelt lässt sich nicht erkennen, genauso wenig eine Entwicklung hin zu einer *„Verselbstung"* im Laufe der Jahre. Er hat mehr nach außen als nach innen gelebt. Wie sein Nachfolger Stalin hatte er einfach viel zu viel Macht im Verhältnis zu seiner Größe. Die Folgen waren dauerhafter, staatlicher Terror gegen das eigene Volk. Anders konnte er seine Macht nicht erhalten.
Was hatte Lenin verändert? Statt dem Zaren diktierten jetzt eine Partei und ihr Vorsitzender. Statt Bauern, Leibeigenen und Sozialrevolutionären wurden Adlige, Geistliche Kulaken, Klassenfeinde und Konterrevolutionäre verfolgt, verbannt, gedemütigt und erschossen. Lenin hat vielen geholfen, ihr Leben zu verbessern, aber mindestens genau so vielen hat er das Leben genommen. Die Freiheit hat er seinem Volk nicht gebracht, im Gegenteil: Er hat die Basis für eine 70-jährige Diktatur begründet.

Stalin

Jossif Wissarionowitsch Dschugaschwili nannte sich Stalin, der Stählerne. 1879-1953, sowjetischer Revolutionär und Politiker.

Wenn man eine Rangordnung der schlimmsten Verfolger der Weltgeschichte aufstellen wollte, müsste man Hitler, Stalin und Mao wohl die ersten drei Plätze zuweisen. Obwohl sie verschiedenen weltanschaulichen Lagern angehörten, haben doch alle drei ein Ziel verfolgt: die absolute Macht für sich allein, ohne Rücksicht auf Verluste. Diesen Dreien vor allem und anderen Gewaltherrschern ist es zu verdanken, dass wir in der Neuzeit Macht mit Terror, Unrecht und Verfolgung in Verbindung bringen. Der Staat verkörperte nicht das „Gute", und wurde nicht von dem „Besten" regiert, wie die Philosophen seit Platon immer gefordert hatten, sondern er war ein Instrument des totalen Terrors in den Händen eines zynischen Diktators. Er wurde zum Unrechtsstaat. Dabei könnte man Macht ja durchaus dazu benutzen, eine gerechte und friedliche Welt zu schaffen; - dazu waren sie nicht groß genug. Sie waren zu sehr in ihrem engstirnigen, ideologischen Denken gefangen und zu sehr mit der Sicherung ihrer persönlichen Macht beschäftigt. Alle drei hatten keinerlei Hemmungen, über Leichenberge von gigantischem Ausmaß zu steigen. Stalin soll durch Verfolgung, Säuberung, und absichtlich herbeigeführte Hungersnöte in den dreißig Jahren seiner Herrschaft 20 Millionen Todesopfer unter der „eigenen" Bevölkerung verursacht haben. Alle drei haben ihre Herrschaft mit mehr oder weniger Gewalt an sich gerissen oder mit Heimtücke erschlichen und mussten sich, weil ihre Regierung für viele unerträglich war, mit noch mehr Terror an der Macht halten. Sie haben kaum Zeit auf ihre Entwicklung verschwendet, sie haben sich nie Gedanken über die zerstörerische Wirkung ihrer Herrschaft gemacht, sie haben einfach alle aus dem Weg geräumt, die ihren ungehemmten Willen zur Macht stoppen oder begrenzen wollten. Dabei richtete sich dieser Vernichtungswille vor allem gegen die Angehörigen des eigenen Volkes, gegen diejenigen, die ihnen am nächsten standen, weil sie es waren, die nicht taten wie sie wollten, weil sie es waren, mit denen sie den tagtäglichen Kampf um die absolute Macht auszufechten hatten.

Obwohl alle drei sehr bescheiden leben konnten, waren sie alles andere als weise und sparsam. Sie wussten anscheinend nichts über die Problematik des Lebens, die ich hier erklären möchte. Sie fühlten sich niemandem verantwortlich: keinem Gott, keinem Parlament, keinem Gesetz, nicht einmal sich selbst. Sie kannten keine Prinzipien, kein Recht und kein Maß. Ihre Herrschaft war total, niemand im Staat konnte sich ihr entziehen. Sie ließen sich leiten von einem machiavellistischen Streben nach Macht: „Gut ist, was dem Herrscher nützt". Der Staat, mit dem sie sich identifizierten, durfte sich alles erlauben. Er hatte die absolute Macht und damit jedes Recht. Die Bürger hatten sich ihm ohnmächtig und rechtlos zu beugen. Erstaunlich ist nur, dass die Massen ihre gewissenlosen Führer bejubelten, vergötterten und vielleicht sogar liebten. Man kann sich darüber heute nur wundern und sucht nach einer Erklärung.

> **Nach einer Revolution und nach Bürgerkriegen, ob nun im antiken Rom, in Frankreich, Russland oder China, ist eine Diktatur am ehesten möglich, weil die Einrichtungen fehlen, die den Diktator begrenzen sollten und weil sich das Volk die Wiederherstellung „geordneter" Verhältnisse eher von einem „Starken Mann" als von einer zerstrittenen Volksvertretung verspricht.**

Die Menschen aller Zeiten, vor allem in schwierigen Zeiten, haben offensichtlich ein ungeheures Bedürfnis nach Orientierung und Führung. Sie wollen den starken Staat und mehr noch: den starken Führer. Diese Menschenmassen wussten nicht, was wir heute über die unheilvolle Regentschaft Stalins wissen. Sie sahen zwar die Verbrechen, die um sie herum geschahen, aber sie schoben sie auf die Geheimpolizei und bewahrten sich in ihren Träumen das Bild vom guten Führer. Dafür sorgte die perfekte Propaganda. Sie verehrten nicht Stalin, sondern das Bild, das die Propaganda von ihm zeichnete.

> **Das Traurige ist, dass diese Propaganda heute noch wirkt: Die Opfer sind vergessen und Stalin ist bei vielen immer noch oder schon wieder der gefeierte Führer, das „Väterchen Stalin".**

Das unbeständige Klima der Gewalt im 19. und Anfang des 20. Jahrhunderts ließ eine bestimmte Sorte von Führern an die Macht kommen: die durch und durch Rücksichtslosen. Mussolini, Hitler, Franko,…auf dem rechten Spektrum, Lenin, Stalin, Mao, Pol Pot, Fidel Castro…auf dem linken Spektrum. Intellektuelle, Rechtschaffende, Ehrliche hatten gar keine Gelegenheit, ihre Prinzipien zu verwirklichen. Die brutale Zeit, von gnadenlosen Denkweisen geprägt, war der passende Nährboden, auf dem gerade diese Sorte von Führern gedeihen konnte und umgekehrt prägten diese Führer wieder ihre Zeit und das Denken ihrer Zeit. Ihre Methoden fanden Nachahmer und Bewunderer bei Ihresgleichen. Wenn der eine über Leichen ging, bewunderte ihn der andere und schuf noch größere Leichenhaufen. Sie waren Kinder ihrer Zeit, die vom Verlust aller Werte, vom Nihilismus und Sozialdarwinismus, geprägt waren. Sie unterscheiden sich eigentlich nur dadurch, dass Mussolini und Hitler ihren Krieg verloren hatten, dass Franko nicht so dumm war, sich nach seinem Sieg im Bürgerkrieg in einen Weltkrieg ziehen zu lassen und dass Stalin und Mao ihren Kampf als Sieger beenden konnten. Zumindest für ihre Zeitgenossen blieben Stalin, Mao und Franko Sieger. Ihre Verbrechen wurden eher verherrlicht und verdeckt als aufgearbeitet – bis heute.

> **Man kann nur aus der Geschichte lernen, wenn man die Verbrechen benennt und aufarbeitet. Vertuschung und Lügen helfen nicht weiter. Sie sind Selbstbetrug.**

Lenin und Stalin gehören heute für die meisten Menschen nicht mehr zu den Siegern, sondern zu den Verbrechern des 20. Jahrhunderts...und zwar beide, denn Stalin ist aus Lenin hervorgegangen, er war sein Schüler und hat von ihm die Methoden des Macht- gebrauchs und Machtmissbrauchs erlernt. Das begann mit der Gründung einer Kader- partei, die niemandem Rechenschaft schuldig war: *„Die Partei hat immer recht!"*. So hat Lenin den Weg des sowjetischen Systems in den Totalitarismus bereits vor der Re- volution eingeleitet. Das Klima von Drohung und Gewalt hat Stalin dann bis zum Äu- ßersten getrieben.

Mit Gewalt glaubten sie alles durchsetzen zu können: ihren undemokratischen Sieg über die Menschewiken, die Vernichtung ihrer Gegner, die Kollektivierung des Bau- ernlandes und die Industrialisierung. Menschenopfer zählten nicht, sie waren Baumate- rial für ihre Macht.

Versuchen wir nun die Ursachen von Stalins Terror zu ergründen, wenn das überhaupt möglich ist. Als Sohn eines Schuhmachers und einer Waschfrau in Gori (Georgien) geboren, musste Stalin, anders als z.B. Wilhelm II. oder Peter d. Große, seine Herr- schaft erst erkämpfen. Das prägt den Charakter, das macht listig, hinterlistig, schlau, verschlagen, ausdauernd, stark, mutig. Alle Eigenschaften, die nötig waren, um im Kampf mit den brutalsten Elementen der Unterwelt - in der lebten sie ja - zu siegen, wurden entwickelt. Schon bei der Geburt wurde Stalins linker Arm verletzt. Zur Trost- losigkeit seiner Kindheit kam noch eine Pockenkrankheit, die ihn sein Leben lang ent- stellte. Auf späteren Fotos musste das immer überarbeitet werden. Von der Natur be- nachteiligt, er war auch sehr klein, hatte er ein unstillbares Bedürfnis, sich zu rächen. Die Lust an der Rache verschaffte ihm allzeit große Befriedigung. Später wird er sagen: *„Die größte Freude ist, den Feind zu bestimmen, sich gründlich zu rächen und dann ins Bett zu gehen." – Stalin, Stern Biografie*
Dieser Satz bezieht sich auf die Zeit der Säuberungen in den Jahren 1936-1938, in de- nen etwa 1 Million Menschen dem Terror Stalins zum Opfer gefallen sind.
Die Familie Stalins war arm. Er war ein guter, aber aufmüpfiger Schüler und kam in ein orthodoxes Priesterseminar. Nach fünf Jahren in dem Internat war er ein überzeug- ter Atheist und Marxist. Er sah den Widerspruch zwischen dem, was die Religion pre- digte und den wirklichen Verhältnissen, die die orthodoxe Kirche ignorierte und die sie nicht verändern wollte oder nicht verändern konnte. Wegen Beteiligung an revolutionä- ren Aktivitäten wurde er aus dem Priesterseminar entlassen. 1903 schloss er sich den Bolschewiken unter Lenin an, wurde aber bald darauf wegen revolutionärer Umtriebe nach Sibirien in die Verbannung geschickt. Wie Lenin lernte er dort seine Frau Jekate- rina Swanidse kennen. Offenbar war die Verbannung in der Zarenzeit nicht ganz so trist wie man vermuten könnte. Zumindest konnte man dort Gleichgesinnte andern Ge- schlechts treffen. Nach seinem Machtantritt wird er das anders machen. Verbannung darf kein Urlaub auf Staatskosten sein, sondern muss wirklich wehtun oder besser noch: vernichten.

Ihr Sohn, um den er sich nie gekümmert hat, wurde später im II. Weltkrieg von Stalin als Landesverräter im Stich gelassen. Er warf sich in deutscher Gefangenschaft in den Stacheldraht und wurde von einem Wachsoldaten erschossen. Vielleicht war es Selbstmord. Stalin weigerte sich, ihn gegen den General Paulus, der nach dem Fall von Stalingrad in sowjetische Gefangenschaft gegangen war, auszutauschen. Das war Stalin, *„der Stählerne"* wie er sich seit 1912 selbst gerne nannte: gnadenlos, herzlos, gefühllos!

Nach der Flucht aus sibirischer Verbannung hatte er ab 1903 Erfolg als Bankräuber und verschaffte damit der revolutionären Bewegung die nötige materielle Grundlage. Weltanschauliche Unterstützung holte er sich von Karl Marx, der die kapitalistischen Enteigner enteignen wollte. Stalin wurde siebenmal verhaftet und konnte fünfmal fliehen. Vermutlich hatte er gute Kontakte.

1912 berief ihn Lenin ins Zentralkomitee der Bolschewiken. Er schätzte sein Organisationstalent. 1917 half Stalin bei der Machtergreifung der Bolschewiken in der legendären Oktoberrevolution mit, ohne dabei eine führende Rolle zu spielen. Die dichtete er sich später an. Überhaupt war er, wie viele Herrscher, ein Meister der Propaganda. Der wahre Stalin und sein Erscheinen in der Propaganda sind meilenweit voneinander entfernt. Er liebte den Film und große Szenen, in denen er die Hauptrolle spielte.

In der bolschewistischen Regierung unter Lenin 1917-1923 wurde er Kommissar für Nationalitätenfragen. In dieser Stellung gliederte er die abgefallenen Kaukasusvölker, denen Lenin ein Selbstbestimmungsrecht zusprach, wieder mit Gewalt in den Staatsverband der neuen Sowjetunion ein.

> Es war ihm nicht klar, vielleicht auch egal, dass Gewalt Spannungen schafft und Narben hinterlässt.

Im Bürgerkrieg gegen zaristische und westeuropäische Truppen, den *„Weißen"*, 1918-1920, agierte er als politischer Kommissar an mehreren Fronten, spielte aber im Verhältnis zu anderen Generälen, vor allem gemessen an Trotzki, eine bescheidene bis klägliche Rolle. Beim Feldzug gegen Polen verfeindete er sich mit der Armeeführung unter Trotzki. Diese Feindschaft dauerte bis zu Trotzkis Ermordung in Mexiko 1940. Niemand hat gezweifelt, dass Stalin hinter dem Anschlag eines gedungenen Mörders steckte. Es hat den Anschein, als ob einfach der Brutalere in der Geschichte siegt. Solange unaufgeklärte Menschen dies honorieren, wird sich daran auch nichts ändern. *„Wer wird sich in zehn, zwanzig Jahren noch an das Gesindel erinnern? Niemand."* **Stalin über seine Opfer.** Und damit behielt er Recht. Stalin wird wieder verehrt und seine Opfer sind endgültig vergessen.

> Der Gewalttätige darf nicht den Sieg davontragen! Dafür müssen die Menschen sorgen, im Hinblick auf einen Fortschritt in der Geschichte. Wer vergangenes Unrecht gutheißt, begeht zukünftiges Unrecht, weil es Nachahmer finden wird.

1919 wurde Stalin als einziger Doppelmitglied des Polit- und des Organisationsbüros seiner Partei und bekam damit weitreichende Machtbefugnisse. Er heiratete zum zweiten Mal: Nadeschda Allilujewa. Sie beging nach einer Auseinandersetzung mit ihm 1932 vermutlich Selbstmord. Vielleicht wurde sie auch von Stalin erschossen. Die Umstände wurden nie geklärt. Jedenfalls hat Stalin ihren Tod verschuldet. 1922 wurde Stalin Generalsekretär der Partei. Eine Stellung, die er weidlich zur Ausschaltung seiner Parteirivalen nutzte. Obwohl Lenin in seinem Testament vor Stalin gewarnt hatte, behielt Stalin nach dessen Tod seine Parteiämter. Bei Lenins Trauerfeier präsentierte er sich zum ersten Mal in der Öffentlichkeit als möglicher Nachfolger neben seinem Rivalen Trotzki.

Lenin in seinem Testament über Stalin „Stalin ist zu grob, und dieser Fehler, der in unserer Mitte und im Verkehr zwischen uns Kommunisten erträglich ist, kann in der Funktion des Generalsekretärs nicht geduldet werden. Deshalb schlage ich den Genossen vor, sich zu überlegen, wie man Stalin ablösen könnte, und jemand anderen an diese Stelle zu setzen, der sich in jeder Hinsicht von dem Genossen Stalin nur durch einen Vorzug unterscheidet, nämlich dadurch, dass er toleranter, loyaler, höflicher und den Genossen gegenüber aufmerksamer, weniger launenhaft usw. ist."

Unter der Maxime des „Sozialismus in einem Land" benutzte Stalin 1929 seine uneingeschränkte Machtfülle zur Durchsetzung der Zwangskollektivierung in der Landwirtschaft. Großbauern, sogenannte Kulaken, wurden verbannt und erschossen. Das Land wurde kollektiviert, d.h. zum Staatseigentum gemacht. Wer Kulake war, entschied die Partei. Die Folge dieser Kollektivierungen waren Hungersnöte, denen etwa sechs Millionen Menschen, vor allem in der Ukraine und an der Wolga zum Opfer fielen. Dort lebten Weißrussen und Deutsche, Volksgruppen die Stalin hasste. Auf Nahrungsdiebstahl stand die Todesstrafe.

Die Industrialisierung wurde mit Hilfe von Fünfjahresplänen und mit gigantischen Projekten (Wolgakanal) vorangetrieben. Strafgefangene mussten bei Hungerrationen unter erbärmlichen Bedingungen, bei eisiger Kälte mit primitivsten Werkzeugen Schwerstarbeit leisten. Die einen wurden gegen die anderen als Helden der Arbeit ausgespielt. Die Menschenopfer gingen in die Millionen.

„Stalin war, das muss sachlich festgestellt werden, eine sehr große Persönlichkeit, der geniale Züge nicht abzusprechen sind. Politisch war er ein eiskalter und kluger Führer der Sowjetunion, der unter schwierigsten Umständen stets die Interessen seines Landes und seiner Partei vor Augen hatte ..." Otto von Habsburg Ich möchte hinzufügen: Vor allem seine eigenen Machtinteressen hatte er im Auge.
Interessant ist auch, dass Stalin besonders russisch sein wollte, obwohl er Georgier war und bis zu seinem elften Lebensjahr gar kein russisch konnte. Mit seinem Sohn wollte er nur russisch sprechen. Er bekämpfte andere Nationalitäten in seinem Reich, obwohl oder vielleicht auch gerade weil er selbst ein Fremder war. Das erinnert an einen Öster-

reicher, der deutscher werden wollte als alle Deutschen. Und noch etwas haben die beiden gemeinsam. Sie mussten immer auf einer Minderheit im eigenen Land herumhacken. Bei Hitler waren es die Juden, die Bolschewisten, die Sozialdemokraten, die *„rassisch Minderwertigen"*, die *„Lebensunwerten"*. Bei Stalin waren es die Kulaken, die Trotzkisten, die Juden und am Schluss die Intellektuellen, vor denen sich beide fürchteten. Er wollte keine Freunde, sondern Feinde. Das hängt mit der Beschaffenheit des menschlichen Gehirns zusammen. Ein „(Halb)-Starker", der nach außen orientiert ist, neigt dazu, auf anderen herumzuhacken, - egal, wer das ist. Er braucht ein Opfer, um sich größer und besser zu fühlen.

Mit der *"Großen Säuberung"* 1934-1939 vernichtete Stalin alle vermeintlichen Gegner seiner Herrschaft, darunter auch tausende seiner obersten militärischen Führer. Der stalinistische Totalitarismus war gekennzeichnet durch die willkürliche Unterdrückung der Massen, einen pompösen Personenkult und die *„Säuberung"* von Staat und Partei durch Hinrichtungen. Dabei wurde die gesamte revolutionäre Garde um Lenin geopfert, z.B. Bucharin, Radek, Kamenew und Sinojew. Wie schon „Iwan der Schreckliche" und „Peter der Große" verfolgte Stalin sein eigenes Volk.

Hier taucht eine wichtige Frage auf: Warum bekämpfte Stalin sein eigenes Volk? Man könnte sagen, er war verrückt, er hatte einfach einen krankhaften Verfolgungswahn. Ich möchte einen andern Erklärungsversuch wagen. Weil Stalin nicht groß genug war, war das Tauziehen mit seinen Mitmenschen nicht zu Ende. **Man konnte nicht zu ihm kommen.** Sie konnten ihm nicht in die Augen schauen. Man wollte ihn nicht, sondern man musste ihn haben, weil er sich, wie auch immer, an die Macht gebracht hatte. Er war vom Volk nie in freien Wahlen gewählt worden. Stalin spürte das und sah in jedem, vor allem in seinen nächsten Gefährten, deren Verhalten er ja ständig beobachten konnte, seine Feinde. Dabei betrachtete er nicht nur diejenigen als Feinde, die ihn kritisierten, sondern alle, die ihn vielleicht irgendwann mal kritisieren könnten. Er wusste dass sich kein denkender Mensch mit seinem Terrorsystem wirklich abfinden konnte, also betrachtete er eigentlich alle, auch die Schmeichler, die er durchschaute, als Feinde. Er fühlte sich von aller Welt verfolgt und bedroht und soll ganze Nächte damit verbracht haben, Todesurteile zu unterschreiben. Sein Rekord waren 3000 unterschriebene Todesurteile in einer Nacht. Einmal hat er auf einem Zettel 6600 Todesurteile angeordnet, - egal wen. Die ausführende Geheimpolizei schmeichelte ihm damit, dass es für sie kein Problem wäre, 1000 mehr zu liquidieren. *„Da draußen lauert ein Wolf, er will mein* Blut. *Wir müssen alle Wölfe töten! Josef Stalin*

„Wenn auch nur fünf Prozent der Getöteten wirkliche Feinde seien, dann ist das Ziel erreicht." Stalin, in Jörg Baberowski: Der rote Terror

Er sieht die Welt aus der Sicht der Kampf-Krieg-Tod-Phase, in der er steckt und die er nie hinter sich gebracht hat.

Er befahl Saufgelage und liebte es zu beobachten, wie alle anderen die Kontrolle verloren bis auf ihn, der dabei nichts trank. Das gab ihm ein Gefühl der Überlegenheit.

Alle Werte waren verloren gegangen. Alle versteckten sich hinter dem Geflecht der Lügenpropaganda. Es war tödlich, offen Kritik zu üben. Kein Mensch konnte mehr ehrlich sein.

> **Gewissenlose Männer muss man auf jeden Fall von der Macht fernhalten.**

Sein Bündnis mit Hitler 1939 beweist, dass es Stalin kaum um irgendwelche weltanschaulichen Dinge ging, sondern lediglich um die Macht pur. So wie Konstantin das Christentum, Chlodwig den Katholizismus, Hitler den Nationalsozialismus als Deckmäntelchen für ihr Machtstreben vorschoben, so umhüllte Stalin seine Machtgier eben mit dem ideologischen Schein einer uneigennützigen Idee: dem Kommunismus. Die Menschen lassen sich da gerne täuschen.

Von den Revolutionären in anderen Ländern wurde erwartet, notfalls für die Verteidigung des *„Vaterlandes aller Werktätigen"* zur Verfügung zu stehen. Fast alle Intellektuellen in Ost und West ließen sich täuschen. Sie unterstützten den Schlächter bereitwillig und blind. Sie leckten auch dann seine Stiefel, wenn sie außerhalb seines Machtbereichs lebten und eigentlich nichts zu befürchten hatten. Angesichts der nationalsozialistischen Barbarei sahen sie in Stalin den Retter oder zumindest das kleinere Übel. Sie wollten seine Verbrechen so wenig erkennen wie die deutsche Bevölkerung die Verbrechen der Nationalsozialisten wahrnehmen wollte.
Der Dichter Leonid Maximowitsch **Leonow** behauptete: die Menschheit wird eines Tages erkennen, dass Stalin wichtiger war als Jesus. Sie huldigten ihm wie einem Gott. Den hatte er abgeschafft. Das Volk wollte aber eine Religion und einen neuen Gott: das war Stalin und dieser *„Gott"* war tatsächlich allgegenwärtig in seinem Reich.

„Den Unterdrückten von fünf Erdteilen, denen, die, die sich schon befreit haben, und allen, die für den Weltfrieden kämpfen, muss der Herzschlag gestockt haben, als sie hörten, Stalin ist tot. Er war die Verkörperung ihrer Hoffnung". **Bertolt Brecht 1953**
1954, nach Stalins Tod, erhielt Brecht den Internationalen Stalin-Friedenspreis, den er persönlich in Moskau entgegennahm.
Der Philosoph Ernst **Bloch** nennt das Reich Stalins in den 30-iger Jahren, *„das Reich der Vernunft"*. Bloch schönte Lenin und Stalin zu *„Lichtgestalten der Liebe, des Vertrauens, der revolutionären Verehrung"*. Diese geistigen Führer waren alle nur hilflose Opfer der Propaganda.
Bertrand **Shaw** bezeichnete die Sowjetunion unter Stalin als *„ein Land der Hoffnung"*.
Auch andere Intellektuelle im Westen unterstützten Stalin.
„Stalin, dieser gescheite, überlegene Mann, kann unmöglich die ungeheure Dummheit begangen haben, eine so plumpe Komödie aufzuführen, nur für ein Rachefest." ...„Es tut wohl, nach all der Halbheit des Westens ein solches Werk zu sehen, zu dem man von

Herzen Ja, Ja, Ja sagen kann". **Lion Feuchtwanger 1937** über die Schauprozesse Stalins und die Industrialisierung in der Sowjetunion.

In den USA unterstützten 1938 prominente Autoren, *„die Urteile gegen die trotzkistisch-bucharinistischen Verräter".* Der Schriftsteller **Arthur Koestler** beschreibt in seinen Memoiren wie er vom überzeugten Kommunisten, 1931, zum Kritiker des Stalinismus, 1938, wurde und erwähnt dabei, dass viele sowjetische und ausländische Schriftsteller vom Sowjetregime ohne Gegenleistung großzügig unterstützt und damit gleichsam gekauft wurden.

> **Diktatur kann nie Rettung sein, weil sie das Ende der Freiheit ist.**

Auf den Konferenzen von Jalta und Potsdam 1945 und mit der Förderung zum Umsturz entschlossener kommunistischer Parteien setzte sich Stalins ausuferndes Machtstreben erfolgreich durch. Dabei bekam Stalin Rückendeckung von **Roosevelt** und **Churchill**, die den großen Führer bewunderten. *„Die Menschen konnten seinem Einfluss nicht widerstehen. Als er den Raum der Konferenz von Jalta betrat, erhoben wir uns alle, buchstäblich wie auf Kommando. Und, so seltsam es ist, wir legten die Hände an die Hosennaht."* *„…Stalins Kraft war so groß, dass er unter den Führern aller Völker und Zeiten nicht seinesgleichen kennt."* **Winston Churchill**

„Wenn Du Dir eine Persönlichkeit ausmalen kannst, die in allen Stücken das volle Gegenteil von dem ist, was der rabiateste Stalingegner sich auszudenken vermochte, dann hast du ein Bild dieses Mannes." **Joseph E. Davis**, 1936-38 US-Botschafter in Moskau, 1943

1945-1953: Mit seiner unangefochtenen Machtstellung setzte er die diktatorische Innenpolitik fort und plante weitere Säuberungen. 1950 gab es 2 Millionen Gefangene in den Gulags, den Arbeitslagern, die über die ganze Sowjetunion verstreut waren, und von denen der verfolgte Schriftsteller **Alexander Solschenizyn** ausführlich berichtet hat. Die kommunistischen Nachfolger erfanden die Unterbringung der Gegner in psychiatrischen Anstalten, denn natürlich konnte niemand *„normal"* sein, der ihre *„Wahrheiten"* kritisierte.

Am 5. März 1953 starb Stalin 74-jährig in seiner Datscha bei Moskau. Übrigens genau einen Tag vor meiner Geburt. Es gibt Gerüchte, dass er von seinen Ärzten vergiftet wurde. Grund genug dazu hätten sie gehabt. Sie hätten seine nächsten Opfer sein können.

Er bereute nichts, aber er hatte Angst vor dem Tod. An ein Jenseits wird er wohl nicht geglaubt haben. Nur kurze Zeit, nach dem Überfall der Nazis, ist er noch einmal *„fromm"* geworden. Er suchte die Unterstützung der Kirche.

Ergebnis: Stalin hat Russland von einem Agrarland zu einem der wichtigsten Industrieländern und zur Weltmacht geführt, aber zu welchem Preis? Im ganzen Reich hatten die Menschen verlernt, selbständig zu denken und zu handeln. Sie waren nichts und

Stalin war alles. Damit ein Mann triumphieren konnte, musste ein ganzes Volk leiden. Die Konzentrationslager, die den nationalsozialistischen an Schrecknissen in nichts nachstanden und schon vor diesen bestanden, waren voll. Angst und Terror lähmten das Land. Die Elite war ausgelöscht. Nur die Kriecher hatten überlebt und huldigten *„dem Schöpfer der Welt"*.

1956 distanzierte sich Nikita Chruschtschow auf dem 20. Parteitag der KPdSU im Namen der Sowjetunion in einer Geheimrede öffentlich von Stalin. Bezeichnenderweise kritisierte er nur diejenigen Verbrechen, die Stalin an anderen Kommunisten verübt hatte, nicht etwa das diktatorische System als solches oder Verbrechen gegen die Menschlichkeit. Er konnte aus seinem weltanschaulichen Gefängnis nicht ausbrechen, so wenig wie seine Nachfolger, so wenig wie andere, die in totalitären Schablonen dachten. Sie hielten die Vernichtung Falschdenkender für gerechtfertigt.

Die Entstalinisierung begann eigentlich erst mit Gorbatschow, der erkannte dass man Vertrauen nur mit schonungsloser Wahrheitsliebe und nicht mit Vertuschung und Propagandalügen gewinnen kann. Der Mythos *„Stalin"* wurde entlarvt. Die Denkmäler fielen. In kurzer Zeit wurde aus dem *„Großen Führer"* der größte Verbrecher der Weltgeschichte. Die Leiche Stalins wurde 1961 aus dem Mausoleum am Roten Platz entfernt und an der Kremlmauer beigesetzt.

Mao

Mao Zedong, 1893-1976, chinesischer Politiker.
Da in einer Revolution oder einem Bürgerkrieg meist die brutalsten Führer an die Macht gelangen, bringen sie erwartungsgemäß nicht das Ende, sondern den Anfang neuer Verfolgung: siehe Augustus, Cromwell, Robespierre; Napoleon; Lenin; Mao.
Mao ist das beste Beispiel dafür, was ein Führer anrichtet, den niemand mehr kritisiert, der völlig außer Kontrolle geraten ist und der dabei über fast unbegrenzte Macht und ein – damals - 400-Millionen Volk verfügen konnte. Die Opfer, die er durch seine verrückte Politik verursacht hat, gehen in die zig Millionen.
Nach einer Statistik (*aus Wikipedia*) sieht das so aus:

➤ 1949-1953 Machtfestigung und Enteignungen:	**8 Mio.** Todesopfer
➤ 1954-1958 *„Großer Sprung"* und Enteignungen	**20 bis 40 Mio.** Tote
➤ 1959-1963 Vernichtung durch Arbeit *(Arbeitslager)* sowie Hunger als Folge der Enteignungen:	**10 Mio.** Tote
➤ 1964-1975 Kulturrevolution	**7 Mio.** Tote.
Die Machtkämpfe und der Bürgerkrieg im Vorfeld der Machtergreifung 1931-1949 sind dabei noch gar nicht eingerechnet.	

Mao Zedong wurde 1893 in Schauschan, in der südchinesischen Provinz Hunan als ältester Sohn des Bauern und Grundbesitzers Mao Yichang und dessen Ehefrau Wen Qimei geboren. Die Familie lebte in einem abgelegenen, idyllischen Dorf und war für damalige Verhältnisse relativ wohlhabend. Sie gehörten zu den Grundbesitzern, die Mao später bekämpfte. Mao Zedong liebte und verehrte seine Mutter genauso stark, wie er seinen Vater hasste. Rangkämpfe mit ihm waren an der Tagesordnung. Seine Lehrer bescheinigten Mao ein gutes Gedächtnis. Im Rechnen war er schlecht; das Lesen liebte er über alles. Mit den großen Herrschern der Weltgeschichte, mit Napoleon und Peter dem Großen fühlte er sich verwandt. Er wollte sein wie sie.

> „Große" suchen sich Vorbilder und eifern ihnen nach: Alexander dem Achilles; Cäsar dem Alexander; Napoleon dem Cäsar, Hitler dem Mussolini usw.

Wegen seines eigensinnigen Verhaltens und wegen seines Ungehorsams lag er ständig mit seinen Lehrern im Konflikt. Er musste deswegen die Schule öfter wechseln. Das waren Anzeichen von Willensstärke, die er hätte in eine Form bringen sollen. Dazu hatte er keine Zeit und auch nicht das richtige Bewusstsein. Sein Bewusstsein war auf Revolution und Rebellion ausgerichtet. Er wendete seine Stärke nicht nach innen, um sich zu formen, um größer zu werden, sondern nach außen, um niederzureißen, zu knechten und zu zerstören. Die Bauern verachtete er. Er beschimpfte seine chinesischen Landsleute, weil sie so leicht von Ausländern zu besiegen waren. Sie seien Sklaven und engstirnig. In jungen Jahren wollte Mao alle Bücher bis in die Shang, -1766, und die Chou Dynastien, -1122 bis -249, auf einen Schlag vernichten. *„Sein ganzes Sinnen war auf Zerstörung ausgerichtet." **Jung Chan***

Ich stütze mich in weiten Teilen dieses Textes auf die Monumentalbiografie, 900 Seiten, von Jung Chan und Jon Halliday, 2005. Ihre Ansicht, dass Mao letztlich alles nur für seine Macht getan hat, stimmt mit dem überein, was ich aus anderen Quellen über ihn in Erfahrung bringen konnte. Die Lebensgeschichte von Jung Chan mag bei einigen Historikern umstritten sein, - ihre Eltern waren selbst Opfer des Regimes, weshalb sie nicht unparteiisch sein kann, sie recherchiert aber gut und mit Sicherheit ist sie vertrauenswürdiger als die Propagandalügen, die Mao mit Hilfe unbedarfter westlicher Journalisten in die Welt gesetzt hat.
Mao ging es primär nicht um den Kommunismus und nicht um das Wohl Chinas, sondern vor allem um seine Macht. Es gibt unzählige Äußerungen, die belegen, wie gering er Menschenleben, insbesondere die chinesischen Menschenmassen schätzte.

Die lassen sich da gerne täuschen, weil sie einen Gott, einen Führer oder einen Helden brauchen und keinen Verbrecher, der Mao aber leider war, wenn nur ein Bruchteil von dem stimmt, was die Autoren gut und in überwältigender Fülle belegen. Desillusionierung tut weh. Nach ihren Recherchen fielen Mao 70 Millionen

Chinesen zum Opfer. Damit erhielte er noch vor Stalin und Hitler den ersten Rang unter den Massenmördern der Weltgeschichte. Er war diesbezüglich auch begünstigt: Er herrschte über die meisten Köpfe.

Während der Chinesischen Revolution von 1911 wurde Mao Mitglied der antikaiserlichen Armee von Hunan, kehrte danach aber wieder in die Schule zurück, weil er den militärischen Drill hasste. Er war republikanisch, aber noch keineswegs kommunistisch gesinnt. Weltanschauung war für ihn keine so wichtige Sache. Es ging ihm schon früh darum, von sich reden zu machen. Zusammen mit einem Kollegen lauerte er anderen Schülern auf und schnitt diesen gewaltsam die Zöpfe ab, die in der verhassten Mandschu-Dynastie gebräuchlich waren. Er liebte den Aufruhr und die Provokation. Offensichtlich rief ihn da niemand zur Ordnung und er lernte: Gewalt ist die Methode, mit der man die Welt am schnellsten im eigenen Sinne verändern kann. Sein Wille geschah, die anderen zählten nichts. Mit dieser Einstellung konnte er später unbekümmert über Leichenberge steigen.

Obwohl er von seiner Mutter im buddhistischen Glauben erzogen wurde, ist davon nicht viel hängen geblieben. Mitleid mit der geschundenen Kreatur war nicht seine Sache. Das ging ihn einfach nichts an. In seiner Studentenzeit entwickelte er die Moralvorstellungen, die sein Leben geprägt haben und die eigentlich alles Unheil vorweg nahmen, es sogar erklären. Er schrieb in einem Aufsatz etwa Folgendes. Ich übersetze frei und verkürzt aus dem englischen Audiobook von Jung Chang: *Ich bin alles. Alles ist für mich da. Ich habe nur eine Pflicht gegen mich, nicht gegenüber anderen. Ich bin nur verantwortlich für meine eigene Wirklichkeit, nicht für die Vergangenheit oder die Zukunft. Ich bin nur verantwortlich für das, was ich weiß. Ich habe meine Bedürfnisse und folge ihnen. Das ist die Art wie große Helden leben.* Er glaubte an nichts, außer, wenn er persönlich davon profitierte. „*Alles Denken und Handeln muss auf das eigene Wohl konzentriert werden*". Als richtiger Revolutionär war er gegen bürgerlichen Humanismus. Ein guter Name nach dem Tod nütze ihm nichts, weil es die Zukunft betrifft, aber nicht die Gegenwart. Es war ihm völlig egal, was er zurückließ. Man muss alles nur um seinetwillen tun. Selbstsucht und Verantwortungslosigkeit waren seine Moral. Das ist die Einstellung großer Helden, denkt er, und er ist einer von ihnen. *Richtige Helden lassen sich nur von ihren inneren Trieben leiten und kümmern sich nicht um ihre Umwelt. Sie sind wie mächtige Stürme und fegen alles hinweg.* Wahrscheinlich hatte er Hegel gelesen, der die Heroen der Weltgeschichte mit Naturgewalten vergleicht, die nicht moralisch beurteilt werden dürfen. Er schwärmte von Aufruhr, Gewalt und Krieg. Er berauschte sich an sadistischen Szenen, die er oft selbst inszeniert hatte. Friede und Wohlstand hielt er für langweilig. Er verwechselte wohl die Wirklichkeit mit einem Buch. Es war ihm nicht klar, dass im Krieg der größte Teil der Bevölkerung leidet. Das wäre ihm aber auch egal gewesen. Der Tod sei eine höchst interessante Sache, meint er. Um sein Wohl und die Vermeidung seines Todes

war er allerdings sehr besorgt. Andere schickte er unbekümmert in den Tod. Das Land muss zuerst zerstört und dann neu aufgebaut werden, meint er. Seine Methode verrät er in einem Satz: *„ Macht kommt aus den Mündungen von Gewehren. "* **Mao**
Er hat sein Leben lang die Kampf-Krieg-Tod-Phase nicht überwunden und hatte die Macht, sie auf sein riesiges Land zu übertragen. Er hätte auch die Welt in Brand gesteckt, wenn er nicht an Grenzen gestoßen wäre, die ihm andere, vor allem die westlichen Staaten, später gesetzt haben.

> **Das Problem steckt tief in der Natur des Menschen. Es kann durch schöne Predigten und Gebote nicht einfach aus der Welt geschafft werden. Das Problem ist die Stärke, die erdrückend, tyrannisch und zerstörerisch wirkt, wenn sie nicht in Persönlichkeit umgesetzt wird. Wenn sich das Gehirn nicht verändert, wenn einer nicht bei sich bleibt und „größer wird", so groß, „dass man zu ihm kommen kann", ist das Problem auch nicht gelöst, die Rangordnung mit der Umwelt nicht hergestellt, das Tauziehen nicht beendet.**

Nach dem Besuch eines Lehrerseminars arbeitete Mao Zedong 1918 zunächst als Hilfsbibliothekar in Peking. In dieser Zeit konnte er sich seinem größten Vergnügen hingeben: dem Lesen. Im Jahr darauf wurde er in seiner Heimat als Grundschullehrer tätig. Später wird er seinen Jüngern predigen: *„Je mehr man liest, desto dümmer wird man"*. Er wollte, wie alle Diktatoren, keine gebildeten Menschen um sich, sondern abhängige Knechte, die ihm schmeichelten. Gleichberechtigte Beziehungen mit ihm waren nicht möglich. Siehe dazu auch Alexander, Cäsar, Konstantin... Das ist durchaus ein Zeichen von Stärke, noch nicht unbedingt eines von Größe; aber sollen sich die Menschen unterordnen, unter einen, der sie bedrückt, weil er nicht groß genug ist?

Erst 1921 nahm Mao an dem durch die Komintern (Internationale Vereinigung der kommunistischen Parteien) organisierten Ersten Kongress der kommunistischen Parteien Chinas als einer der 13 chinesischen Delegierten teil. In seiner späteren Propaganda wollte er Gründungsmitglied gewesen sein. Wie bei Stalin weicht das Bild, das er in der Propaganda von sich zeichnet, erheblich von der historischen Wahrheit ab.

> **Totalitäre Führer erscheinen meist groß, weil sie Meister der Propaganda sind und jede Kritik verbieten.**

Das revolutionäre Russland unter Stalin sponserte die chinesischen Kommunisten mit viel Geld. Auch Mao profitierte davon und konnte es sich leisten, Berufsrevolutionär zu werden. Seine Aufgabe war es, die nationale Volkspartei Chinas zu unterwandern und ein kommunistisches China anzustreben, das seine Weisungen aus Moskau erhalten sollte. Während dieser Ersten Zusammenarbeit (Einheitsfront) zwischen der KPCh und der Kuomintang (nationale Volkspartei KMT) war er Direktor eines KMT-Instituts zur revolutionären Erziehung der Bauern in Guangzhou. Das Interesse am Elend der Bauern kam allerdings nicht von ihm, sondern wurde ihm von Moskau auferlegt. Es war ihm eigentlich egal, in welcher Partei er war. Er folgte nicht irgendwelchen Idealen, sondern dem Weg zur Macht.

Tschiang Kai Scheck, der Führer der Kuomintang brach 1925 mit den Kommunisten unter Mao. Er erkannte die Absicht der Unterwanderung. Die beiden Parteien verfeindeten sich. Er war gegen die Aufteilung der chinesischen Gesellschaft in Klassen, wie sie die Kommunisten, gemäß den Schriften von Marx und Lenin, wahrnehmen wollten. In China waren das die Großgrundbesitzer, oft auch nur reiche Bauern auf der einen Seite und die armen Bauern und Industriearbeiter auf der anderen Seite.

1927 kam es zum Herbsternte-Aufstand in Changsha, der aber schnell niedergeschlagen wurde. Maos Rolle bei diesem Aufstand ist, wie so vieles, umstritten, weil er die Wahrheit später für Propagandazwecke gefälscht und damit sein Volk und die Welt getäuscht hat. Bei Auseinandersetzungen stand er nie in der vordersten Reihe. Seine Rolle war es, sie zu schüren und aus der Ferne zu dirigieren. Mit einigen anderen Überlebenden zog er sich in das Jinggang-Gebirge zurück, wo er seine Truppen mit denen anderer Führer vereinigte, die sich nach dem Nanchang-Aufstand ebenfalls hierhin zurückgezogen hatten. Er organisierte eine revolutionäre Bauern- und eine kommunistische Partisanenbewegung. Schon in dieser Zeit begann Mao seine Gegner und die lokale Bevölkerung durch sogenannte „Säuberungen" umzubringen und einzuschüchtern. Er wusste aus der Schule: Mit Gewalt erreichst du alles!
Die Zeit war allerdings auch geprägt von andauernden Machtkämpfen zwischen Mao, der die Revolution durch Guerillakrieg (d.h. mit Unterstützung der Bauern) erreichen wollte, und Gruppen, die auf eine Revolution des Proletariats (d.h. durch die Industriearbeiter in den Städten) setzten. Das war der Kampf der zwei Linien.
Maos Strategie war es, durch absichtliche Brutalität Feinde zu entmutigen, das von ihm verachtete Volk durch Terror in Angst und Schrecken zu versetzen, sowie die eigenen Anhänger in einen Blutrausch zu treiben, um sie so durch ihre Taten bloßzustellen. Es sollte für sie kein Zurück mehr geben. Er suchte das Land heim wie die Landsknechte im Dreißigjährigen Krieg, nach dem Motto: „Der Krieg ernährt den Krieg". Wo er mit seinen Truppen durchkam hinterließ er Not, Tod und Verzweiflung. Er befahl tausende von Hinrichtungen und ließ Folterungen und Tötungen filmen. Bei solchen Exzessen, so schrieb er 1927, noch vor den Säuberungen Stalins, noch vor der Machtergreifung der Nationalsozialisten in Deutschland, empfinde „er eine nie erlebte Ekstase". Weil er diese Lust an der Grausamkeit immer wieder erleben will, sucht er sich Opfer und findet sie natürlich in „falsch denkenden" Antibolschewisten, in Großbauern, in hilflosen Angeklagten, die einfach das Pech hatten, von einem anderen angeschwärzt worden zu sein. Es war schlimmer als die Hexenjagd im Mittelalter, vor allem war die Zahl der Opfer wesentlich höher.

Diese nie endende Lust des Menschen an Grausamkeiten, von der Ilias, über die Bibel bis zum IS, muss scheinbar ganz tief in seinem Gehirn verankert sein. Wie soll man sich diese schreckliche Veranlagung erklären? Aus der Abstammung von tierischen Vorfahren?

So oft es in der Geschichte eine Ideologie und entsprechende Machtkonstellationen erlaubt haben, ohne Furcht vor Strafe, die Sau raus zulassen, d.h. zu vergewaltigen, zu quälen, zu töten, hat es auch immer genügend Leute / meist Männer gegeben, die gierig davon Gebrauch gemacht haben. Das ist eine sehr traurige Wahrheit. Nur die Zivilisation und die Furcht vor Strafe hindern scheinbar manche daran, zu Tieren zu werden. Mao ließ es zu, ermunterte sogar zur Grausamkeit und fand, weil diese in jedem Volk bereit stehen, willige Vollstrecker.

„Willst du den Charakter eines Menschen erkennen, so gib ihm Macht"
Abraham Lincoln

Kann ein Mensch glücklich sein, der anderen solches Unheil bereitet?

Obwohl meine Moral eigentlich auch egoistisch ist, weil ich glücklich sein will, läuft sie auf etwas ganz anderes hinaus, als die Moral Maos. Es macht mich glücklich, an mir zu arbeiten und anderen Menschen Gutes zu tun. Es macht mich unglücklich, wenn ich sie leiden sehe und es würde mich tot-unglücklich machen, wenn ich die Ursache ihres Leidens wäre. Ich würde mich hassen und wäre äußerst unzufrieden mit meinem Wirken. Ich müsste mir eingestehen, dass mein Leben und mein Werk misslungen sind.

Die letzten Fragen, die sich ein Mensch stellen kann, sind: Wer bin ich? Wie handle ich? Welche Wirkungen haben meine Handlungen? Was kann ich tun? Was bedeute ich für andere? Und was wird die Nachwelt über mich sagen?

> **Niemand sollte unbeschränkte und unkontrollierte Macht über andere Menschen haben. Vor allem nicht diejenigen, die sich selbst nicht beherrschen können, die nur ihren egoistischen Interessen folgen und die nicht groß genug sind, um befreiend zu wirken.**

Zu den Herrschaftsmaßnahmen Maos gehörten Denunziationen und regelmäßige Sitzungen, in deren Verlauf einzelne *„Selbstkritik"* üben mussten, also zum Beispiel öffentlich angeblichen politischen Irrtümern abschworen. Seine Ideologie nahm abwegige Formen an. Er ließ reiche Bauern töten, nur weil sie reich waren. Dabei stammte er selbst aus wohlhabenden Verhältnissen. Er ließ Jagd auf Antibolschewisten machen und setzte Quoten, wie viele von ihnen zu tilgen seien. Noch vor den Säuberungen Stalins praktizierten seine *„Roten Garden"* die Bespitzelung, die Denunziation, die Folterung und die Hinrichtung der eigenen Leute. Er ließ sie töten und foltern, wenn sie seine Machtstellung bedrohten oder wenn er sich für irgendwelche Kleinigkeiten rächen wollte.

Seine Macht war ihm wichtiger als das Wohl seiner Untertanen. Ende der fünfziger Jahre nahm er den Hungertod von 38 Millionen Menschen in Kauf, um gegen Getreideexporte an moderne Waffen aus der Sowjetunion zu kommen.

1934 durchbrachen die Kommunisten die Einkreisung durch Truppen der Kuomintang und begannen ihren legendären, *„Langen Marsch"*, 12000 Kilometer, von Jiangxi im Südosten Chinas in die nördliche Provinz Schensi. Militärisch war das ein ziemlich unsinniges Unternehmen. Während andere Militärführer darauf bedacht sind, bei ihren Einsätzen möglichst wenig eigene Leute zu verlieren, ließ Mao keine noch so irre Gelegenheit aus, seine Soldaten zu verheizen. Mao selbst legte einen großen Teil des Weges in einer eigens für ihn konstruierten Sänfte zurück. Das rettete ihm zwar das Leben, war aber für die Träger umso tödlicher. Er war im höchsten Maße selbstsüchtig, forderte aber Selbstlosigkeit von den anderen.

Gegen den japanischen Überfall auf China im Jahr 1937 setzten sich die Kuomintang und die Kommunisten gemeinsam zur Wehr. Anschließend 1946-1949 wurde Tschiang Kai Scheck von Mao Zedong vertrieben und zog sich auf die Insel Formosa (Taiwan) zurück. Die Kommunisten wurden von Stalin unterstützt. Sie bezogen auch Geld aus dem Mohnanbau bzw. aus dem Drogenhandel.

In den Jahren 1941-1945 startete Mao eine üble Kampagne gegen seine Widersacher. Jeder wurde grundsätzlich als Spion verdächtigt. Die Menschen sollten ihre Gedanken niederschreiben, um festzustellen, ob sie etwas Verdächtiges gegen die Partei enthielten. Unabhängiges Denken, Witz, Ironie und Satire waren nicht mehr möglich. Alles konnte gegen einen verwendet werden. Jeder verdächtigte jeden des falschen Denkens. Anschwärzen wurde zur Mode, sogar zur Pflicht. Als Folge gaben die Menschen vorgestanzte Antworten. Sie erstarrten zu Robotern, die nicht mehr selbständig denken konnten.

> **Das schlimmste Verbrechen in einer Diktatur ist, frei zu denken und zu kritisieren.**

Mao Zedong, der seit Mai 1945 offiziell sowohl im Zentralkomitee als auch im Politbüro der KPCh den Vorsitz inne hatte, rief am 1. Oktober 1949 die **„Volksrepublik China"** aus. 1954 wurde er Staatsoberhaupt. Von dieser Zeit an konnte er über beinahe unbegrenzte Geldmittel für seine persönlichen Zwecke verfügen. Er baute sich zahlreiche Residenzen und Paläste, was zwar für einen kommunistischen Führer ziemlich seltsam anmutet, die menschliche Natur aber bestätigt. Die Kommunisten haben nichts besser gemacht als die Könige und Kaiser, die das Volk geknechtet und ausgebeutet haben. Die Fahne hatte eine andere Farbe, aber die Herrscher blieben sich gleich.

> Seit es Menschen gibt, ist ihr Gattungswesen die Gier nach Reichtum und Macht. Dabei finden sie ihre Grenzen nicht in sich, sondern nur durch äußere Zwänge.

Mit der „Hundert-Blumen-Bewegung" leitete Mao Zedong 1956 eine vorübergehende Liberalisierung ein. Die Intellektuellen sollten die Möglichkeit haben, frei zu reden und zu denken. Das war eine Methode, seine Gegner zu erkennen. Kurze Zeit später war es mit der geistigen Freiheit vorbei.

Natürlich kann ein denkender Mensch so eine Diktatur nicht hinnehmen. Er kann sie nicht hinnehmen und darf sie nicht hinnehmen, wenn er sein Denken nicht völlig entwerten will. Dennoch schwiegen die Intellektuellen im Westen zu den Verfolgungen ihrer Kollegen in China. Mehr noch, sie ließen sich für Maos Propaganda einspannen und entwarfen ein völlig falsches Bild vom „Roten Diktator" im Westen. Damit wurden sie schuldig. **Jean Paul Sartre** bezeichnete diese Gewalt sogar als moralisch richtig.

> **Als gläubiger Anhänger einer Weltanschauung wird man blind für das Unrecht, das im Namen dieser Weltanschauung geschieht.**

In einer Rede vor Parteiführern sagte Mao 1958:
„Was ist so ungewöhnlich an dem Kaiser Shi Huangdi aus der Qin-Dynastie? Er hat nur 460 Gelehrte lebendig begraben, wir dagegen haben 46000 Gelehrte lebendig begraben. Wir sind dem Kaiser ... in Bezug auf die Unterdrückung konterrevolutionärer Gelehrter hundertfach voraus. "
Aufgrund der neuen, zumeist unqualifizierten Führungskader, die wissenschaftliche Ratschläge und Methoden oftmals als „unproletarisch" oder „antikommunistisch" brandmarkten, griffen Misswirtschaft und Missmanagement in weiten Teilen der chinesischen Wirtschaft um sich.

1958 sollte der **„Große Sprung nach vorn"** erfolgen, aber die Massenkampagne scheiterte. Ziel war es, China auf Kosten der Landwirtschaft zu einer industriellen Großmacht zu entwickeln. Ergebnis war jedoch die größte von Menschen ausgelöste Hungersnot der Geschichte. Sie kostete 20 bis 40 Millionen Chinesen das Leben.

In einer **„Kampagne gegen rechts"** ließ er 300000 Kritiker inhaftieren. Zehn Prozent aller Intellektuellen verschwanden in Arbeitslagern. Außerdem wurden 400000 bis 700000 Angestellte, die ihm als „Volksfeinde" erschienen, entlassen und durch neue kommunistische Kader aus den Bauernschichten ersetzt.

„Eine Revolution ist keine Dinnerpartie. Gewalt ist unverzichtbar. " **Mao**

Da die katastrophalen Folgen gegenüber der Bevölkerung verschwiegen werden mussten, blieb der Glanz Maos intakt. Mit der Zündung der ersten chinesischen Atombombe im Jahre 1964 und der Veröffentlichung des *„Kleinen Roten Buches"* 1966, wuchs sein Einfluss und seine Stellung wurde zunehmend unanfechtbar.

> Wer mit Gewalt und Einschüchterung Kritik verhindert, kann die Folgen seines Handelns und die Stimmung im Volk nicht mehr richtig einschätzen. Er erzieht die Untergebenen zum Lügen, weil er selbst die Wahrheit nicht erträgt und die Macht hat, jeden zu bestrafen, der es wagt, wahrhaftig zu sein.

1965/66 ließ Mao Zedong durch die *„Roten Garden"* die *„Große Proletarische Kulturrevolution"* entfesseln, die alles Hergebrachte hinwegfegen sollte. Die von Mao aufgehetzten Jugendlichen, die sogenannten *„Roten Garden"*, waren zu Beginn der Kulturrevolution vor allem die Kinder von Parteikadern und der Intelligenz (Hochschuldozenten, Lehrern, Höheren Beamten, Akademikern), die ihre Eltern und Lehrer überwachen und denunzieren mussten. Das erinnert an die Hitlerjugend, die im Glauben an ihren Führer zu allem bereit war oder an den Kinderkreuzzug von 1212 oder an die *„Kinderpolizei"* des Dominikanermönches Girolamo Savonarola in Florenz 1495.

> Kinder und Jugendliche lassen sich leicht begeistern und instrumentalisieren. Sie sind die leichteste Beute der Demagogen.

Zahllose bisherige Stützen des Staates wurden von fanatisierten Massen ermordet oder schwer verletzt und demütigenden Behandlungen ausgesetzt. Während der rund zehn Jahre dauernden bürgerkriegsähnlichen Kulturrevolution starben über 7 Millionen Menschen, darunter auch alte Weggefährten Maos, die von ihm als Konkurrenten empfunden wurden. Zu den Opfern gehörte auch Deng Xiaoping, der jedoch überlebte und nach dem Tode Maos der führende chinesische Politiker wurde. Der designierte Mao-Nachfolger Lin Biao kam bei einem Fluchtversuch in die Sowjetunion mit dem Flugzeug ums Leben. Er hatte mit seinem Sohn eine Verschwörung gegen Mao geplant.

Die Kulturrevolution führte zur organisierten Zerschlagung von Kulturgütern. So wurden tausende von Tempeln vernichtet, Bibliotheken verwüstet und Bücher öffentlich verbrannt. China wurde zu einem Land ohne Kultur und Geschichte. Bis auf zehn, von Jiang Qing, der letzten Frau Maos, persönlich ausgelesenen Opern, wurde die Aufführung von Opern im ganzen Land verboten. Die Bevölkerung musste ihre privaten Kunstgegenstände wie Bilder, Schmuck, Bücher usw. den Roten Garden abliefern.

Frauen
Mao war viermal verheiratet, hatte daneben aber zahllose Geliebte und Affären.

- Luo Yixiu, 1889-1910, aus der Provinz Hunan: 1907 Heirat, 1910 verstorben. Diese Heirat war von den Eltern arrangiert. Mao nannte das Prostitution.
- Yang Kaihui, 1901-1930, aus Changsha: 1921 Heirat, 1927 Scheidung, 1930 wurde sie von der Kuomintang hingerichtet. Sie hatte drei Söhne mit Mao. Sie liebte ihn, aber sie teilte nicht seine Ansichten, vor allem nicht seine Art, diese durchzusetzen: nämlich mit Terror und Gewalt. Sie wollte einen Glauben haben, den Glauben an eine bessere, friedlichere und gerechtere Welt. Der Kommunismus, der so viel Unheil über das Land und seine Menschen brachte, war dafür offensichtlich nicht geeignet.
- He Zizhen, 1909-1984 aus Jiangxi: 1928 Heirat, 1939 Scheidung. Sie hatte drei Töchter und drei Söhne mit Mao. Bei ihrem Tod war sie psychisch verwirrt.
- Jiang Qing, Schauspielerin 1914-1991, 1939 Heirat. Nach Maos Tod führte sie die Viererbande an. Sie wurde verhaftet und zum Tode verurteilt. Das Urteil wurde zwei Jahre später in lebenslänglich umgewandelt. 1991 wurde sie aus gesundheitlichen Gründen entlassen, zehn Tage später nahm sie sich das Leben.

Der Lebensgeschichte seines Leibarztes Li Zhisui zufolge, hatte Mao darüber hinaus sexuellen Verkehr mit hunderten weiterer Frauen. Dabei habe Mao bewusst das Risiko in Kauf genommen, die Frauen mit seinen Geschlechtskrankheiten, die er nie auskuriert hatte, zu infizieren. Er kannte nur sich und seine Triebe, keine Verantwortung gegenüber anderen.

Personenkult und Größenwahn

Alle Erfolge der Kommunisten sollten ihm gutgeschrieben werden, alle Fehler wurden auf das Konto anderer verbucht. Mao hat sich gebrüstet: *„Ich bin der Gelbe Kaiser und Marx in einer Person."*

Auf dem IX. Parteitag der VRCh im April 1969 setzte *„der größte aller Steuermänner"* sich erneut gegen seine politischen Gegner durch. Ähnlich wie Stalin und Hitler inszenierte *„der Vorsitzende"* Mao um sich einen Personenkult, der, wie könnte es in einer Diktatur anders sein, nicht auf freiwilliger Verehrung, sondern auf Terror und Täuschung aufbaute. Obwohl dieser Kult, wie jede Religion, auch dem Bedürfnis der Massen nach Verehrung entgegen kam.

Die Sowjetführer Chrustschow und Breschnew waren nach Stalin nicht mehr bereit den *„Irrläufer"*, der die ganze Welt mit Waffengewalt zum Kommunismus zwingen wollte, weiter mit modernstem Kriegsgerät zu beliefern. Es kam zum Bruch.

Viele Chinesen wollen heute noch an den guten Mao glauben. Sie brauchen eine Galionsfigur. Mao-Statuen ehren noch immer den *„großen Vorsitzenden"*.

> Das Bedürfnis nach Verehrung ist bei den Massen stärker als der Mut, sich der geschichtlichen Wahrheit zu stellen.

Außenpolitisch war die Aufnahme der Volksrepublik China in die UNO 1971 Maos größter Erfolg. Eine weitere außenpolitische Wende leitete Mao Zedong 1972 mit dem Besuch des US-Präsidenten Richard Nixon in China ein. Nixon und sein Außenminister Kissinger hoffierten ihn und machten ihn „salonfähig" auf der Weltbühne. Mao Zedong starb am 8. September 1976 in Peking. Er wurde 82 Jahre alt. Außer sich selbst hat er auf seinem Totenbett niemanden bemitleidet.

Ergebnis: In China wurde Maos Wirken nach seinem Tod von seinen Nachfolgern amtlich nach der „Deng-Formel" beurteilt, d.h. 70% seines Handelns sei für China gut und 30% nachteilig gewesen. Das ist ein sehr mildes Urteil, wenn man weiß, was unter Mao, meist auch auf seine Veranlassung und fast nie ohne sein Wissen, geschehen ist oder geschehen konnte. Zeit seines Lebens hielt er das Land in Aufruhr und verbreitete um sich ein Klima von Angst und Unsicherheit. Seine Gegner sollten eingeschüchtert werden, sein Machtanspruch sollte unantastbar sein.

An Mao zeigt sich das zentrale Problem eines „halb"-starken Mannes, der sein Leben lang in der Kampf-Krieg-Tod-Phase steckte und diese nie hinter sich brachte. Er hatte bei seiner Lebensweise kaum eine Aussicht, größer zu werden, obwohl er auch zeitweise nach innen gewandte, einsame Lebensphasen durchgemacht hat. Er hat sie mit Lesen überbrückt. Er hätte in sein Inneres, weniger in Bücher schauen sollen.
Wenn man nicht sehr, sehr stark ist und nicht ganz eisern bei sich bleibt, hat man keine Aussicht, in sich zur Ruhe zu kommen. Diese Entwicklung des menschlichen Gehirns nenne ich „größer werden". Er wurde 82 Jahre alt und hat bis zu seinem Lebensende vom Kampf gegen die Großgrundbesitzer, den Klassenfeind und die Intellektuellen fantasiert.

> **Wenn sich jemand Feinde sucht, dann hat er ein Problem mit sich und sollte erst einmal an sich arbeiten, bevor er daran geht, vermeintliche Feinde zu vernichten.**

Natürlich kann er auch Erfolge vorweisen. Er hat die Demütigung der Chinesen durch das Ausland beendet, obwohl gerade er und nicht sein Gegenspieler Tschang kai-chek es war, der mit der Sowjetunion konspiriert und sich in neue Abhängigkeit gebracht hat. Ihm und seinen Kampfgefährten ist es mit zu verdanken, dass die Chinesen nach einem Jahrhundert ausländischer Besetzung ihre nationale Unabhängigkeit wieder erlangten. Aber zu welchem Preis? Dem „größten aller Steuermänner" hat es die Volksrepublik China zu verdanken, dass es während der gesamten rund dreißigjährigen Herrschaft Maos ein wirtschaftlich danieder liegendes, von politischen Verfolgungen gebeuteltes und - bis 1972 - außenpolitisch weitgehend isoliertes Land war. An die Opfer Maos erinnert bis heute kein Denkmal.

> **Ein Starker muss die Einsamkeit suchen, um größer zu werden. Tut er das nicht und geht er stattdessen in die Politik, ist eine lebenslängliche Katastrophe vorprogrammiert, nicht unbedingt für ihn, aber für sein Volk und eventuell für seine Nachbarn. Daran wird sich auch in Zukunft nichts ändern.**

DDR

Staaten, die in ihrem Namen das Wort *„demokratisch"* tragen, erregen den dringenden Verdacht, dass sie es nötig haben und wenn sie sich dann noch *„Volksdemokratie"* nennen, weiß man, dass das Volk wirklich nichts zu melden hat.

Die *„Volksdemokratie der Deutschen Demokratischen Republik"* 1949-1990, war nach dem Zweiten Weltkrieg aus der sowjetischen Besatzungszone entstanden. Sie konnte nie auf die Zustimmung ihrer Bürger, sondern nur auf die Parteimitglieder der SED, auf die Stasi (Geheime Staatspolizei) und auf die Bajonette der Roten Armee bauen. Freie und faire Wahlen durfte sich dieser Staat nicht erlauben. Sie hätten sein Ende besiegelt. Wie sah der Staat aus, der den rücksichtslosen Diktator Stalin zum Vater hatte und der 1989 unter großem Jubel der Bevölkerung ein jähes Ende fand? Zwar gab es gesetzlich geschriebene Grundrechte, praktisch herrschte aber die SED, die Sozialistische Einheitspartei Deutschlands, unter ihren Vorsitzenden Walter Ulbricht und - seit 1976 - Erich Honecker, diktatorisch. Die Herrschenden sahen es als ihr Recht an, ihre Gegner, und das war jeder Andersdenkende, mit allen Mitteln *„zersetzen"* zu dürfen. Dabei orientierten sie sich an ihrem großen revolutionären Vorbild Lenin, der erklärte: *„Moralisch ist, was dem Klassenkampf nützt"*. *„Schwert und Schild"* der Partei war die *„Geheime Staatspolizei"*, die Stasi. Bei der Bekämpfung der *„Feinde des Sozialismus"* war praktisch alles erlaubt. Die Bürger der DDR waren der Allmacht staatlicher Willkür schutzlos ausgeliefert. Zur Bespitzelung bis in die intimsten Lebensbereiche wurde von der Stasi ein System Inoffizieller Mitarbeiter, IMs, eingerichtet, dem keiner mehr entkommen konnte.

Das Ministerium für Staatssicherheit war eine politische Geheimpolizei. Sie war Terror-Instrument der totalitären Diktatur. Ihr Vorbild war die *„Tscheka"*, die Terrororganisation, die aus der Oktoberrevolution 1917 in Russland entstanden war. Diktatur war nach Lenin *„eine an keinerlei Gesetze gebundene Macht"*. Auch die DDR fühlte sich nicht an Recht und Gesetz gebunden. Oberste Maxime war die Erhaltung der Macht für die Staatspartei, die SED. Am Recht der alleinigen Führungsrolle der SED durfte niemand zweifeln. Das wäre Ketzerei gewesen.

> **In jeder Diktatur gibt es „Wahrheiten", an denen man nicht rütteln darf, weil diese das System in Frage stellen.**

Bisher konnten 91000 Hauptamtliche Mitarbeiter und 173200 Inoffizielle Mitarbeiter (IM's) der Stasi nachgewiesen werden. Eine Atmosphäre der Angst und des gegenseitigen Misstrauens, von der Stasi mit den arglistigsten Mitteln erzeugt, sollte die Bevölkerung vorbeugend von der Kritik am sozialistischen Staat abhalten.

„Die Stasi war kein gewöhnlicher Geheimdienst, sondern eine Geheimpolizei mit eigenen Untersuchungshaftanstalten, eigenem Ermittlungsapparat, mit Vollzugsangestellten sowie eigenen Richtern und Staatsanwälten. Hauptaufgabe der Stasi war die Machtsicherung und die Machterhaltung der herrschenden Partei (SED). Fast alle Stasi- Mitarbeiter waren zudem Genossen der SED. Diese handelten in dem Elitebewusstsein, einer ideologisch verschworenen Gemeinschaft anzugehören."
Konrad-Adenauer-Stiftung e.V.

Obwohl sie die Schlussakte von Helsinki, ein Abkommen der europäischen Staaten, 1975 mit unterzeichnet hatte, hielt sich die DDR nicht an die Einhaltung der grundlegendsten Menschenrechte, wie sie in der Bundesrepublik selbstverständlich und einklagbar waren. Es gab keine Redefreiheit, Pressefreiheit, Reisefreiheit, Unversehrtheit der Person. Jeder konnte praktisch unter irgendeinem Vorwand, sei es, weil er Kritik geübt hatte oder ausreisen wollte, verhaftet und eingesperrt werden. Für einen Witz über den Staatsratsvorsitzenden drohten in den ersten Jahrzehnten der DDR mehrere Jahre Gefängnis wegen *„Hetze"*. Westsender durften nicht empfangen werden, Briefe wurden systematisch zur Überprüfung geöffnet, Wahlen wurden zugunsten der Einheitspartei und ihrer Kandidaten gefälscht.
1945 hatte der Erste Staatsratsvorsitzende der DDR, Walter Ulbricht, die Parole herausgegeben: *„Es muss demokratisch aussehen, aber wir müssen alles in der Hand haben."*
Vor allem Regimekritiker wurden drangsaliert, willkürlich verhaftet, mit Ausreiseverboten belegt, überwacht, eingeschüchtert, verdächtigt, verleumdet, beruflich ins Abseits gestellt. Sie wurden in Einzelhaft gehalten, mit radioaktiven Strahlen behandelt, so dass sie später an Krebs starben. Seelische Krankheiten und Selbstmord der Opfer wurden billigend in Kauf genommen. Viele kamen bei verschleierten Unfällen ums Leben. Heimtückische Morde an Regimekritikern können in Einzelfällen nachgewiesen werden und beweisen, dass der SED-Staat vor keiner Untat zurückschreckte. Ein Aufstand, 1953, wurde blutig niedergeschlagen. Der Bau einer Mauer, 1961, in Berlin zeigte die ganze Hilflosigkeit dieses Regimes, dem die Menschen davonliefen.
Gegner, die die Stasi nicht *„zerschlagen"* konnte, wurden abgeschoben und ausgewiesen. Die Bekanntheit eines Kritikers schützte ihn oft vor der Haft, weil die DDR auch auf das Wohlwollen des kapitalistischen Auslandes angewiesen war. Ein reger Häftlingsverkauf brachte ihr Devisen. Gegen Ende, 1989, war die DDR bankrott. Die kommunistische Wirtschaft hatte klar versagt.

Auch der Westen war von Stasileuten durchsetzt. Laut ZDF-History sind 400 Entführungen durch die Stasi vom Westen in den Osten nachgewiesen. Ein Stasioffizier soll auch, ob nun im Auftrag der Stasi oder nicht, den Studenten Benno Ohnesorg 1967 bei einer Demonstration gegen den Schah von Persien erschossen haben. Ein Ereignis, das zu heftigen Studentenprotesten gegen die Bundesrepublik und ihre Sicherheitsorgane geführt hatte. Die Polizei hatte damals nicht die friedlichen Demonstranten, sondern die *„Prügelperser"* geschützt, die mit Zaunlatten auf Demonstranten einschlugen.

> **Sicher hatten Marx und Engels die Absicht mit der kommunistischen Idee die Welt zu verbessern. Aber schon Lenin und Stalin benutzten den Kommunismus vor allem, um ihre Macht und ihren Terror zu rechtfertigen. Den Parteibonzen der DDR ging es am Schluss nur noch darum, ihr Luxusleben in Wandlitz (Siedlung der DDR-Bonzen) solange wie möglich weiterführen zu können. Dazu klammerten sie sich an die Macht. Sie waren weder willens noch fähig, einen gerechten, sozialistischen Staat auf dem Boden der DDR zu errichten.**

> **Ein Unrechtsstaat wird keinen Bestand haben, weil er immer wieder die Kritik der besten Geister herausfordert.**

Es ist doch erstaunlich, dass es gerade in dem Staat, der die klassenlose Gesellschaft propagierte, die größten Klassenunterschiede zwischen der herrschenden Partei und dem beherrschten Volk gab.

Der friedliebende, sozial gerechte, antifaschistische, klassenlose Arbeiter- und Bauernstaat, der einen Gegenpol zum *„nazistischen Erbe"* der Bundesrepublik darstellen sollte, war ein Erzeugnis der Propaganda und Wunschbild. In Wirklichkeit hat es ihn nie gegeben.
Nach Marx sollte der Kommunismus *„die Verhältnisse umstoßen, in denen der Mensch ein geknechtetes, erniedrigtes und beleidigtes Wesen sei."* Gerade in der DDR gab es aber die herrschende Partei, die alle Sonderrechte genoss und das unmündige Volk, dem die billigsten Menschenrechte versagt wurden. Das konnte auf Dauer nicht gut gehen.

„Church" of Scientology

Die *„Church of Scientology",* gegründet 1954 in Kalifornien, ist ein undemokratisch, hierarchisch organisierter Finanzkonzern, der mit zweifelhaften Methoden seine Mitglieder finanziell und seelisch ausbeutet. Schon der Firmenname ist irreführend. Es geht nicht um Religion, sondern wie immer geht es um Geld und Macht. Das gibt der Gründer **Ron Hubbard** auch ganz offen zu.

Wieder war ein ehrgeiziger, (halb)-starker Mann, Ron Hubbard 1911-1986, Schöpfer einer Weltanschauung mit Absolutheitsanspruch. Er war eine schillernde Persönlichkeit, bei der sich die tatsächliche Lebensgeschichte unentwirrbar mit seinen fantastisch überhöhten Vorstellungen davon vermischte. So entstanden zwei verschiedene Versionen seiner Lebensgeschichte. 1. Die Version, die er selbst erzählt und die von seinen Jüngern noch weiter überhöht wird. 2. Die Version, die auf Grund der vorhandenen Dokumente nicht mit der ersten übereinstimmen kann. Wären diese Dokumente nicht vorhanden, würden die Legenden sehr schnell zur *„wahren"* Geschichte, wie das bei anderen Heroen der Weltgeschichte, (z.B. Buddha, Jesus, Mohammed) aus weniger gut dokumentierten Zeiten, geschehen ist. Der Held wird so weit überhöht, dass er jenseits aller Kritik steht. Kritik ist dann *„Gotteslästerung"*... und wird verfolgt.

Kritik wird auch deswegen nicht mehr geduldet, weil die Scientologen sich nicht für Gläubige, sondern für Wissende halten. Hubbard steckt in der Kampf-Krieg-Tod-Phase, wie seine Schriften offenbaren. Er stößt auf Widerstand und führt *„Krieg"*, um seine Ziele durchzusetzen. Er hat ganz klare, irdische Ziele: nämlich Geld und die Herrschaft über die ganze Welt. Dabei baut er auf das stets vorhandene religiöse Bedürfnis der Menschen und verschleiert seine wahren Ziele mit Lügenpropaganda. *„Der einzige Weg, um Leute zu kontrollieren, ist sie anzulügen."* **Ron Hubbard.**

Für seine Jünger, die ihn mythologisch verklären, gelten seine Schriften, wie könnte es anders sein, als absolut wahre *„dauerhaft-gültige"* und heilige Schriften. Sie sollen in allen Lebenslagen der Orientierung dienen und nicht mehr verändert werden dürfen. *„Ungläubige"*, d.h. Nicht-Scientologen sind keine gleichwertigen Menschen. Kritiker sind Feinde, die mit allen Mitteln, vom eigenen Geheimdienst bekämpft und vernichtet werden müssen; Abtrünnige sind *„Freiwild"*, das verfolgt wird, zum Wohle der Scientologen, die sich mit der Menschheit gleichsetzen und die eigentlich ja nur das Wohl der Menschheit im Sinn haben.

Geködert werden vor allem psychisch labile oder auch ehrgeizige Menschen, denen versprochen wird, mit Hilfe teurer Kurse einen höheren geistigen Zustand oder besondere Fähigkeiten zu erreichen. Das ganze läuft unter Gedächtnistraining oder Kommunikationstraining. Versprochen wird die Erlösung des Menschen oder die Fähigkeit Krebskranke zu heilen. Sie nennen das *„Clear"* sein, ein *„Thetan"*, ein unsterbliches Geistwesen werden. Dabei erreichen Prominente dieses Ziel leichter und billiger, weil sie als Aushängeschild dienen können.

Ein richtiger Scientologe muss der Organisation nützlich sein, entweder, indem er sein ganzes Geld für Kurse ausgibt, oder, indem er seine ganze Zeit für die Scientologen arbeitet. Die Mitglieder werden andauernd überwacht, denn die Organisation will die absolute Kontrolle über sie. Sie werden ständig angehalten, ihr Gewissen zu erforschen und die intimsten Geheimnisse preiszugeben. Jeder soll jeden anschwärzen. Die Mitglieder geraten dadurch immer mehr in die Fänge der Organisation, die dieses Wissen im Falle unbotmäßigen Verhaltens gegen sie einsetzt. Der gläserne Mensch soll vollständig abhängig gemacht werden. Jeder kontrolliert jeden. Böse Gedanken - das sind vor allem kritische Gedanken gegen Scientology - sind das größte Verbrechen. Kritiker werden öffentlich bloßgestellt. Kritik ist in keiner Weise erlaubt. Sie soll, wie in jeder totalitären Weltanschauung, im Entstehen mit Schuldgefühlen belastet werden. Eine kritische Haltung wird als kriminell betrachtet und mit einem Aufenthalt in einem Umerziehungslager geahndet. Dort werden die Betroffenen „entleert", erniedrigt und mit Drohungen eingeschüchtert. Sie müssen 10-15 Stunden am Tag arbeiten, damit sie nicht zum Denken kommen. Sie erhalten nur minderwertiges Essen und dürfen nur mit Scientologen zusammenkommen, um wieder in die „richtige" Denkweise eingeübt zu werden.

Die Scientologen glauben, dass sie die einzigen sind, die Recht haben und richten dürfen. Andersdenkende unterliegen nicht demselben Moralkodex, sie dürfen belogen und betrogen werden. Ihre Methoden sind menschenverachtend. Z.B. verweigern sie Mitgliedern, vor allem bei seelischen Erkrankungen, medizinische Versorgung. Krankheit, insbesondere seelische Erkrankung, wird als persönlicher Makel gewertet. Sie treten ein, für die Abschaffung der Psychiatrie.

Daten sammeln, kontrollieren, beherrschen, bei unbotmäßigem Verhalten verfolgen: Das ist die Arbeitsweise des modernen Inquisitors, der dem alten doch so ähnlich ist.

Aktuelle Bedrohungen:

Islamismus, religiöser Fundamentalismus, Links- und Rechtsradikalismus, Rückkehr zum Nationalismus und Militarismus, Flüchtlingsströme, Geheimdienste, die ihre Befugnisse überschreiten und die Macht des Geldes: Das sind die Bedrohungen unserer Zeit, wobei die zunehmende Gewalt der Islamisten und der sich dagegen aufbauende Rechtsextremismus, die wohl größten Bedrohungen der freiheitlichen Ordnung und der offenen Gesellschaft darstellen.

Noch haben sie nicht die Macht, um ihre wahnwitzigen Ideen durchzusetzen und andere verfolgen zu können. Nach allem, was in diesem Buch gesagt wurde, empfiehlt es sich aber, wachsam zu sein, gegenüber undemokratischen, intoleranten Organisationen und „Führern", die die absolute Herrschaft anstreben. Sie verschwinden nicht, sondern kommen immer wieder. Dazu kommen heute vor allem radikale islamische Gruppen in Syrien und Irak, in Nigeria, in Indonesien, den Philipinen und Nordafrika. Die Ausbreitung von Muslimen durch Fluchtbewegungen, die Stärkung des orthodoxen Islams durch undemokratische Staaten wie der Türkei, Saudi-Arabien und Iran und die Schwäche der Demokratie gegenüber diesem Machtstreben, bedroht unsere westlichen Werte.

In Amerika sind es verstärkt klerikale, evangelische Fundamentalisten, die die Welt mit der Bibel erklären (Kreationismus) und der ganzen Gesellschaft ihre Werte diktieren wollen (Homophobie). Ihr vermeintliches Recht dazu nehmen sie, wie die alten, christlichen Verfolger, aus der Bibel, die Wort für Wort unfehlbar von Gott stammen soll. Dasselbe glauben die Muslime von ihrem Koran. Da sich die Bücher widersprechen, sind die Fronten unauflösbar ...zumindest für Gläubige.

> **Der säkulare Rechtsstaat muss seine Werte über die Religionen setzen und von diesen getrennt sein. Nur so können alle Religionen gleichberechtigt in fairem Wettkampf um die Seelen miteinander und nebeneinander existieren. Religion ist Privatsache. Die einzig gültigen Gesetze macht der Staat. Die Macht von Institutionen, Banken, Multinationalen Konzernen und sogenannten „Religionen" muss vom Staat beschränkt und kontrolliert werden.**

> **Wenn das Kapital die Politik bestimmt oder wenn die Politiker ihre Interessen über die des Gemeinwesens stellen, ist die Demokratie in Gefahr. Wirtschaft und Wissenschaft müssen dem Gemeinwohl dienen und nicht der Mehrung des Kapitals weniger.**

Lehren aus der Weltgeschichte

Leider haben die Menschen nur sehr langsam - wenn überhaupt - aus ihrer traurigen Geschichte gelernt. Dabei hätte sich allein durch das Studium der Vergangenheit sehr viel Leid vermeiden lassen.

Seit der Aufklärung ist allmählich das Bewusstsein erwacht, dass wir uns selbst eine gerechte Welt schaffen müssen, wenn es eine geben soll, denn offensichtlich greift ein Gott - was immer das sei - diesbezüglich nicht in das Weltgeschehen ein. Im Gegenteil: Gott, in seiner menschlichen Vielfalt, konnte ständig für alle möglichen Kriege und Verbrechen gebraucht und missbraucht werden. Er hat sich nie dagegen gewehrt! Wie könnte er auch?

Bis vor etwa 1945 wurde die Weltgeschichte von sehr wenigen ehrgeizigen Individuen geprägt. In demokratischen Staaten kann sich nun jeder berufen fühlen, mitzugestalten und seine Visionen einzubringen. Neue Ideen sind jetzt weniger wichtig als das Altbewährte zu bewahren. Es geht darum, die Freiheitliche Demokratie und die Menschenrechte gegen den Rückfall in die Barbarei, gegen diktatorische Ansprüche islamischer und anderer menschenrechtsfeindlicher Gruppierungen zu verteidigen.

Historisches Wissen allein genügt nicht, um die Lektionen der Vergangenheit in die Gegenwart umzusetzen. Es bedarf einer gewissen Entschlusskraft: *„Nach allem was geschehen ist, müssen wir etwas anders und besser machen!" „Die Lehren aus der Weltgeschichte gebieten uns, wachsam zu sein gegenüber Ideologien, die in ihren Zielen erkennen lassen, dass sie die Freiheit abschaffen wollen und abschaffen werden, sobald sie die Macht dazu haben". „Ein Gott wird uns nicht vor Diktaturen bewahren, nur unsere Wachsamkeit und unsere Entschlossenheit, sie in ihren Anfängen zu be-*

kämpfen." Die „geistlichen Führer" haben immer mit Diktatoren zusammengearbeitet, sofern sie dabei ihren Anteil an der Macht bekamen. Im Hinblick auf eine bessere Zukunft sollten die Menschen achtsamer mit ihrer Vergangenheit umgehen. Die Sieger der Geschichte wurden bedenkenlos gefeiert und werden es immer noch, auch wenn sie noch so brutal und kriminell waren, auch wenn sie es überhaupt nicht verdient haben. Die Verfolgten und Ermordeten wurden vergessen. Das muss sich ändern!

> **Die Erinnerung an das Unrecht in der Geschichte ist ein wichtiger Schritt, um klarzustellen, was Recht und Unrecht war und was in Zukunft als Recht und Unrecht gelten soll.**

> **Die Idee, dass jeder Mensch allein aufgrund seines Menschseins über unantastbare Rechte verfügen soll, die kein Staat und kein Herrscher unter keinen Umständen antasten darf, war ein Meilenstein auf dem Weg, die Freiheit und die Menschenwürde für alle zu sichern.**

> **Demokratie bedeutet, dass unveräußerliche Menschenrechte für alle und immer gelten. Sie bedeutet nicht, dass die dumme Mehrheit sich einen Diktator wählen und ihm alle Macht übertragen kann. Gesetze werden von frei gewählten Abgeordneten gemacht und nicht von Geistlichen, die sie aus einer angeblich göttlichen Offenbarung ableiten. (Bibel, Koran). Gleiche Rechte und Pflichten gelten für alle Staatsbürger. Kritik an Staat, Religion, Gott und den Mächtigen muss erlaubt sein. Staat und Religion müssen getrennt sein. Ebenso die Staatsgewalten: Ausführende, Gesetzgebende und Richterliche Gewalt.**

Niemand darf diktieren, sondern es muss nach den Regeln der Rechtstaatlichkeit verfassungsgemäß regiert werden.

Die freiheitliche Demokratie ist anstrengend, zeitaufwendig und teuer, aber sie bietet die beste Garantie dafür, dass nicht mehr ganze Völker der Machtgier einzelner größenwahnsinniger Diktatoren geopfert werden. Die Demokratie ist die Staatsform, in der sich ein Individuum am besten entfalten kann, die Staatsform, die am ehesten fähig ist, den Machtmissbrauch zu verhindern und die in sich die Möglichkeit birgt, Missstände zu kritisieren und abzustellen.

„Die Würde des Menschen ist unantastbar. Sie zu achten und zu schützen ist Verpflichtung aller staatlichen Gewalt." **Grundgesetz Deutschland Artikel 1**

Der Mensch ist nicht einfach *„gut"* wie die optimistischen Aufklärer annahmen, er ist auch nicht von Geburt an verdorben, sündig und böse, wie das christliche Abendland

276

vermutete, sondern er ist mangelhaft und birgt in sich große Gefahren. Wir sind offensichtlich nicht von einem weisen und unfehlbaren Gott geschaffen worden, sondern wir sind in einem langen evolutionären Prozess aus dem Tierreich entstanden und werden mit unserer Unvollkommenheit immer ein Problem bleiben. Die Geschichte wiederholt sich zwar nicht, aber sie läuft nach ewig gültigen Mustern ab, weil die Menschen sich treu bleiben in ihrer Natur, im Streben der Starken nach Macht, Anerkennung und Reichtum und in der Opferbereitschaft der vielen, bei ihrer Suche nach einem sinnerfüllten Leben. Der erste Schritt zur Lösung dieses Problems ist, dass wir es erkennen und lernen, mit ihm umzugehen.

> Junge, „Starke Männer / Frauen" wirken bedrückend und aggressiv, weil sie nicht groß genug sind, weil sie in ihrer Entwicklung durch eine ganz verrückte und finstere Welt hindurchgehen müssen, weil ihre Überheblichkeit, ihr Größenwahn, ihre Hybris sie zu unvernünftigen Handlungen verleitet. Man darf sie nicht herrschen lassen, sondern muss ihnen die Möglichkeit und die Zeit geben, ihre Stärke in Persönlichkeit umzusetzen.

Starke können nur gute Führer werden, wenn sie eine Entwicklung durchmachen, wie z.B. Kaiser Augustus oder der indische Kaiser Ashoka, -290 bis -232, der sich unter dem Einfluss des Buddhismus von einem mitleidlosen Machtmenschen zu einem mitfühlenden Herrscher gewandelt hat oder wenn sie durch eine Verfassung beschränkt werden, wie z.B. John F. Kennedy oder Barack Obama.
Wenige starke oder eben meist nur halbstarke Männer / Frauen haben die Weltgeschichte entscheidend geprägt. Sie sind maßgeblich die Ursache für das Unheil dieser schrecklichen Geschichte, als Anstifter von Krieg und Verfolgung, als Anführer irrationaler, intoleranter Massen, die ihnen blind ergeben und zu jedem Verbrechen bereit waren, als Schöpfer engstirniger Religionen und Weltanschauungen, die den einen Auserwähltheit versprachen und die Andersdenkende, Andersartige, Eigenwillige, Freiheitsliebende verfolgten.
Mächtige neigen dazu, ihre Macht zu missbrauchen, ihre Feinde oder auch nur ihre Kritiker, die sie immer haben werden und haben sollten, zu verfolgen, andere Meinungen zu verbieten, Angst und Terror zu verbreiten, Wehrlose zu überfallen, Schwache auszubeuten, Ungebildete zu verdummen, an sich zu raffen, was das System erlaubt. Ihr oberstes Ziel ist mehr Macht, mehr Reichtum, mehr Ansehen - für sich und ihre Partei / Clan. Augenscheinlich geht es meist um die Herrschaft einer Ideologie, um Wahrheit, Erlösung, ewiges Heil, höhere Ziele, die alles Leiden rechtfertigen sollen, in Wirklichkeit geht es aber um die Vorteile derer, die sich die Opferbereitschaft der Massen zunutze machen. Sie schieben eine Ideologie vor, um die nach Führung und Orientierung Suchenden beherrschen zu können.
> Den Massen geht es weniger um Freiheit und Wahrheit, sondern um Geborgenheit und Sicherheit bei einer Autorität und um Gemeinschaft mit

Gleichgesinnten. Dabei sind sie durchaus bereit, sich geheimnisvollen und unvernünftigen Bewegungen anzuschließen. Sie wünschen sich ein diffuses Gehirnbrummen, das ihnen das gute Gefühl gibt, mit dem Weltgeist in Verbindung zu stehen.

Unter dem weltanschaulichen Mäntelchen einer Religion oder einer religiös gefärbten Weltanschauung: Judentum, Christentum, Islam, Kommunismus, Faschismus wurden immer Menschenrechte außer Kraft gesetzt oder zumindest eingeschränkt, weil die Ideologie für wichtiger gehalten wurde als die Freiheit und die Würde des Menschen. Diktatoren glauben, dass die Verfolgung ihrer Interessen das Leiden von Millionen rechtfertigt. Nur wenn ihre Macht vom Volk abhängt, wenn sie beschränkt und kontrolliert wird, werden sie sich um das Wohl des Volkes kümmern.

> **Die Menschenrechte des einzelnen müssen unantastbar ganz oben stehen, um Verfolgung zu verhindern.**

„Der Staat ist Sache des Volkes, aber das Volk ist nicht irgendeine Menge von Menschen, sondern eine Menschenmenge, welche in der Rechtsauffassung übereinstimmt und zum gemeinsamen Nutzen vereint ist." **Cicero, De re publica**

> **Da der Mächtige bestimmt, was Recht ist und oftmals auch, was als Wahrheit gilt, ist es wünschenswert, dass er gut, gerecht, weise und gebildet ist.**
> Darauf sollten die achten, die sie wählen und unterstützen!

In allen Teilen der Welt werden heute immer noch Menschen wegen ihrer politischen Ansichten, wegen ihres Glaubens oder wegen ihrer „Rasse" verfolgt, eingesperrt und getötet. Dabei versuchen die Verfolger, wie eh und je, immer den Anschein der Rechtmäßigkeit zu wahren. Die Mächtigen bestimmen, was Recht ist! Hier ein paar Beispiele:

- Die Baalspiester in der hebräischen Bibel galten bei den *„rechtgläubigen"* Israeliten als Frevler und wurden „rechtmäßig" hingerichtet.
- Unter Karl dem Großen war es ein todeswürdiges Verbrechen, am Freitag Fleisch zu essen… zumindest für die zwangsbekehrten und unterworfenen Sachsen.
- Das Oberste Gericht der Vereinigten Staaten fällte vor dem Bürgerkrieg, 1861-1865, ein Grundsatzurteil, das Sklaverei rechtfertigte. Die Rassentrennung in den USA war bis in die Mitte des 20. Jahrhunderts *„rechtmäßig"*.
- Im Nationalsozialismus war jeder ein Verbrecher, der sich nicht an die Rassengesetze hielt oder der einfach einen Witz über Hitler machte.
- In der *„Deutschen Demokratischen Republik"*, durfte man Menschen, die den *„Antifaschistischen Schutzwall"* (Grenzmauer) überwinden wollten, rechtmäßig abschießen.

- Im Laufe des Kalten Krieges, 1946-1990, haben die USA sehr häufig willfährigen und rücksichtslosen Diktatoren zur Macht verholfen, wenn sie nur rechtsgerichtet, antikommunistisch und US-hörig waren. Der amerikanische Politiker **McCarthy** löste ab 1950 durch seine haltlosen Spekulationen eine Welle hysterischer Verfolgungen gegen vermeintliche Kommunisten aus. Während des Vietnamkrieges, bis 1975, unterstützten die USA den südvietnamesischen Diktator Diem mit Milliarden Dollar. Mit Hilfe der USA putschte Pinochet 1973 in Chile erfolgreich gegen den linken Allende. In Südostasien förderten sie den pakistanischen Militärherrscher Zia ul-Haq. Zia bekam Milliarden Dollar Rüstungs- und Wirtschaftshilfe. In Afrika begünstigten sie den Diktator Mobutu, der dafür sein Land ausbeutete. Der jugoslawische Diktator Milosevic wurde hofiert, bevor man seine Gefährlichkeit erkannte, ebenso Saddam Hussein im Irak. Die CIA verhalf 1953 Schah Reza Pahlevi im Iran gegen den demokratisch gewählten, aber linken Mohammad Mossadegh wieder zur Macht. Die Völker, vor allem aber die Intelektuellen, hatten unter diesen Diktatoren zu leiden. Die Machtinteressen der USA waren wichtiger als die Menschenrechte und das Wohl dieser Völker.
- In Guantanamo (Kuba) und Abu Ghraib (Irak) wurden Gefangene von einem sogenannten Rechtsstaat aufgrund eines Verdachts verfolgt, eingesperrt und gefoltert, weil Präsident George W. Busch bestimmte was Recht sein sollte. Wie erklärt es sich eigentlich, dass gerade der frömmste aller Präsidenten, die gröbsten Verletzungen der Menschenrechte zugelassen hat? Menschenrechte zählten während seiner Präsidentschaft wenig, da es wichtiger war, mit allen Mitteln die *„von Gott erwählte Nation"* gegen das Reich des Bösen zu schützen.

Seit über 5000 Jahren glauben die Rechtgläubigen die Falschgläubigen vernichten zu dürfen. Nur die Kritik an diesen unvernünftigen und verhängnisvollen Denkweisen, an diesen Drohbotschaften aus dem Orient, die einen vor die „verlockende" Wahl zwischen blindem Glauben und ewiger Verdammnis stellen, bringt die Welt weiter.

> **Die fanatisch Rechtgläubigen sind es, die am wenigsten Hemmungen haben, andere zu verfolgen. Diese angebliche Selbstsicherheit, die nur auf Einbildung und Unbildung beruht, ins Wanken zu bringen, ist Aufgabe der Aufklärung.**

„Höchst töricht wäre es, alles für gerecht zu halten, was Gewohnheiten und Gesetze der Völker dafür erklären." **Cicero**

Was ist also ein gerechtes Gesetz? Die beste Antwort darauf fand ich bei **Martin Luther King**: *„Ein gerechtes Gesetz ist ein Gesetz, das den Menschen aufbaut und ein ungerechtes Gesetz ist eines, das ihn erniedrigt."*

Nach den ungeheuren Menschenrechtsverletzungen während des Zweiten Weltkriegs hat sich die UNO 1948 zu einer *„Allgemeinen Erklärung der Menschenrechte"* durchgerungen. Viele Staaten haben diese Erklärung inzwischen in ihre Verfassung aufgenommen. Sie gelten in der westlichen Welt als Standard, nicht so in der islamischen Welt. Gemäß der 1990 von 56 islamischen Staaten beschlossenen *„Kairoer Erklärung der Menschenrechte"* sind diese der Scharia untergeordnet, denn die Scharia sei von Gott geschaffenes, ewig gültiges Recht, die Menschenrechte dagegen seien von Menschen gemacht. In Wirklichkeit sind natürlich alle Gesetze, seit Hammurabi und Moses, menschlichen Ursprungs - auch die Scharia! Sie leitet sich vom Koran, der Dichtung Mohammeds ab!

Im deutschen Grundgesetz gibt es, wie schon in der Unabhängigkeitserklärung der Vereinigten Staaten von Amerika von 1776, ein Widerstandsrecht gegen unrechtmäßig ausgeübte Staatsgewalt, das Kant noch nicht anerkennen wollte. Offensichtlich konnte er sich einen Hitler oder einen Stalin nicht vorstellen.

> Unrechtmäßig ist jede Staatsgewalt, die nicht gemäß einer von den Regierten gebilligten Verfassung ausgeübt wird. Über das Grundgesetz wurde zwar nicht abgestimmt – das ist praktisch schwer durchführbar - aber es hat sicherlich die Zustimmung einer überwältigenden Mehrheit der Deutschen.

Zwar hat sich die Menschenrechtsituation seit dem Ende des Zweiten Weltkrieges, vor allem in Europa, wesentlich verbessert, nicht zuletzt, weil man die Lehren aus den Schrecknissen der Vergangenheit ziehen wollte, doch sind diese Rechte immer gefährdet, weil die Natur des Menschen sich nicht ändert.

Wir erleben gerade in Europa (Polen, Ungarn), der Türkei und den USA einen Rückfall in nationalistisches Denken, wohl verursacht durch die Flüchtlingsströme aus den islamischen Ländern, die sich in mittelalterlichen Glaubenskämpfen zwischen Schiiten und Suniten vernichten.

Auch heute streben die Starken nach Herrschaft und Macht, wie eh und je. Wenn es nicht mehr die Könige und Diktatoren sind, dann sind es Konzerne und Direktoren, es sind Geheimdienste, die ihre Kompetenzen überschreiten, es sind moderne Propheten, fundamentalistische Eiferer und Egomanen, die Macht ausüben, verdummen, herrschen und kontrollieren wollen und die wieder dazu neigen, „ihren Wahnsinn" über alle Vernunft, über die Interessen der Welt und alle erkämpfte Freiheit zu stellen.

„Überall wo die Menschen unwissend sind, wird es Propheten, Inspirierte und Wundertäter geben. Diese beiden Geschäftszweige verringern sich stets im gleichen Verhältnis, in welchem die Aufklärung der Völker zunimmt." **D'Holbach 1723-1789**

Die Demokratie muss stark und wehrhaft sein, nach innen und nach außen. Wem an seinen Menschenrechten gelegen ist, muss wachsam sein, er muss intolerante Gruppierungen im Entstehen bekämpfen, noch ehe sie stark geworden sind. Man darf nicht tolerant und nicht gleichgültig sein gegenüber Leuten, die die Freiheit abschaffen wollen. *„Wer in der Demokratie schläft, wacht in der Diktatur auf!"*

Wer um die Verbrechen weiß, die im Namen der verschiedenen Weltanschauungen begangen wurden, wird eher fähig sein, die Anfänge neuer Terrorherrschaft zu erkennen. Auch und vor allem die eigene Weltanschauung sollte man kritisch hinterfragen und ihre Vergangenheit beleuchten. Man neigt dazu, Verbrechen, die im Namen der eigenen Weltsicht geschahen und weiter geschehen, zu rechtfertigen. Als Katholik tendiert man z.b. dazu, die Verfolgungen, die zur Durchsetzung des Katholizismus von Päpsten und sogenannten „christlichen" Herrschern begangen wurden, zu verharmlosen.

Berthold Brecht war ein sehr kritischer Schriftsteller was den Imperialismus, den Kapitalismus oder die Religion anging, aber die Verbrechen, die im Namen seiner Weltanschauung, des Kommunismus, verübt wurden, konnte oder wollte er nicht sehen. Er hat nie die Säuberungen Stalins angeklagt. Er hat nie die DDR, in der er lebte, als Unrechtsstaat bezeichnet. Klugerweise wohl deswegen nicht, weil er dort sein Brot verdiente. Letztlich war er auch ein Gläubiger, der seinen Glauben nicht verlieren wollte und er musste sich, wie schon viele Denker vor ihm, mit den Mächtigen arrangieren, von deren Geld und Gunst er abhängig war.

Natürlich ist es enttäuschend, erkennen zu müssen, dass man z.B. als Nazi, als Stasimitglied, als Christ, als Moslem, als RAF-Mitglied...Teil einer verfolgungswütigen Organisation war, aber diese Erkenntnis ist der beste Weg, in Zukunft alles anders und besser zu machen.

> **Niemand darf diktieren, alle sollen die Möglichkeit haben, mitzudenken und mitzugestalten. Das ist Demokratie. Niemand sollte unbeschränkte und unkontrollierte Macht haben. Das ist einfach eine Dummheit. Die Geschichte lehrt uns, sie zu vermeiden.**

Praktisch birgt die Demokratie in sich die Gefahr der Volksverhetzung oder Volksverführung, weil die meisten Menschen in Wirklichkeit nicht stark, sondern schwach und unmündig sind. Sie neigen dazu, sich führen und verführen zu lassen. Sie suchen einen, dem sie vertrauen können und der die Richtung weist. Dabei werden die Massen weniger von Vernunft und Einsicht, als von Äußerlichkeiten geleitet. Wer die Masse unterhält und ihr sagt, was sie hören will, kann sie auch verführen.

Man muss von der theoretischen Gleichheit, aber auch von der tatsächlichen Vielfalt der Menschen ausgehen. Sonderrechte sind immer schlecht, am schlechtesten sind die, die aufgrund der Geburt gewährt werden. Der Sohn des Vaters zu sein, ist kein Verdienst. Wo sollte man anfangen mit Privilegien? Da ist es schon besser, diejenigen zu ehren, die sich besondere Verdienste um das Gemeinwesen erworben haben.

Für uns stellt sich die Frage: Wo finden wir Maßstäbe für unser Recht und für gerechtes Handeln? Wir wissen heute, dass weder die Bibel noch der Koran das Werk eines unfehlbaren Gottes ist. Natürlich stehen in diesen Büchern manche guten und weisen Dinge drin, aber eben auch Sätze, die benutzt wurden, um Andersgläubige zu verfolgen und alle möglichen Verbrechen zu rechtfertigen.

Wir können aus ihnen, wie aus anderen Werken, manche Weisheit entnehmen, aber wir dürfen nicht blind gehorchend alles glauben, ohne selbst zu denken. Die Geschichte hat gezeigt, wie viel Unheil daraus entsteht. Diese „heiligen" Texte sind sehr widersprüchlich, unklar und teilweise ziemlich kriminell. Man kann aus ihnen herauslesen was man will. Toleranz lässt sich damit so gut rechtfertigen, wie sein Gegenteil, Friedfertigkeit so gut wie Kriege für den wahren Glauben. Die abrahamitischen Religionen mit ihren bronzezeitlichen Denkweisen widersprechen unseren Wertvorstellungen von einer toleranten und offenen Gesellschaft. Sie stehen auch im Gegensatz zu vielen Erkenntnissen der Wissenschaft. Nur durch Kritik sind die fatalen Sätze der Bibel berwunden worden und damit: Prügelpädagogik; Frauenverachtung; Todesstrafe; Steinigung für Holzholen am Sabbat; Ehebruch und Homosexualität; Penisverstümmelung; Sklaverei; Könige von Gottes Gnaden; Intoleranz und Verfolgung Andersdenkender; Verachtung von Vernunft und Wissenschaft; steinzeitliche Sexualmoral; Verunglimpfung unehelicher Kinder; Aberglauben; Heilige Kriege…usw. Wir leben inzwischen in einem semi-säkularen Staat, in dem die Werte der Aufklärung und kaum noch die Werte der Bibel gelten, sonst gäbe es hier genauso wenig Gedankenfreiheit wie in islamischen Ländern.

> Die Wissenschaft wird die Religion nicht ersetzen können, weil die Menschen ein tiefes Bedürfnis nach Emotionalität und Spiritualität haben.

Was soll anstelle der alten Religionen gesetzt werden? Hier wäre Kreativität gefragt. Wenn die Religionen nur Gutes bewirkt hätten, würde ich gar nicht fragen, ob sie wahr sind, denn schließlich sollen auch die getröstet werden, die ihr Glück nicht in dieser Welt finden. Leider ist das Gegenteil der Fall: Durch ihre Intoleranz waren und sind vor allem Religionen Schuld an Verfolgungen.

Auch die faschistischen und kommunistischen Diktaturen des 20. Jahrhunderts haben uns gelehrt, dass es fehl am Platz ist, einem Führer blind zu gehorchen oder ihm blind zu glauben. So bequem das vielen auch scheinen mag. Die diktatorische Herrschaft eines Einzelnen, einer Partei oder die Diktatur des Proletariats ist immer schlecht, weil Diktatur immer Rechtlosigkeit für diejenigen bedeutet, die „anders" sind und anders denken und sich nicht einfach beherrschen lassen wollen.

Meist war es das unwissende, leichtgläubige Volk, das eine Diktatur erst möglich machte, indem es blind auf einen Führer setzte, gehorchte und Verbrechen, die scheinbar „gerechtfertigt" waren, mit Zustimmung belohnte. Ohne diese Bereitschaft der Massen, ohne die Illusion vom gesandten Erlöser, wären die Diktaturen nicht möglich gewesen. Es waren diese Blindgläubigen, die auf Befehl oder aus eigener Neigung verfolgt haben. Dabei darf man die Kommunisten und die Nationalsozialisten durchaus auch als Gläubige bezeichnen, denn diese Bewegungen hatten religiösen Charakter.

Um den richtigen Weg zu finden, können wir nur auf unsere Vernunft vertrauen und uns mit Herz und Hirn vorwärts tasten, in der Hoffnung, dass wir die Verirrungen der Geschichte hinter uns haben. Wir können uns von wissenschaftlichen Erkenntnissen leiten lassen, sollten ihnen aber nicht blind vertrauen.

> **Es ist gut, wenn sich in einem Staat möglichst viele Menschen Gedanken darüber machen, wie der Staat am besten regiert wird und es ist gut, wenn sie diese Gedanken offen äußern dürfen. Streit wird es dabei immer geben. Es ist auch gar nicht wünschenswert, dass es keinen Streit mehr gibt. Streit kann sehr belebend wirken und die Entwicklung fördern. Entscheidend ist, wie Streit ausgetragen wird: mit Worten, mit Knüppeln oder mit Bomben. Daran erkennt man das Niveau einer Kultur.**

Wenn die Menschen sich mehr Gedanken über das richtige Handeln in der Gegenwart gemacht hätten, bräuchten sie nicht dauernd ihre Vergangenheit bewältigen. Grundrechte auf dem Papier taugen wenig, wenn sie nicht beachtet werden, wenn sie nicht im Bewusstsein der Menschen verankert sind und tagtäglich gelebt werden. Festgefügte, demokratische Strukturen, die Gründung der UNO, die Charta der Vereinten Nationen zur Sicherung der Menschenrechte, die Errichtung des internationalen Gerichtshofes in Den Haag und die Sicherung dieser Prinzipien mit Friedenstruppen waren große Fortschritte in der Geschichte der Menschheit.

Diktatoren glauben nicht an einen göttlichen Richter, deswegen ist es wichtig, dass sie mit echten irdischen Strafen für ihre Taten rechnen müssen. Der Internationale Gerichtshof muss dafür sorgen, dass in Zukunft die großen Verbrecher der Weltgeschichte nicht mehr straflos davonkommen.
„Halbstarke Männer" sind keine Naturkatastrophen, die das Recht haben, ganze Landstriche heimzusuchen. Es sind Menschen, die durch Menschen und einen funktionierenden Verfassungsstaat in ihren Machtbefugnissen begrenzt und bei Übertretung gestoppt werden können. Unmenschliche Diktatoren verstehen nur die Sprache der Gewalt; wenn man die nicht sprechen kann, verliert man alles, was Wert hat: die Freiheit, die Menschenrechte, den Frieden. Deswegen muss die Demokratie wehrhaft sein.

Die Nato hat Westeuropa während des kalten Krieges den Frieden und die Freiheit erhalten, denn Stalin, Mao und das totalitäre Unrechtsregime des Kommunismus mussten gestoppt werden; natürlich hat auch der Westen in der Hitze dieses Kampfes große Fehler begangen. (Siehe oben)
Nach außen wären die Verteidigungssysteme erst überflüssig, wenn es eine „Weltpolizei" gäbe. Die UNO kann für weltverbindliche Normen und Werte eintreten, sie kann vermitteln, sie kann die Welt an einen Tisch bringen und sie sollte auch die Macht haben, den Frieden in der Weltgemeinschaft militärisch zu sichern.

> Das Ziel der Menschheit sollte es sein, eine gerechte und lebenswürdige Welt für alle zu schaffen. Nur das bedeutet Weltfrieden. Es darf niemand ausgeschlossen, ausgebeutet und verfolgt werden. Das Leiden in der Welt geht alle an.

Wenn wir uns keine gerechte Welt schaffen, wird es keine geben. Der **Kapitalismus** und die ungerechte Verteilung der Güter kann nicht das letzte Wort der Geschichte sein. Es darf nicht hier maßlose Verschwendung und dort Hunger und Not geben. Es dürfen nicht wenige für ihre Arbeit immer mehr und viele immer weniger bekommen. Bescheiden zu leben, muss als Tugend gelten und Verschwendung als Laster. Die **Umwelt** darf nicht weiter auf Kosten zukünftiger Generationen zerstört werden. Wir müssen ein stabiles, nachhaltiges Gleichgewicht anstreben, nicht ständiges Wirtschaftswachstum, das die Umwelt vernichtet.

> **Die Bevölkerungsexplosion muss gestoppt werden. Hier liegt der Schlüssel: Je mehr Menschen es gibt, desto schwieriger wird es, eine stabile und gerechte Welt für alle zu schaffen. Die Lösung kann nicht so aussehen, dass die Menschheit nach Deutschland einwandert, sondern dass überall auf der Welt rechtmäßige, d.h. für mich, demokratische Regierungen etabliert werden, die dem Gemeinwohl der Bürger und nicht der Bereicherung eines Diktators und seines Familienclans dienen.**
Schlecht an einer Herrschaft war und wäre, wenn dabei Menschen unterdrückt, verfolgt, ausgebeutet oder gar vernichtet werden, wenn ihnen eine Religion oder eine Denkweise aufgezwungen wird. Eine solche Herrschaft ist moralisch verwerflich und sollte verhindert werden.

Religion ist Privatsache. Freie Gesellschaften kann es nur durch die Trennung von Religion und Staat geben. Die Lösung heißt: Toleranz in einer pluralistischen, säkularen Gesellschaft, die der Vielfalt des Lebens gerecht wird.

> **Staat und Bildungssystem müssen neutral sein. Sie sollten sich darauf beschränken, gute Gesetze zu machen und Wissen zu vermitteln. Sie dürfen keiner Weltanschauung ein Missionierungsrecht oder gar ein Monopol einräumen. Erst dann können die verschiedenen Weltanschauungen nach fairen Regeln miteinander konkurrieren. Die Qualität der Argumente und nicht geschichtlich gewachsene, oft mit Gewalt, Lüge und Betrug errungene, Vorrechte sollen überzeugen. Nur so kann ein Staat mit zunehmend multikultureller Gesellschaft zur „Heimstatt aller Bürger" werden.**
Auf grundlegende Werte und Spielregeln einer „offenen Gesellschaft" muss man sich einigen und diese in einem gemeinsamen Werteunterricht an alle Schüler vermitteln. So kann sich Einheit bei Vielfalt entwickeln.

Die Menschen sind nicht gleich, sondern verschieden. Das Leben ist nicht einfältig, sondern vielfältig. Die Menschen können auf sehr verschiedene Weise glücklich werden und weil wir vieles nicht wissen, sondern nur vermuten können, muss es auch erlaubt sein, verschieden zu denken. Wer alle Menschen unter einen Hut bringen möchte, der womöglich zu klein ist, vergewaltigt den besten Teil von ihnen, nämlich diejenigen, die ihre Eigenart haben und selbständig denken.

Der Umgang mit den Starken

Es wird immer wieder (halb) starke Männer / Frauen geben und es wird sich immer wieder die Frage stellen, wie man mit ihnen umgeht. Damit sie sich selbst erkennen und ihre Wirkung richtig einschätzen können, brauchen sie die Reaktion ihrer Umwelt.

> **Wer andere beherrschen will, muss in seine Schranken gewiesen werden, wer sich selbst vervollkommnen will, sollte unterstützt werden. Der Diktator muss gestoppt, die Persönlichkeit sollte gefördert werden, damit sie nicht zum Diktator wird, damit sie die Möglichkeit hat, an ihrer Entwicklung zu arbeiten, größer zu werden, in sich zur Ruhe zu kommen. Damit sie eines Tages etwas Positives leisten kann. Für diese Entwicklung braucht man Zeit, Einsamkeit und etwas Geld.**

Wenn einer sehr willensstark ist, gibt es in seinem Interesse und im Interesse der Gesellschaft im Prinzip nur eine richtige und unzählige falsche Lebensweisen. Die Lebensweise, die notwendig ist, um so groß zu werden, dass man in sich zur Ruhe kommt, habe ich vorgemacht. Siehe oben: Einsamkeit, mit verstopften Ohren auf dem Rücken liegen. Das ist die Lebensweise bei der ich mich am schnellsten entwickle. Wenn es einer schafft, so groß zu werden, dass er vollständig in sich ruht, dann will man ihn, dann liebt man ihn, dann bekommt er was er will und alles löst sich in Wohlgefallen auf. Auch der Weg dorthin ist ein Ziel, selbst wenn man das Ziel nie erreichen wird, denn Persönlichkeit ist Glück.
Die Künstler haben heute viel zu früh Erfolg, deshalb werden sie es nie schaffen, sich zu Persönlichkeiten zu entwickeln. Sie werden vermarktet bevor sie wissen wer sie sind.
Um sich an die richtige, einsame, auf-sich-konzentrierte Lebensweise halten zu können, braucht man etwas Geld, mindestens so viel, dass man bescheiden leben kann. Wenn es um die Selbstvervollkommnung geht, muss man das Geld nehmen, wo man es bekommt.
Der Staat ist für den Menschen da, aber auch der Mensch für den Staat. Meine Entwicklung und meine Bildung sind das Wichtigste: So denkt ein Großer. Dabei bedeutet Bildung weniger Anhäufen von Wissen als Verselbstung, Größerwerden, in sich zur Ruhe kommen, sich zu einer Persönlichkeit entwickeln. Das ist höherer Egoismus der letztlich der Gesellschaft wieder zugutekommen wird.

Was ist eine gute Weltanschauung?

➢ Sie sollte die Eigenschaften fördern, die für das Zusammenleben aller Menschen erforderlich sind: Nächstenliebe, Hilfsbereitschaft, Toleranz, Friedfertigkeit, Achtung vor dem Leben und der Natur und sie sollte die negativen Verhaltensweisen verurteilen: Hass, Gewalt, Zerstörung von Leben und Umwelt.

➢ Sie sollte Kraft geben, um das Leben mit all seinen Schwierigkeiten zu meistern. Sie sollte Trost und Hoffnung in ausweglosen Lagen anbieten.

➢ Sie sollte Gemeinschaft stiften und einen würdigen Rahmen für die Stationen des Lebens schaffen: Geburt, Heirat, Tod, Feste.

➢ Sie sollte darauf verzichten, absolute Wahrheiten zu verkünden und Andersdenkende zu verdammen oder zu verfolgen.

➢ Wir brauchen eine Weltanschauung und Werte, die die Menschheit verbinden, nicht Auserwähltheit für die einen und Verdammung der anderen.

➢ Wir brauchen eine Weltanschauung, die vernünftig, wahrhaftig und überzeugend ist, die wissenschaftlichen Erkenntnissen standhält, die die Lehren aus der Geschichte zieht und die das Diesseits bejaht.

Mein Glaubensbekenntnis

➢ Ich glaube an mich, an meine humanistischen Wertvorstellungen und an meinen gesunden Menschenverstand.

➢ Das Ziel meines Lebens ist es, mich zu einer Persönlichkeit zu entwickeln, mir Fähigkeiten und Bildung anzueignen und diese möglichst sinnvoll einzusetzen.

➢ Ich stehe in der Tradition der europäischen Aufklärung und bekenne mich zu einer diesseitsbezogenen, humanistisch orientierten Einstellung zum Leben.

➢ Eine göttliche Kraft oder ein Jenseits kann ich nicht erkennen.

➢ Der Mensch ist in hohem Maße selbstverantwortlich für sein Leben und für sein Handeln in dieser Welt.

➢ Ziel sollte es sein, eine gerechte, friedliche und lebenswürdige Welt für **alle** Menschen zu schaffen. Dies sollte auf der Basis vernünftiger Prinzipien innerhalb einer freiheitlichen Demokratie geschehen.

➢ Zu diesen Prinzipien gehören vor allem die Menschenrechte. Sie fordern Toleranz gegenüber anderen Denk- und Lebensformen. Das Leben ist nicht einfältig, sondern vielfältig. Toleranz hat seine Grenzen, wenn andere unduldsam sind. Intoleranz darf man nicht dulden!

- Je mehr Menschen es gibt, desto schwieriger wird es, eine gerechte Welt für alle zu schaffen. Deswegen sollte das Bevölkerungswachstum kontrolliert werden.
- Der Mensch ist Teil einer allumfassenden Natur, die es zu schützen und im eigenen Interesse zu bewahren gilt.
- Wissenschaftliche Erkenntnisse, die nicht als unfehlbar gelten dürfen, geben uns Orientierung bei unseren Entscheidungen.
- Humanistische Prinzipien sollten unser Handeln bestimmen.
- Ich vermute, dass ich mich nach meinem Tod so fühlen werde, wie vor meiner Geburt, - nämlich gar nicht. Das scheint mir ein angenehmer Zustand zu sein, den ich nicht fürchten muss. Nur im Gedächtnis anderer werden ich und mein Werk weiterleben.
- Ich werde mein Bestes tun, damit sie mich in guter Erinnerung behalten.
- **Meine Botschaft lautet: Glaubt nicht so viel Unsinn, sondern übt tätige Nächstenliebe, dann kommt das Himmelreich auf Erden und das Seelenheil dazu!**

Die Entstehung der Menschenrechte:

- ~ -2100 Die älteste schriftlich überlieferte Rechtssammlung, der Codex Ur-Nammu, sieht eine Gleichheit der Bürger vor.
- -3. Jh. : Die griechische Lehre der Stoa bezeichnet alle Menschen als Brüder und gleichwertig.
- 1215: Magna Carta. Der englische Adel trotzte dem König Johann Ohneland einige Rechte ab, die für alle „Freien" galten. Niemandem darf ohne Urteil das Leben, die Freiheit oder das Eigentum genommen werden.
- 1514 Tübinger Vertrag: „Magna Carta" zwischen den Schwäbischen Landständen und Herzog Ulrich von Württemberg.
- 1525: Die „Zwölf Artikel" der schwäbischen Bauern werden in Memmingen verfasst. Sie bilden die erste verfassungsgebende Versammlung auf deutschem Boden und sind die erste Menschenrechtserklärung in Europa.
- 1542: „Neue Gesetze" von Karl V. (Spanien) erlassen, aufgrund der Vorschläge von Bartolomé de las Casas. Für die Freiheit der Indios in Amerika und das generelle Verbot zwangsmäßiger Arbeitsleistungen.
  Karl V. war es aber auch, der seinem Sohn Philipp II. von Spanien die gnadenlose Ketzerverfolgung befahl.
  Menschenrechte galten nur für Rechtgläubige.
- 1628: Petition of Rights (England). Beschwerde wegen Amtsmissbrauchs gegen Karl I. und Forderungen, das Gewicht des Parlaments wieder zu stärken.
- 1679: Habeas Corpus Act (England). Ab diesem Zeitpunkt ist die Festnahme eines Bürgers an strikte Regeln gebunden. Inhaftierte mussten nun innerhalb

von drei Tagen einem Richter vorgeführt werden und durften unter keinen Umständen außer Landes gebracht werden. Niemand durfte mehr aus Willkür festgenommen werden.

> 1776: Unabhängigkeitserklärung der Vereinigten Staaten am 4. Juli. 1776 vom Kongress der dreizehn ehemals englischen Kolonien in Nordamerika zur offiziellen Loslösung von Großbritannien verabschiedet.
> 1789: Erklärung der Menschen- und Bürgerrechte in Frankreich. Französische Revolution.
> 1945 Charta der Vereinten Nationen
> 1948: Verabschiedung der Allgemeinen Erklärung der Menschenrechte durch die UN-Generalversammlung. Viele Staaten haben diese Erklärung in ihre Verfassung (z.B. deutsches Grundgesetz) aufgenommen. Seitdem wird der 10. Dezember als internationaler Tag der Menschenrechte begangen.
> 1949 Grundgesetz der Bundesrepublik Deutschland

Die wichtigsten Quellen:

	Wikipedia	http://de.wikipedia.org
	Schulfach Ethik	http://schulfach-ethik.de/ethik/
	Meyerslexikon	
	Encarta 2009	
	Propyläen Weltgeschichte	Directmedia • Berlin 1999
	Berkmeier Rolf	Schatten über Europa
	Bibel / Luther	Alle zitierten Bibelstellen stammen aus der deutschen Lutherbibel 1912
	Buckle Franz	Denn sie wissen nicht, was sie glauben. 2004
	Christliche Antike	www.unifr.ch/bkv/awerk.htm lateinische Texte und deutsche Übersetzung
	Czermak Gerhard	Problemfall Religion 2014
	Cicero, Marcus Tullius	Über den Staat / De re publica
	Deschner, Karlheinz	Kriminalgeschichte des Christentums K.d.C.; Bände 1-10
	Deschner, Karlheinz	Abermals krähte der Hahn
	Duncker, Anne	Islam und Menschenrechte
	Echnaton	www.judithmathes.de/aegypten/kultreli/echnaton.html
	Ehrman, Barth D.	The historical Jesus / After the new testament
	Eduard Gibbon	Decline and Fall of the Roman empire.
	Goldhagen, Daniel	Die katholische Kirche und der Holocaust

Graetz, Heinrich	Geschichte des Judentums
Hamed Abdel-Samad	Der islamische Faschismus / Mohamed
Haeckel, Ernst	Welträtsel
Hegel, Georg W. Friedrich	Philosophie der Geschichte
Hitler, Adolf	„Mein Kampf" 1924 www.nationalsozialismus.de
Hume, David	On liberty
Jung Chang / Jon Halliday	Mao, The untold story
Karsten Dümmel/ und Christian Schmitz (Hg.)	Was war die Stasi? Einblicke in das Ministerium für Staatssicherheit der DDR (MfS)
Koran	Übersetzung des Korans von Rudi Paret, Tübinger Islamwissenschaftler
Ibn Ishaq	Leben Mohammeds
Kors, Alan Charles	Voltaire and the enlightenment
Lukrez	Über die Natur der Dinge
Machiavelli, Niccolo	Der Fürst
Menschen die die Welt veränderten. Bertelsmannverlag	Napoleon; Luther; Beethoven;…
Murphy, Catherine M.	The historical Jesus
Nietzsche, Friedrich	www.friedrichnietzsche.de
Nobel, Thomas Prof.	Popes and the Papacy
Platon	Der Staat
Plutarch	Alexander und Cäsar
Ruiz, Teofilo F. University of California at Los Angeles;	Terror of History: Mystics, …
Russell, Bertrand	Ideas That Have Harmed Mankind
Singer, Ladislaus	Alle litten an Größenwahn – 1966
Steinberg Jonathan Prof.	1715 to 1914 European History and European Lives
Talmud	www.sgipt.org
Thukydides	Der peloponnesische Krieg
Voltaire,	Candid
Wagner, Karlheinz	Karl Eugen - Biografie

…Und viele andere Bücher, Texte, Filme, die hier nicht erwähnt werden können. Vertrauen habe ich in Autoren, die die Wahrheit suchen, nicht in die, die irgendeine Ideologie verbreiten und propagieren wollen.
Menschen, die einer totalitären Ideologie anhängen sind grundsätzlich blind für die Wahrheit. Sie sind verblendet.

INDEX

291

DER AUTOR

Roland Fakler wurde 1953 in Leutkirch, Kreis Ravensburg, Südwestdeutschland, geboren. Nach Abitur in Leutkirch, Bundeswehr (Sanitäter) in München und einem Semester Medizin in Tübingen, ist er seit 1976 freischaffender Künstler, Autor und Maler, in Ammerbuch / Reusten. **Meine Bücher** auf: www.rolandfakler.de/

- **Reusten und seine Geschichte**
  2015; 136 Seiten; 80 Bilder 26 Farbseiten; DINA5; Books on Demand
  ISBN: 978-3-8370-4383-
- **Rusto**
  2007 Ein Historischer Roman; 92 Seiten; DINA5; Books on Demand.
  ISBN: 978-3-8370-0271-3
- **Cäsar**
  2007 Ein Epos in Versen; 308 Seiten; DINA5; Books on Demand
  ISBN 978-3-8370-1092-3
- **Ammerbuch:**
  2014; 64 Seiten; 17 farbige Seiten; DINA4, Books on Demand
  ISBN 978-3-7322-8882-3
- **Von Verfolgern und Verfolgten** – Lehren aus der Weltgeschichte
  2010 /2017 ; 300 Seiten DINA5; Books on Demand
  ISBN: 9783839138779
- **About Persecutors and Persecuted People**
  2012 / English version of this book 348 Pages DINA5, Books on Demand
  ISBN:9783842382756
- **Malerei von Roland Fakler**
  2015 Bilder aus vier Jahrzehnten 1975 36 Seiten davon 25 in Farbe; DINA4
  Books on Demand ISBN: 978-3-739207643
- **Falsches Denken > Falsches Handeln** – wie aus falschem Denken verhängnisvolles Handeln wurde – Eine Kulturgeschichte von der Jungsteinzeit bis heute. 2017
  DINA 5; 286 Seiten; Books on Demand ISBN: 9783743187672

Für Anregung und Kritik bedanke ich mich bei aufmerksamen Lesern!
Mail: rolandfakler@gmx.de